Treasures for Scholars Worldwide

学术顾问／张宪文　朱庆葆

哈佛燕京图书馆文献丛刊第三十种
南京大学人文基金资助项目
南京大学"双一流"建设文科卓越研究计划资助项目

美国哈佛大学哈佛燕京图书馆藏
中国科学社北美分社档案

The Documents of the American Branch of the Science Society of China in the Harvard-Yenching Library, Harvard University, U.S.A.

主编／姜良芹　郭洋

3

目 录

《科学》杂志选编(1915—1949)

1. 发刊词(1915年第1卷第1期) …… 003
2. 杨铨：战争与科学(1915年第1卷第4期) …… 008
3. 任鸿隽：科学与工业(1915年第1卷第10期) …… 014
4. 任鸿隽：科学与教育(1915年第1卷第12期) …… 025
5. 中国科学社社友录(1916年第2卷第1期) …… 035
6. 中国科学社总章(1916年第2卷第1期) …… 041
7. 新入社员(1916年第2卷第4期) …… 049
8. 董事会决议(1916年第2卷第5期) …… 050
9. 新入社员(1916年第2卷第7期) …… 055
10. 成立二周年纪念会(1916年第2卷第9期) …… 056
11. 分股委员会章程(1916年第2卷第9期) …… 059
12. 本社致留美同学书(1916年第2卷第10期) …… 063
13. 预备常年会(1916年第2卷第11期) …… 065
14. 驻美经理易人(1917年第3卷第1期) …… 068
15. 常年会干事部报告(1917年第3卷第1期) …… 069
16. 任鸿隽：外国科学社及本社之历史(1917年第3卷第1期) …… 076
17. 茅以升：中国圆周率略史(1917年第3卷第4期) …… 093
18. 杨铨：中国实业之未来(1917年第3卷第7期) …… 106

19. 美国各地之社友谈话会(1917年第3卷第12期) …… 115
20. 1918年常年会之盛况(1918年第4卷第4期) …… 116
21. 杨铨:中国科学社、中国工程学会联合年会记事(1919年第4卷第5期) …… 118
22. 美国新社员——去年八月至十一月在美洲入社之新社员名单(1919年第4卷第7期) …… 124
23. 杨铨:詹天佑传(1919年第4卷第10期) …… 126
24. 任鸿隽:何为科学家(1919年第4卷第10期) …… 131
25. 南京社友会近况(1919年第5卷第1期) …… 139
26. 尤乙照:铁路在战争中之价值(1919年第5卷第1期) …… 140
27. 杨铨:中国科学社第四次年会记事(1919年第5卷第1期) …… 161
28. 北京社友会近状(1920年第5卷第3期) …… 172
29. 今年年会筹备情形(1920年第5卷第3期) …… 174
30. 美国社友会筹备之经过(1920年第5卷第12期) …… 175
31. 中国科学社第七次年会记事(1922年第7卷第9期) …… 176
32. 美国分社之新气象(1923年第8卷第9期) …… 216
33. 中国科学社年会纪略(1924年第9卷第7期) …… 219
34. 中国科学社驻美分社章程(1925年第10卷第5期) …… 221
35. 驻美分社消息(1925年第10卷第5期) …… 225
36. 王国维:最近二三十年中中国新发见之学问(1926年第11卷第6期) …… 226
37. 翁文灏:如何发展中国科学(1926年第11卷第10期) …… 239
38. 中国科学社第十一次年会记事(1926年第11卷第10期) …… 252
39. 理事会记录(1928年第13卷第7期) …… 257
40. 摘译第四次太平洋科学会议理事会议纪录(1930年第14卷第5期) …… 259
41. 理事会纪录(1930年第14卷第8期) …… 269
42. 美国分社消息(1930年第14卷第11期) …… 271
43. 本社第十五次年会纪略(1930年第14卷第12期) …… 272
44. 中国科学社第十六次年会纪略(1931年第15卷第11期) …… 273
45. 中国科学社第十七次年会纪事(1932年第16卷第11期) …… 276
46. 刘咸:一九三七年科学界之展望(1937年第21卷第2期) …… 282

47. 本社昆明社友会成立(1938年第22卷第7—8期) ………………………………… 285

48. 刘咸:一年挣扎(1938年第22卷第11—12期) ………………………………… 286

49. 刘重熙:中国科学社第二十二届昆明年会记事(1940年第24卷第12期)
   …………………………………………………………………………………… 288

50. 本社董事会理事会互选职员结果(1941年第25卷第1,2期) ………………… 292

51. 陈省身:中国算学之过去与现在(1941年第25卷第5,6期) ………………… 293

52. 中国科学社生物研究所二十九年度工作概述(1941年第25卷第9,10期)
   …………………………………………………………………………………… 298

53. 编者:《科学》第二十五卷完成感言(1941年第25卷第11,12期) …………… 305

54. 中国科学社成立三十周年宣言(1944年第27卷第9—12期) ………………… 307

55. 本社三十周年纪念大会暨二十四届年会记(1944年第27卷第9—12期)
   …………………………………………………………………………………… 309

56. 中英庚款委员会十年来概况(1946年第28卷第3期) ………………………… 317

57. 邹钟琳:中国最近十年内(1937—1947)迁移蝗发生状况及防治之结果
   (附表)(1949年第31卷第2期) ………………………………………………… 319

58. 张昌绍:三十年来中药之科学研究(附表)(1949年第31卷第4期) ………… 321

《科学》杂志选编(1950年第32卷)

1. 任鸿隽:说"爱科学"(第1期) ………………………………………………… 341

2. 卢于道:上海科联的光荣(第2期) ……………………………………………… 343

3. 新民主主义的医药卫生建设座谈会记录(第2期) …………………………… 345

4. 陈新谦:对于新的药学教育所提的原则意见(第2期) ………………………… 356

5. 沈嘉瑞:新中国的科学研究(第2期) …………………………………………… 357

6. 张孟闻:科学工作者的联合阵线(第3期) ……………………………………… 363

7. 竺可桢:中国科学的新方向(第4期) …………………………………………… 366

8. 卢于道:科学与政治斗争(第4期) ……………………………………………… 368

9. 周谷城:科学的新生(第5期) …………………………………………………… 370

10. 李四光:欧美自然科学界向的现状(第5期) ………………………………… 373

11. 李四光:读了"欧美自然科学界向的现状讲词"记录以后(第6期) ………… 377

12. 刘咸:建设与科学的人力(第6期) ……………………………………………………… 379

13. 土地改革与农村建设第6次座谈会(第6期) …………………………………………… 381

14. 郑集:新中国科学发展的途径(第7期) ………………………………………………… 387

15. 怎样做好科学普及工作座谈会纪录(第7期) …………………………………………… 389

16. 胡永畅:和平,科学,与科学工作者(第8期) …………………………………………… 396

17. 工人业余技术教育座谈会记录(第8期) ………………………………………………… 398

18. 张孟闻:团结与建设(第10期) …………………………………………………………… 403

19. 卢于道:治淮是计划科学的革命工作(第11期) ………………………………………… 405

《科学》杂志选编（1915—1949）

本册所收录的文献选编自1915—1950年之《科学》杂志,文献收藏于美国哈佛大学哈佛燕京图书馆藏中国科学社北美分社档案。《科学》杂志创刊于1915年,是中国科学社的社刊。从1915年创刊到1950年,《科学》均为月刊,共出版32卷,总发行量逾76万册。在抗日战争的艰难岁月里,《科学》仍在大后方坚持以毛边纸印行,几未间断。1951年,《科学》因与全国科联新办的《自然科学》(后亦停刊)合并,出了一期增刊后停刊,1957年复刊。1957至1960年为季刊,共出版4卷,由上海科学技术出版社出版。1961年第二次停刊,1985年复刊至今。本册选编之《科学》杂志(1915—1949)部分内容,集中于中国科学社的发展沿革与社务纪事以及重要科学家的研究论文。1950年第32卷部分内容,是《科学》杂志尾声时期的文献,颇有参考价值。

發刊詞

邇來雜誌之作亦夥矣,憤時之士,進不得志於時,退則搖筆鼓舌,以言論為天下倡,抑或騷人墨客,抑鬱無聊,亦能擯寫懷抱,發舒性情,鴻文不煥,號召聲類,此固政客文人所有事,而於前民進德之效未嘗不有獲也。獨是一物之生,有質而後有力,一事之成,有本而後有末。五石之瓠,非不龐然大也,以盛水漿,其堅不能自舉。世界強國,其民權國力之發展,必與其學術思想之進步為平行線,而學術荒蕪之國無倖焉。歷史具在,其例固俯拾即是也。

抑歐人學術之門類亦衆矣,而吾人獨有取於科學。科學者,縷析以見理,會歸以立例,有腮理可尋,可應用以正德利用厚生者也。百年以來,歐美兩洲聲明文物之盛,震鑠前古,翔厥來原,受科學之賜為多。科學之為物,未可以一二言盡也,科學之效用,請得略而陳之。今夫吾人今日,陸行則馭汽車,水行則駕輪舟,絕塵而馳,一日千里,山陵失其險阻,海洋失其遼遠,五方異族,往來如一堂者,此發明蒸汽機關者之賜也。趨利赴急，片時可寄千里之書，親戚遠離，睽居而得晤言之雅，則發明電力機械者之賜也。且也，機械之學，進而益精，蒸汽電力，以為原動，則一日而有十年之穫，一人而收百夫之用，生產自倍，閭閻殷賑。近稽統計，遠西名邦，若美，若英，若法，若德，二十年間，國富之增，或以十倍，或以五倍，或以三倍，假非其人好勤遠略，糜財經武，則彼社會學家所理想"去貧"之說，未始不能實現也。此科學之有造於物質者也。

不甯唯是。生民之初，與天然戰，其所恃者，唯是體力。洪水饑饉疫癘夭札之來，無以禦之也。愧近科學大昌，風雨之變，測候既精，地形之利，相度必盡，不惟洪水饑饉之災可免也。乃生物之理，辨極於微茫，藥石之用，利盡乎金石，衛生之要，普為常識，疫癘之氣，消於比戶，大耄可以坐登，壽考竟得力致。故千八百五十年，美國人平均歲數為二十三歲零百分之十者，至千九百年，則為二十六歲零百分之三十三。千八百五十一年，英國人平均歲數為二十六歲零百分之五十六者，至千九百年，則為二十八歲零百

(註一)一國平均歲數，以其國人數除其總歲數算得之。

— 4 —

之九,其增長之律,蓋可睹矣。此科學之有造於人生者也。

不甯唯是,科學所影響於人類之智識,又有可言者,當中世紀之初,歐洲大陸,有宗教迷信,爲人類智識進步之障礙,不獨學說之背於教義者,莫由滋長也,乃謂聽天敬神,則自然可任,桎梏人心,莫此爲甚。使非科學家如加里雷倭(Galelio)者,本其好真之心,行其求是之志,血戰肉薄,與宗教爭,此思想上之自由,則至今猶蒙屯可也。文學復興之後,人競文彩,則赫胥黎斯賓寒爾之徒,又主張以自然科學爲教育學子之要道。烏乎!今人抵掌而談地方,伏地而拜閃電,則三尺童子,知悼笑之矣。然非得科學上之證明,究何以識地之本形,與電之原理哉。此科學之有造於智識者也。

不甯唯是,科學與道德,又有不可離之關係焉。今人一言及科學,若奢屬於智識,而於道德之事無與焉者,此大誤也。管子曰:"倉廩實而知禮義,衣食足而知榮辱。"此古今不易之定理也。故科學之直接影響於物質者,即間接影響於道德。且人之爲惡,固非必以是爲樂也。辨理之心淺，而利害之見淆，故有時敢爲殘賊而不顧。自科學大昌，明習自然之律令，審察人我之關係，則是非之見真，而好惡之情得。人苟明於經濟學之定理，知損人之終於自損也，必不爲以鄰爲壑之行。明於社會學之原理，知小己之不能獨存，而人生以相助爲用也，而人偶共作慈祥豈弟之心油然生矣。又況以科學上之發明，交通大開，世界和同，一髮全身之感，倍切於疇昔。狹隘爲己之私，隱消於心曲，博施濟衆，澤及走禽，恤傷救難，施於敵士。四海一家，永遠和平，皆當於科學求之耳矣，假鑠外哉。

烏乎！臨淵羡魚，不如退而結網；過屠門而大嚼，不如歸而割烹。國人失學之日久矣，不獨治生楛窳，退比野人，即數千年來所寶爲國粹之經術道德，亦陵夷覆敗，蕩然若無。民生苟偷，精神形質上皆失其自立之計，雖閉關自守，猶不足以圖存，別其在今之世耶。夫徒鑽故紙，不足爲今日學者，皎然明矣。然使無精密深遠之學，爲國人所服習，將社會失其中堅，人心無所附麗，亦豈可久之道。繼茲以往，代興於神州

發刊詞

學術之林,而爲芸芸衆生所託命者,其唯科學乎,其唯科學乎!

同人不佞,賴父兄伯叔之力,得負笈遠西,親睹異邦文物之盛,日知所亡,坎然其不足也,引領東顧,眷然若有懷也,誠不自知其力之不副,則相與攫講習之暇,抽日月所得,著爲是報,將以激揚求是之心,引發致用之理,令海內外好學之士,欲有所教於同人者,得所藉焉,是則同人所私願而社禝尸祝之者也。

本社緊要啓事

一 登廣告者請向本社各經理員接洽
一 定閱本雜誌者請向本社各代派處或各經理訂購
一 本雜誌編輯部暫設美國紐約省綺色佳城凡與本雜誌部通信者請照下開英文住址書寫

Mr. M. T. Hu
202 Cascadilla Hall
Ithaca, N. Y., U. S. A.

一 關於科學上之質問請寄信本社編輯部
一 凡訂閱本雜誌者須先付報郵等費空函恕不奉復
一 訂報者欲更換住址請先一月函告本社上海總經理并將原住址告知是幸

科學社啓

戰爭與科學

楊　銓

自千九百十四年歐洲之大戰起，世界戰史，別開生面，拿破崙蹂躪全球之魔力不足以儗，而巴爾幹最近之風雲黯然無色。夫兵猶是歐洲之兵，地猶是歐洲之地，而今昔之懸殊如是，亦曰科學之發達有以使之然耳。戰爭者人類應用科學之始，鐵器未興而刀劍盛行，化學不存，而火藥先有，他如氣象地理之學，古人用之行陣者，尤指不勝屈。雖然，科學不以戰爭存也；十二世紀以還，自奧克斯福巴黎諸大學成立，科學代興，新理層出，蒸蒸日上，迄于今日，皆學者琢磨之力，未嘗有戰爭驅使其間。故謂今日之戰爭爲科學的則可，而謂今日之科學爲戰爭的則不可，讀者有疑吾言乎，請得而詳言之。

今日戰爭之利器無一非科學實驗室中之物，電機鐵路無線電飛行機之用于戰爭，此顯而易見者也。然其他科學原理之用于戰爭者多矣，不深求之，不得而知。德工業之國，食糧依賴鄰邦，懼戰事或起，將有絕食之虞，則農工並重，肆力農學，不數年間，地無棄土，其糖芋之佳，遠過專農之美；戰事既裂，倉廩充實，無內顧之憂。製造爆裂物無硝酸則不成，而硝之來源爲鹹硝英之產物也，德知一旦有事，鹹硝源絕則不能製爆裂物，此兵家之大患，其化學家於是絞腦竭思而求所以不用鹹硝製造硝酸之術；其卒也，有取硝空氣之發明，而此困以紓。火器既精，平常之鋼板不足以禦之；新式之無煙火藥既出，其爆裂溫度在四千五百度華氏表左右兩倍鐵之熔點焉，於是而製鎗之鋼難乎其選；凡此皆使尋常含炭之鋼成廢，而新製之化合鋼如錳矽合鋼鎢合鋼之類乃逐漸發明。類此之例，不勝枚舉，在文化未進之國視之，皆無足重輕之物而其於今日戰爭之關係如是其密。夫德之備戰數十年，何爲哉？欲求不仰給他人之軍械糧餉與各種軍用品而已。英法與他國或則已能自立，或則有所取給，至其計慮預備則莫不詳至審密。故今之言戰非朝令夕發咄嗟可辦之事，而實數十年實驗研究之果也。

不特攻戰傳達之器精進，防守調治之道與之俱焉。千八百七十年普法戰于聖伯利伐（St. Privat）法鎗八十發，子彈合重六百六十磅乃能傷一德兵；四十四年後人以戰器日銳則死傷之數當必有可驚者，不意滿洲之役俄礮凡一百五十發乃能傷一日兵，此時之彈視千八百七十年加重，蓋以二千磅之鋼行一二里之遠始能傷及一人。今歐洲之戰據觀戰者云其死傷率之減少將爲世界立一新標焉。開戰之始，火器千發，死者不及一人。英將威廉奧斯勒（Sir William Osler）云七百傷兵入奧斯福病院，六百九十九人得生，其一人之死且因他疾而非戰創也。坡耳新將軍（General Percin）之言曰"傷兵之死亡率日以遞減大弗來得列克

(Frederick the Great)之傷兵死亡率為百分之六,拿破崙為百分之三,千八百七十年普法之戰為百分之二,而滿洲之戰則減至百分之.五(.5%)."觀此則近世戰死人數之減少,固在我人意料之中.死者之數既減,而生命之價值乃日增高,蓋以死者之數除戰爭消耗之金錢則得一命之價值也.俄土之戰(1877-1878)此值為萬五千金元,日俄之戰則增至二萬四百金元,循此以推,而此次戰死之命值可知焉.夫戰爭之程度與世界之文明俱進者也,一日有戰爭,則一日不能禁人用科學之新發明新學理于戰事;函人惟恐傷人,矢人惟恐不傷人,攻者愈銳,防者愈堅,相生相克,無有已時.兩虎遇則勝負不易言,此今之歐戰也.論者謂今之戰國食足兵眾,未易疲乏也,能止之者其唯械盡乎.何謂械盡?槍之壽不發則無限量,既發則因彈之磨擦震動內部必受微傷,發之不已則必有不可用之一日,於是易新整舊乃不可少.自動車轉運車皆此類也.戰期過久,傷兵纍纍,新卒日增,車輛窮於應付,而朽敗之器械又皆龐然重大,非可手挈肩負,則勢必不能修治,一旦周轉不靈遂成械疲,至是而列國手無斧柯欲戰不能矣.斯言也,強乎理想然兩軍之勢均力敵可見也.雖然,使有國焉介然其間,不知科學為何物,其結果將如何乎?裸體迎刃,空拳搏虎,思之者心悸矣.善哉薩太爾(J. Mckeen Sattell)之言曰"國以科學之器械戰,則野蠻愚蠢之民不並立,無噍類."

科學之為用於戰爭既如是其大矣，戰爭凶事也，而科學乃助之為虐，然則科學非病菌禍水乎？曰否否，此知其一而不知其二也。有科學乃有今日，無科學則無今日，欲定科學之功罪當先求數百年來科學於人類之成績。科學者其原理應用一本之大同主義者也。吾人之有近世文明，實科學共和寡戰三物之功。科學與吾人以共和，而寡戰乃得實行。自科學應用於農工商業，傭者無胼手胝足之勞而世界之財源日富，故生殖雖繁而不致有人滿之患者，科學之賜也。馬爾就斯(Marthus)人口之律云生者常衆，存者常艱，不有饑饉大疫，則競存之戰不能免。然科學昌明之世則反是，薩太爾氏謂"科學大進，則物質富有，生殖雖繁，不礙其存。生殖既繁則人才輩出，而科學乃愈進。故食用之供給實與人口增加之平方成正比焉。"

交通便而國際之通商興，今世之通都大邑若上海紐約巴黎柏林之屬何國無商業，戰爭起則勝負未分而經濟先匱，睚眦小怨得不償失之戰爭因此而消滅於無形者衆矣。科學之理既大明，凡百事業，無不以效率為先。器械不精，設備不周，不戰也，故戰端未起先事籌備者數十年今之兵士視死于槍彈猶誤斃于鐵軌，非其勇敢遠邁古人亦不欲為無益之犧牲而已。科學雖未嘗明減戰爭，然使世界知戰爭非兒戲，因而慎重其事，不敢輕試，其功亦不可沒也。戰器之精進，于世亦有益焉。火藥輸入，城堡失其堅，而歐洲之封建制度毀.機械旣興而野蠻之武力無所用,成吉思汗不更見于今日者勢不能也.且今日者國與國戰,而非君與君戰.戰與否國民之公意,一人不得左右之,故非萬不獲已,則民無自殺之心而戰不起此雖政治之進步而實科學有以使之,科學者人類平等之基也,國際之交游廣而彼此之情愫通,欺陵輕視之念因之以泯.今之歐美主張世界和平休兵主義者其理論多根據科學.使科學之進行不已,則大同之夢終將有見諸實事之一日.

科學不以戰爭存也.戰爭之程度雖至文明,終不能爲世結良果.美通俗科學月報預計謂後十年純粹與應用科學之進步因此次戰事而減半,則人數死亡之數當增四十萬,而財產之損失增五萬兆金元.然此僅科學停滯之影響,而直接受諸戰爭之損失不與焉.

夫當承平之日以備戰之故而荒科學者有之,日俄戰後俄礮隊之進步遠過世界農器之發達,其一例也.大戰告終創痛之餘,休養生息之不遑,而科學之被棄置者又若干年;且種旣退化,則雖有研究之者其腦力心思薄弱亦不能有所建樹,故科學者戰爭之友,而戰爭則科學之敵也.

大戰之結局不可逆睹,和平之夢去今之世尚渺乎其遠.歐洲之民旣沈酣於鐵血,東鄰之虎亦狡然思逞其爪牙,吾神洲之民將何從乎.戰以圖存不得已也,然今之世無科學則雖有孟賁之勇孫武之智徒爲槍鏑砲灰而已;蓋今之勝員在器不在人，一機關槍耳，運者一夫，而死傷者百人，雖有衆四萬萬何濟於事乎；世有主戰者必自科學始．然科學之用又豈僅爲戰爭之預備已哉，科學自爲物一萬能必勝之利器也．百業興，民智深，雖有強梁，不得而奴．故有科學然後可以戰，有科學然後可以不戰，孰捨孰從，唯國人自擇之．

本社緊要啓事

一登廣告者請向本社各經理員接洽

一定閱本雜誌者請向本社各代派處或各經理員訂購

一本誌雜編輯部暫設美國紐約省綺色佳城凡與本雜誌部通信者請照下開英文住址書寫

Mr. M. T. Hu
202 Cascadilla Hall
Ithaca, N. Y., U. S. A.

一關於科學上之質問請寄信本社編輯部

一訂報者欲更換住址請先一月函告上海靜安寺路五十一號寰球學生會內本社總理朱少屏君幷將原住址告知是幸

科學社啓

科學與工業

任鴻雋

吾聞今之談學術者有言，"古之爲學者於文字，今之爲學者於事實，二十世紀之文明無他，卽事實之學戰勝文字之學之結果而已."斯言也，何其深切著明，而足代表科學之精神與能事也．自十七世紀培根笛卡兒加里雷倭牛頓諸哲人降世以後，實驗之學盛而科學之基立．承學之士，奮其慧智，旁搜博證，繼長增高，遂令繁衍之事物，蔚爲有理之科條．自然之奧竅愈明，人事之願欲畢備．黌舍之中，百科燦然，授受精研，如恐不及．計自鄉庠以逮大學，其人非愚鈍，上達無礙者，必習明於幾何代數之理，方圓形體之算；其在物理，必明於動力能量之定律，聲光電磁之原理；其在化學，必明於八十三元子之化合，酸鹻中性之變應；乃至有機物類之夥賾；其在自然界中，物植之生長，地質之構成，茫然無知，又學者之恥；甚哉，今日爲學之道，誠與空言格物而坐俟豁然之一旦者，其難易繁簡，不可同年語矣．是道也，不獨先進之國爲然，卽步人後塵，遑遑然唯恐不及者，又何莫不然．讀者試思吾國自以學校之制代科舉，所遑遑然以求者，非此科學之移植，而坐收興業之效耶．所殷殷然以憂者，非此學校之未足盡移植科學之天職，而奏興業之實效耶，唯然，而言者不能無疑矣．

疑者曰，今之學校，以實驗科學爲教者，吾不知其何居。凡諸物理化學諸書所有者，既成之定律與已往之實驗耳，自牛頓之動力三律以至最近質射之理，觀之誠亹亹矣，而何有於利用厚生之事。化學上能製綠氣與鈉質矣，而取鹽者必穿井鑿山，煮鍊以得之，不恃試驗室而後備也。是故學問與事業，常不相合，所謂高等教育科學能事者，不過爲飾己炫人之具，而於前用殖貨之事無與焉。吾欲興一業，製一器，吾但就市人而問焉可矣，安用殫精竭慮，馳騖於精微要妙之理論，事倍而功乃半耶。

上所云云，不敢謂代表一般學者之心理，然略窺科學之門徑而未竟厥源委者，則往往有此疑。今欲明科學之應用，當先言今昔工業之異。昔之所謂工業者，約言之，則如村女之織紝，匠人之斧柯，與陶冶之範器。其治業也，無過四體手足之勤；其庸勞也，無過十室百夫之衆；其出產足給初民日用之需；其周流唯限於鄉邑隣里之近；是故其事業之嬗衍也，唯是箕裘之遞紹，而無學問思想之事行乎其中。今也不然，機械之用興而分業之效著，一業之傭工，動以千萬計，一工之所產，又十百倍於前焉。璣貨山積，通市幷海，財利之積愈夥，則興業之情愈盛，而工業之進步，乃爲時勢所迫桚而不容已。此談生計者所以劃歐洲十八世紀學術之發明，爲工業革命時代，而西方百餘年來物質之發達，國富之增進，胥由於此。吾且弗言吾國產業之遲頓不進，其原因安在；吾且與讀者一觀歐洲十八世紀以前工業之狀態,蓋若與我不相逕庭,而百餘年來彼方進步之速,發達之盛,乃使我望塵莫及臨嚴而返,何也.吾思之,吾重思之,十八世紀以前之西方,與今日之中國,其學術之未及於工業同也,故其沈滯不進之狀亦同.十八世紀以後之西方,與今日之中國其工業學術之發達異也,故其工業進退之狀亦異.雖然,十八世紀以前之歐洲,科學雖未大昌,而種子則已萌芽於培根之歸納論理與牛頓諸氏之實驗發明.今之中國,旣無科學矣,而國人乃未夢及科學與工業之關係.學術之不修,原理之不習,貿貿然號於衆曰,興工業,興工業,無本而求葉茂,見彈而求鴞炙,是不亦太早計矣乎.

是故古今工業之異點安在乎?一言以蔽之曰,古之工業,得於自然與習慣之巧術.今之工業,得於勤學精思之發明.古之工業,難進而易退.今之工業,有進,而無退.何則,有學問以爲後盾故也.今欲列舉近世之工業出學問講求之結果者以實吾言,其事無往不在,悉數之更僕未可終也.無已,則略舉一二以見例.

今夫近世工業規模之巨與應用之無窮者,孰有如電之一物乎.電有四,一曰化電,二曰熱電,三曰摩擦電,四曰磁電,亦曰感應電.數者見象雖殊,其原理則一,亦法勒第(Faraday)所證明者也.今日工業上所用之電力,大都出於磁電,以磁電能生強大之原動力,其力又易傳達轉送於各處也.磁電之發見,託始於厄斯台得(Oersted)而大明於法勒第.法氏之電學實驗研究,蓋科學上不朽之業也.讀其實驗錄(Experimental Research)首章有云:

"感應電流之效,既有人知之而言之矣,如電之生磁,安培耳(Ampere)之以銅版接近平螺旋與其復作阿喇戈(Arago)之電磁試驗^(註二)皆是也.然,此數者似未足盡感應電之能事,且諸試驗無鐵則不驗,而世間無數物質.對於靜電而呈感應者,對於感應之動電而不能不無所動,可斷言也.且無論安培耳之名論適合與否,而自電流所經輒生磁場之事實觀之,一善導體在此範圍以內,安知不以感應而生電流或與電流同類之力乎.吾以此理想而進爲實驗之研究,不獨爲阿喇戈之試驗加一說明已也,或於電流上開一新途亦未可知耳."

法氏之大發明,乃在其十日間之電學試驗.彼先以二十尺之銅線十二枚纏於一木環上;各線之間,皆以線隔絕之.連1,3,5,7,9爲一組,他爲一組,以A,B表之.(如第一圖)今置電流計(galvanometer)於A道中而置電池於B道中,迨電流忽通或斷時,電流計即生影響.此互

第一圖

(註一)此似指厄斯台得之發見電流之磁場言.

(註二)此指阿喇戈之發見以銅版置磁針而旋轉之則磁針隨之旋動而言.

感電流之發明也.法氏又以銅線纏於紙作空柱上,而貫鐵條於其中.此銅線中仍置一電流計次用大磁石二,兩異極合於一處,他異極則隔離相對,使成一馬蹄磁石形.今若置此鐵貫銅線環於兩磁石之兩極間,而忽斷其一極,則銅線中之電流計卽生影響.反之兩極復連亦如之,此磁石生電之發明也.法氏於是設一器具如第三圖,NS為大磁石,ns為軟鐵塊,用以強磁極,且令磁極得遠近自由.A為銅圓板,置ns之間,有柄能自由旋轉.板心與緣各有導線連之,中置電流計.今如旋動銅板,則電流卽生於導線之中.
(註三)
法氏所以為阿喇戈試驗之說明者,蓋謂置導體於磁場中,而擾動其磁力,卽足以生電.此實後世磁場發電之濫觴,而今日電機工業所從出也.

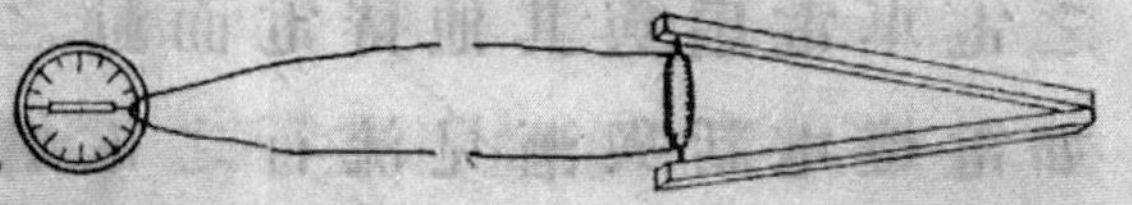

第二圖

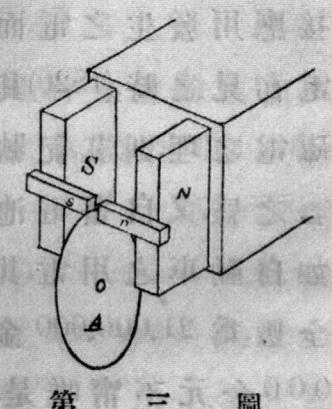

第三圖

由磁電發生之工業,可略分為兩類;其一應用發生之電力者.上言由化學,熱力,摩擦而生之電,其量皆甚微,不足以供工業之用.唯磁電之理明,吾人乃有術以變天然或機器之力而為電力.而電力不可勝用矣.其變機力為電力之器,謂之磁場發電機(dynamo).機力可以發電,反之卽電力亦可

(註三)以上所述見法勒第之實驗錄第一章(Experimental Research, Series I).

動機.其假電力而動之機,謂之電動機(Motor)二者實一物,其構造皆本於磁電感應之理,其爲用有互相依倚之勢,凡今之電車電扇與其他待電而動之機械,與用電最多之工業如電燈電話與漸見流行之電爐,皆由此出者也.吾人欲觀電業之發達,亦但計其發電機與發動機之價值而已.據1900年全美國所用之發電機,爲值 10,000,000 金元,其發動機之值,爲 24,000,000 金元,而各電廠之出產,乃至 150,000,000 金元,而電車電話電燈各工業尙在計算之外也.其二不直接應用發生之電,而用感應之機者.如電報之發明,蓋在磁電初見之時,(1820)其所用之電流,亦不爲感應所生.然非藉磁電之理,則其記號機關無由構成,而何以致今日千里晤言之盛.又自蓄電池(Storage battery)日精,而電力之用乃益宏;如自動車之用電,其一例也.據 1900 年統計,美國電報業之全數,爲 21,000,000 金元,其資本之投於蓄電器者,亦 11,000,000金元.不甯唯是,電學上之發明,方興未艾,電畫(telectroscopy) 之用光以傳畫,光話 (photophone) 之用光以傳言,皆在萌芽方始之際,而長距離之電話,與直接打字之電報,皆最近商業上之成功.循是以往,科學上之進步無窮,而工業上之進,步其又可量耶.

以上取證於物理學者也.今請再取例於化學.近來化學之最盛者,斷推德國.德國化學工業之最聳人耳目者,莫如其人造色料.人類之知染久矣,藍茜之用,遠見於吾國古籍,而歐人之用靛,乃在十六世紀印度之靛傳入埃及以後.蓋先民所用爲染之色料,無過草木之汁漿,即所謂天然色料是也.至1869年德人葛雷白(Graebe)與里亨曼(Liebermann)發見由納夫色林(naphthalene)以造阿立沙林紅(alizarin red),是爲人造植物色料之始.迄今德人由煤膏(coal-tar)造成之植物色料,蓋二千五百餘種,爲值125,000,000金元.以來因(Rhein)河上之一製色廠,而所用化學師至三百人.德國全國燃炭所得煤膏百分之八十五,皆利用爲製造色料之原料,則其工業之盛可想見也.

人造色料中之最重者厥爲人造靛.未有人造靛以前,世人所用之靛,皆取之於藍艸.其艸產印度者英名Indigofera sumatrana,產非洲西岸者,英名Lonchocarpus eyanescens,產中國者英名Polygonum tintorium,要皆屬於藍艸科.(Indigofera).其取靛之法,則取藍葉漬於水中,藍中所含糖質(glucosides)與靛質(indican),即溶入水.以微菌及空氣中養氣之作用乃養化而成靛精(indigotin),又名靛藍(indigo-blue).此時水作深藍色,更俟之藍質即沈澱而出.取壓而乾之,即市中所售之靛也.

天然靛之造法,如上所述,固覺單簡易能,其爲古人所偶然發見無怪也.獨至以人力造成此靛,則所需學力智術甚巨,而令此發明足供工商業上之應用,其事尤非易易.蓋綜而言之,其相待爲用者約有三事;(一)須先明物質之構造,(二)須求構成此同樣物質之法,(三)所用於構造之原料必須價廉易購而製造之費亦不過昂,兼此三者而成功乃可冀.吾人皆知人造靛之法,發明於貝野耳(Baeyer)而大成於郝以曼(Heumann),而不知貝野耳之從事靛之研究也,蓋十有五年,而後其人造靛之法乃出,又五年而郝以曼之法,乃能蔚然成一工業.此二十年中所消耗學者之腦力幾許無論矣,某公司以此而耗費之資本,亦不下四百萬金.天下事豈有無勞之獲哉.

今當略及人造靛之化學,以見此業之非甚容易.貝野耳1880之法,在以葡萄糖還元正硝養二盤基三炭欠四輕酸,此物又得於正硝養二肉桂酸其化學變化如下:

1. $C_6H_4{<}^{CH=CH-COOH}_{NO_2(O)} + 2Br = C_6H_4{<}^{\overset{HBr}{C}-\overset{HBr}{C}-COOH}_{NO_2(O)}$

　　正硝養二肉桂酸　　　　　　　二溴化正硝養二肉桂酸
　　(ortho-nitro cinnamic acid)　　(ortho-nitro cinnamic acid bibromide)

2. $C_6H_4{<}^{\overset{HBr}{C}-\overset{HBr}{C}-COOH}_{NO_2(O)} + 2KOH = C_6H_4{<}^{C{\equiv}C-COOH}_{NO_2(O)} + 2KBr + 2H_2O$

　　　　　　　　　　　　　　(alcoholic)　正硝養二盤基三炭欠四輕酸
　　　　　　　　　　　　　　　　　　　　(ortho nitro phenyl propiolic acid)

3. $2C_6H_4{<}^{C{:}C{\cdot}COOH}_{NO_2(O)} + 4H = C_6H_4{<}^{CO}_{NH}{>}C{:}C{<}^{CO}_{NH}{>}C_6H_4 + 2CO_2 + 2H_2O$

　　　　　　　　　　　　　　　　　　　靛精 (indigotine)

後二年貝野耳更發明一法用煤膏中之陶鹵(toluene)為原料,先以硝酸加之,得正硝養二陶鹵,

$C_6H_5-CH_3 + HNO_3 = C_6H_4{<}^{CH_3}_{NO_2(O)} + H_2O.$

　陶鹵 (toluene)　　　正硝養二陶鹵 (ortho-nitro-toluene)

次以過錳酸鉀養化正硝養二陶鹵為正硝養二盤基欠酸,

$$C_6H_4{<}{}^{CH_3}_{NO_2(O)} + 2O = C_6H_4{<}{}^{C{<}^O_H}_{NO_2(O)} + H_2O.$$
正硝養二盤基欠酸 (ortho-nitro-bengaldehyde)

正硝養二盤基欠酸與酢通 (acetone) 相結合而生下物

$$C_6H_4{<}{}^{C{<}^O_H}_{NO_2(O)} + HCH_2{-}CO{-}CH_3 = C_6H_4{<}{}^{CH(OH){-}CH_2{-}CO{-}CH_3}_{NO_2(O)}$$

此物與鹻類 (alkalis) 共熱之卽得靛.

以上兩法中,尤以次法之出產為豐,然陶鹵由煤膏取出為量甚少,不足供大工業之用.惟其少也,其價亦較昂,以是造靛,得不償失也.

1890年郝以曼發明之法,在以安尼林 (aniline, 原於法文之 anil, 譯言藍也) 與綠化酢酸相結合而得盤基硝輕二酢酸

$$\underset{\text{安尼林}}{C_6H_5\cdot NH_2} + Cl\cdot CH_2COOH = \underset{\text{盤基硝輕二酢酸 (Phenylamino acetic acid)}}{C_6H_5NH\cdot CH_2\cdot COOH} + HCl$$

此物和鹻類熔之卽得靛精.由此變化而生靛雖其原料較富而產量仍不甚豐.後乃知用盤基硝輕二酢酸之正炭基酸化合物,則生靛甚富,而前者可自煤膏之納夫色林製造之,其物又甚賤而易得也,於是人造靛業乃有工業上之價值矣.今將其化學變化略舉之如下:

人造靛不獨其價較天然者爲賤也，其質又較天然者爲良．蓋天然靛中，雜質甚多．其純粹之靛精，有時少至百分之二十，而人造靛則含有百分之九十靛精，故業染者多喜用之，而人造靛乃有代天然者而奪之席之勢．今將近數年間人造靛與天然靛輸入英國之比較，列表如下，以見一斑．

	天然靛	人造靛
1901	788,820 鎊	
1904	316,070 鎊	83,397 鎊
1906	111,455 鎊	147,325 鎊
1908	136,882 鎊	134,052 鎊

世界用靛之全額，約值20,000,000金元，而1912年德國之商業報告，其人造靛之輸出額，爲值10,769,900金元，是已占世界全額之大半矣．去年開戰以來，英美染業家之最感痛苦者，莫如人造色料之斷絕一事．英政府至特立豫算，投資

(註四) 爲 之略．

五百萬鎊以謀國內人造色料工業之發達,而我國業靛者亦擬乘機以恢復我天然靛之地位,(見四月上海時報)則德人化學工業影響之巨,於此可見矣.

十八世紀生計學始祖亞丹斯密司 (Adam Smith) 創勞力卽富之說 ("Labor is wealth"), 至今言生計者未之能易.所謂勞力者固不徒指手足之勤而言,彼殫精竭思以治自然物理之學而發明前人未闢之秘,以成開物成務之功者,乃眞能勞者矣.以勞爲之種,而福世利人之穫隨之而至如響之不爽於聲,影之無逃於形.今之人心之未瀹也,而唯瀹物之求;智之未廣也,而唯廣業之務.不種而思穫,未施而望報,其反乎生計學上富之原理也甚矣,容有冀乎.

吾作此篇,將以明近代國富之增進,由其工業之發達,而其工業之起原,無不出於學問,因以見學校中科學教育之不容已.至於社會政治之組織,國民生計之情狀,無不於工業有直接關係,然當從他方面觀之,故其言如上而止.

(附記)此篇所用有機化學名詞旣無舊書以供參攷,又非融會貫通而後出之,恐不免有牴牾之處,容他日訂正.

科學與教育

任鴻雋

余曩作"科學與工業"，慮世人不知科學之效用，而等格物致知之功於玩物喪志之倫也，為之略陳工業之導源於科學者一二事，以明科學致用之非欺人。雖然，科學不為應用起也。赫胥黎有言曰，"吾誠願'應用科學'之名之永不出現於世也。自有此名，而學者心中乃若別有一種實用科學智識在'純粹科學'之外，可以特法捷徑得之，此大誤也。所謂應用科學者無他，即純粹科學之應用於某特殊問題者是矣。即純粹科學本觀察思辨而發見之通律所推衍之結果也……凡今製造家所用之方術，不出於物理，則出於化學。將欲進其術，必先明其法。人非久習於物理化學之實驗，從純粹科學之簡練，洞悉其定律，而心慣於事實，而欲明製造之法，收改進之功，其道無由。"(註一)由斯以談，應用者，科學偶然之結果，而非科學當然之目的。科學當然之目的，則在發揮人生之本能，以闡明世界之真理，為天然界之主，而勿為之奴。故科學者，智理上之事，物質以外之事也。專以應用言科學，小科學矣。吾懼讀者之誤解吾前文也，故復以此篇進。

科學於教育上之位置若何？此半世紀前歐洲學者辯論之點也。賴諸科學大家如斯賓塞爾赫胥黎之流，雄文博辯，

(註一) 見赫胥黎演說科學與淑身 (Science and Culture)

滔滔不絕;又科學實力之所亭毒,潮流之所趨赴,雖欲否認之而不能,科學於教育之重要,久已確立不移矣.其在今日,科學之範圍愈廣,其教育上之領域亦日增.設有人焉,居今之世,猶狃於中古之法,謂教育之事,唯以讀希臘拉丁之文,習舊約神學之書為已足者,彼方五尺童子,知唾其面矣.還顧吾國,科學之真旨與方法,既尚未為言教育者所深諳;而復古潮流之所激盪,乃有欲復前世咿唔咕嗶之習,遂以為盡教育之能事者,此其結果所及,非細故也.余不敏,請引據各家之論證,以言科學於教育之重要.

謂教育之本旨,在"自知與知世界"(to know ourselves and the world)者,此阿諾爾特(Matthew Arnold)之說也.其達此本旨之術,則曰"凡世界上所教所言之最善者吾學之"(to know the best which has been taught and said in the world).(註二)阿氏此說,曾為赫胥黎所詰駁.赫氏以謂阿諾爾特之所謂所教所言之最善者,文學而已.於是鄭重言之曰,"當今時代之特彩,乃在天然界知識之發達,"故無科學智識者,必不足解決人生問題矣.

雖然,阿氏固文士,而其言教育本旨,則仍主乎智.既主乎智,其不能離科學以言教育明矣.第阿氏之所主張者,科學雖善,不足與於導行審美之事.導行審美之事,唯文學能之,故文學與科學之於教育,乃并行而不可偏廢.是言也,科學

(註二)見阿諾得論文文學與科學(essay on Literature and Science)

者流亦認之.赫胥黎之言曰,"吾絕不抹煞眞正文學於教育上之價值.或以智育之事,無待文學而已完者,誤也.有科學而無文學,其弊也偏,與有文學而無科學,其弊正同.貨寶雖貴,若積之至反側其船,則不足償其害.若以科學教育造成一曲之士,其害有以異乎." (註三)

於是吾人當研究之兩問題焉.第一科學果無與於導行審美之事乎?第二導行審美之事果唯文學能之乎?若曰能之,必如何而後可?

欲研究第一問題,當先明科學之定義.余前作"說中國無科學之原因,"曾略爲之界說矣.曰,"科學者智識而有統系之大名."更證以賀默(Homer)之評論家伍爾夫(Wolf)之言曰,"凡有統系而探其原理之教訓,吾皆謂之科學的."蓋科學特性,不外二者:一凡百理解皆基事實,不取虛言玄想以爲論證.二凡事皆循因果定律,無無果之因,亦無無因之果.由第一說,則一切自然物理化學之學所由出也.由後之說,則科學方法所由應用於一切人事社會之學,而人生之觀念,與社會之組織,且生動搖焉.今夫水,分之則爲輕養二氣.蠟,燃之則生水與無水炭酸.地球之成,始於星雲.人類之祖,原爲四足曳尾之猨猱.蘋果之落,以物體之引力也.氣球之升,以兩質輕重之相替也.聲之行也以浪,電之傳也以能(energy).此皆屬於物質界.律以科學定理,所莫能逭者也.乃

(註三)見赫胥黎演說"科學與淑身."

觀科學之影響於社會者則何如？人皆知達爾文物競天擇之說出而人生思想生一大變遷也，而不知達氏之說，乃導源於馬爾秀斯(Malthus)之人口論(Essay on Population) 人口論之大旨，謂人口之增，以幾何級數，而食物之增，則以算數級數，食之不足供人而不可無有以阻人口增加之率者勢也。阻之出天然者，曰饑饉，曰疫厲，曰爭奪相殺。文化旣進之國民，當思以人治勝天行，則爲之禁早婚，節生育，是曰人爲之阻抑。馬氏反對戈特溫(Godwin)之樂觀主義，以爲人生究竟，不歸極樂，烏託邦理想，終不可達，爲之鉤稽事實，抽繹證例，以成此不刊之論。蓋與亞丹斯密司(Adam Smith)之"原富"(Wealth of Nation)，各究生計之一方面，而同爲生計學不祧之祖也。達氏取其說而梘大之，推及庶物，加以無窮之例證，其風靡一世宜也。說者謂馬氏之論，文學而非科學耶？吾謂凡文之基於事實而明條理因果之關係者，皆可以科學目之。而社會科學中適用科學律令之最多者，又莫生計學若。今請以一例明之，生計學上有一最奇之現象焉，則每近十年而金融界上生一恐慌是也。生計學者對於此現象之犂然有序，若風之有候也，則相競爲科學上之解釋。其最奇者乃謂金融界之恐慌，與日中黑子相關。蓋以金融界之恐慌約十年而一現，日中黑子，亦約十年而一現，而二者出現之年，亦先後略同，則安知非知此日中黑子，影響於吾地球

(註四) 戈特溫著有政治正誼論(Political Justice)及疑問者(Enquirer)諸書。

上之氣候,由此氣候之變易,而生年穀之豐歉,年穀歉獲,乃爲一切製造戀遷不進之原,而恐慌成矣.近有科侖比亞大學生計學教授某者,求恐慌之原於雨暘,爲之統計數十年氣候之記錄,較其雨量之多寡,既得,則歡忻鼓舞以告於衆曰,吾得恐慌之眞因矣.要之社會人事,原因複雜,執其偏因以釋其全體,無有是處.然亦可見科學精神,與因果律令,無在不爲學者所應用也.

不寧唯是,科學之研究,有直接影響於社會與個人之行爲者,請以伐哀斯曼(Weismann)之論遺傳性爲證.伐哀斯曼者,德之生物學大家也.其論遺傳,主張胚遼論 (theory of germ-plasm).其說以爲父母之性質,遼傳於其子姓也,唯能傳其生前之本有,而不能傳其生後之習得.此說近於達爾文之物種變異論(theory of variation)而與拉馬克(Lamarck)之說,(註五) 謂凡得於生後之新性,可傳之後裔者,則正相反.要之伐哀斯曼之說,謂天性相傳勿替者,雖尙待論定,至其謂習得之性,不能遞傳,則證據充確,似可無疑.使伐氏之說而果確也,則吾人道德行爲之判斷,與社會對於個人之義務,皆當由根本上生一大變革.如使教育法律之積效,不足變易劣種而使之良也,如使優劣兩種之胖合所得之子姓,其進種之功,不足掩其退種之害也,則吾人對於教育慈善諸事業之

(註五) 拉馬克 (1744—1829) 法之大自然學家,發明生物變種四律,與達爾文齊名.

態度,當爲之一變.吾人方今對於此等問題之判斷,出於個人感情者大半,其純從科學律令爲社會將來計者蓋鮮矣.

科學敎育之關係於社會問題者,旣如此,乃觀其影響於個人性格者則何如.達爾文謂其友曰,"吾無所用於宗敎與詩,科學硏究與家人愛情,吾生平樂享不竭矣."達氏天生自然學者,其用心專一,幾凝於神,固不可與常人相提幷論,實則眞有得於科學者,未有於人生觀反范然者也.吾欲擧法勒第(Faraday)(註六)之致書老母,何其款然孺慕,皂婁(Wöhler)(註七)之與朋友交,何其藹然可親,而人將疑一二例外,不足以槪其全,則請試言其理.凡人生而有窮理之性,亦有自覺之良,二者常相聯係而不相離.謂致力科學,不足"自知與知世"者,是謂全其一而失其一,謂達其一而犧牲其一也,要之皆與實際相反者也.人方其冥心物質,人生世界之觀,固未嘗忘,特當其致力於此,其他不得不暫時退聽耳.迨其窮理旣至,而生人之情,未有不盎然胸中者.於何證之?於各科學之應用於人事證之.方學者之從事硏究時,其所知者眞理而已,無暇他顧也.及眞理旣得,而有可以爲前民利物之用者,則躍然起而攫之,不聽其廢棄於無何有之鄕也.而或者謂好利之心驅之則然.然如病菌學者,身入疫癘之鄕,與衆豎子戰,至死而不悔,則何以致之?亦曰硏究事物之眞理,以竟

(註六)法勒第電學大家,見本誌前期電學略史及科學與工業篇.

(註七)皂婁(1800—1882)德之大化學家,有機化學之鼻祖.

人生之天職而已。是故文學主情，科學主理。情至而理不足則有之，理至而情失其正，則吾未之見。以如是高尙精神，而謂無與於人生之觀，不足當敎育本旨，則言者之過也。

復次言科學無與於審美之事者，謂人生而有好美之性，而美感非璅璅物質之間所可得也。吾嘗聞人言科學大興之後，而詩文將有絕種之憂。竊謂不然。美術無他，卽自然現象而形容以語言文字圖畫聲音者是矣。吾人之知自然現象也愈深，則其感於自然現象也亦愈切。濯爾登校長(Jordan)之言曰，"吾人所知最簡單之生物，較吾合衆國之憲法猶爲複雜。"湯姆生(Thomson)曰"蟻之爲物至微也，而其身體構造之繁複，乃視蒸氣機關而有過之，"達爾文之言曰，"世間最可驚異之物，莫蟻腦若。"而物理學家之告人曰，"輕氣一元子之構造，自其性質言之，蓋類諸天之星座。其電子之樊然游動於一元子中者，蓋八百有餘云。"此自天然物體構造之美言之也。自其關係言之，"蠶居頭而黑，麝食柏而香，"此稽叔夜之言也。蟲變色以自保，蛇響尾而驚人，此近世博物學家之言也。如使吾人望海若而興歎，風舞雩而詠歌，絕不因吾知海氣之何以成蜃樓，與山腹之何以興寶藏，而損失山海自然之美也。人能咎牛頓之解釋虹霓爲殺詩人之風景，而無如沃慈沃斯(Wodsworth)之得說法於石頭
^(註八)
^(註九)

(註八)見本雜誌本期說虹。

(註九)沃寺沃斯英十九世紀之大詩人。

何也.

上節所言,蓋謂科學之於美術,友也而非敵.今請更以事實證明之.美術之最重者,孰有如音樂者乎?吾國自來無科學,而音樂一道,乃極荒落,終至滅絕,何也.西方音樂之推極盛,乃在十九世紀,亦以科學方法既興,於審美製曲之術,乃極其妙故耳.卽彼邦文學之盛,又何嘗不與科學幷驅.英之沙士比亞尙矣.十九世紀之詩人,如英之沃慈沃斯,丹尼生(Tennyson),本斯(Burns),拜輪(Byron),德之苟特(Goethe),海訥(Heine),法之囂俄(Hugo),皆極一時之盛.而苟特自己乃植物學大家,且於生物學中,發明生物機體類似之理,而爲言進化者所祖述者也.返觀吾國之文學界,乃適與音樂同其比例.科學固未興,文學亦頹廢,間有一二自號善鳴,如明之七子,清之王宋施沈,亦所謂夏蟲秋蚓,自適其適,方之他人,著作等身,蔚然成家,何足選也.

以上所陳,但就所不足於科學者言之,以見敎育之事,無論自何方面言之,皆不能離科學以從事.若夫智育之事,自科學本域,言敎育者當莫能外,無容吾人之重贅一詞.今當進論吾之第二問題,卽導行審美之事,唯文學能之乎.如曰能之,當如何而後可?

文學者,又統泛之名詞也.泛言之,凡事理之筆之於書者皆得謂之文學.故論辨辭賦小說戲曲之屬文學也,而歷史哲學科學記載之作亦文學.乃今所言,對科學以爲說,則當指其純乎文章之作,而科學歷史之屬不與焉.大抵文學之有當於教育宗旨者,不外二端:一文法.文法者,依歷久之習慣而著爲遣詞置字之定律也.及其既成,則不可背.習之者辨其字句之關係,與幾何之證形體蓋相類.故西方學者皆謂文法屬於科學,不屬於文學.吾人則謂其爲文詞字不中律令者,其人心中必無條理.故文法之不可不講,亦正以其爲思理訓練上之一事耳.二文意.文意者,人生之意而文字之所達者也.科學能影響人生,變易人生,而不能達人生之意.於此領域中,惟文字爲有權.然吾人當知文字之有關於人生者,必自觀察實際,抽繹現象而得之,而非鑽研故紙,與玩弄詞章所能爲功.吾國周秦之際,學術蔚然.以言文章,亦稱極盛.以是時學者皆注意社會事實也.漢唐以後,文主注釋.宋明以後,則注釋與記事之文而已.不復參以思想,亦不復稽之事實,故日日以文爲教,而文乃每下愈況.思想既窒,方法既絕,學術自無由發達.即文學之本域,所謂以解釋人生之本意者,亦幾幾不可復見.獨審美性質,猶未全失耳.烏乎!自唐以來,文人學士,日囂囂然以古文辭號於衆者,皆於審美一方面致力耳.至所謂"道"與"學"者,彼輩固不知爲何物,亦不藉彼輩以傳也.是故今日於教育上言文學,亦當灌以新智識,入以新理想,令文學爲今人之注釋,而不徒爲古人之象胥,而後於教育上乃有價值可言.至於一切古書,亦當以此意讀之,乃不落歐洲中世紀人徒讀希臘拉丁之故步矣.

　　要之,科學於教育上之重要,不在於物質上之智識,而在其研究事物之方法,尤不在研究事物之方法,而在其所與心能之訓練.科學方法者,首分別事類,次乃辨明其關係,以發見其通律.習於是者,其心嘗注重事實,執因求果,而不爲感情所蔽,私見所移.所謂科學的心能者,此之謂也.此等心能,凡從事三數年自然物理科學之研究,能知科學之眞精神,而不徒事記憶模倣者,皆能習得之.以此心能求學,而學術乃有進步之望.以此心能處世,而社會乃立穩固之基.此豈不勝於物質智識萬萬哉!吾甚望言教育者加之意也!

中國科學社社友錄

（民國四年十月三十日以後入社者不在內）

姓名	字	西名	已得學位	學科	通信處
區紹安		Au, S. O.		農	115 Cook St., Ithaca, N. Y., U. S. A.
張名藝		Chang, M. Y.		礦	Box 734, Golden, Colo., U. S. A.
張孝若		Chang			江蘇南通縣博物苑
張 華		Chang, T.	S. B.	化	Y. M. C. A., Boston, Mass., U. S. A.
常濟安		Ch'ang, T. G.		冶金	427 Atwood St., Pittsburgh, Pa., U. S. A.
張貽志		Chang, Y. T.		化學工程	88 St. James Ave., Boston, Mass., U. S. A.
趙國棟		Chao, K. T.		機械工程	208 Delaware Ave., Ithaca, N. Y., U. S. A.
趙元任	元任	Chao, Y. R.	B. A.	哲	43 College House, Cambridge, Mass., U. S. A.
陳 潘	嵩青	Chen, F.		礦	Box 734, Golden, Colo., U. S. A.
陳慶堯		Chen, K. Y.	M. A.	化	上海南市滬楓火車站陳澤中轉交
陳 璞	友古	Chen, P.	A. B.	銀行	湖南省城四淮口陳公館
鄭 華		Chen, P. H.	M. C. E.	土木工程	116 Delaware Ave., Ithaca, N. Y., U. S. A.
陳衡哲（女士）		Chen, Miss Sophia		科學	Vassar College, Poughkeepsie, N. Y., U. S. A.
陳廷錫		Chen, T. H.		生計	Univ. of Penn., Phila., Pa., U. S. A.
程孝剛		Cheng, H. K.		機械工程	311 Fowler Ave., W. Lafayette, Ind. U. S. A.
鄭思聰		Chêng, S. T.			14 Park Place, Princeton, N. J., U. S. A.
程瀛章		Cheng, Y. C.			Box 103, W. Lafayette, Ind., U. S. A.
祁 暄		Chi, H.		商	18 Broadway, N. Y. C. U. S. A.

第一期		中國科學社社友錄			137
江履成	朝海	Chiang, L. C.		礦	P. O. B. 725 Golden, Colo., U. S. A.
姜榮光		Chiang, Y. K.		礦	P. O. B. 695, Golden, Colo, U. S. A.
錢家瀚	浩如	Chien, C. H.		冶金	500 W. 122 St., New York, N. Y., U. S. A.
錢治瀾	安濤	Chien, C. L.		農	D 210 Residential Hall, Ithaca, N. Y., U. S. A.
錢崇樹	雨農	Chien, S. S.	B. A.	植物	Botany Bldg., Uni. of Chicago, Ill., U. S. A.
邱崇彥		Chin, C. Y.	B. Ch.	化	
趙昱		Chiu, Y.			Box 34K, 1 R. F. D., Berkeley, Cal., U. S. A.
周仁	子競	Chow, J.	M. M. E.	機械工程	蘇州滄浪亭省立醫學校周威轉
周威		Chow, W.		醫	蘇州三多橋復興橋弄三號
朱家炘	季明	Chu, K. H.		機械工程	222 Eldy St., Ithaca, N. Y. U. S. A.
竺可楨		Chu, C. C.	B.S.	氣象	30½ Mellen St., Cambripge, Mass. U. S. A.
朱葆康	少屏	Chu, P. K.			上海寰球中國學生會
徐祖善	燕謀	Chu, T. S.		造船	64 Oxford St., Cambridge, Mass., U. S. A.
陳福習	麥孫	Chun, F. S.	M. E.	機械工程	福州粿州或湖北漢陽鐵廠
陳延壽		Chun, Y. S.		化學工程	212 Furnald Hall, Columbia Uni, N. Y. City, U. S. A.
鍾心煊		Chung, H. H.			52 Pekin Hall, Cambridge, Mass. U. S. A.
傅驌	有周	Foo, S.		採礦	四川重慶城內小梁子逸公家祠
馮偉		Fung, W.		機械工程	
高崇德		Gow, T. T.			C/o Harvard Uni., Cambridge, Mass. U. S. A.
何孝沅		Ho, H. Y.		機械工程	427 St. Wood St., Pittsburg, Pa., U. S. A.
何運煌	琨珊	Ho, Y. H.		算	Cosmo. Club, Ithaca, N. Y., U. S. A.
邢契莘		Hsin, C. S.	B. S.	造船	316 Hunting Ave, Boston, Mass., U. S. A.

徐佩璜		Hsü, P. H.		化	上海成都路武昌里二弄552號
徐允中		Hsü, Y. C.		電氣工程	123 St. Botolph St., Boston, Mass. U. S. A.
薛桂輪		Hsueh, K. L.		礦學工程	P. O. B. 745 Golden, Colo., U. S. A.
熊正理		Hsun, C. L.		普通科學	Box 117 Uni. Station, Urbana, Ill., U. S. A.
胡先驌	步曾	Hu, H. H.		農	2021 Grand St., Berkeley, Caf. U. S. A.
胡剛復	剛復	Hu, K. F.	A. B.	物理	Conant Hall, Cambridge, Mass., U. S. A.
胡明復	明復	Hu, M. T.	B. A.	算	202 Cascadilla Hall, Ithaca, N. Y., U. S. A.
胡 適	適之	Hu, Suh.	B. A.	哲	514 Furnald Hall, N.Y.C., U.S.A.
黃振洪		Huang, C. H.		化	350 North W. Ave., W. Lafayette, Ind., U. S. A.
黃漢河		Huang, H. H.		礦	88 St. James Ave., Boston. Mass., U. S. A.
黃漢樑		Huang, H. L.			Hartley Hall, Columbia Univ. N. Y. U. S. A.
計大雄	鷺江	Key, D. Y.	C. E.	土木工程	江蘇南匯西門內
金邦正	仲藩	King, P. C.	M. A.	農	安慶東關外五里廟農業學校
顧惟精	心一	Koo, V. T.		電機工程	45 Oxford St., Cambridge, Mass. U. S. A.
顧 振	湛然	Ku, C.		機械工程	D Residential Hall, Ithaca, N. Y., U. S. A.
過探先		Kuo, T. S.	M. A.	農	南京江蘇省立第一農業學校
鄺勗真		Kwang, E. F.		電機工程	4 Hackfield Rd., Worcester Mass., U. S. A.
藍兆乾	芷沅	Lang, S.			上海工業專門學校
劉鞠可		Lau, G. C.			Y. M. C. A., Boston, Mass., U. S. A.
劉寰偉		Lau, W. W.	B. A. C. E.	土木工程	Military Service School, Kansas, U. S. A.
李垕身	孟博	Lee, H. S.		土木工程	126 Linden Ave., Ithaca, N. Y., U. S. A.
李紹昌		Lee, S. C.			412 Yale Station, New Haven, Conn., U. S. A.

刘宝濂	Lew, P. L.		礦	266 Oakland Ave., Pittsburgh, Pa., U.S.A.
廖慰慈	Liao, W. T.		土木工程	208 Delaware Ave., Ithaca, N.Y., U.S.A.
林和民	Ling, H. M.			Wesleyan Univ., Middletown, Conn, U.S.A.
刘承霖	Liu, C. L.		農	Cascadilla Hall, Ithaca, N.Y., U.S.A.
卢景泰	Lo, K. T.			廣東省第三甫高第巷
羅英	Lo, Y.		土木工程	226 Linden Ave., Ithaca, N.Y., U.S.A.
路敏行 季訥	Loo, M. Y.		化	江蘇宜興縣背後
陸鳳書 漱芳	Lu, F. S.		土木工程	D Residential Hall, Ithaca, N.Y., U.S.A.
呂彥直 古愚	Lu, Y. C.		建築	378 Cascadilla Hall, Ithaca, N.Y., U.S.A.
梅光迪 覲莊	May, K. T.	B.S.	文	12 Sumner Rd., Cambridge, Mass., U.S.A.
歐陽祖綬	Ouyang, T. S.		電機工程	374 Meyran Ave., Pittsburgh, Pa., U.S.A.
秉志 農山	Ping, C.	B.S.	生物	401 Cascadilla Hall, Ithaca, N.Y., U.S.A.
孫洪芬	Sen, C. L.	A.B.	冶金	3710 Locust St., Philadelphia, Pa., U.S.A.
諶立 湛溪	Sen, T.			C/o T.T. Liu, 215 Livingston Hall, N.Y.C., N.Y., U.S.A.
孫昌克 邵勤	Seng, C. K.		礦	Box 695, Golden, Colo., U.S.A.
沈孟欽	Shen, M. C.			1057 13th St., Boulder, Colo., U.S.A.
沈艾 保艾	Shen, N.	M.E.	機械工程	唐山京奉鐵路局
沈溯明	Shen, S. M.	B.A.	化	武昌高等師範學校
孫繼丁	Sun, C. T.		電機工程	83 St. Botolph St., Boston, Mass., U.S.A.
孫學悟	Sun, H. W.		化	54 Perkins Hall, Cambridge, Mass., U.S.A.
戴芳瀾 觀亭	Tai, F. L.		農	211 Murray St., Madison, Wis., U.S.A.
湯松	Tang, S.		經濟	上海衡山路廿三號

唐 鉞 擘黃	Tang, Y.		科學	208 Delaware Ave., Ithaca, N. Y., U.S.A.
蔡 翔 怡亭	Tsai, H.	A. B.	冶金	424 Hartley Hall, New York, N. Y., U.S.A.
蔡 雄 聲白	Tsai, Y.		礦	438 Walnut St, So. Bethelhem, Pa., U.S.A.
姜蔣佐 立夫	Tsoo, C.	B. A.	算	53 Oxford Rd., Cambridge, Mass., U.S.A.
鍾伯謙	Tsen, B. C.		礦	Box 724, Golden, Colo., U.S.A.
鄒秉文 秉文	Tsou, P. W.	B. S.	農	208 Delaware., Ave. Ithaca. N. Y., U.S.A.
鄒應菫 樹文	Tsou, Y. H.	M. A.	昆蟲	蘇州城內通和坊
崔有濂	Tsui, Y. N.		電機工程	10 Oxford Rd., Cambridge, Mass., U.S.A.
王 謨 求定	Wang, C. M.		礦	福州南臺下渡街
王鴻卓	Wang, H. C.			Hartley Hall, New York, N. Y., U.S.A.
王彥祖	Wang, I. T.		昆蟲	The Bussey Institute, Forest Hills, Cambridge, Mass., U.S.A.
王 健	Wang, J.		化學工程	Hartley Hall, New York, N. Y., U.S.A.
王錫昌	Wang, S. C.		礦	C/o H. Chi, 18 Broadway, New York. N. Y. U.S.A.
韋以黻 作民	Wei, E. F.	M. E.	機械工程	北京北京大學預科
黃 振	Wong, C.		農	206 Fairmount Ave., Ithaca, N. Y., U.S.A.
黃伯芹	Wong, P.	M. A.	地質	香港文咸街和昌金店
吳 憲	Wo, H.		化	Y. M. C. A. Boston, Mass., U.S.A.
楊 銓 杏佛	Yang, C.		機械工程	202 Cascadilla Hall, Ithaca N. Y. U.S.A.
楊孝述	Yang, S. Z.	M. E.	機械工程	上海閘北鴻興坊十九號
楊 毅	Yang, Y.		鐵路工程	237 Semple St., Pittsburgh, Pa., U.S.A.
楊永言(已故)	Yang, Y.		農	
饒育泰 樹人	Yao, Y. T.		物理	5558 Ellis Ave., Chicago, Ill., U.S.A.

嚴 莊 學懋	Yen, C.		礦	429 Atwood St., Pittsburgh, Pa., U.S.A.
尤乙照	Yew, Y. C.		鐵路工程	326 Meyran Ave., Pittsburgh, Pa., U.S.A.
殷源之	Ying, Y. T.	S. B.	機械工程	上海中國科學社轉
尤懷皋 志邁	Yu, T. M.	B. S.	農	上海新小東門外同仁和號
余 森 森郎	Yü, S.			195 Woodland Ave., Oberlin, Ohio, U.S.A.
阮寶江	Yuan, P. C.		礦	P.O.B. 715 Golden, Colo., U.S.A.
任鴻雋 叔永	Zen, H. C.		化	202 Cascadilla Hall, Ithaca N.Y. U.S.A.
陳明壽	Zhen, M. S.	S. B.	電機工程	425 Livingston Hall New York, N.Y., U.S.A.
程延慶	Zung, Y. C.	B. A.	化	上海新垃圾橋正脩里

中國科學社總章

第一章 定名

第一條 本社定名爲中國科學社

第二章 宗旨

第二條 本社以聯絡同志共圖中國科學之發達爲宗旨

第三章 社員

第三條 本社社員如下之五種(一)社員(二)特社員(三)仲社員(四)贊助社員(五)名譽社員

第四條 社員 凡研究科學或從事科學事業贊同本社宗旨得社員二人之介紹經董事會之選決者爲本社社員

第五條 特社員 凡本社社員有科學上特別成績經董事會或社員二十人之連署之提出得常年會到會社員之過半數之選決者爲本社特社員

第六條 仲社員 凡在中學三年以上或其相當程度之學生意欲將來從事科學得社員二人(但一人可爲仲社員)之介紹經董事會之選決者爲本社仲社員但入社二年以後復得社員二人之介紹經董事會之選決者得爲本社社員

第七條 贊助社員 凡捐助本社經費在二百元以上

或於他方面贊助本社經董事會之提出得常年會到會社員過半數之選決者爲本社贊助社員

第八條　名譽社員　凡於科學學問事業上著有特別成績經董事會之提出得常年會到會社員過半數之選決者爲本社名譽社員

第九條　凡社員一次納費至一百元(美金五十元在他國照算)者爲終身社員不另納常年費

第十條　凡社員特社員仲社員未交常年會費至二年者本社卽除其名但交足欠費或經重舉得仍爲本社社員

第四章　社員權利及義務

第十一條　社員及特社員
  (一)有選舉及被選舉權
  (二)有享受本社發行之期刊及其他印刷物之權但書籍不在此內
  (三)得借用本社圖書及他儀器但須依各種章程
  (四)有遵守本社章程及納入社費與常年費之義務

第十二條　仲社員
  (一)有享受本社所發行之期刊及第十一條(三)項之權
  (二)有遵守本社章程及納仲社員常年費之義務但被選爲社員後須照社員例納入社費及常年費
  (三)得赴本社各種常會但無表決及選舉被選舉權

第十三條　贊助社員及名譽社員

(一)得享受第十一條(二)(三)項之權利

(二)得赴本社各種常會但無表決及選舉被選舉權

(三)無入社及常年費

第五章　分股

第十四條　本社社員得依其所學之科目分爲若干股以便專門研究且收切磋之益其分股章程另定之

第十五條　凡每科社員在五人以上者卽得設立分股

第十六條　每分股設分股長一人其任期及選舉法由分股章程定之

第十七條　設分股委員會由分股長組織之

第十八條　分股委員會設委員長一人由分股委員互選出之

第十九條　分股委員會之職務(一)議定分股章程(二)管理設立分股事宜(三)相察情形提議各股應辦事件(四)管理常年會宣讀論文事件

第二十條　未設分股委員會以前由董事會推任一人專司設立分股事件

第六章　辦事機關

第二十一條　本社辦事機關爲董事會分股委員會期刊編輯部書籍譯著部經理部圖書部

第二十二條　董事會之職務(一)決定進行方針(二)增設及組織辦事機關(三)監督各部事務(四)管理本社財產及銀

錢出入(五)選決入社社員提出特社員贊助社員名譽社員(六)報告本社情形及銀錢帳目於常年會(七)推任經理部長圖書部長及各特別委員

第二十三條　分股委員會之職務見第五章第十九條

第二十四條　期刊編輯部管理期刊編輯事務其章程由該部自定之但關於銀錢事務須得董事會之認可

第二十五條　書籍譯著部管理譯著書籍事務其章程由該部自定之但關於銀錢事務須得董事會之認可

第二十六條　經理部經理刊行發售本社各種期刊書籍事務其章程由董事會協同經理部長定之

第二十七條　圖書部管理本社圖書及籌備建設圖書館事務其章程由董事會協同圖書部長定之

第二十八條　各部應報告其事務進行於常年會

第七章　職員及其任期責任

第二十九條　董事會以董事七人組成由社員全體依第十章選舉法選出之任期二年每雙數年改選四人單數年改選三人輪流遞換但得連任

第三十條　本社設社長一人書記一人會計一人任期皆一年由董事互換出之但社長書記會計三人須在一處

本社社長卽爲董事會會長

第三十一條　董事會職員責任如左

會長代表本社全體監理董事會一切事宜

书记（一）紀錄董事會及常年會會議事件（二）發布通告（三）紀錄社員姓名住址（四）收發及保存往來信件

會計（一）收管本社財產經理銀錢出入（二）收集社員會費（三）預備銀錢出入報告

第三十二條　期刊編輯部設部長一人管理期刊編輯一切事宜部長由本部選出其選舉法及任期由編輯部專章定之

第三十三條　書籍譯著部設部長一人管理書籍譯著一切事宜部長由本部選出其選舉法及任期由譯著部專章定之

第三十四條　經理部設部長一人由董事會推任任期無定

第三十五條　圖書部設部長一人由董事會推任任期無定

第八章　會費及特別捐

第三十六條　社員入社時應交入社費中銀十元（在美者交美金五元他國照算）

第三十七條　常年費社員特社員中銀四元（美金二元他國照算）仲社員中銀二元期刊費在內

第三十八條　常年費以每年正七兩月初一爲起算期凡在十月至三月間入社者作正月起算四月至八月間入社者作七月起算

第三十九條　常年費須於應交起算時期後三個月內交齊但初入社者其入社費及常年費自獎社之日起三個月內交齊

第四十條　凡逾限三個月不交常年費者本社即停止其各種權利(文內三個月即起算期後六個月)

第四十一條　凡入社費常年費皆交本社會計或特別經理員

第四十二條　本社得募集特別捐由會計或特別經理員經理之

第四十三條　凡特別捐皆存儲作基本金但捐者指定作某項用時不在此例

第九章　常年會

第四十四條　常年會每年一次在七月或八月內舉行其時期地址由董事會決定通告

第四十五條　常年會決定人數以社員全數十分之一為定

第四十六條　常年會應辦事件(一)選舉司選委員三人及特社員贊助社員名譽社員(二)決議董事會提出事件(三)提議及決議重要事件(四)宣讀論文(五)修改章程(六)檢查帳目

第四十七條　未交常年費者無表決選舉及被選舉權

第四十八條　在常年會開會八十日以前(常年會期以

七月十五起算下同)董事會應將提議事件及候選特社員贊助社員名譽社員姓名通告於各社員

第十章 選舉

第四十九條 司選委員三人由常年會選出之管理選舉次年職員事務

第五十條 司選委員應於常年會三個月以前決定各候選職員報告其姓名於各社員如社員有依次條之規定提出候選職員者應於常年會三個月以前將候選職員姓名交司選委員司選委員即承受之并報告於各社員

第五十一條 社員欲提出候選職員者須得十人以上之連署

第五十二條 候選職員之提出時期以常年會前三個月半(卽四月初一)為限如提出之械件在三個月半以內到者作為無效

第五十三條 各社員得候選職員姓名後即由郵投票選舉其郵件由司選委員經收之

第五十四條 每社員得投一票其票所舉之人數如其年應改選之人數

第五十五條 凡選舉票應於常年會期十五日以前(卽七月初一以前)交至司選委員處逾期者作為無效

第五十六條 選舉職員之結果應於常年會中由司選委員報告之

第五十七條　新舊職員之交替於十月初一行之

第十一章　附則

第五十八條　本章經社員三分之二決定後卽爲有效

第五十九條　本章經常年會三分之二或社員五分之一以上之提議得修改之

第六十條　本章修改事件應由董事會於常年會三個月以前通告各社員復經常年會三分之二通過後卽爲有效

民國四年十月二十五日通過

中國科學社紀事

本社新入社員姓名學科住址如次

蘇　鑑　Kan Su　　　土木工程　　214 N. Murray St. Madison, Wis., U. S. A.

侯德榜　T. P. Hou　　化　　工　　79 St. Botolph St. Boston, Mass., U. S. A.

何　魯　Ho Lou　　　算　　學　　15 Place Royet à St. Etienne (Loire) France

周烈忠　Tschoü Liä Tschün　機　工　　Berlin Universität

中國科學社紀事

正月十二日開董事會議決事件如次:

1. 選定新社員二人:

    鄭宗海, T. H. Cheng, 教育, 214 Murray St., Madison, Wis.

    范師武, S. V. Fang, 農, 226 N. Brooks St., Madison, Wis.

2. 設置徵求委員,其職務如下:

    (a) 介紹新社員.

    (b) 收集一切會費.

    (c) 調察社員學科行止.

    (d) 聯絡感情.

其設置徵求委員之處及推定人名如下:

Boston	徐允中
Cambridge	鍾心煊
Colorado	薛桂輪
New York City	蔡翔
Philadelphia	孫洪芬
Pittsburgh	歐陽祖綬
上海(Shanghai)	楊孝述
Wisconsin	戴芳瀾

本社分股事宜,經孫昌克薛桂輪兩君為臨時委員以來,已經照社員學科分別發緘通知各社員選舉各分股長,限二月初一以前投票截止.

俟股長選出後,各分股事務當即着着進行矣.

本社書籍譯著部臨時委員陳藩君,前曾以公緘通告各社員,徵求譯著部員,特爲轉錄如下,以便社員省覽焉.

敬啓者,遵照中國科學社總章第二十五條,社中應設立書籍譯著部,專司譯著事宜.今改組旣已就緒,自應從速組織譯著部,以符定章.然組織一切,若無人以專司之,則部無由立,故由董事會委任藩爲譯著部臨時委員,專司組織部務.查設立譯著部之初意,實痛夫吾國學術之衰廢.國家銳意興學已數十年而成效不著,時至今日而國內各等學校中之學科尚乏完善之漢文教科書,至於科學名詞,尤屬亂雜無定,或西文所有而中文則無,或西文僅屬一字而中文名目繁多,令讀者如捉迷藏,莫悉究竟.於是欲研究學術者,非借助西文不爲功,甚且與友朋討論學術亦有非適用英文不能達意者.故欲聯合多數學者互相研究,擇泰西科學書籍之精良者分門別類詳加譯述,以供國人之考求;而對於科學名詞嚴加審定,以收統一之效;使夫學術有統系,名詞能劃一,國中學子不必致力於西文而能有所資,以爲講習之地,以求振興學術而鞏固國基.且科學社之宗旨,專在發達吾國學術.吾社員對於譯著書籍,編訂名詞等事,尤爲責無旁貸.素仰足下學識優長,對於社事尤特具熱忱,提倡維持,不遺餘力,知於此舉必表同情,特懇足下爲書籍譯著部部員,以共勷其成.如於進行一切有所指示,尤所禱盼.至於部務之進行如何,以及部中之詳細章程,須待部員徵集部長選出後方行公定.此頌學祺.

中國科學社書籍譯著部臨時委員陳藩上.

惠書所交 Fan Chen, Box 704, Golden, Colo.

候覆

正月三十日中國科學社董事會

本社二三月兩月新入社員姓名學科住址如下：

曾魯光	L. K. Tsing	探礦	日本秋田礦山專門學校
李允彬	Y. B. Li	農	116 Delaware Ave, Ithaca, N.Y., U.S.A.
盛紹章	S. C. Shing	土木工程	Cascadilla Hall, Ithaca, N.Y., U.S.A.
高 陽	C. Y. Kao	教育	Cascadilla Hall, Ithaca, N.Y., U.S.A.
徐志薪	J. Zee	電機	21 N. Ferry St, Schenectady, N.Y., U.S.A.
馬育驥	Y. C. Ma	衛生工程	109 Cook St. Ithaca, N.Y., U.S.A.
李 協		鐵路機械	南京河海工程學校
楊蔭慶	Y. C. Yang	教育	Cascadilla Hall, Ithaca N.Y., U.S.A.
張天才	T. T. Chang	農	132 Blair St., Ithaca, N.Y., U.S.A.
羅有節(女士)	Y. T. Law (Miss)		Mt. Holyoke College, S. Hadley Mass. U.S.A.
孫煜方	Y. P. Sun	土木工程	Cosmopolitan Club, Ithaca, N.Y., U.S.A.
段子燮	T. S. Toan	探礦	15 Place Royet, a St. Etieune, France
吳維基	W. K. Woo	探礦	253 College Ave. Houghton, Mich., U.S.A.
葉承豫	C. R. Yih	昆蟲	106 Cook St., Ithaca, N.Y., U.S.A.
韋 愨	F. K. Wei	心理	124 W. Lorain St., Oberlin, Ohio, U.S.A.
凌道揚	D. Y. Lin	森林	上海崑山花園四號
柴冰海(女士)	P. H. Chai (Miss)	化學	Wheaton College, Norton, Mass., U.S.A.

書籍譯著部

本社書籍譯著部長現經舉定陳君滌，其譯著部章程草案亦由陳君擬就，已得董事會之同意，不日印出，交譯著部員議決。其已經承認為譯著部員之人如下：

　　陳　滌　　孫昌克　　王　健　　楊　銓
　　張貽志　　蘇　鑑　　吳　憲　　尤乙照
　　趙元任　　鄒秉文　　饒育泰　　任鴻雋

分　股

本社分股事務，自董事會推任孫昌克薛桂輪兩君為臨時委員經始其事後，各股股長已經陸續舉出，其結果如下：

　　物理算學股（哲學氣象學附）　　饒育泰
　　化學股（化學工程附）　　　　　任鴻雋
　　機械工程股（鐵道工程及造船附）楊　銓
　　土木工程股　　　　　　　　　　鄭　華
　　農林股　　　　　　　　　　　　鄒秉文
　　生物股　　　　　　　　　　　　錢崇澍
　　電機股　　　　　　　　　　　　（待選）
　　普通股　　　　　　　　　　　　黃漢樑（黃君現辭職待另選）

照本社總章，由分股長組織分股委員會，其委員會長由分股長選出之。其投票之結果，饒君育泰當選為分股委員會長。

據臨時分股委員孫薛兩君之報告，就現在社員所習學科分之，共得九股（股名見上）。現本社共有社員一百二十二人（二三月新入社員不在內),其分配如下:物理算學股十人,化學股十八人,機械股十八人,土木工程股八人,探礦冶金股二十二人,農林股十一人,生物股七人,普通股十四人,未分股者十四人,分股章程,現在草擬中.

中國科學社紀事

新入社員

本社四月間新入社員如下：

葉玉良	Y. L. Yeh	化學	
劉　勁	M. G. Louis	銀行	91 10th Ave., Columbus, Ohio, U.S.A.
張巨伯	G. P. Jung	昆蟲	39. E. 11th Ave., Columbus, Ohio, U.S.A.
李樂知			河南鄭州隴海局
錢國鈕	Kohniu Chien	電機	9 State St., Schenectady, N.Y., U.S.A.
陳寶年	P. N. Chen		上海愛文義路聯珠里
張　耘	Yun Chang	歷史	Furnald Hall, Columbia Uni., N.Y.C., U.S.A.
曾昭權		電機	703 Union St., Schenectady, N.Y., U.S.A.
洪紹諭	S. Y. Hung	化學	635 County St., New Bedford, Mass., U.S.A.

仲社員：

李峨鷺	Y. M. Lee		153 S. Cedar Ave., Oberlin, Ohio, U.S.A.

書籍譯著部章程發表

本社書籍譯著部，經舉定陳藩君為部長，組織完竣，其暫行簡章，已由該部擬定通過，其簡章原文如下：

中國科學社書籍譯著部暫行簡章

（一）本部以譯著書籍，修訂詞典，供給學界有統系之良書為職志．

（二）本部部員無定額，凡中國科學社社員熱心譯著事業者，得本部部長之認可，即為本部部員．

目及宣讀需時之長短報告本會.凡宣讀之先後席次,均由本會酌定,幷得縮短宣讀時間.

第廿四條　審查程序與第十四條同.

五 本會職員權責

第廿五條　分股委員長對於各股應辦事,宜有監督及建議權.

第廿六條　各分股長對於本會事務,有建議表決權;對於其股事務有管理權.

六 附則

第廿七條　凡各分股細則,由各分股自定之;但不得與本章衝突.

第廿八條　本章程得以委員三分之二之提議修正之.

民國五年五月分股委員會通過

成立二週年紀念會

六月十五日晚間,綺色佳科學社社員就康乃耳大學舊寄宿舍四百零一號房開二週年成立紀念會兼討論明年進行事宜.到者二十餘人.屆時由任鴻雋君略述本社成立之歷史,幷及第一年成立紀念會之情形.次胡明復君演說,大略言明年綺城社員去者甚多,望留者竭力擔任期刊及他部事務.胡君言紀念成立之善法,在令本社發達永久,尤為到會者所服膺.次請王鴻恩君說趣談而畢紀念之事.

次討論進行事務.關於期刊者,首爲添舉編輯員.由期刊編輯部推出葉玉良葉承豫高陽盛紹章羅英唐鳴皋諸君爲新編輯員,皆通過.關於綺城徵求委員,衆推楊君銓,卽通過.關於經收各費,衆推廖君慰慈,亦通過.次在美期刊新經理孫煜方君述推廣科學銷路招徠廣告之意見.

其次討論今年常年會開會秩序.依本社總章,本社每年七八月間應開常年會一次,以行選舉司選委員,名譽,贊助,特社員,決議重要事件,宣讀論文,修改章程等事.本屆常年會,以本社社員大多數人仍在美國,擬在美國舉行.且即以美國而論,社員亦散處各地,道途邈遠,未見能特以此會來相聚合.因由董事會決議,今年之會,暫就東美留學生年會開會之處舉行之,以便社員到會者一舉兩得.其所以擇於東部者,以在美社員,仍以東部爲多也.四月間,即由董事會推任哈佛大學趙元任孫學悟鍾心煊三君爲常年會幹事.趙君等當即與東美學生年會主幹宋子文君商議,承允割學生年會中之全日爲科學社年會開會之用.盛意至爲可感.今所討論之開會秩序,即常年會幹事趙君等所艸定而待商榷者也.其秩序大概.午前爲社務會,以處理各種應辦社務.午后爲文藝會,宣讀社員新撰之論文.晚間爲交際會,專事各種與科學有關而饒趣味之游戲,以博社內外到會者之興趣.此秩序細目,尙有修改,且由當夜會場決議,此次常年會開會詳情及論文等,即以科學發表之,其詳茲姑從略.要之科學社此會,爲開未有之奇,則可斷言,屆時當有一番光彩也.

六月間新社員姓名學科住址如下

黄彦新	S. Y. Wong	化學	5802 Maryland Ave. Chicago. Ill., U.S.A.
劉 潤	K. Law	廿工	137 Hubbell Ave. Houghton, Mich., U.S.A.
顧 復		林科	日本名古屋第八高等學校
俞曹濟	T. C. Yu	銀行	

中國科學社紀事

新選社員

本社五月新選社員姓名學科住址如次：

潘祖馨	工業化學	蘇州三元坊省立第二工業學校
陸元昌	土木工程	上海北浙江路甯安坊六號
吳家高	理科	蘇州城內滾繡坊巷七十二號
虞振鏞	農學	北京清華學校
周開基		長沙昌華鍊鑛公司
劉乃予	商科	Box 128 University Station, Urbana, Ill, U.S.A.
唐鳴皋 M.K.Tang	機械工程	Box 132 Cascadilla Hall, Ithaca, N.Y., U.S.A.
錢天任	政治經濟	c/o Turnbull 12 Gladstone Terrace, Edinlurgh, Scotland.
李 琳(女士) L.Lee(Miss)	動物學	Hershey Hall, Mt. Pleasant, Ia., U.S.A.
朱 正	醫	江蘇松江西門外包家橋東首

分股委員會章程

一 原起

第一條　本會依據中國科學社總章第五章而設，爲管理分股一切事宜之總機關．

二 職志

第二條　本會以討論學術，盦定名詞，審查譯著爲職志．

三 組織

第三條　本會組織法見總章第十七條；其分股組織法見總章第十五

條.

第四條　本會設委員長一人,由各分股長互選出之,任期一年,但得連任.

第五條　各分股長由各分股員公選出之,任期一年,但得連任.

第六條　每科社員在五人以下者,本會得徵求本人之同意暫時附入他相近之股,一俟董事會報告人數足額,即由本會推任該股中一人組織分股.

第七條　凡在十人以上之股,遇不能選出股長時,本會得以委員三分之二之同意於該股中推任一人爲股長.

第八條　每年九月爲選舉分股長及委員長期限.各分股委員長之選舉,由各現任分股長管理之,各以其當選人名報告於現任委員長.委員長之選舉,由現任委員長俟各分股長選出後通告各分股長舉行之.

四　職務

(甲)關於討論者:—

第九條　關於科學各種問題,經中國科學社各種機關之委託,或社員之提議認爲有討論之價値者,本會得依其性質分股或併股討論之.

第十條　各分股有關於科學之討論時,如分股長須將結果報告本會,本會得斟酌刊布之.

第十一條　關於科學各種問題,經社外各種團體或個人之諮詢,本會得依照第九條所規定討論答復之.

(乙)關於釐定者：—

第十二條 凡本社所用名詞，由本會釐定之．

第十三條 凡交本會釐定之譯名，須將其字原語柢及大宗師所定界說原文載明．

第十四條 凡須釐定之件，由本會依其性質分交各分股長．各分股長與其股員釐定後，仍須報告本會定其取舍．

第十五條 各分股長須將其股內所釐定名詞每三月報告本會，由本會彙交譯著部編輯刊布之．

第十六條 凡名詞經刊布後，社員皆當遵用．若欲更易他名，非照十三十四條重行釐定後不得行用．

第十七條 非中國科學社社員有所論著譯述交科學社發表者，宜遵用本會所定名詞．若易他名，亦宜聲明中國科學社作某某字樣，以便參證．其有爲本會所未定者，本會得斟酌取舍之．

第十八條 凡音譯名詞，經本會採用者，不得更易．

第十九條 凡譯著部期刊編輯部交來名詞，須儘先釐定之．

(丙)關於審查者：—

第二十條 各分股長應會同股員於所屬科目中歐美近年新出書籍甄別報告於本會（至少每年一次）．本會仍將此項報告隨時送交譯著部備查．

第廿一條 凡譯著部之出版物，須經本會審查通過，然後刊行．

第廿二條 譯著部交來譯著，須儘先審查之．

第廿三條 社員在常年會宣讀之論文，須於距會期前一月將論文題目及宣讀需時之長短報告本會.凡宣讀之先後席次,均由本會酌定,并得縮短宣讀時間.

第廿四條 審查程序與第十四條同.

五 本會職員權責

第廿五條 分股委員長對於各股應辦事,宜有監督及建議權.

第廿六條 各分股長對於本會事務,有建議表決權;對於其股事務有管理權.

六 附則

第廿七條 凡各分股細則,由各分股自定之;但不得與本章衝突.

第廿八條 本章程得以委員三分之二之提議修正之.

民國五年五月分股委員會通過

成立二週年紀念會

六月十五日晚間,綺色佳科學社社員就康乃耳大學舊寄宿舍四百零一號房開二週年成立紀念會兼討論明年進行事宜.到者二十餘人.屆時由任鴻雋君略述本社成立之歷史,并及第一年成立紀念會之情形.次胡明復君演說,大略言明年綺城社員去者甚多,望留者竭力擔任期刊及他部事務.胡君言紀念成立之善法,在令本社發達永久,尤為到會者所服膺.次請王鴻恩君說趣談而畢紀念之事.

次討論進行事務.關於期刊者,首為添舉編輯員.由期刊編輯部推出葉玉良葉承豫高陽盛紹章羅英唐鳴皋諸君為新編輯員,皆通過.關於綺城徵求委員,眾推楊君銓,即通

中國科學社紀事

本社七月間新入社員姓名學科住址如下

鍾季襄		醫學	日本岡山專門醫學校
勞兆丁	Z. D. Law	鑛工	
甘鑑先	K. S. Kun	生計學	
王毓祥	Y. T. Wang	商學	5154 Angleside Ave., Chicago, Ill., U.S.A.
任嗣達	Sz-Dah Ren	生計學	Cosmopolitan Club, U. of C. Chicago, Ill., U.S.A.
葉建柏	C. P. Yeh	電機	424 Centre St., Milkinsburg, Pa., U.S.A.
李寅恭	Li Ying Koon	農林	4 Whitehall Road, Aberdeen Scotland.

本社致留美同學書

同學諸君足下科學為近世文化之特彩西方富強之泉源事實具在無待縷陳吾儕負笈異域將欲取彼有用之學術救我垂絕之國命舍圖科學之發達其道末由顧欲科學之發達不特賴個人之研精亦有待於團體之扶翼試覽他國科學發達之歷史莫不以學社之組織為之經緯蓋為學如作工結社如立肆肆之不立而欲工之成事不可得也同人竊不自量欲於宗邦科學前途有所貢獻是以有中國科學社之組織造端於一九一四年之夏改組於一九一五年之秋其宗旨在輸入世界新知并圖吾國科學之發達其事業在發刊雜誌譯箸書籍建設圖書館編訂詞典科學雜誌之發行迄今將及兩載頗蒙海內外達者稱許書籍詞典圖書館等事亦正依次進行自本社剏設以來海內外同志翕然響應不及二年而社員之在本國及美歐東亞各國者已達一百八十餘人發達

之速迥出豫料．衆見所同．於斯可徵．雖然．茲事體大．所期甚遙．自非鳩集大羣．駢力合德以趨所向之的．其曷有濟．是用不辭冒昧．謹書本社原起．現在情形．及現行總章郵呈左右．儻本大賢為國求學之素志．鑒同人以蚊負山之愚忱．惠然肯來．共襄盛業．則豈特本社之幸．其中國學界前途實嘉賴之．臨楮無任神馳．通信請交

  Mr. Y. R. CHAO

   85 Perkins Hall

    Cambridge, Mass., U. S. A.

中國科學社董事 趙元任 任鴻雋 胡明復 秉志 周仁 同啓

      民國五年八月九日

中國科學社紀事

本社八月間新入社員姓名學科通信處如下：

桂質廷	C.F.Kwei	物理	Yale Station, New Haven, Conn., U.S.A.
陸錦文	C.W.Low	醫學	708 S. Washington Square, Philadelphia, Pa., U.S.A.
徐繼文		電機	上海徐家匯工業專門學校轉交
江逢治		醫學	上海寰球中國學生會轉交
譚鐵肩		土木工程	廣東台山縣西甯市同仁堂
陳長源		電機	上海徐家匯工業專門學校
李維國	W.K.Lee	機工	95 St. Botolph St., Boston Mass. U.S.A.
李輝光	H.K.Li	鑛工	120 East St., Houghton, Mich., U.S.A.
鄒銘	M.Tsou	羣學	124 West Lorain St., Oberlin, O., U.S.A.
吳大昌	D.C.Wu	土木工程	266 Oakland Ave., Pittsburgh, Pa., U.S.A.
劉樹杞	S.T.Lio	化工	705 S. Thayer St., Ann Arbor, Mich., U.S.A.
舒宏	H.Hsu	化學	Box 32, Oberlin, O., U.S.A.
梁培穎	P.Y.Liang	鑛學	c/o H.T.Liang, 2283 Wah Chang Mining & Smelting Co., Woolworth Bdg., N.Y.C., U.S.A.
樂森璧	S.P.Lo	化工	
陳長蘅	C.H.Chen	政治生計	64 Perkins Hall, Cambridge, Mass., U.S.A.

豫備常年會

本社第一次常年會前經常年會幹事員<u>趙元任</u> <u>孫學悟</u>

鍾心煊等決定在美國麻省安陀阜(Andover, Mass.)舉行.會期定於九月初二日.自八月下旬,常年會幹事及董事等卽集安陀阜豫備一切.茲將所定開會秩序節載如下:

上午社務會
  1. 開會辭
  2. 職員報告
  3. 宣讀來函
  4. 報告選舉1916–17董事結果
  5. 選舉司選委員
  6. 修改章程
  7. 提議事件
  8. 照像

下午講演會
  1. 他國科學社及本社之歷史　　　　　　任鴻雋
  2. 中外星名考　　　　　　　　　　　　趙元任
  3. 名詞短評　　　　　　　　　　　　　鍾心煊
  4. 先秦諸子之進化論　　　　　　　　　胡　適

晚間交際會
  1. 影燈演說：潛水艇　　　　　　　　　徐燕謀
  2. 算學趣題
  3. 心理遊戲
  4. 科學競答

5. 小食
6. 觀星

其常年會詳細情形當於下期專號內詳之.

吳家高	顧維精	過探先	錢崇澍
許先甲	李 協	朱 鑅	陳 嶸
吳元滌	唐昌治	曾濟寬	余 秉
陳方濟	龐 斌	范永增	吳致覺

本社國內選決社員事宜，已由董事會委託南京支社理事代行。南京支社又設有編輯支部，國內關於科學之文字，卽隨時由支部編入本社月刊，以圖便捷。南京支社又擬借公共機關舉行科學講演，以爲通俗敎育之助。自此支社成立，本社各務必愈加進益，可斷言也。

南京支社成立後，卽致緘董事會，報告一切組織及簡章。董事會已開會通過。唯於原章上加一條云，"本支社於必要時，經董事會之議決，得取消支部名義。"蓋本社與他種黨會不同，不欲多設機關以耗財力。他日本社總部移回國內，卽無設立支部之必要也。

駐美經理易人

本社駐美經理自鄒秉文君歸國，卽由孫煜方君任之。現孫君以課忙辭職，經已改請錢天鶴君任其事。凡在外國關於定報登廣告改住址各事，請與錢君接洽。錢君通信處如下：

Mr. C. L. Chien

208 Delaware Ave., Ithaca, N. Y., U. S. A.

駭人聽聞，而又不為之陳列於肆中；有問科學者，以冷靜之態度應之，尤足令人齒切心痛。此代售機關之不良，科學營業不能發達之原因四。

有此四者，經理部幾無日不在風雨漂搖之中。言維持已覺非易，遑論進取哉。幸董事會諸君熱心不少減，寄金不間斷，總經理朱少屏君尤能不辭艱難，力維現狀。"科學"尚能生存，職是之故，否則恐蹈"數理化雜誌"及"理工界"之覆轍也久矣。………

鄒秉文君已於前月中，到申對於科學已籌得維持良法，除由鄒君函告辦法外，特行附注於此，聊以告慰。務懇即由董事會議決，委任鄒君為經理部長，俾得益展鴻籌。鄙人事煩，與其徒擁虛名，不如早讓賢路，不勝盼禱之至。

民國五年八月三日。　　經理部長過探先報告。

常年會幹事部報告

此次常年會之詳情，已見"常年會記事"，無庸復贅。故本報告中凡關係記事方面之已見"記事"中者，一概從略，而於籌備之程序與其必須改良之諸點則特加注意，以謀來年常年會之進步。此會為本社有史以來之第一次，然以會中之成績觀之，尚為不劣，蒞會社員亦頗稱許。惟是到會人數究屬太少，而論文之宣讀者尤鮮，此急宜設法鼓勵者也。

到會人數，據幹事員原來之預算，

必到者 　　8人,	作爲8人,	其中到者　7人
大約到會者7人,	5 ,	其中到者　4
未必到者 35人,	15 ,	到者 10
總計	28	21

不在上預算表中之到會者7人,合計到會社員28人.此外另加在會新進社員7人,來賓10人.故到會人數尚在豫算之外.

至於論文方面,則大不同.幹事員原擬至少有七八篇,然實在交進之數只有五篇.其中有一篇已見他處,故不載入"年會號".其減少之原因不一,惟通告發出甚遲,距開會僅兩月,社員雖不乏樂於作文者,亦以時間太促不得已而止,此爲其主因.對於此事,幹事會同人奉職無狀,深以爲愧,惟望來年之幹事員勿復蹈此覆轍.

籌備之程序可分爲二層,曰先期籌備,曰臨時籌備.

1. 先期籌備. 去春五月間元任等被推爲幹事員後,以校課繁重,不克他顧,此事擱置者月餘.六月中大考旣畢,方始理事.經數次商議,以東美社員較多,決議以東美中國學生大會地點爲開會地,嗣由幹事員與東美中國學生大會幹事長宋子文君商議,宋君亦表同情,爰定開會日期爲九月二日及三日,蓋學生大會開會旣畢以後之二日也.初意於本社未開會前與學生大會聯合開一學藝會,以資討論現在關於科學之種種問題.嗣以於實際上有種種困難,名義上亦有不安之處,此議作罷.

先期籌備之事,約可分爲下之數類:-

a. 發佈通告. 先由幹事員議妥暫定秩序,隨由董事會發出通告,告知開會地點及時期,與幹事員暫定之秩序,並附徵文通告,以勸各社員預備論文,於會中宣讀.通告發出之時爲六月底,前開會日期約兩月,就徵文論則頗嫌促矣.

b. 預備程序. 關於社務會一層,由幹事員隨卽通知各職員,預備報告,並告董事會預備提議事件.關於講演會,除前董事會正式徵文之通告外,由幹事員於社員中擇能作文之人物,用幹事員及私人名義請其特別預備.徵文一事,諸多困難,若專賴正式徵文則萬不可恃.且應徵之文,未必多中選.故由幹事員專請一層,尤爲斷不可少之事.以今年情形觀之,交進論文者只四人,而其中三人皆幹事員之專請者,可以略見專請之必要.惟論文鮮少,亦非無別因.上已言之,時間短促,其主因也.以今年之經驗,若能早一月發出通告,一面多發私函力請,則論文之數當可加倍.

於交際會一方面,先由幹事員議定內容,請各人擔任,一面又預備應用物件.

以上諸事定妥以後,卽由幹事員預備到會社員所掛佩章.所用佩章式樣,由社員呂彥直君打樣,惟以未經本社之正式承認,所用式樣僅爲暫時之用.現常年會中已經議決別派專員三人,研究此事.

2.臨時籌備. 臨時籌備,指開會前兩星期中及開會以後之籌備而言.其主要職務,在選派各幹事員及分幹事員分類擔任各項事件.其職務可分列如次:

1. 購買應用物件.
2. 擬寫開會時及以前所用之特告各種.
3. 印刷詳細會場程序.
4. 預備開會房屋及用品.
5. 預備及料理社員住屋.
6. 預備及料理社員飯食.
7. 管理到會社員報名繳費及填寫通信住址等類.
8. 選派會場記事員三人,協同本社書記記錄會場事務.被選者為唐鉞梅光迪楊銓.
9. 預備交際會中之點心.
10. 預備照像事務.
11. 募集及置備交際會中游戲之獎品.

以上為籌備之大約情形.惟是職務太多,幹事諸人力有不逮,事有成效者皆賴社員襄助之力也.社員中襄助最多者為唐鉞胡剛復兩君,特註此以表申謝.

於籌備年會以外之事務,不在正式程序之中而性質上當然於常年會中舉行者,有下之數事,列此以資參攷.

(1) 董事會議會
(2) 徵求新社員

(3) 徵求定報

(4) 陳列本社印刷品於公共之處

(5) 討論編輯或譯著之事務

(6) 討論中國教育上實業上種種之問題

年會經濟方面，以"節儉"兩字爲宗旨，惟以不以妨礙事之進行與效率爲度，凡可節省者，幹事員莫不極力設法節省．例如發出通告一事，凡社員之能直接或間接口傳者，一概省去．開會程序單皆用手印．皆其例也．其用款情形，約如下表：—

第一次常年會進款

常年會"用費"(每人半元)(9)	14.00 元(美金)
膳費(每人一元)	44.00 〃(〃 〃)
零售膳費	4.55 〃(〃 〃)
交際會獎品捐款	3.90 〃(〃 〃)
共計	66.45 〃(〃 〃)

第一次常年會出款

文具	4.16 元(美金)
電報	.39 〃(〃 〃)
徽章(安全針在內)	2.30 〃(〃 〃)
報名冊	1.50 〃(〃 〃)

(9) 交常年會"用費"者只舊社員二十八人．凡在本年會入社之新社員經董事會決議免收．但此種社員，須如來賓例交膳費一元．

點心	6.75	„ („ „)
膳費	38.55	„ („ „)
侍者工錢	2.50	„ („ „)
交際會獎品	3.90	„ („ „)
照像	1.50	„ („ „)
	61.55	„ („ „)

以上進出兩紙抵尙餘美金4.90元,轉交本社會計收入.

將來年會應當改良之點,可列舉如次:

(1)幹事員須於每年正二月卽派定,令其擬定大約程序,並用幹事或私人名義選請社員中之能文者預備專門文件.於三五月間發出通告,通知開會地點時期,並正式徵文,同時選各分幹事員,以專責成,且免臨時周章.

(2)董事會關於徵求新社員及定報等事,宜先期預定進行方法.

(3)文件交進宜早,作者宜自備節略一份,約爲原文之$\frac{1}{20}$,以備先期印出,便與會者之聽講.

(4)文件太長而非公衆所能領悟者,可僅讀其題,卽西國學會之"read by title"之類.

(5)講讀會與交際會時間不宜過長.每人所須時間當有定限,其限由幹事員與本人先期酌定.

(6)以後開會,至少要有社務會兩次.

(7)職員報告亦用節略.

(8) 會所住舍飯食等一切事務，須大加改良．

以上數條，皆就幹事員同人所見而言．蒭蕘之獻，或亦來年年會幹事所樂聞歟．同人駑駘，於籌備事務掛一漏萬，所幸得職員與社員之協助，不致隕越．願此羣策羣力之精神年年繼長增高，則社事前途幸甚．

民國五年九月九號　常年會幹事員 趙元任　鍾心煊　孫學悟 報告．

外國科學社及本社之歷史

任鴻雋

我們中國有一件最光榮的事,我們時常拿來誇口的,就是我們有四千年的歷史.但是這四千年的歷史中,沒有一段學社的歷史,却是我們應該抱愧的.諸位聽兄弟這話,或者有點不服.以爲我們中國歷史上,設教講學的,何代無有.第一就是孔老夫子,設教杏壇,講學洙泗;當時受教者,賢人七十,弟子三千,此等學會的盛概,就是現今歐美的大學,也有些趕不上.其他同時還有老莊楊墨之流,也是廣集學衆,號召生徒,流風餘韻,歷久不衰.到了漢代,政府既設九經博士弟子,其私家講授,如馬融鄭康成之徒,勢力反比學官爲大.宋時周濂溪二程朱晦菴張橫渠陸象山之倫,各立學派,風靡一世.明代的王陽明,清初的顧習齋李二曲等大儒,莫不設教講學.四方聞風而往的,多則幾千少亦數百,比較現在的學會,也就未遑多讓.諸君這話何常不是,但兄弟所講的學社,與我們歷史上的學會.性質有些不同,未便指鹿爲馬,借來充數.兄弟請先講我們歷史上學會與現在我們所講的學社不同之點在甚麼地方.第一,我們歷史上的學會,專講古書經史道德倫理正心修身齊家治國平天下之事.現在我們所講的學社,專講實驗科學及其應用.一個偏於德育,一個偏於智育,其不同之點一.第二,我們歷史上學會,是由一個大學者,大賢人,因其學問既大,名望也高,大家蠭湧雲集的前去請教而成.現在我們所講的學社,是由多數學問智識相等的專門學者,意欲切磋砥礪,增進知識,推廣學術的範圍,互相結合而成.一個以人為主,一個以學為主,其不同之點二.現在我們要問我們歷史上學會的方法,何以不適於現在學社的用處?其最大的原因,就在現在的科學與從前那種空虛的哲學不同.其理由且等兄弟大約言之:第一,科學的境界愈造愈深,其科目也越分越細,一人的聰明材力斷斷不能博通諸科.而且諸科又非孑然獨立,漠不相關的.有人設了一個譬喻,說世界上的智識,譬如一座屋宇,各種科學,譬如起屋築墙,四方八面,一尺一寸的,增高起來.但是若不合攏,終不成屋宇.一人的力量有限,只好造一方的墻壁,不能四方同時并進.今要墻壁成為屋宇,除非大家合在一家,分途并進,却是共力合作.此現今的科學社,必須合多數人組織而成的理由一.其二,現在的實驗科學,不是空口白話可以學得來的.凡百研究,皆須實驗.實驗必須種種設備.此種器具藥品,購買製造,皆非巨款不辦.研究學問的人,大半都是窮酸寒畯,那裏有力量置辦得來.所以要學問進步,不為物質所限制,非有一種公共團體,替研究學問的人供給物質上的設備不可.此現今的科學社不得不合羣力以組織的理由二.第一個理由,是科學性質上,不得不然.第二個理由,是科學情形上,不得不然.西方學術的發達,其學社的功勞爲多.其學社之所以發達,則由彼國人士,看明上舉兩種理由,直捷做去.非但"西方人能羣,東方人不能羣"兩句話,可以盡其底細.照上所說,我們所講的學社,是我們歷史上所未有的了.但諸君不要因爲歷史上未有的,便爲失望.諸君須知歷史是人造的,歷史這物件,雖不比化學室中的藥品,物理室中的機械,是有意造成的;却也如地質上之石層,生物上之種別,爲自然進化的陳迹.西方科學的歷史,不過二三百年,其科學社的歷史,最古的也不過二三百年;我們急起直追,尙未爲晚呢.

現在當講外國科學社的歷史.兄弟曾經說過,外國科學社之多,實在指不勝屈.大概凡少有文化的國度,其國民少知科學的重要,皆有科學社以圖其國科學之發達.如今要一一講來,不但兄弟無暇去調察,諸君也無暇來聽.兄弟現在且用一個擒賊擒王的手段,把世界上最古而最有名的科學社講兩三個,其餘都可以類推了.

世界上最古而最有名的科學社,不消說要推英國的倫敦皇家學會 (The Royal Society of London). 倫敦皇家學會成立於1660年,但是此會的胚胎,在早已經萌芽.據魏爾特博士(C. R. Weld)的"皇家學會史"引有沃力斯博士(Dr. Wallis)自記的話甚有趣味.他說"當1645年我居倫敦時候,英國內亂不已,大學都關起門了.我於談論宗教之外,常愛與彼間之一種學者來往.此種學者,深通自然哲學及人生哲學,但於當時所稱的新哲學或實驗哲學,尤深嗜篤好.我們相約每星期聚會一次,以討論這新哲學中的問題,如物理,解剖,形學,天文,航海,磁學,化學,機械等事.當時在會諸人,有 Dr. John Wilkins, Dr. Jonathan Goddard, Dr. George Ent, Dr. Glisson, Dr. Marret, Prof. Samnel Foster, Mr. Haak 等.會地有時在Dr. Goddard 的寓所,有時在樹林街(Wood Street).……至 1648-1649 年間,有的遷居奧克斯福(Oxford),於是我們的團體,分成兩段.在倫敦的仍舊聚會,在奧克斯福的,也時常開會,且加了許多新會員,如 Dr. Ward, Dr. Ralph Bathurst, Dr. Petty, Dr. Willis 等.我們這樣講求學問的方法,居然成了風氣."上面所引的話,作史的人據[1]為倫敦皇家學會及奧克斯福皇家學會的起原,兄弟想來也是不錯.還有化學物理上鼎鼎有名的鄙伊爾(Boyle),也是皇家學會發起人之一.1646-7年二月間,鄙伊爾寫信與人,說"常與無形學校(Invisible College)之礎石相往來."這無形學校,有時又叫哲學學校(Philosophical College),就是指當時聚會的學者小團體了.

兄弟暫且擱下皇家學會的事蹟,與諸君一探索此會理論上的根據.諸君曉得凡言近世科學的歷史,必推英人培根(Francis Bacon)為鼻祖.因為他注重歸納的方法,主張凡學須從實驗入手.這實驗兩個字,就是近世科學的命根.實在講來,這創立學會,聚集許多學者以研究各種學問的意思,

---

[1] Weld's *History of the Royal Society*. Vol. I p. 31-35

還是培根發的.他所作的 New Atlantis 書中,有一段講他胸中想象的學校,說道:

"我們建設的目的,在求因果的智識,事物的秘奥,以擴充人智的界域使其無物不到.此種建設所要的豫備及器具如下大而且深的洞,以爲凍結,凝固,及保存生物之用.高塔以觀天文.大湖蓄鹹與淡水以養魚禽.急流瀑布以發動力.掘成之井,人造之泉,大屋多空地以爲試驗衞生之室,節制變通其空氣之狀況,以養病及衞生.花園及礦地蓄養各種禽獸.醸酒室,烘麪包室,廚房,藥舖,火爐,望遠室,聽聲室以練習表示聲音及由聲音產出之物.空室機械室,算術室,等等.其中設職員及職事如下:十二人航行外國以採集新出書籍及試驗的器具,是爲探光之商 (Merchants of light). 三人搜集書中所有之實驗,是爲求智者 (Deprecators). 三人搜集機械上科學上及實用上之實驗,是爲不可思議之人(Mystery-men). 三人從事於新試驗,可稱爲開路先鋒,或開鑛者,三人搜集上四種人所得之經驗而編成表册,使其一目了然,是爲編輯人.三人合同視察其同事之人,并視其試驗中何者有用於人生智識,何者可用以表明事物的原因,自然的秘奥,以及發見物體之機能及價值.此等人可稱爲作事人或作德人(Benefactors).然後於全體職員屢次聚會討論已得的經驗已集的事實後,由三人出而創擬更深更精的試驗,務以深入事物之本性爲主,此等人我們可稱之爲燈(Lamps).

再有三人,實行此創擬之實驗我們稱之爲接花者(Inoculators). 最後三人,更以試驗增進以上的發見以得包羅衆理的通律,此等人可稱爲自然界之解釋者."[2]

培根這種建設的思想,實在與他的實驗哲學相輔而行. 他死於1626年,他的 *New Atlantis*, 於次年出版. 到皇家學會成立之時,此書已經十版,其爲當時學者所推崇,及其影響,可想而知. 有了此種理論在當時學者胸中,才有科學,才有皇家學會出現. 四年前爲英國皇家學會二百五十年週年紀念. 此會印了一本書,名叫"皇家學會實錄"(Record of The Royal Society),分送各國學校學會. 其第一句話便道,"皇家學會的建設,蓋培根哲學工夫實效之一." 可謂數典知祖,歸美得當了.

現在我們言歸正傳,仍講皇家學會的歷史. 兄弟上面已經講過,當時有一種新哲學家,時常相約聚會,討論自然哲學及實驗的方法. 1651年在奧克斯福這一班人,已經起了一個會,名哲學會,其在倫敦的,仍舊在格雷山學校(Gresham College) 聚會,到了1659年,英國因克林威爾死後,國內大亂,他們的學會,也就中止. 到1666年,查理士第二復位,國內漸歸平靖. 這一班新哲學家,仍舊開起會來. 他們漸漸覺得非有一種正式的組織,不足以維持久遠. 於是就當時所有會員四十一人,組織一會,大詩人犒力(Abraham Cowley)也在其

(2) 見 *History of the Royal Society* 所引 Vol. I p. 59—60.

內。此是1660年冬天的事。但會雖成立，還沒有會名。當時英王查爾斯第二，也是個好學右文的英主。對於這一班新哲學家的聚會討論，極表欽仰之意。自命為發起人之一。有時還到會聽他們講演試驗。於是當時這班學者，對於查爾斯第二，也極愛戴。這皇家學會的名字，就由此來。至於這學會的註冊，於1662年七月十五日蓋印。現在大家都以1662年為皇家學會的成立日期了。

大凡一個學會的重要歷史，在其成就的事業，不在其學會的本身。我們且不管皇家學會初立的時候，財用如何困難，會所如何不定。何時由格雷山學校遷到阿淪特爾舍(Arundel House)，何時遷到克雷恩院(Crane Court)，何時又遷到索牟賽舍(Somerset House)，何時遷到現住的勃令頓舍(Burlington House)。單說他們所辦的這皇家學會，第一個目的，是用實驗的方法，以謀自然哲學(自然哲學是當時常用的話，意思就是現在物理學)的進步。所以此會成立之始，其最重要的事業，就是施行實驗。此種實驗，或由會員自任或由會中推幾個會員專司其事。於每次常會中，對大衆施行，以供會員的參考研究。此種實驗，乃完全自成一事，不像現在人講演的時候，以實驗為陪襯，助解釋的。其實驗中之最有名的如鄒伊爾的抽氣筒，牛頓的分光試驗，皆於科學上大有關係。第二件事，是輔助政府，改良國內學術上的事業。如格林維志(Greenwich)的皇家觀象台，從1710年起，歸此會管理。

直到1906年,這氣象台的七個管理員,皆是此會推舉出來的.英國的國立物理試驗所(National Physical Laboratory),也歸皇家學會管理.至於有疑難問題出來時,這皇家學會就是政府的顧問.如房屋船隻的避電法,監獄的通風法,緯度的測量法,定秒時鐘擺的長短,比較英法兩國的長度之法,全國地形的測量,屬地磁力的測量等等,皆出皇家學會的手.諸如此類,不勝枚舉,上面不過隨意舉以見例罷了.現在英國政府每年給與皇家學會四千金鎊,以供研究科學之用.1896年,英國國會又決議給皇家學會每年一千鎊,以供科學書籍出版之用,這可見英國政府對於此會的態度了.第三件事,是搜集各國圖書標本.諸君曉得這世界有名的不列顛博物院,到了1753年始得成立.在這博物院未成立以前,世界所有的新奇物件,都送到皇家學會去.不但如此,此會有時也派人在國中各處搜集自然歷史上的標本.不到幾十年,這標本的搜集也就可觀.在當時倫敦城中,可算獨一無二的了.到了1781年,皇家學會遷往索牟賽舍的時候,除了許多器具,於歷史上有關係,仍保存於學會外,其餘所有的珍藏,都送與不列顛博物院了.第四件事,是出版物.皇家學會所出的期刊有兩種,一種名 *Philosophical Transaction*,於1664-5年三月出版.起初是各書記編輯1750年之後,另有一編輯部經理其事.到了1887年,這 *Philosophical Transaction* 又分爲A,B兩種.A種專載算學物理的箸作.B種專載生物學上的箸作.再有一種名 The Proceedings of Royal Society.這種不過是 Philosophical Transaction 的選錄,每年約出三册.這兩種期刊出世以來,不知多少新學說,曾在其中發表.世界上的科學期刊要算無出其右.近年皇家學會,更逐年刊行世界各國科學箸作的目錄,更可謂體大用宏的箸作了.

上面所說的四件事皆是顯而易見的.至於這個學會對於英國,對於世界的貢獻,已經是有目共見,用不着兄弟再爲贊美.但有一件,兄弟要請大家注意.就是英國在十七世紀的時候,雖然有奧克斯福肯孛列基幾個大學,當時學者的頭腦,也極頑固.他們所講求的,不是希臘拉丁,就是神道哲學,從不肯留心自然哲學.所以雖有培根這個大人物出來,創立新學派,注意實驗哲學,總沒人肯去實行.這一班創立皇家學會的新學家,看見當時的學者守舊太甚,無可如何,才出來創立這個"無形的學校."英國的科學,從此下根,從此發芽,從此長成枝葉扶疏的大樹.諸君試看看英國在早的大發明家,如鄒伊爾兊維法勒第達爾文都不是學校的教授,但都是皇家學會的會員.可見要是沒有皇家學會,英國科學的發達,不知要遲許久呢.

皇家學會的組織,有可供參考的,也不可不略講一二.此會的管理團體,有議事會(Council)員二十一人,每年改選十人.會長,書記,會計,皆由此會選出.副會長則由會長推任.書記共有三個.兩個管開會紀錄等事,一個管外國通信的事.

另有一個副書記,係僱傭的,會員不得充任.其他各事,各有特別委員.其會員定額,本國每年舉十五人,外國五十人.因爲外國的科學家,合而計之,總比英國一國多,這也可見學會的大同主義了.至會員選舉的方法,須有六個會員介紹,得議事會之承認,方得爲候選會員,候選會員之通過,則由全體投票表決.又會員入會費爲英金十鎊,常年會四鎊兄弟講到此點,是爲諸君有皇家學會會員希望的,早早豫備這一項巨款,免得臨時周章.

諸君!兄弟講皇家學會,費的時間已經不少.不過諸君不要以爲皇家學會是英國獨一無二的科學社,英國科學社中,後起之秀尙有皇家學社(Royal Institution),爲湯柏生(Benjamin Thompson)所發起.成立於1799年二月.此社的宗旨,在提倡工業會進步及新發明的應用.代維法勒第,皆是此社中有名人物.後來與皇家學會聯絡起來,有人稱他爲皇家學會的實修場.照此看來,可見兩個團體的關係及性質了.又有不列顛科學促進會(British Association for the Advancement of Science),成立於1830年.這科學促進會的宗旨,在調察當時如科學的情形,以成有統系的科學硏究.有特別問題出時,此社可組織一個委員會,合各科學家硏究之.這兩個學會,皆足補皇家學會之不及,於英國科學的進步,大有關係.

法國的科學社(Académie des Science)成立於1666年,比英國皇家學會約遲四年.其未成立以前的歷史,也與英國皇家學會相似.當時一般新哲學家,常常聚會討論哲學問題.有名的人,如笛卡兒,伽散地(Gassendli)巴斯加爾(Pascal),霍白斯(Hobbes),皆在其內.後來各爾培耳(Colbert)想出一個正式的組織.到了1666年十二月,乃在法國皇室圖書館開第一次會.當時法皇路易十四極贊成此舉,凡在科學社的社員,皆給與薪俸.又有特別款項,爲此社社員試驗用費.到1699年,復行組織全社社員定爲二十五人.十個是名譽社員,其他十五個是受俸的社員.分形學,天文,算術,解剖,化學五股,每股三人.其正副社長,皆由法皇欽派.書記會計則由受俸的社員中選出.照此看來,當時法國的科學社,竟是一個貴冑學堂.所以當時的人心,極為不平.到了1793年,法國大革命之後,平民得志,就把這科學社封閉起來.當時有名的社員,如拉瓦謝(Lavoisier)[3]等一班人,都送上了斷頭臺.但法國的科學,却是由這個科學社製造出來的.有人說"要詳細講這社的歷史就同作一部法國科學史一樣."我們現在但想法國有名的科學家,如拉伯拉斯(Laplace),步豐(Buffon),拉格琅士(Lagrange),達郎倍兒(D'alembert),拉瓦謝,敘秀(Jussieu),都是此社的社員,也可見一斑了.現在的法國科學社,是1816年重新組織的.市民政府解散老科學社之後,於1795年,另組織一個國家學社,包括各種學會在內.這科學社就是國家學社的一部.其後法國有名的科學家如嘉諾(Carnot),弗

(3) 參觀本月刊第二卷第三期拉瓦謝傳.

賴奈爾(Fresnel),安培耳(Ampere),阿喇戈(Arag)比約(Biot),蓋呂撒克(Gay Lussac),底那耳(Thenard)居維葉(Cuvier)苟弗喇(Geoffroy),聖的來耳(St. Hiliares),皆是此社的社員.

德國最大的學社,要算柏林科學社(Akademie der Wissenschaften zu Berlin).此社創設於1700年,係普王弗賴特列克第一(Friederich I)用大哲學家來字蕋茲(Leibnitz)的計畫建設的.到了弗賴特列克第二,又照法國的組織法,加以改造.現在的組織,乃係1812年所定.其中分兩種四門,卽物理,算術,哲學,歷史,是也.諸君請注意德文 *Wissenschaft* 的意思,包括有哲學歷史在內,其範圍比英文的 *Science* 較大.德國的大學最多,發達也最早,所以其國學會的重要,比不上英法兩國.至於德國學會的事業,有點分功的意思行乎其間.譬如茫漢科學社(Akademie des Wissenschaften zu Maunheis)專研究氣象學,蒙欣科學社(Akademie des Wissenschaften zu München)專研究國民教育及自然歷史,皇家科學社(Königliche Akademie des Wissenschaften)專研究應用科學皆是.

美國的科學社,算菲拉待爾費求進有用知識哲學會(American Philosophical Society Held at Philadelphia for Promoting Useful Knowledge)為最古.這學社為弗蘭克林所發起.弗氏於1743年著了一篇小小文章,名"增進美洲植民者有用知識之提議."這篇文章一出,大家立刻熱心贊成,就在這年設立了一個會,舉弗蘭克林做書記.到了1769年,又與弗蘭克林創設的菲拉待爾費求進有用智識會合幷,所以有上面這長而難讀的會名.這會範圍甚廣,其所硏究的,專以科學爲主.其次波斯頓的美國文藝科學社(American Academy of Arts and Science)亦甚古.成立於1780年.至於美國的全國科學社(National Academy of Sciences),係1863年註册.此社與政府略有關係,其組織亦甚完備.中分六股,卽算學天文股,物理工程股,化學股,地質古物學股,生物股,人種學股.其社中出書,亦由政府印行之.又有菲拉待爾費的自然科學社(Academy of Natural Sciences of Philadelphia),成立於1812年.美國科學促進會(American Association for the Advancement of Science),設立於1874年.各會皆刊書出報,各有所長,於科學的發達,貢獻不少.

兄弟所講的各國科學社歷史,疏略已極.因爲世界上有科學社的國,不只上說幾個,幾國之中,所有的科學社,也不只上舉幾個.但是時間有限,兄弟要節省一點,爲我們中國科學社的地步.我們的中國科學社,發起不過三年,正式成立不過一年,比起世界上的大科學社來,眞是"培塿之於泰山,行潦之於河海"了.但是古語說得好,"譬如行遠必自邇,譬如登高必自卑."我們這社二三年的歷史,安知不是以後二三百年光榮歷史的發端.今天講講本社的歷史,或者也不是無謂的曉舌.

我們的中國科學社,發起在1914年的夏間.當時在康奈尔的同学,大家无事闲谈,想到以中国之大,竟无一个专讲学术的期刊,实觉可愧.又想到我们在外国留学的,尤以学科学的为多.别的事做不到,若做几篇文章讲讲科学,或者还是可能的事.于是这年六月初十日,大考刚完,我们就约了十来个人,商议此事.说也奇怪,当晚到会的,皆非常热心,立刻写了一个原起,拟了一个科学的简章,为凑集资本,发行期刊的豫备.当时因见中国发行的期刊,大半有始无终,所以我们决议,把这事当作一件生意做去.出银十元的,算作一个股东.有许多股东在后监督,自然不会半途而废了.不久也居然集了二三十股,于是一面草定章程,组织社务,一面组织编辑部,发行期刊.诸君记得1914年夏间,就是欧洲大战争开始的时候.当时我们派回国的总经理黄伯芹君,看见时事不好,几乎要停办.还是在美的社员热心,决意坚持到底,我们的"科学"第一期,才得于1915年正月出版.诸君晓得我们科学社的宗旨,是要振兴科学,提倡实业,仅仅一个期刊,要想达到这宗旨,岂不是梦想.后来社员中觉得此事要紧的,也日多一日,就有邹应萱君,正式提议改组本社为学社.即由董事会发信问全体股友的意见,得一致赞成.再于1915年六月,由董事会派胡明復君邹秉文君及兄弟三人,为新社总章起草员.此章程于1915年十月由社员全体通过.从此中国科学社遂告正式成立.照现在所引的章程,本社社内的组织,有一个分股委员会.这分股的意思,是將全體社員,略照所學的科目,分配各股,以便有問題出來時,大家研究.現在分有農林,生物,化學,機械工程,電機工程,土木工程,採鑛冶金,物理數學,及普通九股.分股委員會的章程,於今年通過.現在各分股長正在從事分股的組織.其他各部,有期刊編輯部.此部自本社未改組以來,已經有了.現在本社所出的"科學"期刊,都是此部的出品.其次有書籍譯箸部.此部組織的目的,因見國內所用的教科書,大半淺陋不堪,意欲調察現在國內所需的書籍,就本社同人所知以為最適合的善本,或編或譯,以供學界之用.又欲編定各科辭典以為編譯之基礎.此部已經成立,現方進行編譯各事.三圖書部.設立此部的意思,是要收集圖書以為將來建設圖書館的豫備.諸君現在美國,各校皆有狠大的圖書館,甚覺方便.後日一入國門,除了自己所帶幾部書之外,要翻閱參考書,可就難了.本社創設一個圖書館,確是當務之急.現在收集圖書的章程,及流通書籍的辦法,已經在"科學"第二卷第八期上發表.請諸君留心察閱,可行就行,不可行,還可修改.其四經理部.現在專經理發行期刊的事宜,以後譯箸書籍出版時,也是此部的事.此部與期刊編輯部同時成立,也是本社最老的幹部.尚有一個最重要的部分,是董事會.本社的新董事,選舉須時,從前的董事,是由舊社來的.勉強支持,實在無事蹟可言.諸君若必要問個所以然,兄弟祇得求各部職員想想,說一句話.凡各部的進行,董事會皆與有力焉.現在本社的社友,至八月底止,已有一百八十二人.不但國內及美國,就是英德法日本等國,皆有本社的社員.現在外面已漸漸明白本社的意思,也有自求入社的.期刊的銷路,也逐漸推廣.諸君!這就是本社的略史.本社方在草創之際,自然沒有非常的事蹟可言.但本社這兩三年的歷史,雖無特別光彩,總可算前進未已,是我們所可自信的.

諸君已經聽過世界上的幾個科學社及本社的歷史了.現在我們且比較彼此同異的地方,以實行他山攻錯的主義.現單就英國皇家學會而觀,兄弟所最喜的,是分股期刊編輯等事,皆是彼此所同.我們組織本社的時候,幷未參考皇家學會的章程,也可謂"閉門造車,出門合轍"了,但有一件,爲他國科學社所最注重,進而言之,爲他國科學社精神所在,而我們中國科學社所尙未議及的,就是自己設立實驗室以研究未經開闢的高深學問.諸君或者說他們的科學社發起的時候,大學尙未發達,所以學社不能不出於自行研究之一途.若在今日,學校旣已發達,到處都有實習室,本社何必急急於此呢?不知目下的中國,也與十六世紀的歐洲差不多.對於近世的新哲學,尙在莫知其妙的境界.高等以上的學校,可算名副其實的,眞有幾個?若專靠這幾個不中不對的學校,不從他方面開一個直捷有力的門徑,想要科學發達,恐怕是俟何之淸了.諸君或者又說,學會的組织有两种.一种是专为自己研究学问的.一种是为开通民智的.我们的学会,若是专为开通民智起见,还自己研究学问的事,可以不必问及.这也不然.大凡一个组织,必须有体有用.然后其组织不是无根的木,无源的水,可以继续发达.外国的学社,但有以谋科学的进步为宗旨的(如英国科学促进会美国科学促进会皆是),却没有但以开通民智为宗旨的.因为能谋科学的进步,这开通民智的结果,是自然而然的了.科学的进步,不是做几篇文章,说几句空话,可以求来,是要在实习场中苦工做出.诸君若以兄弟这话为不大错,兄弟倒要请诸君做一个短梦,看一看中国科学社未来的会所.这会所盖在中国一个山水幽胜,交通便利的地方.外观虽不甚华丽,里面却宏敞深富,恐怕比现在美国麻省工业学校新建的校舍不相上下.其中有图书馆,有博物院,其余则分门别科,设了几十个试验室.请了许多本社最有学问的社员,照培根的方法,在实验室研究世界上科学家未经解决的问题.本社所出的期刊书籍,不但为学校的参考书,且为各种科学研究的根据.由现在的中国科学社,到我们想象中的科学社,须经几多岁月,全看我们社员的热力,与社会效公心了.

中國圓周率略史

茅以昇

'中國數學史'著者閩侯李儼君,深思積學,世所罕覯,嘗歎國學不振,漸趨淪喪,窮日夜之力,盡瘁箸述.闡發古之幽微,當今奇人也.此稿之成,君與有力焉.往昔讀書唐山,嘗極意欲作圓周率史;獲君之助,經營兩載,頗具雛形.特以材料龐雜又日為書奴,遂未克竟事.今則遠離故國典籍稀少,完成之期,更非所望;因就我國圓率史蹟,提要刘繁,先以公世.顏為略史,以將有詳者在後也. 著者.

周三徑一之率,荒古已有其說,惟寫遠不可追問.最古遺迹,僅於'周髀'中見之.陳子言曰道周徑,在在以三一為率.似古代先民用此決無生澀,且已相沿成習也.圓為天象,其環無端.論者謂奇數起於三,亦緣斯率,則古人視此為至當,初無他率可言.然臨川紀氏以為逕一圍三之下,原有各二十一分而益其一之法,為後人傳失,則圓率不盡之義,先民已開其端,所謂周三徑一者,殆約略言之矣.'周髀'而後,'九章'為古,方田少廣商功各章,均遵古率.其圓因術曰,"徑自乘

(1) '梅氏叢書輯要,' '周髀'所傳之說,必在唐虞以前.
(2) 姚首源'古今僞書考,' '周髀'之義未詳.
(3) '數學精詳'朱子語.
(4) 見'學疆恕齋筆算.'
(5) '時務通考續.'

三之四而一,又周自乘十二而一;"開立圓術曰,"置尺積數以十六乘之,九而一;"圓亭積曰."上下周相乘又各自乘,并之,以高乘之,三十六而一."據此則至西漢中葉,尚無他率可言;兩千餘年,所以入算,均泥古法也.

周徑相與之率,其較精密者,當以劉歆爲始.'九章'方田注,晉武庫中,漢時王莽作銅斛;其銘曰,"律嘉量斛,內方尺而圓其外,庣旁九厘五毫,羃一百六十二寸,深一尺,積一千六百二十寸,容十斗."依此則所得之率,爲中國之第一聲也.注中又云,"以徽術求之,得羃微弱;若以一百九十二觚之圓羃,爲三百一十四寸二十五分寸之四,則以半徑除之,又倍之,得六尺二寸八分二十五分寸之八,卽周數也.全徑二尺,與周通相約,徑得一千二百五十,周得三千九百二十七,卽相與之率也."按此率創於何人,注中初未言及;惟'隋書'卷十六律歷志云,"祖冲之以圓率攷之,此斛當徑一尺

(6) '四庫全書總目'卷一百七.

(7) '隋書'律歷志.

(8) 李潢云,晉武庫以下,疑是祖冲之語,淳風所謂顯之於徽術之下者也.

(9) 庣者,內方斜徑與外圓徑之較.

(10) '句股割圓記,'羃者覆巾之意,故算家謂平圓平方之積爲羃.

(11) 古代無方寸方尺之稱.

(12) $\pi = \dfrac{3927}{1250}$

四寸三分六厘一毫九秒三忽,庣旁一分九厘有奇,劉歆庣旁少一厘四毫有奇,歆數術不精之致也"似此則命爲歆率,當非過謬.然無適當佐證,亦難自堅其說.古人精心傑作,乃至蕩然無據,亦憾事矣.去歆百年,安帝時有張衡之率.'九章'少廣立圓注,"按如衡術,方周率八之面,圓周率五之面也;令方周六十四尺之面,卽圓周四十尺之面也;又令徑一尺,方周四尺,自乘得十六尺之面,是爲圓周率十之面,而徑率一之面也."衡以周三徑一之率爲非是,故更籌新法;命周徑之率,爲十之方根.雖增周太多,然入算最易;以今世之文明,猶恆以爲用,則中國圓率,足與世界爭光者,此其一矣.西洋數學史,多以此率源於印度.其說曰,希臘典籍中,旣未見及;而聲息相通之呵喇伯,亦認爲印度所產;是印度或因人有十指之故,以獲此率,亦未可知也.似此則中國有鈔襲之嫌,願與積學之士,一深討之.

漢末天下崩亂,三國鼎立.舉世擾攘,所謂造英雄之時勢也;而圓率卽於是時勃興.爭戰風雲中,魏有劉徽,吳有王蕃,

(13) 法見李潢'九章細草圖說'
(14) 岑建功氏亦定爲歆率,見'割圓密率捷法'序.
(15) "十"字'九章'原作十二,'衡齋遺書,'校正九章算術曰,按觀此段,前六字定五字之誤,而此"二,"字衍九數存古亦云十之三面.
(16) $\pi = \sqrt{10}$.
(17) 云係 BRAHMAGUPTA 之率.

各求新率,究圓之幽微,碧血山河,爲之增色矣.魏景元四年,劉徽注'九章'方田曰,"以六觚之一面,(按戴震'九章訂訛'云六觚原本訛作六弧李潢非之駱騰鳳氏亦然李說)乘半徑,二因而六之,得十二觚之冪,若又割之,次以十二觚之一面,乘一觚之半徑,四因而六之,則得二十四觚之冪.割之彌細,所失彌少,割之又割,以至於不可割,則與圓周合體,而無所失矣."以圓徑二尺起算,"以圓徑半之爲弦,半面爲句,爲之求股,以句冪減弦冪,餘開方除之,得股,謂之小句;觚之半面,又謂之小股,爲之求弦,其冪開方除之卽十二觚之一面也".倣此得九十六觚之一面,"以半徑一尺乘之,又以四十八乘

(18) '隋書'律歷志以劉在王先,今考徽注'九章,'在景元四年,而蕃於甘露二年卒,(卽景元七年)年三十九,似蕃率較先也.且疇三上義夫氏,亦然是說,見 *The Circle Squaring of the Chinese.*

(19) '算學啓蒙'語.

(20) '九章算術細草圖說.'

(21) '藝游錄.'

(22) 李潢謂當作因而三之.

(23) 李潢謂當作因而六之.

(24) 焦里堂'學算記'釋弧曰西法以半徑爲一千萬與劉氏假定二尺不謀而合.

(25) 陳萬策'切問齋文鈔'云劉徽祖冲之趙友欽以四角起算所算圓周之率與西法曾無毫厘之差則劉氏用四角起算必有誤也.

之得羃三萬一千四百十億二千四百萬忽,以百億除之,得羃三百十四寸六百二十五分寸之六十四;以為圓羃之定率,棄其餘分以半徑一尺除圓羃,倍之得六尺二寸八分,即周數。又令徑二尺與周相約,周得一百五十七徑得五十,令徑自乘為方羃,與圓羃相折,圓羃得一百五十七,方羃得二百,此周徑方圓相與之率也,圓率猶為微少"按徽率為算書三率之一,數千年來,相沿為用,即西人亦認為中國特產,率之精約,固已無可間言,而割圓之法,與希臘孛賴生不謀而合,後人割圓求率,雖於徽法,間有修改,要不離其本旨,自足為數學界之光榮也,又"幾何定理,平圓面積,較外切多邊形者為小,若外切之邊愈多,則面積愈近,其較數之小,可至莫可明言,是牛頓之紀函數,拉格瑯士諸之函數變例,皆不出劉氏範圍矣。"

王蕃之率,見於'晉書,'其天文志曰,"廬江王蕃善數術,制

(26) 參見徐養源'劉徽割圓表.'

(27) $\pi = \frac{157}{50}$.

(28) 古率徽率密率也.

(29) 見 Schubert's *Mathematical Essays & Recreations*.

(30) 孛賴生(Bryson)與梭格臘底(Socrates)同時.

(31) 錢塘'潛研堂文集.'

(32) 林傳甲'微積集證.'

(33) 並見宋書卷二十三天文志.

渾儀,立論考度曰,考之徑一不啻周三,率周百四十二,而徑四十五"是較徽率猶傷多也.

劉王而後,垂二百年,圓率寂無聲息.其間雖疇人輩出,而肆力於此者,史籍所載,僅皮延宗一人.'隋書'卷十六律歷志,"古之九數;圓周率三,圓徑率一,其術疏舛.自劉歆張衡劉徽王蕃皮延宗之徒,各設新率,未臻折衷"延宗之名,見於何承天傳,當係劉宋初時人.其率若何,已不可考;是僅雪泥鴻爪,供後人之惋惜而已.不寧惟是,其時算籍雖有可觀,而採用以上諸率者,決無一書可言.如'孫子算經,夏侯陽算經,''張邱建算經'(夏侯陽自敘云,五曹孫子,述作滋多,甄鸞劉徽,為之詳釋,則鸞在夏侯陽之前.而張邱建算經,有甄鸞注,則張邱建當更在鸞之前.術數之書,多經後人竄易,不可援據單詞,以定時代之後先.惟大觀算學所定以張邱建夏侯陽附見晉代)等,均膠執古法,在在以三一為算者也.又其時每言圓象,仍多周徑並提,以三一明之者,如'隋書,'前趙孔挺造渾天儀,雙規內徑八尺,周二丈四尺.'宋書,文帝元嘉十三

(34) $\pi = \frac{142}{45}$.

(35) '宋書'律歷志.

(36) '四庫全書總目,'書內有佛書云云.孫子當係漢明帝以後人.

(37) '天算策學通纂.'

(38) 卷十九天文志.

(39) 卷二十三天文志.

年,詔太史令錢樂之,更鑄渾儀,徑六尺八分少,周一丈八尺二寸六分少;又作小渾儀,徑二尺二寸,周六尺六寸,皆此類也.

祖冲之圓率,精麗罕儔,千古獨絕,皎皎不羣,如雲中之鶴. '隋書'律歷志曰,"宋末(劉宋)南徐州從事史祖冲之,更開密率,法以圓徑一億爲一丈,圓周盈數三丈一尺四寸一分五厘九毫二,秒七忽,朒數三丈一尺四寸一分五厘九毫二秒六忽,正數在盈朒二限之間.密率圓徑一百一十三周三百五十五,約率圓徑七周二十二;此第五世紀世界最精之圓率也,其時泱泱古國之印度,僅有三一四一六之值,而文明先進之西歐,亦纔至三一四一五五二之率,視此自有愧色.

(40) $3.1415927 > \pi > 3.1415926$.

(41) $\pi = \dfrac{355}{113}$.

'格致彙編'曰,將第一奇數至第三奇數,雙寫成行,得一一三三五五,將此六字,首三位爲法,末三位爲實,即得此率.

(42) '翠微山房算學,'徑一一三,周當三五四九九九六九.

(43) $\pi = \dfrac{22}{7}$.

(44) '翠微山房算學,'徑七周二十一九九一一四八.

(45) Moritz Cantor's Geschichte der Mathematik 謂祖爲六世紀之人與事實刺背.

(46) Aryabhatta 之值.

(47) Ptolemy, (即中國盛稱之多祿某)之值.

祖率睥睨天下，九原有知，亦自豪矣．冲之子恆之，有開立圓新術，似與約率，爲表裏'九章'立圓注曰，"祖暅之謂劉徽張衡二人，皆以圓囷爲方率，丸爲圓率；乃設新法曰，以二十一乘積，十一而一，開立方除之，卽立周徑，"此卽周二十二而徑七也．此率我國算籍，最爲常見，如'緝古算經，''數學九章，''楊輝算法，''益古演段，''四元玉鑑，''算學啓蒙，''算法統宗'等書，每有三率究圓之說，惟均命爲密率，實所不解．意者友欽以前，密率尙無考證，衆以淳風所錫佳名，未敢自外，遂使琪玉蘊藏，埋茲青土耶．趙友欽，宋宗之子，嘗考究密率，推爲最精．其言曰(48)，"古人謂圓徑一尺，周圍三尺；後世考究則不然．或謂圓徑一尺，周圍三尺一寸四分；或謂圓徑七，周圍二十二；或謂圓徑一百一十三，周圍三百五十五．徑一而周三一四，猶自徑多圍少；徑七而周二十二，却是徑少周多．徑一百一十三，周三百五十五，最爲精密．其考究之術：畫百眼茶盤，方圓之內，畫爲圓圖．圓內又畫小方圖，小方以算術展爲圓象．自四角之方，添爲八角曲圓，爲第一次；若第二次則爲曲十六．凡多一次，其曲必倍至十二次，則其爲曲一萬六千三百八十四．其初之小方，漸加漸展，漸滿漸實；角數愈多，而其爲方者，不復方而變爲圓矣．置第十二次之小弦(49)，以十二次之曲數一萬六千三百八十四乘之，得三千一百四十一寸

(48) 見'革象新書'乾象周髀篇（'四庫全書總目'卷一百六，此書不著撰人名氏，或曰名敬字子恭，或曰友欽，弗能詳也．其人當在郭守敬後．）

五分九厘二毫有奇,卽是千寸徑之周圍也.以一百一十三乘之,果得三百五十五,故言其法精密."按沖之密率,千載而後,西洋始有發見[50].其時彼都,猶引爲最精,則中國圓率,爲世界之先,何有疑義.惜國學不振,此率已爲西人剽竊,卽近代學子,亦幾忘其所自[51].古人心血,逝等流水,爲可慨已.日疇三上義夫,以此率源於中國,嘗有建議;擬命爲祖率[52].他年舉世景從,亦所以酬先民之苦志者矣.吾國篤學君子亦有聞風興起者乎.德疇蘇本[53]謂四位以內之數,無兩數相與,較此爲密者.則祖率之精之簡,固足空前絶後者也.'數理精蘊,'採定此率,爲近代算籍援用之祖,然持以入算,仍不多見.中國泥古不變之習,爲厲若此,殆亦科學紆緩之原歟.

祖氏約率,後世考究,有極雋永之語.'九數通考'曰,"徑七者方周二十八;圓周二十二;合共五十,是大衍之數,合方圓同徑兩周數也.大衍亦爲句股之原,蓋句三其積九,股四其

---

(49) '梅氏叢書輯要云,'所得周徑大略與西術同,其逐節所求,皆通弦,所用小股,皆正弦也.

(50) Peter Metivs 之率 (A. D. 1527).

(51) 有某校校刊,誤爲羡岕之率.

(52) "The Chinese having possessed this value so long before the West, would it not be advisable to name it henceforth in honor of its discoverer?" 見 *Circle Squaring of the Chinese.*

(53) 見 '*Mathematical Essays and Recreations.*'

积十六,径五其积二十五,合之亦五十也.""又著策之数,必以七为用者,盖方圆之形,惟以径七为径,则能得周围之整数.句股之形,亦惟以三四为率,则能得斜径之整数也."按以上所言,虽不尽确,然'周髀'方圆之言,竟于祖氏约率,有隐约关系,则固极有兴味之事.特无当真理耳.

割圆之理,始于'周髀.'径一围三,[54]既六觚之周,则古人创为六觚,已具割圆之理.嗣后刘徽祖冲之赵友钦,更阐其法,各以内弦外切,屡求句股,为无数多边形;内外凑集,以切近圆界,使两限渐合为一,以求周数.西人以六宗三要二简诸法,度内外诸线,其率亦等.可见理之至者,先后一揆;法之精者,中西合辙.西人谓古人但知径一围三,已属浅陋;庸知割圆最密,以冲之[55]为始耶?冲之求率,割圆至三千七十二弧,较之其时西方,仅得三百八十四弧者,相去为何如也.

徽率密率,算书往往相提并论,至有徽圆密圆徽径密径[56]之称;则两率之高下,初无判别,至究以何者为密,则杨辉[57]虽有三率相较之说,而无确断.此外古籍,更少有及之者.迄于近世,始有戴震[58]之考语,其言曰:徽率与祖氏之约率相较,则

(54) '天算策学通纂.'

(55) 罗士琳曰:昔祖氏以缀术求割圆密率,至今推为最先.

(56) 见'四元玉鉴''算学启蒙.'

(57) '续古摘奇算法'方圆论.

(58) '九章订讹.'

徽率密於約率."然非篤論.設以三一四一六爲率,則徽率少萬分之十六,而密率多萬分之十二.是祖氏約率,猶較徽率爲密.淳風命爲密率,殆以此歟?

宋代講學之士,遍朝盈野,六藝之末,自少精華然沈括秦九韶,相去百年各闡張衡之率.則圓周率史,猶非甚寂也.沈括'夢溪筆談'曰,"以所割之數自乘,退一位,倍之,又以圓徑除所得,加入割圓之直徑,爲割圓之弧."秦九韶'數學九章'曰,"以方田及少廣圓變求之,各置環圓徑,自乘,爲冪,進位爲實,以一爲隅,開平方得周.各置環田周自乘爲冪,退位爲實,以一爲隅,開平方得徑.以周冪或徑冪乘各實,以一十六約之.爲實.以上爲隅,開平方得圓積."是兩氏均以圓率爲十之方根,與張衡所求,同出一轍.然祖氏約率,其時已甚通行,道古亦嘗以爲用,則又立此法者,殆以衡率入算,較諸家爲簡也.

中古算籍,仍多採用古率,且有以算歷者.夫徽密諸率,既非冷僻,是古率必有自存之道.楊輝曰,徽密二率,各有分子,

(59) '算學策要'

(60) '學疆恕齋筆談'作唐李氏改造渾儀,取以爲割圓密率,言其密於徽率也.

(61) 會圓術.

(62) 田域類,環田三積術.

(63) 郭守敬'授時草,'立天元一求弧,即仍古率.

於開方有礙.'黃帝九章,'素無開方尙餘分子之法,雖'辯古通源'有之,或欲還原,須添入一段積數.終不及乘除分子還原端正.古人旣用圓三徑一之率,如開方不盡之法,亦可並行不廢."顧應祥曰:"凡平圓一十二,立圓三十六,皆不過取其大較耳.或曰密率徑七,則周二十二,徽率徑五十,則周一百五十七,何不取兩術酌之,以立一定之法.曰,二術以圓爲方,以方爲圓,非不可;但其還原,與原數不合,數多則教漫難收,古算歷者止用逕一圍三,亦勢之不得已也."觀此則古率所以去繁,至爲明顯.昔人爲算,大都不求甚精,方五斜七,逕一圍三,雖明知其疎,亦仍其舊,錙銖不計,殆亦闊度歟?

明神宗時,邢雲路有三才奇率,'古今律歷考."其論圓周徑率,古率徽率冲之率皆未善.須以圓取實量,圓中求徑,乃得眞率.圓徑相取,皆三一二六爲率.其說與魏文魁所著'歷元算測,多相表裏云."雲路欲以度量所得,抹煞古人諸率,所見甚淺.夫製一眞圓,爲事所不能,度取極精,爲決無之理;邢氏所得,殆亦甚約略也.然以實驗求率,邢固第一人矣.邢

(64) '續古摘奇算法.'

(65) 此法附見關孝和本'續古摘奇算法.'

(66) '方圓論說.'

(67) $\pi = 3.126$.

(68) 魏文魁亦膠執古率之一人爲徐光啟所摘者見'明史'三十一歷志.

氏尚有一率,見'疇人傳'卽徑一周三一二一三二〇三四.$^{(69)}$

方以智四公子之一也,文章氣節,一時無兩.於所著'通雅'中露徑十七周五十二率,$^{(70)}$惟算家甚少行用,殆以得數太弱也.

(69) $\pi = 3.12132034$.

(70) $\pi = \dfrac{52}{17}$.

中國實業之未來

楊 銓

中國今日實業之腐朽雖有巧舌不能以爲辨.夫挖肉補瘡,朝不保暮,窮迫亦至矣.於此時而言中國實業之未來,非屬纖之辭則痴人說夢耳.雖然,天下事之不易言不以其同而以其變;不以其變無端,而以其變有迹.今不如古可得而知也,未來不如今不可得而知也,惟其不可知故其利害益不可忽.

中國實業故步自封,有識者類能言之.然而中國之實業未嘗無變也.周制井田.封建旣廢,井田之制隨之.自漢迄明主復井田者何代無人,而井田之制終不可復.董仲舒王安石方孝孺黃宗羲不皆一代之儒耶?其言井田之利未嘗不深切著明,而其說終不行,亦曰時遷事異耳.井田之制,田爲國有,民爲傭.分授不均則民怨望,勸督不周則民愉惰.封建之時所以能行者,國君以土地爲私產,於其封疆之內田土之肥瘠,民口之衆寡,時勢之遷改視之爲門以內之事也.且必大多數人皆業農,天下然後相安.勞逸懸殊,貧富異境,則阡陌之上皆陳涉吳廣耳.戰國之時井田之制已壞,管子侈靡篇已有"地重人戰,毀敎而養不足"之憂.秦漢而降四民雜處,君去民日益遠,官舍往來不啻逆旅,地方之事三五胥吏爲政,井田之不行勢所必然也.管子曰"節時於政,與時往矣"井田之制因周爲政與周俱往,亦豈有異哉.不治今而慕古,欲遡流而圖前,中國至今不免饑饉之患,主井田者與有責焉.

吾國學者政治家不諳實業之趨向豈特井田爲然.吾獨標舉井田者,以中國爲農國,農政如此則他業從可知矣.工商在中國者爲末業,自周迄清未嘗稍異.'禮記'王制"凡執技以事上者祝,史,射,御,醫,卜及百工.凡執技以事上者不貳事,不移官,出鄉不與士齒." 此周人所以視百工也,越二千五百餘年明武宗定官吏人等器皿之制曰"其商賈技藝之家器皿不許用銀餘與庶民同." 二千餘年工商無寸進可言,豈無故哉.

夫社會遞遭由簡而繁.雞犬不相聞之世旣與黃農虞夏而俱沒,民之享用嗜好遂如混沌已開一變不可遏.工商之蔓延實應社會之求也.然而法令抑之於上清議非之於下卒不能爲正當之發展.嗟乎!萌蘖之草殺之以嚴霜,踐之以牛羊,以微茫之生機敵莫當之强暴,其不奄然就斃者幸耳.故中國工商之興勢也,天也;中國工商之困法也,人也.其生其存無培植調護之勞,而望其枝葉扶疎翠蓋亭亭,不可得矣.實業者與時代而俱變者也.遏之勒之不能止其變而能賊其生.中國今日實業之腐朽,豈自今日始哉!

往者已矣,未來何如,此未易率爾言也.欲探其源,請先言世界實業進化之大勢.一國實業之進化大別之可得四時代：一曰自然時代，二曰封建時代，三曰獨作時代，四曰協作時代．自然時代循天演之秩序不假雕琢．羅馬因征服異族而有奴隸之實業，中國周以前由部落甫成國家即有村落之實業．二者之性質雖異，其漫無統序純任自然一也．羅馬以奴隸血汗建空前絕後之美術；中國上古則以生活之簡而有至治無爲之稱．此皆自然時代之特長，後世模倣歌詠莫能企及者也．文化漸進，國家之組織亦趨複雜，供求萬端而自然時代之實業窮於應付，封建時代因起而代之．歐洲法蘭西大革命以前中國姬周八百年是也．封建時代農爲本，他業附之，民力田而帝王公侯坐享其成．火藥發明，歐洲封建之制壞；周室衰微列國爭霸，中國封建之制亡．

由自然而迄封建中國實業之進化與世界潮流若合符節．秦漢而降中國倒行矣．歐洲自法蘭西大革命後高視闊步而入獨作時代．由十八世紀之末迄於今日百二十餘年皆獨作時代流行之日也．獨作時代之實業重獨行，勇競爭，涉風波以通異域，窮歲月以謀發明，物質文明一日千里．然競爭不已往往俱傷，故近年先進國之聯合大公司日益增多．其鵠在免無益之競爭，增經營之效率，謂爲協作時代之徵兆可也．

中國自周以後徘徊於封建時代獨作時代之間．歧路徬徨有退無進．二千餘年無封建時代之利，而有封建時代之害．秦漢以後之君主牛馬人民視羅馬之虐奴無以異也．秦之長城雖以禦外侮,其勞命喪財視埃及金字塔殆有過之·君主不特好大喜功,自奉之豐亦為他國所未有·皇室奢華易世加厲,唐時宮中用匠萬八千餘人,明時宮中用匠二萬七千餘人,此僅見諸紀錄者耳·竭天下實業之膏以供獨夫之揮霍,封建時代曷嘗殘酷至是·故中國封建既圮之後,北轍南轅去獨作時代遠矣·海通以來雖有醒意,猶沉睡者甫能展眸,不辨東西南北,何能拂衣擇徑哉·

中國未來之實業但有二途可行·一則由獨作時代而趨協作時代,一則越獨作時代而直入協作時代·何捨何從當視今日實業之能力與趨向為衡,其中難易曲折則歐美往事可為師鑒也·請略述英德美三國最近之實業變遷·

(一)英國　英國自法蘭西大革命一躍而執世界實業牛耳·烜烜赫赫者五十餘年·其成功之因不一,綜其大者有五:(一)英國實業之變遷純由天演漸進,故其根深蒂固·(二)島國孤懸大洋干戈所不至,拿坡崙蹂躪全歐英獨不及於禍·(三)方拿坡崙吞併列國之時英則取勝國之屬地而有之,及法敗於聯軍盡還吞滅諸國,英則以身屬聯軍得保其所掠·印度南非洲自是皆為英有·故當歐洲大陸鼎沸之日,坐收漁人之利者英也·(四)英格蘭富於煤鐵藏·二物為今日實業之生命,兼而有之地利盡矣·(五)撒克遜人種剛毅果敢富於進取獨立性,最適於獨作時代·

(1)「經濟彙編」攷工典第二卷六頁與第三卷 八頁

夫天時地利人和三者英兼而有之,安得不雄飛世界哉.自是英遂以實業霸,歐美澳非四洲莫不仰其鋼鐵機械紡織諸製造品.英非農國,因倡自由貿易,以此得廉價之食糧原料入口以應其乏.他國不諳自由貿易之利害,尤而效之,英之製造品遂充牣他國市場.反客爲主,他國實業坐此不能發展,而英益遠矣.卒也他國憬然悟恃自由貿易必不能與英抗衡,美自南北戰爭告終遂採保護政策,德與他國踵之.德美閉門修養勵精圖治,十數年間遂代英霸實業.雖然,英以五六十年之霸權經營積蓄,財雄全球,各國實業幾無不有英之資本,二十世紀握世界經濟界之樞紐者英也.

英之實業所以見絀於美德者,一由學校與工廠不通聲息.執事工廠者幼爲下役藉升遷而握重權,經驗多而學問少,學校師生復游心理論無意實業,遂至兩相柄鑿爲實業進化之障礙.一由其工人之生活維艱.當英實業初盛之日工人生活程度高出他國,及資本家之勢力增加,工人之進項日低,其操作之效率隨之而減.十九世紀之末各國工黨爭結翠自衞,英人獨持守舊獨立之態度不屑隨波而靡.至歐戰肇端之前數年始有擧動,然立根不固終不免爲一閧之市耳.

(二)德國　德國實業在獨作時代有兩特色:其資本主義發達晚他國三十餘年,而其社會主義發達早他國三十餘年.今日歐美資本家勢力最弱者當推德矣.千八百四十八年之法國革命幾掃絕全歐之封建子遺，普魯士獨屹不爲動。越十餘年資本派與封建派始宣戰於普魯士議院。當時已有工黨之迹，兩派皆欲得工黨之援。資本家遂出而組織工團陰事籠絡，然未久即歸消滅，而轟轟烈烈之社會工黨遂於是時出而代之。畢士麥百計謀利誘此少年社會黨以袒帝政黨，竟不能。資本，封建，帝政，三派相持久不下。及普奧之戰與德法之戰終全德推普魯士爲盟主，而日耳曼帝國告成，資本派與帝政派竟獲最後之勝利。故德國初成之數年資本派實握政治全權。時畢士麥統領帝政派，一意芟除主張民權主義者。然社會黨勢力膨漲，如火燎原，咄咄逼人。至是資本派與帝政派爲抵制計不得不攜手聯盟，於是而有社會黨十年之戰。其卒也社會黨勝。及今皇維廉大帝即位，大修武備。社會黨不能爲武裝之革命，乃以和平手段進行。德國實業制度純根社會主義最適協作時代，此黨之力也。其工人之老病失業者皆有依歸，學校工廠交相爲助，早年即行保護政策故不恃外貨。政府獎勸大公司尤不遺餘力，助之以金錢，獎之以專利，而約之以法律。故德民無托辣斯之害而有托辣斯之益。世界之先進協作時代者德也。德既控制世界實業市場，更以所得金錢擴張其經濟勢力。英人既敗實業今經濟權復見侵奪，其與德不兩立者實偏處此也。論者謂使德不以霸權訴之兵力，其實業經濟之勢力已立於不敗之地，循此以進不折一矢可左右世界。不此之圖悍然與列國爲敵,惜矣.據今日之大勢德殆無戰勝之望,然德雖身敗名裂,其先倡協作實業之功要不可沒也.

(三)美國. 美自南北戰爭而後遂由自然時代入獨作時代.南方專農,黑奴既放失其牛馬.瘡痍未復,隴畝荒蕪.雇人則傭值昂貴,督責維艱,故豪農之擁多田者爭以租人.一佃戶受田由四十而八十英畝,其勤者往往以羨餘購所租之田,田主亦樂以售人.至是豪農鉅業裂爲無數小田.北方以戰勝餘威囊括南方市場,益以保護政策與北方之煤鐵富藏,故工廠發達如經雨之艸.廠小而數多,競爭獨立之風盛行.有才志者戮力一業便可自立,故中流社會人衆而業王.時實業人材輩出專門學校亦日增.美之發明最多學校實驗室與有力焉.南方戰後窮困顛連者垂三十年.至十九世紀末葉北方新英格蘭棉廠規模過大,舊有水力不足用,南方既爲產棉之區又多水力,值電機學大明之日長途傳送甚易,棉廠南遷之利明矣.南方由此農工並進,氣象一新.今則南北實業幾無所軒輊.

十九世紀之末美國實業已漸趨協作時代.獨作時代競爭酷烈,適者生存,敗者不歸淘汰即爲勝者所併吞.而勝者日益張大.小廠之幸存者知小大之不敵也,相率聯合.昔之無數小廠今則化爲三數龐然大物.大廠之競爭爲禍益烈,供過於求,市場有限,競爭者往往勝負兩傷.至是同業之大公司或相約限出貨,定市價,或更併爲混一之大公司,如鋼鐵艸煙農器諸公司之類。然美國政府輿論皆深惡大公司之協作行為，式耳門 Shermen 抵制托辣斯律其結果也。美國政府不善約束協作實業，故徒見其害，不見其利。然時潮所趨千夫莫阻，協作時代果應勢而來，終有泛濫洋溢之一日也。

三國實業之變遷既如是矣，中國實業未來之方針何捨何從乎？英之興也藉拿坡崙吞併收漁人之利，以自由貿易為濟己制人之策，又其人富於進取獨立性，其國多煤鐵藏，然卒為德美所絀實業教育不良工人制度不善致之也。德與美皆行保護政策德之興尤賴其政府人民之一心與工廠學校之相助。美之興則以地大物博獨居一隅，又其學校與工廠之聯絡雖稍遜於德，已非他國望塵可及矣，

中國實業能力之薄弱遠不逮德美，國中食物足以自給人民性質迥不如英，其不利於自由貿易不待智者而後知也，且中國地大物博遠過於美國中專門學校如鳳毛麟角，二三工廠與學校漠不相關，窮困無業之民居大多數而資本家之勢力不彰，其應襲德之實業政策而效美之農工並進又無疑也。使中國誠能棄英之短取德美之長，越獨作時代而入協作時代則五十年中何詎不能與德美抗衡耶？

難者曰如子言，保護政策實為發達中國實業之紐而中國關稅權已歸外人掌握，吾人雖欲奮發恐不免為紙上空談。曰不然，關稅不過為庚子賠欵之抵押品。歐戰告終吾人

果能屹立不辱,則收回關稅權當非難事。卽或不能實行保護政策,果政府人民併力以赴實業,以全國之力經營之,列強雖能充貨吾市,不能強吾人購之也,一言以蔽之,中國實業而欲以獨作時代興也,必實行保護政策為閉門修養之計;若保護政策不可行,則中國實業非協作無禦人自存之望。

朱起蟄	C. C. Chu	造船	109 Waverly Place, N. Y. C., U. S. A.
孫國封	K. F. Sun	物理	%C. T. Kwei, 75 M. D. Hall, U. of C., Chicago, Ill., U. S. A.

機械股長易人

本年機械股長楊君銓,以編輯部事繁不及兼顧機械股事,業經辭職,由該股改選程君孝剛為股長,程君住址如下:

H. K. Cheng 3715 Locust St., Phil., Pa., U. S. A.

凡社內外關於機械股事,請直接與程君接洽。

美國各地之社友談話會

本社社員在美者日漸增多,而尤以東方各大校為盛,如康奈爾大學有社員二十餘人,答佛及麻省理工大學四十餘人,彭大學(University of Penn.)十餘人,哥倫比亞大學三十餘人,各校社友皆於感謝節及聖誕節之暇,邀集同人開談話會,一以聯絡情誼,一以討論社務,到者甚形踴躍,無不盡歡而散,尤望各地社友,照本年修改之總章組織社友會,成一永久機關,以謀社務之進行,則尤本社前途之幸也。

(七年二月)
新社員

孫紹康	S. K. Sun	法律	51 Rue de Babylose, Légation de Chine, Paris.
潘先正	S. C. Pan	電機	2216 S. Kirkland Ave., Chicago, Ill., U. S. A.
劉其淑	C. S. Liu	電機	1125 W. 25 St., Des Monies, Iowa, U. S. A.
鈕因祥	Y. H. Niu	機械	1125 W. 25 St., Des Monies, Iowa, U. S. A.
周金臺	C. T. Chow	鐵路管理	3611 Sansom St. Phil., Pa., U. S. A.

中國科學社記事

1918年常年會之盛況

本屆科學社年會,原定於費拉特爾費亞舉行,嗣以留美東部學生會改在息勒扣斯(Syracuse)開會,本社董事會恐本社年會與學生會地址相去太遠兩有妨害,乃改定美國綺色佳城為本社年會會地,并於前派孫洪芬程孝剛徐乃仁三君之外添派秉志何運煌朱家驊三君為常年會幹事,嗣又以中國工程學會提議欲與本社開聯合年會,本社欣然應許,復由本社與工程學會共同加派程孝剛尤乙照楊毅三君為年會幹事,諸幹事於七月間發出通告歷舉本年年會之利便以告社員.

一. 本年科學工程兩社聯合開會,為歷來未有之盛舉.

二. 綺色佳山水之勝,著名美國東方,到會者於討論學術之外,且得遊覽名勝之樂.

三. 綺色佳去息勒扣斯甚近,到會者有隨赴學生年會之便利.

加之綺色佳又為科學社之發源地,科學社員對之,更多一重趣味,故會期未屆以前,幹事諸人早料到會者之必形踴躍矣.

聯合年會之會期,定於八月三十日至九月二日,以便到會諸君於閉會後即可遲赴學生會.會期將屆之前數日,兩社職員即到綺色佳安排會程次序及料理到會者食宿等事.決定以大同俱樂部為兩社事務所,會場則晝會在康乃耳大學之文藝院,夜會在大同俱樂部之集會堂,以便會員來往.至會期屆時,由各處來會者凡四十八人,前教育總長范源濂先生亦由紐約赴會,會期中復有到者,到會總數凡五十四人,蓋歷來未有之盛會也.

本屆年會詳細記事及各職員報告,因須俟工程學會各報告寄到後一齊發表,當於下月登出,茲將開會程序及選舉結果先行揭載,以慰社員先睹為快之意.

八月三十日晚八時

　　正式開會　　康乃耳大學教授文科學長鐵勒君致開會辭

　　　　　　　　康乃耳大學教授班斯君致歡迎辭

八月三十一日上午九時

　　科學社議事會

　　下午二時

　　　　范靜生先生演說　　討論會

　　晚八時

　　　　交際會

九月一日　　星期

　　上午　　照象

　　下午　　遊覽名勝

　　晚八時　康乃耳大學電機教授格雷君演說美國電業發達史

　　　　　　陳體誠君用活動影片演說鋼鐵製造史

九月二日　　上午九時

　　工程學會議事會

　　下午二時　　宣讀論文

　　晚八時　　正式閉會　　康乃耳大學校長金保君演說

中國科學社 中國工程學會 聯合年會記事

楊 銓

中國科學社之有常年會以民國五年秋始,中國工程學會之常年會則自今秋始,故此聯合年會在科學社為第三次常年會,而在中國工程學會則為第一次常年會也.到者五十四人,假美國康乃爾大學校舍與其大同會所為會址.會期凡四日,以民國七年八月三十日始,九月二日終.

本記專為報告兩學社社員以聯合年會之開會情形,及過去一年之社務大要而作,故記事從簡,一切演說僅述大旨,其詳見後.

八月三十日,星期五.會員註冊以是日下午二時始.先期到者二十餘人與繼續來者十餘人者以是日下午在大同會所註冊.下午八時二十分開歡迎會,是為聯合年會之正式開幕.主席者為趙元任博士.趙君先道歡迎辭,次略述兩社之歷史與科學社常年會三年來之進步,遂介紹康乃耳大學文科科長鐵勒教授(Prof. Thilly)演說.其演說大旨,謂中國人最弱之點在輕科學,西方人最強之點者重科學.中國之進化離科學而獨行,其極不能越希臘學術之範圍,蓋同偏於形而上之學也.然欲脫天然界之束縛,役萬物,服天下,捨科學末由達.西方科學發達不過近百年事,其源流因果可得而考也.末復言偏重科學之弊,人與物當並重,乃為真文明.

演說畢,主席請湯靄林女士奏琴,一曲既終,掌聲雷起,女士謙謝,不肯復奏.次為中國科學社社長任鴻雋君致辭,略言東西學術不同之點,在一憑懸想,一重歸納的方法.中國科學社之設立實以矯正中國弱點.今世強權卽公理,故救國當從昌明科學始.末代科學社會體謝康乃耳大學與大同會襄助開会之盛谊继为中国工程学会会长陈体诚君致辞,首述工程会成立之略史,次言中国工商所以不振与科学教育所以不兴之故。陈君退汤女士奏琴,周若安女士唱歌。歌竟,主席介绍班斯教授(Prof. Barnes)演说,教授为大同会之会计,亦为始创建筑此间大同会所者也。其辞略谓今日得中国两学会於此室开会,使吾益觉此屋不虚筑,外国学生常生吾钦慕奋发之心,以其志远大也,诸君能成科学社,吾国学子能以科学进步为念者少矣。教授辞毕,已夜十时五十分,主席遂宣告闭会,请会员与来宾进饮食,尽谈笑之欢。

八月三十一日,星期六. 今日上午九时廿五分开中国科学社社务会,由社长任鸿隽君主席,首由书记赵元任君查点人数,赵君宣布按章须得社员全数十五分之一到会乃足社务会法定人数,今到者廿五人已过法定人数。次为社长任鸿隽报告。(所有职员报告全文皆见本社别特专刊)报告毕由杨铨君动议通过,刘树杞君赞成,众一致同意。继由主席介绍范静生先生发表先生对於本社前途之意见。先生首言极钦本社维持科学杂志之精神,科学实为开导国人之唯一利器,继言办事不难,难在无恒,果能坚持到底,筹款亦易。况科学社在中国为此类学社之仅有,故无与人竞争之虞。末略言尚志学社之历史与性质,并此社对於科学社之态度。次为书记赵元任君报告,由刘树杞君动议通过,杨铨君赞成,众同意。次为代理会计裘维裕君报告,照章次由常年会派员查账后始能通过,故由社长指定何运煌君为查账员,众同意。分股委员会会长孙昌克君未到会,其报告由主席代读,由杨铨君动议通过,黄有书君赞成,众同意。次为期刊编辑部长杨铨君报告,由陈体诚君动议通过,罗英君赞成,众同意。继为新编辑部长赵元任君略述来年办事方针。次为选举董事报告,因司选委员三人皆未到会,故由何运煌君代读报告,读毕,主席云報告中有兩事須由常年會公決.(一)被選董事陳藩君因已先辭推薦,故不受職.(二)被選董事會函請書記之孫洪芬君辭不受任.何運燁言對此兩事僅有兩辦法.或任其辭職以次多數補缺,或堅請其受任.主席言陳藩君未承認推薦,照章有不受職之權.惟次多數當選者過探先侯德榜兩君同票數,如許陳君不受任,將以何法定次多數當選者.楊銓君主張由常年會投票決之.陳體誠君贊成.衆同意.投票結果過探先君得十三票,侯德榜君九票,故過君當選爲董事.至孫君辭書記一節,衆意不可,須堅請就任.繼由主席宣告分股選舉結果,新分股委員會長爲陸費執君.陸君因衆請宣布政見,遂起立略致謙辭.

次議選舉民國八年司選委員.趙元任君言,明年司選委員應由國內社員中舉出.楊銓君言,無論國內國外,惟舉出之三人必在一地方可辦事.繼付衆決定,贊成由國內社員中舉出者十七人爲大多數.主席因請到會者推薦,被薦者共六人,其各人票數如下.

胡敦復 十九票	楊 銓 二十票	朱少屛 十票
尤乙照 十一票	程孝剛 七 票	金邦正 六票

照章當舉司選委員三人,故楊銓胡敦復尤乙照三君當選.

次討論與尙志學社交涉及與各書局買書交涉.對尙志學社交涉事,會員意見不一,大多以請費不損名義爲是.與書局交涉,在美原由玉徵君經理,現所難者,不能得人專辦購書細務耳.繼由會衆同意,以此事付董事會斟酌辦理.時已午後十二時三十分,主席因宣告閉會.

是日下午二時爲范靜生先生演說,由任鴻雋君主席.任君言人性可分爲三大類,一爲美術的,一爲科學的,一爲實行的.合科學與實行則爲敎育家,盛教育行政家,范先生其人也。先生之敎育事業爲世所知,不待言說,今將聆先生對於中國敎育前途之意見。

范先生先述嚴範孫與孫子文兩先生因不能來囑吾傳語。嚴先生有三語告諸君,(一)讀書之外當觀察社會情形,(二)宜時時留心國事,硏究應用所學之道,(三)中國之惡劣習慣必痛改。孫先生則盼望諸君爲譯書。次述己見,先言對於中國政局之見解,略謂中國之亡不亡各人問心便知,吾信其不亡,努力作事便不亡矣。今日南北所爭爲憲法問題,久必自決,實不足深憂。次言中國之根本問題實在社會,社會中之最大問題則爲工人問題,因痛論工人自有史以來所受之虐待無告,與其對於中國存亡之影響,及所以補救之方。末於留學生歸國辦事立身之道復深切言之。

演說畢已三時五十分,主席遂宣告開討論會,請范先生先述其對於敎育之意見。范先生言有三事願與諸君相討論,(一)此行所欲研究者爲小學高等學校及師範學校之辦法,願諸君以所見中美兩國諸校之短長見敎。(二)中國學生最苦無參攷書,諸君能各以所習科中要書之目錄示,則補助中國敎育界不淺。(三)中國留學生宜與國內敎育界聯絡,惟中外須有一機關爲執行此事之媒介。

湯震龍君言,聯絡感情莫若交換報紙。陳體誠君言高等小學以下不宜讀英文,當以此時先治國學,中學所習太普通,應加技藝諸科,則不入大學之學生可投身實業界。任鴻雋君言中國敎員太重講義,輕參考書,故其成績劣。又言審定名詞當賴各團體之力。顧振君言,(一)中國敎員程度太低,(二)中國學生缺保存秩序與自治兩德,(三)大學生當有世界的知識。劉廷芳君言,(一)中國學校重讀書,美國學校重爲人。(二)敎員敎書鐘點宜少,使有自修之時。

(三)中小學校卒業生宜多補習機會.(四)編譯書籍當先從通俗者着手.任鴻雋君復言外國教員人才多,因多大學,中國人不重高等教育安望有好教員,願范先生於此稍留意.又中國現在大學重文哲不重科學,故學生少用五官,亦當匡正者也.任君言畢已五時十分,遂宣告閉會.是日下午五時原定常年會全體照像,因天忽陰雨,遂改期明日.

下午八時爲電影演講,由楊銓君主席.演講者爲康乃耳大學電機科教授格雷(Prof Gray)與陳體誠君.教授題爲美國中央電廠發達史,於近五十年長途傳電與水汽生電之源流言之甚詳,舉凡重要之發電機械無不現之影片.陳君題爲鋼鐵傳,蓋以活動影戲述鋼鐵由鑛塊成製造品所經諸階級之情形也.演講終已夜十一時矣.

九月一日,星期日.上午十時常年會全體照像,下午一時三十分全體乘小汽輪舟游凱游佳湖(Cayuga Lake),至湖畔克羅巴村(Crowbar)登岸,散坐水邊進小食,至四時復乘舟歸綺城.

下午八時舉行交際會,由陳體誠君主席.首由金岳霖楊銓兩君爲滑稽繙譯.次爲金岳霖君說笑說職,由潘玉梅女士奏琴,湯愛琳周淑安兩女士合唱,唱竟,劉廷芳馬育驥兩君實驗催眠術.演畢,主席因言范靜生先生明晨將赴中美學生年會,欲得諸君道別.范先生遂起言此行得益良多,謝諸君相邀厚意.繼由趙元任君執行答問競爭,洪深君得首獎,楊銓君得次獎.時已夜十時.主席宣告散會,進冰食.

九月二日,星期一.上午九時爲工程學會議事會.下午二時宣讀論文,由楊銓君主席.論文共十二篇,本人親讀者五篇,爲劉廷芳之"美國教科書對華態度之研究",陸費執荇之"誘鳥談",顏任光君之"測量光速新法",顧振君之"電話"(影燈演講),湯震龍君之"克爾雷每小時行百英里火車之發明"其本人未到會請人代讀者共五篇,爲程孝剛君之"工業之標準"(陳體誠君代),鍾心煊君之"植物之應用",王善佺君之"選擇棉種術"(以上兩篇皆由陸費執君代),張名藝君之"複性鹽對於電流分解之作用"(黃有書君代),衛挺生君之"國外資本輸入問題"(金岳霖君代).又內容太專深,故僅宣讀題目者兩篇,爲茅以昇君之"Transition Curves",與王金吾君之"家畜傳種秘法".今年因論文稍多,故講時多僅述大意,討論亦極少,會終時已下午四時五十分矣.

晚八時請康乃耳大學代理校長金姆保教授(Prof. Kimball)演說,由秉志博士主席.秉君言教授演說本定期星期一晚繼教授因國事赴華都,故改期今晚.教授演說首言自存爲人類第一急務,欲圖自存遂與自然戰而科學由此萌芽.諺云"急需爲發明之母",可以釋科學源流繼言科學的與非科學的之異當以能定性與定量而決.徒能析事物之性質不得謂爲科學的,必能析其量然後爲科學的繼言工業標準之益,標準定則甲廠之輪乙廠之軸可以成車而納於丙廠之軌,分工之利由是意矣末言應用科學爲今日歐戰之基.戰後各國果仍將以科學預備戰爭與否,不可得知.中國素好和平,助世界以離戰爭之禍是所望於中國者也.教授退,主席請趙元任君奏琴奏畢.主席言今夜爲兩學社聯合年會正式閉會之夕,願自此日各努力圖中國科學與工程之發達.今當代表全體謝康乃耳大學與其教職員襄助本會之厚意並謝本會之幹事辦事之熱誠.辭畢遂宣告閉會,進冰食,時夜九時三十分.

（一）每月所收入之新雜誌，須於最早之時期在『科學』宣布．

（二）新到雜誌，在五日內不得借出雜誌室．

（三）新雜誌到後五日，凡在南京社員之入本股者，得借出一星期．同時所借不得過兩冊．

（四）新雜誌到後五日，凡在南京以外社員之已入本股者，得借出三星期．但每次所借出之雜誌，亦不得過兩冊．同時若有二人以上來函索借同一之雜誌者，得照來信之先後挨次寄發．

（五）由雜誌室寄出之雜誌，其郵費概由本社圖書館擔任．其寄還雜誌之郵費，則由借者自理．

（六）雜誌收到後五月，如無人借閱，得由本股幹事移贈本社圖書館，永遠保存．

美國新社員

去年八月至十一月在美洲入社之新社員名單近始寄到特錄如次

顏任光	Dr. K. L. Yen	物理	Ryerson Lab., U. of C., Chicago, Ill., U.S.A.
熊正珌	J. J. Hsun	化學	3609 Locust St., Phila., Pa., U.S.A.
黃寶球	P. K. Wong	生計	℅ C. L. Sen, Wister Institute, Phila., Pa., U.S.A.
傅　霖	S. T. Fulin	生計	315 Maryland Ave., Seattle, Wash., U.S.A.
熊正理	C. L. Hsun	物算	Union College, Schenectady, N.Y., U.S.A.
洪　深	S. Hung	陶業	166 W. Lane Ave., Columbus, O., U.S.A.
張紹鎬	S. H. Chang	土木工程	34 N. Beaver St., Dunkirk, N.Y., U.S.A.
楊卓新	T. S. Yang	電機	714 S. Crouse Ave., Syracuse, N.Y., U.S.A.

李 夒	Chung Li	化學	c/o H. M. Li, 149 Austin St., Cambridge, Mass., U. S. A.
周辨明	B. E. Chiu	算學	85 Trowbridge St., Cambridge, Mass., U.S.A.
丁緒寶	Supao Ting	物理	5552 Univ. Ave., Chicago, Ill., U. S. A.
沈 奎	K. Shen	化工	419 W. 115 St., N. Y. C., U. S. A.
陳瑜叔	Y. S. Chen	化工	425 W. 118 St., N. Y. C., U. S. A.

詹天佑傳

楊 銓

詹天佑字眷誠,粵之南海人,清咸豐十一年三月十七日生,距英史第芬森始創機車四十七年。時歐美路政方興,中國猶閉關自守,於一切新潮流尚寂無所聞。詹氏幼年無異人處。清同治十一年曾國藩李鴻章痛中外交涉之失,奏請於通商各省選聰穎子弟赴美留學,氏與頭班之選,隨總辦陳蘭彬入美,肄業威士哈吩小學,時年十二。越五年,入耶路大學習土木工程及鐵路專科。光緒七年卒業歸國,年二十二歲。既歸,中國自建鐵路尚無萌蘗,學無所用,政府因遣往福州船政學堂習駕駛,未幾改任揚威兵輪操練及船政局教員,蓋由路而航矣。值南皮張之洞督粵,識其才,聘任粵博學館及水陸師學堂教習,兼測繪海圖,如是者七年。

光緒十四年新會伍廷芳總辦津楡鐵路,始以氏爲工程師,所學至是乃得施展,自此任路事者三十餘年未嘗間輟,蘆楡關津內外萍醴新易潮汕諸路之成多得氏力。光緒二十年英國工程研究會聞其名,舉爲會員。中國人得入此會者當以氏爲最早。當時中國鐵路多屬國有,非官莫能致用,故氏於光緒二十三年納粟爲光祿寺署正,越五年捐升同知,繼以辦路功累升至道員。

光緒三十一年中國自築京張鐵路之議興,氏不世之業亦於是乎始。先是京奉鐵路有餘利，中政府擬撥建京張。[1]英人以爲京奉路實借英資而成，今以京奉餘利築路，宜由英工程師主持。然中政府已與俄人有長城迤北之鐵路不能由他國承辦之議，故俄使出而反對。兩國相持不下，中國不得已乃改爲自辦，且申言不借材他國，英俄始無異議。是年四月遂設局開辦，以陳昭常爲總辦，氏爲會辦兼總工程師。自中國興築鐵路以來華人爲總工程師者當以氏爲嚆矢。當時聞者多相驚笑，英人報章至謂中國建築此路人才尚未誕生以相揶揄。氏既受外界激刺，益黽勉將事，與工程員同操作研究，集思協力卒底於成。

路分三段建築，以光緒三十一年九月四日插標興工，次年八月十三日由柳村達南口路線竣工，是爲頭段工程。二段工程至三十四年九月始成。此段由南口達岔道城雖僅三十餘華里，然中經八達嶺居庸關，層巒峻嶺古稱天險，凡穿四峒始得通過，其最長者爲八達嶺山峒，約三千五百八十餘華尺，在萬里長城下，實爲全路工程之最艱者。是年總辦陳昭常擢任吉林巡撫，氏被任總辦，關冕鈞任會辦，至是工程與管理重責悉集於氏之一身矣。宣統元年五月第三段由岔道城達張家口路線竣工，八月十一日全路開車全線約長三百五十餘華里，凡歷四年乃成。原定每年經費一百三十餘兩以七年竟工。既開工兩年岑春煊任郵傳部尚

---

(1) 見京張鐵路工程紀略。

書改限四年竣工,故後二年實兼程並進,工成如期而經費則仍原估未溢出至今言中國鐵路建築最廉者仍當首推京張,其成績固不僅在工程上爲難能也。路成氏名大震,外人多遠道來觀讚爲偉業。時淸廷有攷察留學生囘國成績之舉,學部薦氏爲第一人,特授工科進士,其聲譽之隆殆可想見。宣統二年七月政府舉行留學畢業生攷試,氏爲主試官,一時新學進士多出氏門下。

是年九月郵傳部任氏爲廣東粵漢鐵路總理。未幾因爭川路天下騷然,武漢軍興,不數月清帝遜位,民國成立。其明年改用陽歷爲民國元年。七月間國事粗定,重振路政,興工粵漢之議復起,譚人鳳受命爲督辦,氏爲會辦。十一月交通部收川漢鐵路爲國有,設漢粵川總公所於漢口,仍以譚爲督辦,氏爲會辦。十二月譚辭職,黃興繼之,明年正月黃辭職岑春煊繼之,六月岑復辭職,交通部次長馮元鼎繼之。八閱月中督辦凡四易人,至是始稍定,復事籌備興工,八月湘鄂線之武昌鮎魚套首站開工。

是月氏念中國工程事業方在幼稚,宜有學會以謀規定工程營造制度研究工程學術進步,因發起聯合粵工程師會滬工學會路工同人共濟會爲中華工程師學會會成,氏被舉爲會長。

三年七月馮元鼎因病辭漢粵川鐵路督辦職,氏繼其任粵漢川漢兩路自建議創辦以來八九年矣,鐵路專門人才得任督辦實自氏始。然兩路工程浩大，時民國新立借款困難，十一月氏因定就款計工之策，湘鄂線先築武長（由武昌達長沙）一段，漢宜線先築漢皁（由漢口至皁市）一段，宜夔線停工。各路工程卒能於款絀之時繼續進行者，賴有此也。五年十二月香港大學嘉氏工程成績，以法學博士學位相贈。明年八月中德宣戰，退漢宜線總工程師德人，借款存柏林德華銀行者英金數十萬鎊悉不能提用，工程進行受一大挫，然猶勉力圖前，至九月間湘鄂線已達岳州，長百四十英里。岳州長沙之間八十六英里亦均設軌，惟岳州附近南津港堤工爲洞庭湖水浸激，成而復陷者屢，爲全線之梗耳。七年正月湘中軍事起，全路悉爲軍用，損失甚鉅。四月軍事粗定，重復興工，九月武長兩線工竣，接通長株線，共長二百五十八英里。

八年一月參預歐戰諸協約國以俄亂未已有共同管理俄國鐵路之議，會於海參崴哈爾濱。俄路多連中國邊境，朝野以國權所繫，僉謂非得名重中外者爲代表不足以折衝樽俎。交通部卒以氏爲中國技術代表，從衆望也。時當暮春，北地苦寒，冰雪載途，氏挺然登車，未嘗以一身安危爲慮也。初各國以吾易與，所謂共同管理者實不欲吾參預其間，氏力爭，中東路始有華工程師之立足地。國無實力，所得僅此，而氏已因是積勞成疾矣。去秋氏嘗罹寒疾，久始愈，體氣大虧，至是復發，不能撐持，因乞假南旋就醫，四月二十日抵漢口，入仁濟醫院，二十四日竟以疾卒，年五十九歲．

氏口訥，拙於言辭，嘗謂當衆演說其艱乃視最難之山峒大橋工程爲甚(2)．其對人談笑，一本自然，不事矯飾，絕無驕矜之氣．性誠懇堅決，有所謂必底於成．御下以德感人，奬掖後進，見人一長薦譽惟恐不及焉．其築京張路也，以身作則故得人心，不僅以學識勝人也．守己勤樸，起居治事悉有定晷，數十年如一日．娶某氏生五子二女．伉儷間極篤，易簀之日，夫人已病不能興，聞耗一痛幾絕．

楊銓曰：綜氏一生未嘗離工程事業．其爲官前淸不過郵傳部候補丞參，民國不過交通部技監，無赫赫之位，炙手之勢，及其逝也，舉國識與不識咸興人亡國瘁之悲．嗚呼！其感人抑何深耶！夫以氏之學識經驗，使充其能，所成就者又豈僅京張數百里之路已哉．乃頻年干戈，政爭不已，卒至賚志以歿，不能如史第芬森瓦特輩目睹所業躋國富强，此豈個人之不幸哉，吾爲中國惜也．

(2) 見詹氏中華工業會演說辭．

何爲科學家

任鴻雋

我同了幾位朋友,從美國回到上海的第二天,就看見了幾家報紙,在本埠新聞欄中,大書特書的道,"科學家囘滬。"我看了這個題目,就非常惶惑起來.你道爲什麽原故呢?因爲我離中國久了,不曉得我們國人的思想到了甚麼程度.這科學家三個字,若是認真說起來,我是不敢當的;若是照傍的意思講起來,我是不願意承受的;所以我今天倒得同大家講講.

我所說的傍的意思,大約有三種:一種是說科學這東西是一種玩把戲,變戲法,無中可以生有,不可能的變爲可能,講起來是五花八門,但是於我們生活上面却沒有甚麼關係.有的說,你們天天講空氣是生活上一刻不可少的,爲甚麼我沒看見甚麼空氣,也活了這麼大年紀呢?有的說,用了機械,就會說機心;我們還是抱甕灌園,何必去用桔橰呢?有的說,用化學精製過的鹽和糖,倒沒有那未經精製過的鹹甜得有味.有的說,"不乾不淨,吃了不生毛病,"何必講求甚麼給水工程,考驗水中的微生物呢?總而言之,這種見解,看得科學旣是神祕莫測,又是豪無實用;所以他們也就用了一個敬鬼神而遠之的態度,拿來當把戲看還可,要當一件正經事體去做,就怕有點不穩當.這種人心中的科學旣是如此,他們心中的科學家也就和上海新世界的卓別麟,北京新世界的左天勝差不多.這種科學家,我們自然沒有本領敢冒充的.

第二種是說科學這個東西是一個文章上的特別題目,沒有甚麼實際作用.這話說來也有來歷.諸君年紀長一點的,大約還記得科舉時代,我們全國的讀書人,一天埋頭用功的,就是那代聖賢立言的八股.那時候我們所用的書,自然是那四書味根錄,五經備旨等等了.過了幾年,八股廢了,改為考試策論經義,於是我們所用的書,除了四書五經之外,再添上幾部通鑑輯覽,三通考輯要,和西學大成,時務通考幾種.那能使用西學大成時務通考中間的事實或字句的,不是叫做講實學,通時務嗎?那西學大成,時務通考裏面,不是也講得有重學,力學,以及聲,光,電,化種種學問嗎?現在科學家所講的,還是重學,力學以及聲,光,電,化這等玩意.所以他們想想,二五還是一十,你們講科學的,就和從前講實學的是一樣;不過做起文章來,拿那化學物理中的名詞公式,去代那子曰,詩云,張良,韓信等字眼罷了.這種人的意思,是把科學家仍舊當成一種文學家,只會鈔襲,就不會發明;只會拿筆,就不會拿試驗管.這是他們由歷史傳下來的一種誤會,我們自然也是不認的.

第三種是說科學這個東西,就是物質主義,和功利主義.所以要講究興實業的,不可不講求科學;你看現在的大實業,如輪船,鐵路,電車,電燈,電報,電話,機械製造,化學工業,那一樣不靠科學呢?要講強兵的,也不可講求科學,你看軍事上用的大砲,毒氣,潛水艇,飛行機,那一樣不是科學發明的?但是這物質主義和功利主義太發達了,也有點不好·如像我們乘用的代步,到了摩托車,可比人力車快上十倍,好上十倍了·但是"這摩託車不過供給那些總長督軍們出來在大街上耀武揚威橫衝直撞罷了,真正能夠享受他們的好處的有幾個呢?所以這物質的進步,到了現在,簡直要停止一停止纔是·"再說"那科學的發達,和那武器的完備,如現在的德國,可謂登峯造極了·但是終不免於一敗,所以那功霍主義,也不可過於發達·現在德國的失敗,就是科學要倒利的朕兆·"照這種人的意思,科學旣是物質和功利主義,那科學家也不過是一種貪財好利,爭權狗名的人物·這種見解的錯處,是由於但看見科學的末流,不曾看見科學的根源;但看見科學的應用,不曾看見科學的本體·他們看見的科學旣錯了,自然他們意想的科學家也是沒有不錯的·

現在我們要曉科學家是個甚麼人物,須先曉得科學是個甚麼東西·

第一,我們要曉得科學是學問,不是一種藝術·這學術兩個字,今人拿來混用,其實是有分別的·古人云,"不學無術",可見學是根本,術是學的應用·我們中國人聽慣了那"形而上""形而下"的話頭,只說外國曉得的都是一點藝術,我們雖然形不下的藝術趕不上他們這形而上的學問是我們獨有的,未嘗不可抗衡西方,毫無愧色.我現在要大家看清楚的,就是我們所謂形而下的藝術,都是科學的應用,並非科學的本體;科學的本體,還是和那形上的學同出一源的.這個話我不詳細解釋解釋,諸君大約還有一點不大明白.諸君曉得哲學上有個大問題,就是我們人類的智識是從什麼地方得來的?對於這個問題,各哲學家的見解不同,所以他們的學派就指不勝屈了.其中有兩派絕對不相容的,一個是<u>理性派</u>這派人說,我們的智識,全是由心中的推理力得來.譬如那算術和幾何,都是由心裏生出來的條理.但是他們的公理定例皆是正確眞實,可以說是亙古不變的.至於靠耳目五官來求智識,都就有些靠不住了.例如我們看見的電影,居然是人物風景,活動如生,其實還是一張一張的像片在那裏遞換.又如在山前放一個砲仗,我們就聽得一陣雷聲,其實還是一個炮仗的囘響.所以要靠耳目五官去求眞智識,就每每被他們騙了.還有一個是<u>實驗派</u>.這派人的主張說,天地間有兩種學問,一種是推理得出來的,一種是推理不出來的.譬如上面所說算術和幾何,是推理得出的.設如我們要曉得水熱到一百度,是個甚麼情形,或冷到零度,又是個甚麼情形,任憑你是天縱之聖,也推想不出的.除非把水熱到了一百度,或冷到零度,舉眼一看,就立見分曉.所以這實驗派的人的主張,要講求自然界的道理,非從實驗入手不行。這種從實驗入手的辦法，就是科學的起點。(算學幾何也是科學的一部分，但是若無實驗學派，斷無現今的科學。)我現在講的是科學，却把哲學的派別敍了一大篇，意思是要大家曉得這理性派的主張，就成了現今的玄學，或形上學(玄學也是哲學一部分)。實驗派的主張，就成了現今的科學。他們兩個，正如兩兄弟一般，雖然形象不同，却是同出一父。現在硬要把大哥叫做形而上的，把小弟叫做形而下的，意存輕重，顯生分別；在一家裏，就要起閱牆之爭，在學術上就不免偏枯之慮，所以我要大家注意這一點，不要把科學看得太輕太易了。

第二，我們要曉得科學的本質是事實，不是文字。這個話看似平常，實在非常重要。有人說，"近世文明的特點，就是這事實之學，戰勝這文字之學。" 據我看來，我們東方的文化，所以不及西方的所在，也是因為一個在文字上做工夫，一個在事實上做工夫的原故。諸君想想，我們舊時的學者，從少至老，那一天不是在故紙堆中討生活呢？小的時候，讀那四書五經子史古文等書，不消說了。就是到了那學有心得，閉戶著書的時候，也不過把古人的書來重新解釋一遍，或把古人的解釋來重新解釋一遍，倒過去一桶水，倒過來一桶水，倒過去倒過來，終是——那桶水何嘗有一點新物質加進去呢？既沒有新物質加進去，請問這學術的進步從何處得來？這科學所研究的，旣是自然界的現象，他們就有兩個大前提•第一,他們以爲自然界的現象是無窮的,天地間的真理也是無窮的,所以只管拚命的向前去鑽研,發明那未發明的事實與祕藏•第二,他們所注意的是未發明的事實,自然不僅僅讀古人書,知道古人的發明,便以爲滿足•所以他們的工夫都由研究文字,移到研究事實上去了•唯其要研究事實,所以科學家要講究觀察和實驗,要成年累月的,在那天文台上,農田裏邊,轟聲震耳的機械,工場,奇臭撲鼻的化學試驗室裏面做工夫•那驚天動地,使現今的世界,非復三百年前的世界的各樣大發明,也是由研究事實這幾個字生出來的•就是我們現在辦學校的,也得設幾個試驗室,買點物理化學的儀器,才算得一個近世的學校;要是專靠文字,就可以算科學,我們只要買幾本書就夠了,又何必費許多事呢？

講了這兩層,我們可以曉得科學大概是個甚麼東西了•曉得科學是個甚麼東西,我們可以曉得科學家是個甚麼人物•照上面的話講起來,我們可以說,科學家是個講事實學問以發明未知之理爲目的的人•有了這個定義,那前面所說的三種誤會,可以不煩言而解了•但是對於第三種說科學就是實業的,我還有幾句話說•科學與實業雖然不是一件東西,却實在有相倚的關係•如像法勒第發明電磁關係的道理,愛迭生就用電來點燈;瓦特完成蒸汽機關,史獲芬生是用來作火車頭•我們現在承認法勒第瓦特是科學家,也一樣承認愛迭生史荻芬生是科學家.但是沒有法勒第瓦特兩個科學家,能有愛迭生史荻芬生這兩個科學家與否,還是一個問題.而且要是人人都從應用上去着想,科學就不會有發達的希望,所以我們現在不要買櫝還珠,因為崇拜實業就把科學家撇在腦後了.

現在大家可以明白科學家是個甚麼樣的人物了.但是這科學家如何養成的?這個問題也狠重要,不可不向大家說說.我們曉得學文學的,未做文章以前,須要先學文字和文法,因為文字和文法,是表示思想的一種器具.學科學的亦何嘗不然,他們還未研究科學以前,就要先學觀察,試驗和那記錄,計算,判論的種種方法,因為這幾種的方法,也是研究科學的器具.又因現今各科科學,造詣愈加高深,分科愈加細密,一個初入門的學生,要走到那登峯造極的地方却已不大容易.除非有特別教授,照美國大學的辦法,要造成一個科學家,至少也得十來年.等我把這十年分配的大概,說來大家聽聽.才進大學的兩三年,所學的無非是剛纔所說的研究科學的器具,和關於某科的普通學理.至第四年第五年,可以擇定一科專門,加以研究,窮至前人所已到的境界,並當盡閱他人關於某科已發表的著作(大概在雜誌裏面).如由研究的結果,知道某科中間尚有未解決的問題,或未盡發的底蘊,就可以同自己的先生商量,用第六第七兩年的時間,想一個解決的方法來研究他.如其這層工夫成了功，在美國大學就可以得博士學位了。但是得了博士的，未必就是科學家。如其人立意做一個學者，他大約仍舊在大學裏做一個助敎，一面仍然研究他的學問。等他隨後的結果果然是發前人所未發，於世界人類的智識上有了的確的貢獻，我們方可把這科學家的徽號奉送與他。這最後一層，因為是獨立研究，狠難定其所須的日月，我們暫且說一個三年五年，也不過舉其最短限罷了。這樣的科學家，雖然不就是牛頓法勒第兗維阜婁達爾文沃力斯，也有做牛頓法勒第兗維阜婁達爾文沃力斯的希望。這樣的學家，我們雖然不敢當，却是不敢不自勉的。

中國科學社記事

南京社友會近況

本會南京社員數在四十餘人以上，往年因有事務所故未組織社友會。現社員多數以為社友會與事務所性質各異，似不可偏廢，因於九月二十八日下午三時在大倉園開南京社員全體大會，討論此事。到者二十三人，由孫洪芬君主席，議決設立南京社友會，並舉定

許先甲君為理事長，沈奎侯君為書記理事，楊孝述君為會計理事。

十月十九日午間在大倉園會餐，歡迎本社社長任叔永君，社員劉柏棠陳伯莊諸君。到者三十餘人。餐畢開談話會，由楊銓君主席，首由任君述其在川所見所聞，及為本社募捐情形。次劉陳兩君述其對本社之意見。末由會眾討論社務遂散。

十一月念二日下午三時在本社事務所開茶話會歡送任叔永周子競兩君赴美，歡迎梅迪生歐陽祖綬兩君過甯。到者二十三人，由楊孝述君主席。任君因事未及趕到，首由梅君迪生與歐陽君祖綬述其對本社之意見，繼由周君子競述到美所希望為科學社盡力諸事。五時許散會。

鐵路在戰爭中之價值

尤乙照

鐵路爲交通之利器，固非僅因戰爭而始有建築之必要．然居今之世不幸而與他國相見以兵，則其成敗利鈍之數可半於鐵路制度之完備與否決之．故言建築鐵路，凡關於軍事之設備尤應先事籌謀．城下之盟庶幾可免．年前購得英國潑喇忒氏 (A. E. Pratt) 所著書，顏曰"戰爭中鐵路勢力之擴張" (Rise of Rail-Power in War & Conquest)．於自 1833 至 1914 年間鐵路與戰爭之關係，溯源窮流，蒐集綦詳．(關於是類之著作甚多，其書目俱見潑喇忒君書末附錄)．讀之旣竟，復囘顧中國鐵路之現狀，爲之不寒而慄．近見美國鐵路時代雜誌 (Railway Age Gazette) 第 62 卷第 1333–1339 頁載有一文，題曰"鐵路變更戰術記"．(How Railways Have Revolutionized Warfare) 其所引證多爲潑喇忒君書中已集及者．因其簡明，特譯之而改題其名以餉國人．間有增減，皆不失原作本意．至現今歐洲戰陣附近之軍用鐵路，因戰而臨時建築者，制度井然，密若蛛網．雖歐美各國雜誌中每有述及，而皆因軍事祕密，未能詳記其實，然異日公之於世，必有足驚人者．夫強國利民防邊禦侮之政經緯萬端，指不勝屈，而鐵路實爲其一．苟以科學的方法治之，則綱舉目張，不難有成．願國人共起而圖之．

譯者識

1832年，鐵路方在萌芽時代，法將藍琦奇(Lamarque)嘗言"自鐵路盛行後，戰術必將又經一度之變更，其影響所及當不亞於昔日之始用火藥"。1876年，德之軍學家馮木爾克(Von Moltke)亦曾言"自軍事觀之，鐵路實爲至歡迎之建築，且多多益善"。後又在議院宣言"鐵路之在今日已爲戰爭時必需之利器"。然其時僅在1864年美國南北，1866年奧國，1870年普法等戰役後，鐵路與戰爭之關係馮木爾克雖已言之切，而在事實上不過始兆其端耳。迨1899年英國南非之戰，英藉鐵路之力卒勝非洲之敵。1904俄日之戰，俄以龐然大國，因運輸不靈，竟爲日挫。於是鐵路爲戰爭之要著，無復有疑之者。現今歐戰之有賴乎交通便利，尤深切而著明。而鐵路其巨擘也。

　　苟以戰爭之事爲一種科學，則此學之光大而昌明，蓋自有生以來未有如前半世紀之烈者。此非謂當十二或十四世紀時發明之火藥爲不足道。亦非謂當十六世紀歐洲各國已盡用火藥爲戰爭之具爲不足道。蓋近年來，軍械之改良固日進。子藥之製造亦愈烈。而彈雨雖密，祗及數里而止。鎗炮陣列，盡須位人以施放。軍火易竭，尤應隨時而足用。試思數百萬之軍人分處於數百英里之戰線，卽無交換子彈衝鋒陷陣之事，嗷嗷待哺者已爲至難之問題。況乎言戰爭必非若是之簡且單也。言抵禦，則何以可迅集後援。言進攻，則何以可迅赴事機。言人道，則何以可救傷而恤死。舉凡軍人之調遣,軍需之供給,軍械之運輸,子彈之接濟,傷死之救恤,皆非賴完全整飭之交通制度不爲功。交通制度備,則取給之源始可盡以爲戰爭之資。交通制度備,則戰爭雖較烈,死亡之禍反得而輕減。蓋昔日兵刃相接,血博肉鬭,僅以軍隊爲戰爭。今日則鴻溝陣列,砲火爲盾,實以國力爲戰爭。交通制度之完備等,則取給之源後竭者勝。取給之源兩方未竭之前,則交通制度較備者必占勝利。因交通制度之進步以前半世紀之成績爲最良,且各科學之進步亦以前半世紀爲最盛,故軍學之光大昌明亦以前半世紀爲最烈。

雖然,言鐵路爲戰爭之利器,非謂建築鐵路乃窮兵黷武之事也。蓋謂爲國防計則鐵路實必不可少之具耳。當美國將加入戰局之前,美國某路總理某曾言"自衛之計決非因好戰而作。凡屬國民當爲其國預謀安全。庶萬一強敵壓境,可不致受目前之敗北。然陸軍無論如何之衆多且精良,儻無完備之交通機關以供調遣而給軍用品,無能用也。卽若海軍,雖其艦隊之盛可獨霸海洋,而利鈍之數全恃具有可供給軍用品之根據地。故爲自衛計,首當注意於其國之交通制度"。美國加入歐戰後半年,全國鐵路卽始受政府節制。爲軍政增效率,勢所必至也。試分言之。

軍隊之運輸

調遣軍隊之恃乎鐵路,固已人所共知。據美國陸軍部之記載,每步兵一旅需車八十五輛。每騎兵一旅需車一百五十輛•每步砲兵一旅需車一百七十輛•每騎砲兵一旅需車一百九十輛•每過山砲兵一旅需車一百二十四輛•每工隊或信號兵一隊(Corps)需車六十六輛•每步兵一師共需車一千五百輛•每騎兵一師共需車一千三百輛•由是觀之,則現今歐戰中卽就調遣軍隊一項而言,其需用鐵路量之巨可想可知•夫軍隊之得於最短時間集中於一區以擊敵而應救,全視其地鐵路制度之完備程度以為衡•各國軍事首領之所以自昔已注神於鐵路之建築者,不可不謂之深謀而遠慮也•

1830年英國孟利鐵路初成,英軍一旅曾於二小時間行程三十四英里•儻仍由步行,則需二日•1846年英定鐵路運兵之制•

1833年德國已提議築鐵路自明屯(Minden)至哥羅聶(Cologne)•提議者曾謂"軍事既作,可省時,且得保全兵之精銳"•并謂"苟來因河之右岸築有鐵路及電線,則法人將無能越河而來攻德境•因德軍於轉瞬間卽能順鐵路而達於來攻之處也•"其時雖因反對者多,未能卽日實行,而此物此志迄未少減•1846年德國第六軍隊計兵一萬二千人及馬匹巨砲小車軍火之屬,曾由兩路運至克喇高(Cracow)•是為用鐵路運巨軍之始•

1833年法國議院亦已提議築路•其言曰"鐵路成則軍隊及其用品可如意運至四方•自此極至彼極僅需數日耳"•

1842年提議築鐵路自巴黎至塞喇士堡(Strassburg)·提議者曾警告國人曰"二十四小時已足爲吾鄰集合巨軍於來因河境·次日則四十萬軍人已能侵入吾境"·1859意國之役,法國鐵路於八十六日內共曾運送軍人六十萬四千名,馬十二萬九千匹,內軍人二十二萬八千名及馬三萬七千匹係運送至吐倫(Toulon)馬賽伊(Marseilles)及其他東南諸處者·如步行前往,計需在途六十日·

1850年奧國用鐵路運送兵七萬五千名,馬八千匹,小車一千乘自維也納及匈加利至雪來斯,(Silesia)計程一百五十英里·雖因種種原因,此行約二十六天始成,然奧國政府益知鐵路爲軍事之利器,遂定趕築全國鐵路之政策·1851奧軍一萬四千名,馬二千匹,小車四百六十四輛,曾於二日內運行一百八十七英里·

以上各證不過示鐵路有益於戰爭之始耳·其時猶在鐵路發達之初期也·然自有鐵路,戰術之變更而精進,殆有一日千里之勢·閱者異吾言乎·請再以古昔之戰爭及近世之戰爭佐實吾言·夫亞力山大漢納樸爾及瑞帥等戰爭與拿破崙數戰爭,其間相隔不下二千年·試觀其戰術之相異者幾何·美國南北戰爭與現今歐戰,其間相隔僅逾半世紀·試觀其戰術之精進又如何·

亞力山大之稱雄天下也,步兵三萬,騎兵四千,漢納樸爾之效忠卡賽后也,步兵九萬,馬一萬二千匹,象三十七頭·瑞帥之擴張羅馬也,步兵八萬,騎兵二萬五千。即拿破崙滑鐵盧之役,其戰績之巨,震古爍今,而夷考其實,亦僅法軍七萬二千人,英德荷三國聯軍六萬七千人耳。除利用火藥及其時所造之軍器,又組織及訓練之方或較上古為進步外,餘則恐無與上古異者。蓋運輸之利便限之也。更如拿破崙侵俄之役,率軍六十萬人,一戰而亡二十萬人,冬令俄境奇寒,及其過尼悶(Niemen)時,生存者僅一萬二千人矣。因運輸乏術,接濟斷絕,全軍存者惟馬數匹而已。

當現今歐戰之始,德法二國之集中軍隊至為迅速。亦為鐵路服勞最顯之時。而德尤神奇。雄軍五十八隊之會合於賴因河次也,若降自天者。此全因德國鐵路常注全神於軍事方面。通於西陲者計有路線十八。機體之組織既悉備,作業之效率復甚高。平日訓練而預備者久矣。故國難既作,號令之行,如臂之使手,手之使指。

法國當戰釁未開以前,雖亦早為備,而實未嘗夢及德之來攻有如是之神速者。故法國鐵路之為國服勞尤屬可敬。自1914年八月一日至二十日間,運至前陣者不下一百八十萬人。其間多數且自起程至應至之處曾停頓三次,始自家至軍營,再自軍營至兵站,三自兵站至前陣,故手續益繁。常在開行之車約十萬輛左右。法國鐵路有為民有者。管理制度平日未能純然一致。而竟未誤事。

當意大利之加入戰局也,政府有機車五千具,客貨車十六萬輛．當軍隊集中一區之時，在兩路線上每日通行列車之數爲一百二十．自1916年五月十七日至六月二十二日間，曾運軍人五十萬名，軍用獸類七萬頭，小車一萬六千乘及大砲九百尊．

夫運兵之要固貴神速，是以鐵路尚矣．然鐵路之用尚不盡此也．據歷來經驗，如水土適宜，天氣清朗，軍食充足而緩步徐行，歷十閱日，凡五萬之兵，其死亡疾病者必在二千至二千五百名之間．疲敗之馬匹，數亦甚多．儻各種情形與軍隊爲戾，則軍力因是而減少之百分數必更大．德國軍學家曾詳加攷核，謂儻步行於冷而乾之天氣中將減去軍力百分之三，於熱而溼之天氣中將減去軍力百分之六．拿破崙自莫斯科敗回之役固屬此點之極端鐵證．而蘇伏羅夫(Suvoroff)之領軍過聖格柴特(St. Gothard)也，十一日間沿途死亡者亦達一萬人．故鐵路運兵不特可神速已，並得保全軍力，且於敗北之際尤甚於進行之時．

軍械之運輸

就運輸軍械而言，各種運輸機關中應以鐵路最爲適宜．當拿破崙或美國南北戰爭之時，砲之口徑較小，放率[1]亦尚低．接濟軍械之事猶不甚難，得以馬匹任其役．今世之戰則大砲陣列，欲運輸以接濟之，非鐵路莫能爲力．十二英寸口徑之砲計重十三萬二千磅．十四英寸口徑之砲計重十三

---
(1) 放率卽每分鐘開放之次數

万九千磅。舊式十六英寸口徑之炮計重二十八萬四千磅。最新式十六英寸口徑之炮計重三十六萬七千磅。而尋常鐵路車輛鮮有可載重十五萬磅者。故更須製特別砲車以載之。

且此種大砲又隨時必須運回工廠修理。而修理之工廠每離前陣甚遠。防爲敵毀。蓋每砲可以連放之次數均有定限。砲愈大，限愈短。限至必須運回工廠換置新襯。據美國陸軍大佐鄧(Dunn)核算，新式十六英寸口徑之大砲可連放一百五十次至二百次，然每分鐘可放一次，故一日夜即一千四百四十分鐘之連放。每用一砲之處，應須同樣大砲八尊至十尊。即每二小時半或三小時間應更一砲。由是觀之，可知大砲之往來於工廠與前陣間者，必密若織梭。非有鐵路及裝置大砲之特別車輛，誰能任其役。不能接濟大砲，則堅壘深壕於今日猶等虛設耳。

法將亞夫(Joffre)有言曰"此乃鐵路之戰"。僅就運砲而言，已足證其言之非謬。大口徑砲之昔日，僅用於砲台以防守海岸者，今則用之於戰陣，且運行自如，視作大宗軍火。軍人意欲置大砲於某地，鐵路中人即運而置於其地。故鐵路中人之服務於戰爭實不減於軍人。英法新式之炮均以多數轉向架聯結而載之，德國最重之海防大炮，亦係裝置於聯結鋼製轉向架上。此種車輛甚爲堅固。故或謂其量實足載一極大之房屋焉。

然運輸大炮僅為鐵路職務之一部耳。餘如機關鎗製造廠，小鎗及子彈製造廠，魚雷及魚雷艇製造廠，飛艇製造廠，無煙火藥庫及種種軍械軍火之儲藏所，皆常位置於距離前陣較遠之處，或竟須購自外國者。均平言之，每須運輸橫過全國之半始得達於陣地。是以接濟軍械軍火胥非鐵路不可。接近交戰處之鐵路尤不可少。且此項接濟之職務不可或稍間斷，并應常能足其需要之量。

軍需之運輸

曩者，稱雄天下之軍其數不過五萬至十萬而止。其糧食問題尚易解決，不外選擇一屯糧之地，使糧之探集自四鄰者可屯積其間耳。有時屯糧之地為敵阻絕不能通，則全軍覆沒。波斯皇台立士(Darius)連舟為橋而渡泊士泊勒士河，不克食其軍，亡失於橋之彼挽者八萬人。法皇拿破崙侵俄之敗，缺乏糧食實為其主因。就食於所下之城邑既不可恃，因敗敵必先自毀其糧。而於進行之時集糧於沿途復恐軍律以敗。夫軍律又為行軍時首當保持者。

美國將軍休孟(Sherman)曾言"軍隊之恃馬車以供給糧食者，不能遠離糧台一百英里，因運糧者之往返已足盡其車中之所載"。

現今歐戰中之供給軍需，其設備之週至，需量之巨大，迥非古昔戰爭所能與之擬。僅給日用必需品於四百萬之軍人，分處於戰線，橫六百英里，縱約二十英里，已為戰爭中至複雜問題之一。約而計之，每日已須運輸糧食二萬五千噸。法國之運輸軍需制度，實為最善之表示。當現今歐戰前，法於全國鐵路中心點十處分建軍用棧場以積儲軍需。計麵包廠九十一所，牲畜牧場五十八處，積儲用之堆棧三十二所，共可供給口糧七萬六千五百萬名。然較之以現今之制度，則此已如核種之於菓樹矣。蓋數年來，就此制度驟加充而大之者，已不知幾倍。然攷其制度之靈機，則無論集合或散給皆屬以鐵路為其榦枝。路線既盡，則更用自動車或馬車共數萬輛稍延長其線，及更分達於應至之點。凡軍用品之來自未經敵侵之法境，或法之屬地，或他國者，均集合於中央軍站。共約二十處。各有巨大之貨物站場。鐵路啣接。交通利便。皆離前陣自五十至一百英里。每一中央軍站分為四大供給部分。一曰軍需，二曰軍械，三曰工程，四曰醫院。每一中央軍站供給五萬至十萬軍人之所需。

軍需供給部對於每軍一隊(Corps)每日運送供給品計車四十輛至一調理軍站。調理軍站距離前陣較近，掌調理緩急之務。列車至此，卽行分散。幷依各地之需要而類別之。然後分送至數散給軍站。散給軍站均距離前陣自五至十英里。車輛復自此處向前陣行。依遵命令，沿途脫留車輛於應留之點。故自軍需品之出產地運至前陣應用，純然屬於鐵路之職務。若軍政機體僅為寄貨者及受貨者而已。雖法國之鐵路人物及鐵路設備已暫由政府收作軍政機體之一部.然除貨物擁擠,與軍用品之運輸有優先權外,其管理之人物及制度,無甚變更.

傷殘軍人之運輸

運輸傷殘軍人之事,非第與全軍中之未經傷殘者有密切之關係,卽對於已經傷殘者其關係亦非淺鮮.令傷殘者離去前陣,則病疫不因傳染而致燎原,生存者之精銳固可不減.而傷殘之人或因受傷,或因致病,皆得運至相當地方以受醫.死亡之數因亦可少.

故運輸傷殘實本下列二恉,(一)軍隊之進退移動,不致因顧慮傷殘者而稍有牽制.(二)令傷殘者得有專家診治靜心調養之機會.儻因病而須運送至甚遠之地以免醫院擁擠或應靜養者,則鐵路之力尤多.

疇昔戰役,卽如滑鐵盧之戰,因運輸乏術,傷殘軍人之暴骨於戰場者,爲數甚衆.當1854克列米亞之戰,運輸制度亦尚未備.所用者爲包工短車,以馬輓之.俟其載供給品至前陣後,卽用以載回傷殘之人.惟因限於位置及情形,可經其載回者不過尙可起坐之輩耳.迨1859年意大利之役,始廣用鐵路以運輸傷殘者.其法,就貨物車或牲畜車之地板上覆以乾草爲運送危殆者,其餘則皆以三等客車運送之.據云令若輩不致死於非命,且在前陣醫院中至易傳染熱症,並得避去,皆屬鐵路之惠也.

鐵路醫車

德國曾本意大利之役之經驗，於醫車一事數作試驗，以吊床掛於貨物車之車頂，惟因車頂不勝重載，且車行搖動時吊床互衝太烈，未適實用。

直至美國南北之戰，醫車成績始多足稱者。其時醫車因其內面設備之不同，可分作三式。(一)車內中間留作走廊，兩邊各裝置二層或三層之粗木床架。(二)車內兩邊牆上置有木栓，木栓上繫以橡皮圈，病人軟床上之木桿兩端即分入於數橡皮圈而懸焉。(三)車內裝有平托，病人軟床可以之為座。此種車輛每車可載病人五十一名。因南北之戰歷時甚久，漸由醫車而成一種特別列車，專為救護傷殘者用。此種特別列車除地位較小外，均與尋常醫院無甚懸殊，醫生看護藥品之屬無不俱備，且能烹調相宜食物以給病人一百七十五名至二百名，直可名之謂輪上醫院也。自是而後，醫學看護及鐵路諸科學皆日益猛進，故今世醫車之構造設備及組織亦益臻完全之域，而其基本方法不外上所述者。

歐洲各國以為運送供給品至前陣之車輛甚可用之以運歸傷殘者，遂本此意而作種種之實驗，歷時頗久。普法之後德國方面之組織號稱完備，然因醫車內病人軟床以疊板彈簧為座，既苦震盪，僅地板一層可以利用，每車容量復不能大。巴黎被困之際，特別列車之以客車運載微傷者，貨車運載重傷者，行駛於巴黎柏林之間得運回傷殘者計九萬人。其時鐵路殊勞碌，每次行程須六日始成。德人常自豪其當1870年之戰役，於救護傷殘事擘劃至週焉。

英國南非之戰，英曾特造或改作車輛成多數列車，以專爲救護傷殘者用。其時紅十字會具特造列車二聯以助其役。一切設備專爲此事之車輛，常分停於鐵路之便利處，以任隨時運送傷殘者至醫院之役。此種車輛或裝有牀架，或置有鐵撐，以爲病人軟牀之座。

現今歐戰範圍之廣且大，非古昔所嘗有。其醫車列車數與量之增多，蓋可想見矣。

鐵路爲軍略之一原質

鐵路可用以爲韜略之羽翼。其範圍之廣大，惟主事將帥之籌謀，應用之智識及鐵路所在處之利便足以限之。

利用鐵路以成軍略，1859年意大利之役實始其端。是役也，非特初戰之時集中軍隊之神速，夐異千古。卽終其役，凡當稍縱卽逝之會，莫不藉鐵路而奏奇功。當其攻敵，後勁之至無間斷者。其時英倫時報之通信員曾記之曰"列車之至，若魚貫，若鱗接。每至，增攻敵者數百千人。原車卽囘程以供後來者用。無須臾停也"。

美國南北之戰，屢次戰役每因運輸機關之備否定成敗利鈍之果。英國南非之戰英帥羅步次(Lord Roberts)曾於三星期內，以未甚修整之單行鐵路自莫杜(Modder)至孛龍馮頓,(Bloemfontein)運兵二萬人，馬一萬三千五百九十四，軍用品二萬四千噸．

上所述者皆戰史之神奇處也．然與現今歐戰較，則又平庸甚矣．當歐戰之初起，德國自西方運至東陲者，軍人達二十四萬名．軍械軍需之屬稱是．行程近一千英里，歷時僅四日．說者謂係平日處心積慮深謀遠慮垂四十年者之功．蓋積年來，德國之全神皆注意於東西兩陲．且預計兩陲間交通迅速，足益軍事．經之營之，無敢或怠．雙行鐵路之橫貫東西者其數凡六．雙行鐵路之建於來因河以東者，其數又凡十二．來因河上通雙行鐵路之橋樑，其數共凡十八．工程之巨，世莫與京．故釁端既肇，德即盡用以運兵．雖因此法幷力東應，再搗巴黎之志，迄未得伸．然當其時，宣戰後僅二十小時，德國精軍五十八隊已集中於西陲．折堅摧壘，追奔逐北．如迅雷之令人不及掩耳．舉世驚駭．至今猶有餘悸．

故以鐵路而運兵．來往既能迅速．人數復可衆多．自鐵路作，軍略之出奇致勝，益易爲力．各國之帷幄籌謀輩所以在承平之日皆未嘗一日忘鐵路．德其尤著者也．雖然，此僅就勝者言耳．當其敗也，鐵路爲敵得，則反予敵人以利器．必先毀之．既以阻敵人之來追．復予後援之至者以時．是以各國於平時又皆教練工程軍隊以最效之毀軌法．庶臨敗知所從事．

軍用鐵路

軍用鐵路者，當戰時臨時建築而專供軍用之鐵路也．克里米亞之戰,同盟國築鐵路八英里以代不能通行之街道。僅二英里係用機車者。曾每日運重至七百噸。及戰局既結,軍隊卽由此路而還。是為築軍用鐵路之始。

當美國南北之戰,築地面鐵路甚多。所謂地面鐵路者,枕木及鐵軌卽鋪設於天然之地面上,不計斜坡之高下者也。因陋就簡,省工而求速耳。

當普法之戰,德國曾築軍用鐵路兩處。一直路,計長二十二英里,以連接兩已成之路。一半環形路,計長三英里,因已成路之一隧道為法人所炸毀,故繞道以補其缺。其二十二英里一路之建築,開挖處深僅約三英尺,僅一處路隄高逾五英尺。然用四千二百人,歷時四十八日始成之。全路有橋墩及橋各二座。工作甚不堅固,致每一機車僅堪輓車四輛。雨後修理,應需工作之人數不下於建築之時。實用此路計共二十六日。

1877年俄土之役,俄以土其耳乃積弱之國,不難一鼓而服之。故當其始戰,僅一低劣之鐵路,假道羅曼尼亞(Rumania)以通於前陣。此路非特一切設備殊多缺少,其軌間亦較俄國已成之路為狹。嗣潑蘭符那(Pievna)一役,土人抵禦甚堅,相持不能下,戰役竟遂延長。俄乃不得不另築一闊軌間之路以供軍用。全路計長二百二十九英里。在俄境者一百八十九英里。軍用鐵路路線之在彼時,當以此路之長為最。戰後此路卽改作商務之用。自商務上所受之利益或覺自軍事上者尤大也.

昔日俄國西伯利亞路線之過貝卡爾湖二十五英里也，尋常客貨夏日則用渡船冬日則用雪車．當冰之結也，其厚已足阻渡船之行，其薄尚不容雪車之駛，則客貨俱不克通．如是者，每年約六星期．日俄之戰，冬日，俄曾於二月十日至二十九日間，用巨長枕木鋪設鐵軌於湖之冰面．於三月一日至二十六日間用機車六十五具，客車二十五輛，客車二千三百十三輛運輸軍隊及軍用品過此湖．雖大半之軍隊及軍用品仍以他種運輸機關任其役，而此路之裨益於俄軍者，實甚大也．

機體組織之基本主義

數年前英國陸軍總長曾詢之前倫敦南西鐵路總理伍溫士(Sir Charles Owens)曰，"請問君意，吾國苟有烽火之警，鐵路能服其勞否"．伍溫士對曰，"僕敢以平生辦路之盛譽為質．吾國鐵路辦事之速，可倍於軍政機關之能召集軍隊與軍用品．但鐵路管理之役，仍當責之辦路人員"．言簡而意賅軍事時代辦理鐵路之道盡於此矣．蓋設路之恉在乎運輸．平和之日與戰爭之時，無相異也．但時當戰爭，美滿之鐵路作業雖時為敵人所妨礙而不克成．然因督率之主權不一，致服務之效率低落者，曾屢見不鮮也．

世人必當承認鐵路之為一種專門科學決不亞於軍學．謂鐵路主事者之材與識必足勝將軍之任，固非智者所許而謂軍隊首領之材與識必能勝管路之職,更非持平之視.
卽就鐵路科學之普通智識而言,其範圍之廣博而深奧已
爲畢生莫殫之學.矧鐵路之作業,每因其所在地之實情而
變易.一國之中,甲路之實情未必同於乙路者.一路之中,此
段之實情又未必同於彼段者.凡軍事上之需求,在丙處應
之甚易,而在丁處或竟不能應之.蓋一切詳細之知識,如路
線之狀態及設備,路軌之載重量,機車及機輛之可以應用
者,裝貨及卸貨之利便等種種,惟其路其段練達之熟手始
能詳悉而驅遣.一路或其一段實若一種至細密至繁雜之
機械.而練達之熟手其主要之機件也.

據云當美國南北之戰之初期,軍用鐵路常受互相抵觸,
萬不能行或欠適當之號令,致實在運輸之軍隊及貨物尚
不逮鐵路實能運輸量五分之一.直至陸軍總長出令申明
軍官對於路政之責任,黑暗之風雲乃散,而主權始一.令內
有節讀曰."以後無論何級之軍官均不得干涉鐵路車輛
開行之事.任鐵路主事者全權調度.犯者除軍籍."

德國鐵路機體之組織,係以普法之戰之成績爲本.舍短
取長,發展而光大之.復加之以自彼迄今積年研究及實驗
之佳果.其鐵路機體之在平日異於戰時者,僅若軍事機體
亦隨情.形之不同而異耳.其平日之職務皆爲演習操練以
備戰時之用者也.陸軍總長爲路事中之陸軍總代表.參謀
總長任皇家鐵路局及陸軍總長之中間接洽事務.參謀部

之鐵路科對於攸關軍政者,調查記載,微纖畢具。無論何時於各路實情皆瞭如指掌。戰時卽辦理因軍事而運輸之政。故參謀總長於戰時指示用路之方針,並常規定一切之當先專預備者。及戰事旣起,每一前陣各派往檢察長一人以接洽軍隊及鐵路兩大部之職務。檢察長之下設總督一人,專轄其地全部鐵路事務。以多數之路線委員會爲其收集消息及傳達命令之機關。路線委員會之在貨物之中心點者,計二十一處。每一路線委員會常以高級參謀官及鐵路之主事者各一人組織之。復於各要站或路線之一小叚各設一車站委員會,屬於路線委員會之下,以奉行戰務。德鑒於當普法之戰曾因責任不專,主權不一,致現推委抵觸之事實。故於鐵路規程之大綱內載有一節云。"必軍隊之行爲無妨礙鐵路之管理,鐵路於戰時始能任至要而至難之職務"。

當普法之戰之時,德國鐵路之機體雖尙多疵瑕,足稱滿意。法經彼次巨創之後,臥薪嘗胆,勵精圖治。以他國之經驗爲法,創作其國鐵路機體之制。故法國亦採用德制。但處處按照法國之情形,法國之需要,幷加之以法國之天資以事組織。其機體之基本主義爲軍事時代管轄之主權必當專一,及管轄之機關當以軍政及路政兩專家混合成之。就大體言之,法國鐵路之機體,其最高者爲高等軍事委員會。以上級軍官六人,公共建築部代表三人及各路路線委員會之會員組織之。以參謀總長爲之長。參謀總長僅受命於陸軍總長。各路路線委員會之會員均以鐵路專家(慣例卽其路之總理)及陸軍高級參謀官各一人組織之。應收集一切攸關軍事運輸之消息。故令路線委員會之會員俱充任高等軍事委員會之會員,各路旣得互相接洽。各處之消息亦能集中有一總機關之內。平日則未雨綢繆,知所從事。戰時則因地制宜,早具成算。路線委員會之下,得視情形之需要,設置各種之附屬委員會。各車務中心點之要者均設一車站委員會,以奉行路線委員會或其各附屬委員會之訓令,躬親監督一切之進行。及戰事旣興,則各路之全路或一部應暫歸政府爲國家服務。尋常車務之准行與否當先請示於陸軍總長。

法國就是機體之大體爲本,一切戰時應用之詳細節目俱早規定。其與德制不同者,法制志在防敵,德制志在攻人耳。德制對於未來之戰役皆計謀早定。某級以上之鐵路人員均人受密封之令。一俟柏林電至,隨當啓視遵行。法制則消息俱備,成算常就。難至,知所從事。三年來,法國處境之難爲同盟國之最。而鐵路無誤軍事者。足證其機體之基本主義非謬矣。

英國之預備戰時管理鐵路也,政府悉以他國之成事爲鑒。如美國南北之戰,其尤著者也。據1871年之律例,儻有戰事,政府得收用鐵路或任何一部之鐵路工廠,至終戰爲止。

一永存之機關，初為工程師及鐵路人員之義務參謀隊，繼為戰事鐵路議會·收集鐵路作業及運輸利便之種種事實，以備政府咨詢·自英國南非之戰之經驗，漸知宜設一鐵路職員之中央機關，庶政府與鐵路之相接益密，而路與路之間亦可收和衷共濟之效·1912年遂罷戰事鐵路議會，而以鐵路職員團代之·鐵路職員團以各大鐵路之總理組織之·戰時即為政府管轄鐵路之職員·經政府訓示海陸軍之需要後，各職員即分別奉行於其自己所轄之路·各路管理之本來組織不因此而稍有變更·故今英國之統轄全國鐵路者，即屬此鐵路職員團也·自1914年八月四日經議院通知後即實行聲務·其第一次之佈告內曾言"各路人員均仍照常供職·訓示之承轉悉依從前舊例·"

俄國歷史明示陸軍之數雖甚衆多，惟乏適當之鐵路機體以為之助·當克里米亞之戰，俄國巨軍之調自遠北及東方者，運至賽拔士託樸(Sebastopol)存者已僅數團·其敵人則早從海道運軍至克里米亞矣·當日俄之戰俄之接濟處距離戰場計程五千英里·僅一單行鐵路通其間·且路線中用渡船或冰路以連之者計二十五英里·軍之集自東方者，其數甚微·因零星不厚，日人得隨時隨地而收之，無異折枯摧朽·至其軍用品則庫羅派京(Kuropatkin)曾狀之曰"油衣之在夏日起運者，到時吾人已需皮衣矣·皮衣到時，吾人又已需油衣矣"·此次歐戰，於正式宣戰之前時日尚給，得先從容集中巨軍於邊陲。然軍用品之供給終未能維持無誤。鐵路機體不備雖有巨軍無能用也。

鐵路機體之預備戰時管理鐵路者，其基本主義實卽了了二語。法國所從而創作其國之鐵路機體者也。其語維何，卽(一)管理之主權當統一，(二)統一之機關當以軍政及路政兩部人物混合組織之是也。美國南北之戰旣以之明示世人，英國亦認其當而取法之，卽德國之制雖軍隊與鐵路兩機體相連較密，其主義亦未嘗背是。美國當茲多事之秋，政府對於鐵路處處皆奉此基本主義以爲圭臬，實吾人所當額手慶者也。

總上所述而觀之，鐵路之服勞於戰時，其辦事之性質曾無異平日，而運輸之積量則猝然加大。必鐵路人員人人能心熱力毅，協力應付，巨軍庶可盡其天職。然則政府與國人維持鐵路之決心，烏可稍遜於維持海陸軍者哉。

中國科學社第四次年會記事

楊 銓

中國科學社常年會今年已爲第四次·往年社員多數皆在美,故常年會亦在美舉行·今年歸國社員漸多,社中辦事機關亦均移歸國內,且本社以中國科學社名,則常年會自以在國內舉行爲宜·合此數因,故今年年會遂決在浙江杭縣舉行,會期凡五日,以八月十五日始十九日終·今記其逐日開會情形於次·惟今年美洲分部與中國工程學會另有聯合年會,其記事尚未寄到,茲先錄其開會程序單於篇末,以慰讀者之欲知美洲年會消息者·

八月十五日星期五· 是日下午一時始,到會社員注册,共得三十餘人·三時開歡迎會,地址在杭州省教育會所,由竺可楨博士主席·首由主席致開會辭,略謂此會雖爲科學社第四次年會,而在國內則爲第一次·末謂廿世紀文明爲物質文明,欲立國於今之世界,非有科學知識不可·欲謀中國科學之發達,必從(一)編印書報,(二)審定名詞,(三)設圖書館,(四)設實驗研究所入手,此皆本社之事業也·辭畢遂介紹胡明復博士代表社長致辭,胡君演說大旨如下·

今年年會於國內學術不振之時在歷史名勝之地舉行,至可紀念·西湖以風景勝,研究科學者最好自然,故極相宜·古詩人來遊西湖,西湖因以得名·科學家雖不若詩人,然科學年會在學術史上實最重要,未始不可爲西湖添色也.

今日中國現狀至可危,外交勿論矣,政局不定,學術不講,實業不興,人以利祿爲懷.推其因皆由窮故.窮不足慮也,德國今以戰敗致貧,然其人有學,不數年且恢復原狀.中國以無學,故長貧.救貧必從敎育實業着手.吾國近年敎育實業發達頗可人意.惟敎育仍多屬普通,不及高深,卒業生於學術上苦無自立之能力,不足以濟用.而資本家又多眼光太近,不知善用新人材.此均爲敎育實業之大缺點.細細究之,吾人根本之大病,在看學問太輕.政府社會用人不重學問,實業界亦然;甚至學界近亦有棄學救國之主張,其心可敬,其愚則可憫矣.我科學社以外國一切文明由科學來,而吾國之退化正以無科學,故以硏究科學提倡科學事業爲宗旨.本社社徽有"格物致知,利用厚生"八字,亦卽是意.願我同人認明此旨,極力做去.將來必有收效之日也.末言科學社募集與建設圖書館之計劃.

次爲浙江省敎育會長經子淵先生演說.略云今日爲中國科學社在國內舉行第一次年會,會址卽在浙江,實爲浙江之幸.今日不敢言講演,惟當藉此時機表示歡迎之意.國人多視科學與學問爲兩事,不知科學就是學問,望貴社加以透切之說明.吾國舊學思想非不富,徒以未經科學的硏究,故不能成有統系之學問.末謂科學的精神在其硏究者繼續不間斷的,時時增進的,凡前人所缺漏者後人必謀補成之，又謂中國人於科學多偏重物質科學而忽文科，不知科學之要素在思想與研究，文科理科無所用其軒輕也。甚盼貴社諸君於此觀念有所糾正之。

末由俞丹屛鮑乃德伍立夫金邦正周幼山王企華諸君相繼演說，辭多表歡迎期望之意。五時三十分散會。是晚八時原定舉行交誼會，繼由衆意改爲茶話會，仍在省敎育會所。到者三十餘人，社員乘下午快車由滬來不及與歡迎會者均於此會握手敍舊，談笑忘形，故此會雖非正式交際會，而其樂則不減也。

八月十六日星期六。上午十時開社務會，由胡明復博士主席。胡君言向例社務會先讀職員報告，惟今年社長書記之報告均未來，故先請鄒秉文君報告一年來國內董事會之經過情形。鄒君報告略云此一年中共設兩事務所，一在上海，一在南京。上海事務所專辦經理，會計，及圖書館籌備等事，南京事務所則專任執行董事會議決事件。此一年中董事會所辦事爲(一)通過社員一百三十八人，內在中國者八十人，仲社員四人，(二)改組經理部，(三)籌備募集基金，(四)調查書目及審定名詞，(五)設立紹介部，(六)籌備圖書館，(七)設立南京雜誌部。末提議(一)事務所宜離學校，(二)宜有科學講演。報告畢，由楊銓君動議通過，周仁君副議，衆贊成。

次由孫昌克君報告美國董事會情形。略云本非職員，故報告非正式。美國董事會辦事方法列舉如下，(一)兩書記分權任事，(二)以函牘書記代主席，(三)如僅一書記在美，則兼函牘書記與主席，(四)如在美僅有董事，無書記，則由董事互舉主席與書記，(五)趙元任君專任編輯部事，吾專任分股委員會事。末言募集基金僅從學生方面著力，未及旅美華僑，且國防會同時募捐，故僅得千五百餘元美金，然比較他種募捐成效，已可自慰矣。語畢由胡剛復君動議通過，竺可楨君副議，衆贊成。

次由胡明復君報告會計情形(報告另見)，報告畢，衆推舉楊銓君爲查帳員。次主席言本年募集基金得各界名人贊助之力甚多，茲由董事會提出贊助社員特社員名單，請年會表決，衆全體贊成。計被舉爲贊助社員者九人，爲黎宋卿徐菊人傅元叔熊錦帆楊滄白趙竹君謝蘅牕凌潛夫王雲五諸先生，特社員一人爲周美權先生。繼推舉明年司選委員，被舉者爲過探先周仁孫昌克三君。末由主席提議應由年會致函北京大學，南京高等師範，上海大同學院，與朱少屛君，謝其扶持本社之厚意。衆一致贊成，遂散會。

下午二時四十分開科學演講會，到者六十餘人。鄒秉文君主席。鄒君報告是日原有吳稚暉先生演講，吳先生因誤車不及到會。次介紹胡敦復先生演講科學與教育。

先生首言此來爲觀科學社之成績。同社諸君子，具此毅力勇往直前，則吾社作始雖簡，前程實未可限量。次言吾國歷來教育素不重科學，國人研究事理缺乏科學精神，故觀察推理不能眞確，設施舉措往往易入歧途。三言科學爲何物，本社有"科學通論"一書言之頗詳。科學之本體，爲研究眞理，明其關係而著其系統；其可應用於人生者至大且廣，雖現代之發明創造，恐尙未足以擬其毫末。四言人類進化，由自存自立以至自成，無時無處不賴科學。使人可以自存自立自成者，敎育也；而敎育所藉以達此目的之具，與夫其施敎方法之研究，則科學也。五言近世各科學之發達及其與於人羣進化之關係。例如醫學衞生之於上所謂自存，應用科學及農工商業之於自立，哲學文學美學之於自成，皆是。六言吾國之積弱，實坐不知科學之故。今者受病已深，不特無以自立，且幾無以自存。今猶不務科學，必成不治之症。七言吾國近年已知敎育爲急務，然於敎育之宜重科學則尙未甚注意。當今吾國敎育之最大缺點，仍在缺乏科學知識與科學精神。(現今學界之好蹈虛，喜趨時，亦其一證)。末言科學社之目的當一面研究科學，一面以科學精神輸入敎育。茲事體大，社員力薄願宏，深望國人有以助之。

次爲過探先君演講中國在世界農業之位置。略云今日非言發達農業之方法，不過先開門與世界比較以見優劣。生產三大要素爲土地，資本，勞力。中國常以地大自居，今則土地日蹙。以地方面積論，俄最大，佔全球百分之16(簡寫作16%以下仿此)，加拿大6.9%，白累錫爾(Brazil) 6.2%，澳洲

5.7%，美國5.79%，印度5.79%，中國本部僅2.9%，東三省0.7%，內外蒙古2.6%，故中國位置甚低。中國又嘗以人多自命，若以每方里中所居人數計，英國一方里有四人，日本有三人，中國則僅有二人。以耕地論，美國每人有耕地21畝，中國每人有四畝，日本每人有兩畝。次言各國農產植物之統計，與中國荒地之多，而以科學農業為振興中國農業之要圖。四時半散會。

晚八時三十分開審查名詞辦法討論會，過探先君主席。過君言去年十一月底董事會委探先與美國分股委員會通信，由美擔任調查書目，中國擔任審定名詞。繼有中華科學名詞審查會成立，本會曾派有代表。此會議決由本社擔任物理名詞草案，現所欲決者為請何人擔任此事。胡明復君言名詞會應有常川委員隨時研究，故擬以科學一部分供其宣布之用，此事已由曹梁廈君接洽。繼蘇鑑君詢此會內容，主席言先有醫學名詞審查會，繼由省教育會改為科學名詞審查會，江蘇省教育會博物學會均加入。討論至此，眾主張舉定辦事人，公舉胡敦復先生為執行員，胡剛復竺可楨周仁楊孝述羅英五君為起草員，并舉定胡剛復君為委員長，遂散會。

八月十七日星期日。是日全日遊覽西湖。以討論學術社務之暇登臨勝蹟，勞逸相形，其樂益甚。與遊者四十餘人，小艇六七，點綴湖山，為年會別開生面。晨十一時在公園照像·十二時浙江省教育會在高莊公宴到會社員,由教育會長經子淵先生致歡迎辭·首謂浙江教育會因西湖而得招待貴社,實爲至幸·次述浙江教育種種困難,深以不能用本省教育人材爲憾·繼胡敦復先生代表科學社到席社員答謝,並略言浙江教育有優於江蘇者數點·下午三時散席,衆遊湖至六時乃歸·

八月十八日星期一· 上午九時半宣讀論文鄭宗海君主席·首由錢天鶴君報告吳稚暉先生來書述十六日不及來會講演之故,並宣讀本社名譽社員張季直先生賀電,電文如下:

"杭州清華旅館中國科學社年會鑒·函悉·年會期屆,走以事繁途遠,未獲躬與盛會,曷勝歉仄,惟視社務昌熾,志願克達,敬此奉祝·張謇歟·"

次鄭君致開會辭,謂各學會每年皆有論文,其目的有二,(一)互相策勵,(二)公共研究,故余意以爲謂之宣讀論文,不如曰研究報告之爲切當也·本年收到論文甚多,惟因限於時間故僅宣讀下列三篇·

(一)清代漢學家之科學方法[1] 　胡　適(金邦正君代讀)
(二)細胞與細胞間接分裂之天演[2] 胡先驌
(三)漢陽鐵廠鍊鐵法　　　　　　黃金濤(周　仁君代讀)

---
(1) 見本月刊五卷第二期·
(2) 見本月刊五卷第一期·

十一時散會.

　下午二時三十分開第二次社務會,到者十八人,胡明復博士主席.首討論期刊編輯部組織,楊銓君報告編輯現狀及一年中之經過.胡君主張舉副部長二人,因美國已舉定部長.朱少屏君主張舉副部長一人,書記一人.蘇鑑君云恐美國年會仍照舊章選舉.金邦正君動議新章由舉出之新職員草定,經董事會通過作為臨時章程.蘇鑑君副議,眾通過.胡先驌君動議先舉正部長一人,書記一人,副部長俟得美國消息由董事會推舉.周仁君副議,眾通過.朱少屏君推薦錢崇澍君為候選正部長,金邦正君贊成.周仁君推薦楊銓君,孫昌克君贊成.竺可楨君動議停薦,周仁君副議.投票結果楊銓君得十五票,錢崇澍君得三票,故楊君當選.

　次推薦候選書記.鄒秉文君薦胡先驌君,賀懋慶君贊成.胡先驌君薦錢崇澍君,金邦正君贊成.投票結果胡先驌君得十四票,錢崇澍君得四票,胡君當選.

　次楊銓君報告本年司選經過情形.謂今年因委員歸國周折,寄票稍遲,此時票尚未收齊,不能宣佈結果(3).繼討論經理部組織.楊銓君主張合經理部長與總經理為一人.朱少屏君云發行應託書館,從前如此辦法每期銷數極多.託賣利息較少,然銷路可廣.胡明復君云書館宗旨不同,且恐本社精神退化,今日時間忽促,須從長再議.

---
(3) 見1919年司選委員報告.

胡刚复君报告筹备图书馆情形，谓图书部成立仅数月，故无成绩可言。现在所欲议者为图书馆性质与筹款两事。性质拟定为社员自用，以供参攷研究之助，经费则僅购必需之参攷书至少须一萬金，每年须有三千元添购书籍。

继讨论中美年会问题。胡明复君云中美应各有年会，惟其权限须无冲突。孙昌克君言美亦有社事，应有全权议决。孙恩麐君云以性质言，美年会宜改为社友会。邹秉文君云留美社友年会应由董事会招集，僅通过关于美国事务，其他议决事件须得董事会同意方为有效。孙昌克君云同一由董事会招集，若有冲突将如何。杨銓君云有冲突可由董事会取决。讨论至此，社员有出席者，遂不足法定人数，故此议未付表决。次陆费执君报告分股委员会经过，略分为三事（一）调查书目，（二）名词研究，（三）中美分設分股委员会与总章冲突故不成立，时已五时三十分，遂散会。

八月十九日星期二。上午八时参观工厂及各著名机关，与者二十余人，共分两队甲队首至贫民工厂，厂中工人三百余人，分木工，漆工，织工，籐工等科。出品皆坚雅可用。次至大英医院，省议会，屋宇佈置亦均可观。次至緯成纺织公司，此公司用男女工一千余人，由检茧，繅丝而至织锦，製模版，皆用新法。佈置井然，一望而知其经理得人也。闻每日可出綢緞数十疋。出此至武林钱工厂，此厂专製機件，有工人数百人。緯成公司所用机器多为此厂所製，厂中所用车床刨機等亦均自製。以上諸廠在國內均不可多見者也。十二時至鴻安飯店赴俞丹屛俞曹濟兩君之宴。二時始散，極酬酢之歡。乙隊皆習農者，偕農校校長周幼山君至閘口參觀該校農傷周君並備午餐招待。

晚七時在教育會所宴會，社員到者二十一人，來賓到者爲省教育會長經子淵先生，電燈公司總理俞丹屛君，大英醫院院長梅籐更博士，靑年會伍立夫君等十人。首由錢天鶴君請金邦正君代表科學社致辭。金君首謂今年年會社員到者不少，實可欣慰，於年會期中得領略西湖風景並瞻仰浙江之教育實業成績，尤足自慶。次謂此次會議數次，於本社進行之計劃多議有頭緒，然此後如何實行此計劃以鞏固本社之基礎，是所望於社員者。繼爲來賓經子淵先生演說，略謂吾國果缺人材乎？嘗見事業就人材，不見人材造事業，推其故有二，（一）學問與辦事不相合，所學爲靜的而非動的，（二）學者未獲有自創之能力，先欲推翻他人之言論事業。今科學社爲學者之集合，其各種計劃如建設圖書館研究所等等即表明貴社之建設精神，並足以代表科學精神。鄙人謹祝貴社發達無疆。次爲梅籐更伍立夫諸君演說，語多頌勉之辭。夜九時散席。第一次之國內年會亦從此結束。

附本年本社駐美分部與中國工程學會聯合年會程序單

開會地點. 美國紐約省脫雷城冷色利爾工科專門學校(Rensselaer Polytechnic Institute, Troy, N. Y.).

九月三日星期三. 下午二時到會者註冊,晚八時開歡迎會、冷色利爾學校教授格履恩博士(Dr Arthur M. Greene)演講,年會委員長致開會辭.

九月四日星期四. 上午九時科學社社務會,十一時參觀集成電機公司(General Electric Company, Schenectady, N. Y.),晚八時電機顧詢師史登麥博士(Dr. Charles P. Steinmet)演講.

九月五日星期五. 上午九時中國工程學會社務會,下午二時宣讀論文,晚八時與國防會合開交際會.

九月六日星期六. 上午九時與國防會聯合開會,並作名勝旅行,晚七時與國防會合開宴會,聯合年會遂於是晚閉會.

中國科學社記事

今年年會籌備情形

今年年會地點原擬在北京舉行，嗣因本社新由財政部撥給甯垣文德里官房為社所（領產詳情後當有詳細報告），故改在南京舉行，以紀念新社所。已由董事會推定金邦正張準胡剛復三君為本年年會（第五次）籌備委員，金君等已接洽一切積極進行矣。

圖書館消息

本社自得社所後，即着手籌備圖書館事。圖書館主任胡剛復君已在甯計劃應用器具命匠製造，一面與各方接洽購贈及寄藏圖書等事。大約在年會期前必可大致就緒。社內外同志有欲捐贈或寄存圖書者，請早與胡君接洽。胡君通信址為南京本社社所或上海大同學院。

北京社友會近狀

本社社員在北京者有四十餘人之多，去冬由金君邦正等發起組織北京社友會，已經全體通過成立，舉定蔡子民先生為正理事陸費執梅貽琦兩君為文牘及會計理事。近復草定簡章，會務日形發達，茲錄其簡章如下：

(一)定名．中國科學社北京社友會．

(二)宗旨．(1)輔助本社之發達 (2)研究學術 (3)社員之交際．

(三)會務．大致如總章規定．

(四)集會時事務．(1)報告 (2)講演 (3)娛樂．

(五)職員 理事長一人總理會務，理事二人，一人任書記事務，一人任會計事務．任期一年，但得連任．

(六)會所. 暫無定所,姑以書記理事住址爲通信機關.

(七)會期. 以每月第一星期日下午二時至四時爲會期,但遇必要時得變通辦理.

(八)會費. 暫定每年現洋一元.

中國科學社記事

今年年會籌備情形

今年年會地點原擬在北京舉行,嗣因本社新由財政部撥給寗垣文德里官房為社所(領產詳情後當有詳細報告),故改在南京舉行,以紀念新社所.已由董事會推定金邦正張準胡剛復三君為本年年會(第五次)籌備委員,金君等已接洽一切積極進行矣.

圖書館消息

本社自得社所後即着手籌備圖書館事.圖書館主任胡剛復君已在寗計劃應用器具命匠製造,一面與各方接洽購贈及寄藏圖書等事.大約在年會期前必可大致就緒.社內外同志有欲捐贈或寄存圖書者,請早與胡君接洽.胡君通信址為南京本社社所或上海大同學院.

北京社友會近狀

本社社員在北京者有四十餘人之多,去冬由金君邦正等發起組織北京社友會,已經全體通過成立,舉定蔡孑民先生為正理事,陸費執梅貽琦兩君為文牘及會計理事.近復草定簡章,會務日形發達.茲錄其簡章如下:

(一)定名. 中國科學社北京社友會.

(二)宗旨. (1)輔助本社之發達 (2)研究學術 (3)社員之交際.

(三)會務. 大致如總章規定.

(四)集會時事務. ( )報告 ( )講演 (3)娛樂.

(五)職員. 理事長一人總理會務,理事二人,一人任書記事務,一人任會計事務.任期一年,但得連任.

中國科學社記事

圖書館開幕日期

本社圖書館已於今年八月年會時正式成立，惟當時一切圖書目錄均未就緒，故僅供社員瀏覽。近數月來，圖書館主任與各委員竭力籌備公開時應用章程表格等物，同時由歐美購來之高深科學書籍亦源源寄到將及千冊。中西雜誌現有者約數百種，已訂而未寄到者尚有多種。聞擬於陽曆明年新正元旦起，每日公開，供社內外熱心科學者之研究云。

明年年會籌備消息

明年年會地點，已由董事會議決在北京舉行，並舉定金仲藩君為年會籌備委員長。今年年會原定在京舉行，嗣因新社所紀念改地，頗負北京社友會同人招致之厚意，明年實踐舊約，其盛況可預卜也。

招待科學名詞審查會消息

今年全國科學名詞審查會在北京協和大學舉行，散會時本社代表胡剛復博士曾有本社願請該會明年在本社南京社所開會之表示。此項事已經董事會正式通過，並推定南京社友會理事長徐乃仁君為招待委員長。

美國社友會籌備之經過

本社董事會自移歸國內後，美國遂無一正式法定之辦事機關。今年春間由社長任君請駐美社員吳承洛董時兩君組織駐美社友會。吳君等先函求駐美各社友同意，結果共分兩派，一派主張設社友會，而希望其權限較國內各地社友會較大，以便料理全美社務。一派主張美洲分會，以為社友會僅限於一地，以美洲之大，似不可無較大之機關以執行社務。兩派理由皆極充足，故籌備委員以此事決之董事會。惟分會為社章所無，故董事會現時僅能贊成設社友會而擴張其辦事權，至分會添設問題，恐尚須待明年大會公決云。

中國科學社第七次年會記事

本社今年年會記事,滬通各報皆登載極詳,而以南通報為最,茲篇之作,取材於南通報者亦最多.社務狀況與修改章程經過皆別有報告,故記事從略. 　　　　　　　　　十一年九月十日　銓識.

本社第七次年會原定在廣州舉行,由董事會委任廣州社友會理事汪精衛,陳伯莊,張天才三先生為年會籌備委員.五月間籌備委員因慮政局變遷,將影響會務,商請董事會易地開會,遂改在南通舉行,委任南通社友會理事張孝若陳心銘兩先生為正副年會籌備委員長,郭守純先生為年會書記,過探先先生為年會會計.以兩月之短促時期,積極籌備,定八月二十日至二十四日為會期.茲將本年年會秩序單錄下:

中國科學社第七次年會秩序單

會期　八月二十日至二十四日
會場　假座通崇海泰總商會及南通俱樂部
宿所　南通俱樂部賓館,招待處附內
二十日下午一時在招待處註冊交會費
　　　三時在會場正式開會　開會詞　歡迎詞　演說　攝影
　　　七時南通各法團假座總商會歡迎宴會
二十一日上午九時參觀唐家閘各實業
　　　十二時大生廠午餐
　　　下午二時在會場開社務會　職員報告

中國科學社第七次年會記事

　　　　　四時在會場開科學教育討論會
　　　　　七時張退菴蔚菴及孝若三先生在俱樂部歡迎宴會
二十二日上午九時遊覽狼山名勝
　　　　　十二時南通社員假座狼山三元宮歡迎宴會
　　　　　下午二時在會場宣讀論文
　　　　　七時俱樂部晚餐
　　　　　八時在會場演講
二十三日上午九時在會場開社務會　修改章程
　　　　　十二時俱樂部午餐
　　　　　下午一時參觀大有晉鹽務
　　　　　七時俱樂部晚餐
　　　　　八時更俗劇場伶工學生音樂　電影
二十四日上午八時在會場開社務會　選舉
　　　　　九時參觀市政教育各機關
　　　　　十二時俱樂部午餐
　　　　　下午二時在會場演講
　　　　　七時年會宴會　正式閉會

本年年會之前，適有八月十八日之生物研究所開幕禮，故到會社員於十八日先後涖寧，參與生物研究所開幕典禮．十九日晨七時同乘齊督軍特派利通兵艦赴通，下午六時抵埠．是時風雨甚大，年會委員長張孝若及各界代表冒雨在碼頭招待，軍警長官派隊歡迎，當即分乘汽車赴南通俱樂部安歇．其他社員直接到會者，上海方面有馬湘伯胡敦復先生等，京津方面有丁文江先生等．計今年到會諸人，社員方面爲張季直,梁任公,馬湘伯,張孝若,陳心銘,郭守純,胡敦復,胡明復,胡剛復,沈籲淸,譚仲逵,陶知行,王伯秋,秉農山,胡步曾,鄒秉文,席鳴九,劉寄人,陸費叔辰,熊雨生,鄭初年,過探先,楊允中,柳翼謀,何奎垣,徐南騄,李拔葰,熊迪之,推士,尤懷皋,周子競,蕭叔絅,竺藕舫,王季梁,鍾心煊,錢安濤,楊子嘉,丁在君,楊杏佛,溫嗣康等四十人,來賓方面有梁思成梁思永兩君,及本社圖書館管理員王鳳岐君等.

蔡子民先生本定到會,嗣因足疾復發中止.汪精衞先生亦因抵滬事忙,未曾到會,均有函電到社致歡祝之意.任叔永社長原定八月初旬日由川東下赴會,嗣爲戰事所阻,特電代祝.電文如下.

"南通張孝若先生轉科學社公鑒,巧日吾國第一研究所開幕,翌日本社第七次年會,途阻不及躬與,無任歉仄,遙祝進步無疆.焘叩篠."

抵通後凡外來社員及來賓均下榻南通俱樂部賓館中.館新建,極精雅.聞正式啓用,此爲第一次.南通社友招待之周,於此可見.

南通各法團各機關因本社在通開會,特各擧代表合組招待委員會,分八部辦事.茲將該會名單錄下,亦聊以誌謝也.

主任　陳心銘

副主任　徐廣起　郭守純

文牍及演讲部　管石臣　费范九　袁剑侯　于敬之　李敏孚　方仲谟　易剑楼　邵伯言　柯昌颐

普通招待部　郭守纯　袁剑侯　高馨四　朱剑南　徐广迟　管石臣　卢公勉　张霱仙　章埱淳　费范九　周启邦　李际和　钱国纽　黄友兰　陈仲久　邢演初　高琢如　汤逸珊　包远廷

交通部　孙锦章　林仲西　秦子野　卢寿联　袁少初　孙东儒　宗渭川

饮食及旅馆部　章埱淳　郭守纯　卢公勉　徐广起　习鉴清　徐孝先

陈设点缀部　薛垂初　马息深　钱国纽　陈思成　习鉴清　崔正荣　田献臣

参观部　伍神就　费范九　章埱淳　卢先德　卢公勉　雷炳林　李敏孚　袁剑侯　张文泉　于敬之　王捷三　郭守纯　钱椎衡

娱乐部　张涵武　卢公勉　费范九　卢寿联　章埱淳　李敏孚　徐孝先

女宾招待部　李敏孚夫人　叶孟清女士　于端容女士　张召男女士　罗玉衡女士　马湘衡女士　马湘正女士

会计庶务部　徐孝先　习鉴清

张季直，张退葊，张孝若三先生及南通社友会与各公团对于本社年会均有欢迎辞刊送到会社员，兹分录如下．

（一）张詧张謇张孝若之欢迎辞

繄维坤轴幹运大光，声传电吸，汽震机翔，鸿秘一启乔乔皇皇，何以致之？学術丕闡,何以闡之?懷疑其鍵,進而實驗,真理以顯,不有集社,安所淬勉.聞昔英倫,皇家學會,寶啓權輿,培根功最.春雷一聲,萬綠苗起,歐美學者,紛然繼軌,惟心惟物,各著其精,以促實業,騰茂蔚英,遂開新紀,誕孕文明.孰甘蹶後,而不奮爭.返觀禹域,聲教寂寂,若論先民,亦曾著績,胡至後世,寖以萎折,探思其故,我心欲絕.奉漢而降,士尚拘虛,窮年矻矻,比迹蠹魚,以此為學,學益支離,人進我絀,夫固其宜.霹靂諸子,今之先覺,知恥則奮,殫精科學,格物致知,相勵以智,利用厚生,相程以事,假之時日,必集大成,東西一冶,同氣同聲.會今七載,集於南通,增光下邑,黽勉以從,各本偉抱,競抒新知,新知新知,寶獲我私.通之事業,日月而作,匪學曷充,所需正博,以此因緣,丐其膏馥,每每學田,庶幾有穀.抑又有言,世重交際,冠屨往來,情感所麗,惟此情感,互助之基,願以一邑,眾力持之.此二事者,附以為望,望寧欲奢,意乃可廣.宏哉茲會,景鑠聲祁,敢託祝史,敬貢頌辭.

(二)南通社員之歡迎辭

科學有社,於今七年,年一集會,有章不愆,於何肇始,曰美利堅,繼則國內,轍亦屢遷.吾通蕞爾,濱海之壖,地非名勝,學無淵泉,乃辱同志,不我棄捐,舟車電駛,冠蓋雲連,旁皇都邑,流覽風煙,旋麾戾止,山水增妍.我以薄植,於社備員,俛仰天地,上下魚鳶,如觀大海,莫測其淵,如登峻嶺,莫躋其巔,遘茲嘉會,敬迓高騈,五百里內,德星在天,敢忘緇衣,餐館周旋,敢忘白駒,朝夕流連,文明之鑰,知覺之先,光此襤篳,於古無前,願我邦人,德業乾乾,高堅前後式此名賢.

(三)南通報社之歡迎辭

今日為中國科學社就吾通舉行年會之日,凡領袖吾國最高學府之鉅子不憚跋涉聯袂偕來,車轍所經,山川生色,下風仰望,榮幸何如.吾通僻處海隅,無名山大川足供遊眺,又無著名之科學家以相應求,而諸社員擇定本屆年會地點,乃不於他縣而於吾通,得毋以吾通在中國尚能注意自治教育,實業諸要端,稍有成績,欲乘便以考其得失,引而進之,俾入於科學之途徑乎.夫吾通比來順世界之潮流,自治事業誠未敢後於他縣,然以語於科學,則程途之相去尙極遼遠,曾何足當諸社員之一盼.杜威謂書本上的物理化學天文等為科學之結果,非科學之本身,而工業之非卽科學,亦為一般學者所公認.吾通學校雖自中等以至專門及大學,工業雖有紡織鐵冶電氣諸種,然一為書本上之知識,一為機械學之應用,而皆無當於科學之本身.科學之本身不在結果,而在方法,不在前人已經發明之陳舊知識,而在發明吾人將來對於自然界如何支配或指揮之眞理.能明此意而從事研究者,在吾通固不多見,卽推之全國,恐除今日翩然戾止之諸社員外,亦寥若晨星.蓋承數千年文字敎育之餘勢,有必至,無足怪也.吾通自治事業雖稍有可觀,而學術上之位置則仍與其他各縣同在一水平線上.能認識科學之眞義者,何人?能研究科學而有所發明者,何人?能抱負宏大願力專精於自然界,闡發眞理以作吾人之新生命者何人?蓋不但程度幼稚,眞可謂竟等於零.此並非謙光之談,外人知我不若吾通人之自知,雖欲誇飾焉,而實際有所不能也.然則諸社員之至吾通也,亦自適己事而已.吾通人旣在不憤不悱之時,諸社員卽當付諸不啓不發之列,雖欲引進,將烏從而引進之.然而天下事業之興起必有發端,學術之灌輸賴於媒介,諸社員旣來吾通,使吾通人得以瞻仰其丰采,傾聽其緒言,則必能使人人之腦中知有所謂科學,知有所謂中國科學社,更進而知科學影響於人生觀之重要,因以喚起其傾向於硏究自然界現象之觀念,則所以霑漑吾通者誠至優且渥矣.蓋學術之遞進,必以思想為前提,而思想之發端不能無感而自動.今必謂諸社員一至吾通,卽能餉吾人以科學,寧非滑稽之談,然必謂於吾人無絲毫影響,則義亦近誣.蓋雖不能餉吾人以科學,而未嘗不可予吾人以科學之思想,思想旣進,學術必因之而興.倘他日者學風丕變,人才大昌,吾通以彈丸之地得在科學界佔一位置,則皆諸社員之所賜也.此則本報對於諸社員表示歡迎之微意,度亦為吾通人士之同情,而諸社員之所默許矣乎.

(四)誠社歡迎中國科學社諸君子序

科學家乘智慧之鑰以啓天地之祕,固不必爲人類社會謀福利,而人類社會之福利以之.自物質文明輸入以來,人莫不駭羨乎機械之用,而忽其所以然.富强之說推重功利,凡不見諸實用者,均歸屏斥.由是專門家之待遇每在政客市儈之下,士之飽學深思者以其遠利絕俗,甚或不得自躋於君人之林,而迂拘疏狂目之,在在足取咎厲.於此足見國人於學問無覺悟,而於人才無識別也.

世界愈文明,則分工愈繁,而專業愈精.學者或窮畢生之力無所發明,而後學基之遂成偉業,是故賢者只問耕耘,不問收穫,退而結網,雖不見魚,又何傷乎.發明三大定律及相對論者不必能爲工場生利,著原富及經濟史觀者不必能爲政府謀聚斂,發現黴菌者不必能治結核之疾,學自爲學,用自爲用也.一學者之所得足供多方之用,如有源泉江河不竭.賣學者以致用,則必兩俱不進,非徒無益而又害之.故學者學其所學而用者習其所用,斯可矣.

中國專門人才缺乏,識者咸引以爲憂,有爛然之曙光焉,是爲中國科學社.社爲國中名流所組織,社員皆一時碩彥,凡所研究無非供給國人文明之原料,以與世界學者互換其得失,而爲人類之先導,其有造於將來者必遠且大也.每年一會,去歲會於北京,今年則假南通爲會場.南通人士翕起以備歡迎,吾誠社願以崇拜專門家崇拜研究家者竭誠盡敬以歡迎諸君子之臨莅.願諸君子示吾輩青年以科學之眞價,指吾輩青年以眞理之徑途,則憂煩墮落得所拯矣.諸君子自各有其不朽在也.若夫偶像崇拜者之俗典,拜金主義者之虛榮,非敢以覬諸君子者焉. (予倩)

二十日午後三時假通崇海泰總商會正式開會,社員到者四十餘人,軍政學商各界來賓千餘人.由本社名譽社員張季直先生主席,致開會辭.略謂本屆年會原擬在廣州舉行,後以時局關係不克如約,改在吾通.吾通近雖注意自治,而教育實業諸要政建設尚未完備,不足以供諸社員之考察,良用愧惡.然正其愧惡也,亦甚願諸社員之蒞臨,發現其闕失而指導之,則獲益良非淺鮮.蓋今日為科學發達時代,科學愈進步則事業愈發展.譬如此次各處發生蝗蝻,民咸以為憂,而自科學家觀之,則惟患其不多,多則可用以為飼雞之食料.即此一端可見科學與地方事業關係之重要,此即鄙人歡迎科學社在此開會之意也.次年會委員長張孝若君致歡迎辭,略謂孝若為社員之一,亦為南通主人之一,故今日歡迎諸社員之用意有主觀客觀兩方面.主觀方面有二,一則諸社員遠道而來不能為周至之招待,一則南通社員論文不多,不克有充分之供獻,此皆私衷歉仄者也.至客觀方面,觀歐美各國以研究科學用之於實業教育而致富强,則知我國之不富不强即由於不明科學.益知欲救中國惟恃科學,而不專恃乎政治與法律.中國甫經改造,方謀建設,如造巨屋必先立基礎,科學即其基礎也.國事蜩螗,漂搖不定,如孤舟之泛大海,安危之責在於舵工,科學家即其舵工也.此以國事言也.至地方之事,如蚊蠅之為害,用何法撲滅,今年各處發現之害蟲是否蝗蝻,必待昆蟲家解決;城廂各處所鑿西式井何以水源俱不純潔,必待地質學家解決之也.孝若歡迎諸同志微意大略如此,幸諸同志有以教之.譚仲逵君代表到會社員致答辭,略謂科學社年會今已七次,此次在南通舉行,較在他處尤榮幸.科學之重要,孝若先生已略言之.中國之不富強由於科學之不發達,小則知的方面不明科學原理,必多誤會而不能真確,行的方面不明科學方法,必妄費精神而不能省力,大則無科學之精神,妥當之組織,無論何事必發生許多困難而不能扶助大規模事業之成功.我國前代學者既未有科學之思想,而今人之對於科學亦未十分明瞭,甚至因誤會而生阻力,致各種事業不能進行,實為至可痛心之事.南通張四先生獨能超出於舊環境,不為所縛,以新眼光新精神利用科學知識,創成各種偉大之事業,能令我輩於極沈悶之空氣中獲見此大放光明之模範區域,得此經驗而益堅其信仰科學之心,則所獲之利益良非他處所能及.復承四先生喬梓及諸君子竭誠優待,尤極感激.謹代表全體社員深致謝忱,並希望科學社得藉此光彩而繁榮發達於無既也.繼梁任公先生演講"科學之精神與東西之文化,"亘兩小時之久.(辭見本期科學.)馬湘伯先生演講"科學與大學之需要."略謂今日開會適遭風雨,令人生無限感觸.我國國勢固在風雨漂搖之中,科學社本擬至廣州開會,後卒不果,以廣州亦在風雨漂搖之中也.科學社之欲至廣州開會,以其能自治也,觀於今日之形勢而希望打消.卽而言之,希望吾國能成真正民國者,其希望亦無不打消.何則,自治專恃兵力,自治之真髓已失.觀於廣東攻伐廣西之情形,與革命之戰何異,與黃巾之亂又何異。廣西旣受苦痛，吾人則應覺悟欲成立一國家斷不可專恃武力。今吾人之至此開會，非依附南通之武力，乃依附南通之自治也。今日講題爲"科學與大學之需要。"顧需要兩字談何容易，姑置不講，而但講其區別。科學與大學有別乎？抑無別？曰有別。大學畢業有年限，而研究科學則無年限，又大學雖爲學習科學之地，而究非科學之本身。入大學者按部就班至畢業而止，不能登峯造極，養成粹美人材。蓋欲研究科學，大學畢業後仍須致力，愈久則愈精，非集社研究不可。外國著名之科學家極多，著作亦極夥，吾人愈讀愈不明瞭，是真奇妙，是乃真科學。越是真科學，越研究不了。大學者，秧田也，苗圃也，而科學則稻與樹也，其區別如此。猿猴戴面具，着衣冠，望之似人，而究不得謂之人者，以其無腦也。國人不明科學則亦可謂之無腦。外國人最注意科學，如比利時瑞士皆小國，而天文台甚多。顧我國則如何，稍治科學者大都抄襲外人之成語，事極可恥。故真能治科學者宜與問題奮鬭。例如電何以旣能生光，又發熱，又傳聲，欲窮其究竟，非有奮鬭之精神不能鞭辟入裏也。至一種極渺小之微生物爲人目所不能見者，有顯微鏡則能見之，且能使害人者反而供吾人之利用，如西藥中之血清，醫術中之種痘，農業中之肥料，無一非微生物之利用，而張四先生以蝗飼雞之說，亦轉害爲利之一種，於此益見科學之神妙。例如張四先生能具備各種思想組織爲有系統之文學，此與蒐羅各種岩石而成爲有系統之礦物學無異,而四先生猶自以爲不知科學,卽梁任公先生亦自以爲門外漢,此眞所以爲四先生,爲梁任公,亦卽所以爲科學精神也.講畢由張君孝若代表答謝,遂散會.

下午七時.南通軍政長官張綿湖鎭守使,瞿莘畬縣長,唐輔之局長,韓奉持總場長,及地方自治會商會農會教育會各代表公宴各社員,就商會西廳晚餐.賓主酬酢,相對盡歡.張季直先生代表官民全體敬致招待之誠意.梁任公先生及推士博士均有答辭.梁任公語極詼諧,略謂我們學者俗呼爲書獃子.今夕承南通官紳請書獃子吃飯,鄙人頗有點感想.凡人要成就一個學者,發明一種學術,非有連續不斷的獃氣,屛除一切嗜好,專精努力不可.這種獃氣是社會上不可少的,社會上要優禮他,保養他,使他盡量的發舒獃氣,貢獻大家享用.中國舊時頗有此象,近却不然.諸公果欲發展社會,請於科學學者身上注意,才有效率.推士博士略云,初至南通得晤見張季直先生,並與梁任公先生及諸社員聚會一堂,至爲榮幸.在本國時曾接門羅博士函,告以中國社會如電影一般,無論何時代何國家之狀況莫不紛然畢現.及至通境見張先生所辦種種事業,皆能利用科學方法及手續以處理之,甚爲滿意.科學之與國家名譽,社會經濟,人民生活,關係重要自不待言.此時中國之要務須貫注科學觀念於一般兒童,使其知科學爲救國之學,編入各級教科书切实教授，一面勤令社会服务者人人如张先生之行为，则处处有南通之色采．此所希望者也．由李君敏孚潘译．至夜十时餐毕始散．

八月二十一日（星期一）为年会之第二日．上午九时二十分社员三十余人分乘公共汽车两辆，自俱乐部出发往唐闸，四十分至大生纺织公司．该公司执事人员率领警备队军乐队先期排立欢迎．由招待员导入总办事处休息十五分钟，即由雷君马君等引至工场参观，先至清花间，次网丝车间，次打包间，次併条间，次织布间，次经纱间，次浆纱间，次楼上纺纱间，摇纱间．经过各处，诸社员除考察机械外，颇注意厂务管理及工人问题，如工资年龄工作时间，各招待员均一一指点．十时四十分出场，适细雨濛濛，诸社员皆未携雨具，冒雨往资生铁厂及广生油厂，均以例假停工，无从参观．遂赴复新麵厂阅十五分钟，出厂至纺织学校，先入成绩室参观各种织品，继参观机织纺纱厂各实习室．出校后已十一时四十分矣，遂回大生厂午膳．午膳后即乘车反俱乐部．此次因时间匆促，尚有阜生丝织公司，大生线毯公司，电灯公司及公园等处未能遍至，而铁厂油厂又以停工故未能参观，仍憾事也．

下午二时在南通俱乐部举行第一次社务会．杨杏佛君主席．首由书记杨铨，会计胡明复，编辑部长王琎，图书馆长胡刚复，总经理钱天鹤等职员报告一年来社务之经过．略云去年一年中天災人禍交迫,社會經濟恐慌達於極點,本社經濟亦幾瀕於絕境,然社務進行未嘗因而稍懈.計其重要者,如生物研究所之成立,物理名詞草案之編纂及通過,南京社所之改造,大規模科學演講之舉行,圖書館貴重書籍之增置,及美洲卡尼基學社之贈書,廣州社所之成立,美洲分社之籌備,皆其犖犖大者也.其尤足欣幸者,美洲斯密索林學社經理之國際交換書籍,其贈諸中國者,已由本社呈准外交部及上海交涉使署歸本社保管.此種書籍在各國例由國立中央圖書館或全國最著之科學會社保管,今本社得負此責,良足自慶者也.繼由司選委員周仁報告選舉新董事之結果,計被選者為任鴻雋,胡明復,丁文江,秉志,孫洪芬,五君.報告畢,即討論修改章程草案,至下午四時散會舉行科學教育討論會,由胡敦復先生主席.社員推士及王岫廬兩君分論中美中小學教育之狀況及改進方法.王君因事未到會,其論文由王璡君代讀.是日時間匆促,竟未得充分討論.推士君並擬有調查中國科學教育計畫擬提出徵求意見,亦未議及.因由主席提議請本社組織常期科學教育委員會研究此項問題,衆贊成,遂散會.時已六時半矣.

下午二時當社員舉行社務會時,同時南通報社與縣教育會,中等以上學校聯合會,附屬小學聯合會四團體假座通崇海泰總商會敦請梁任公,馬湘伯二先生演講.是日天氣炎熱,聽者有七八百人,首由張孝若君介紹,畧謂昨煩梁先生講演,其議論痛切透澈,諸君想已領會,今日復蒙兩先生慨允四團體之敦請,曷勝榮幸.梁先生之道德學問經濟事業爲中外人所欽仰,其思想理論探微闡幽,能發人之所未發,吾人多聽一次講演,即多受一次教訓.致詞畢,遂由梁先生講演先進者之新覺悟與新任務.略謂南通是我們全國公認第一個先進的城市,南通教育會和各團體是我國教育界中之先進者,他們價值之高,影響之大,國人共知,也不必我來頌揚.我今日來講也無非是希望他"百尺竿頭更進一步"的意思.

凡是先進者必定已經先有了覺悟然後纔可以叫做"先進者,"有許多別人所還沒有見到的事自己先見到了,別人所還未做的事自己先做了,然後可以叫做先進.南通是已經有他先乎他人的覺悟與事業,所以是個先進者.他旣是個先進者,當然是盡了許多任務的,或是爲本身已盡了許多任務.然而因爲本身盡任務影響到別的地方,令他們模仿我,這便是對全國盡了任務.然而這些都是舊任務,以後還應當有新的.我們想知道先進者之新任務,要知道他的困難.

第一, 對於舊社會阻力之抵抗.

第二, 人才缺乏.

因爲有這兩點難處,所以先進者的事業往往不能完備.

我們若是看看他們事業成功後之現象,又看見有兩種流弊.

第一, 因爲經過多少奮鬪之後然後成一件事業,一人精力有限,先進者已經成了一件事業,已經疲倦了,要休息休息,於是進步一定也停一停.他那前進的朝氣一停,暮氣便立刻乘機而起.

第二, 成功的先進者因過去之成功得了經驗,以爲成功一定要從這條路走,其結果便易偏於保守.

因爲有這兩個弊,所以先進者的事業不能跟環境開展,然而人類的進步——一切生物都要順環境——又不能以舊限今.

先進者既犯了這兩種弊病,他的結果就足以:

第一, 予後進者以壞影響,因為先進者是後進者的模範.

第二, 前面已說過先進者是後進者的模範了,因為他不能順應環境,所以必定要停止不進.例如引路的人停了,跟的必停.若是不停,必定要超過引路的自己前進,如此便有走錯路的危險.

先輩和後輩本來是和連環一樣的永遠不使他斷絕.若是先進者不能盡引路之責,使後進者橫衝直撞,使環扣斷絕,便是一種危險現象.

如此看來,先進者便不能不有一種覺悟,他應覺悟(一)當初之困難,(二)成功後之弊病,(三)有弊病後所生的壞影響.他們應當有這種覺悟,並且求所以免其病以完了他們的任務.

然則其任務何在?古人有句話說"繼往開來,"這便是"承上啓下"的意思,如同蛇退皮一般,由舊社會退到新社會,使他不要斷絕.

然則如何指導法子呢?就是將昔日走路之困難,以及所走的冤枉路告知後進者,或是把空理想之做不到者指點給他們,此外還要將自己實在之事業和久遠之計劃告訴他們,令他們不要以我先進者之事業為滿足.先進者要常佔在戰線第一排上與舊社會開戰,個人的先進者團體的先進者皆當如此,一國之所以貴有先進者亦在乎此.

南通在中國是個先進的地方,而在座諸君在南通多半是後進者然而以團體而論又是個先進的團體.以個人之後輩而維持團體上先進的精神與面目,是一件極不易的事.若南通有許多不足為人模範者而被人學去,那就害人不淺了.或是人家都進前去了而南通還落後,那麼南通的莊嚴要墮下去,亦非社會之福,乃至其他方面的進步亦要受南通的影響.南通諸君要覺悟自己地位之重要,任務之重大,有了這種覺悟就可以進步了.

以上所說都是很普通的,就一切任務而說的.至於教育乃是各種任務中之一件,又是根本上之一件.我希望教育界諸君順應環境進步,時時都佔在第一排.至於具體的條件,不能多講,請只舉四點.

第一, 希望教育界注重公民教育.共和國民最普通應做的事,必定要根本上在學校裏注意.

第二, 希望教育界注重科學教育.今年科學社在南通開會,是因爲社員對於南通有一種景仰,還有一個意思,就因南通是全國之先進者想在這裏開會,可以剌激到南通教育界之一部分,叫他注意科學教育.我望南通率先做去,萬不可以爲科學是大學理科然後可以做的,乃是要從小打底子.我們中國的中學小學實在沒有這門,雖有也不過是些教科書的學問,教法又是非科學的.我望先進的南通教育界率先把南通做成科學的教育的首創人.

第三, 希望教育界注重自動的教育.

第四, 造成模範的中學.

我望南通教育界能注重這四點,那麼南通教育界便不愧爲舉國承認之先進者.若是南通都不做,別處我更不能去責備了.最後一段話望南通教育界以之自任,前面所說尤願南通全部人民有那種覺悟拿來做自己的任務.講畢,張孝若致謝詞,略謂適承梁先生指導訓誨,對於南通無一不對症發藥,感激之至,惟承獎先進二字愧不敢當,曾記二年前梁先生在此演講,謂南通自治係個人的非團體的,係老輩的非新進的.揣其用意,無非希冀南通自治由個人而擴於團體,由老輩而蛻爲新進,乃揆諸今日之情形能不辜負所望者爲期尚遠.營諸營屋必先有基址而後可構材興工,以造成光明高大之象,南通今日現象僅有基址而已.或者受梁先生之教訓,從此覺悟,猛力共進,再數年後臻諸特殊境界亦事所或有也.至所云公民教育科學教育之二者於南通最關切要.南通自治事業似較他縣爲多,公民之擔負亦較他縣爲重不有教育提高程度何能勝任而愉快.至科學則尤爲重要,南通墾務連年以來頻遭打擊,然此祇可謂之擱淺,不可謂之失敗,倘用科學方法以解決之,必有厚利可獲焉.自動教育尤爲公民教育與科學教育之要素,以非此不足以供二者之實現也。倘受梁先生一言之賜而克底於成，其促進之功良非淺鮮。謹代表南通人民道謝。繼即介紹馬湘伯先生演講。馬湘伯先生講題爲教育之意義。略謂吾人各種事業所以不能充分進行者，非外力限制之，乃政府限制之也。例如欲創辦自來水或電燈，呈部註册非用運動費不可。欲購買化學原料如硝磺等，則以其有涉於軍用藥品而種種留難是也。惟外國則不然，例如有人測定某處有礦而欲開採，雖爲公地亦能由政府給與，其他更無論矣。昔有一安南人窮無所歸乘輪赴美之舊金山，力不能付船資，備受窘辱，既至日以黑麪包果腹，後竟獲得金礦以暴富聞。設在中國能得如是之機會乎？吾更舍他種事業而言教育。教育普及之呼聲已日高一日，以吾觀之，就介普及未必即進於文明。試觀外國教育久已普及，而人民之犯禮敗度者不減於中國。蓋教育所以開通其腦，而道德所以檢束其心，腦愈開通而心愈險詐，往往成反比例。此無他，但注重於教而未注重於育也。譬如蒔花，教僅栽植而已，育則有灌漑培養之功。但栽植而不灌漑，安能期其發達乎。管子謂衣食足而知榮辱，誠爲千古名言。而吾謂欲比較中西文明程度之高下，僅有三要項，即衣食住是也。文明程度最高者即衣食住高尚也，文明程度低下亦即衣食住低下也。人莫不求幸福，而所謂幸福者亦不在衣食住以外。國家之保衛己國，即鞏固己國人民之衣食住也。由此以言，則歐洲大戰五年，無他故，爲衣食住耳。欲提高衣食住而出文明，非科學不可，欲人人知科學，非普及教育不可，此即所謂教也。然欲提高衣食住在科學，而欲享用衣食住在道德，則於教而外又當注重於育矣。"大學"云有德此有人，有人此有土，有土此有財，有財此有用。夫土地財用爲衣食住所自出，故必以德爲本，無德則不能有土地財用，此即欲享用衣食住在乎道德之證。欲達此目的，其責任全在一般之教育者。然教育者何以能盡此責任達此目的，則與國家對於教育者之待遇亦頗有關係。外國小學教員多久任不經更動，達規定年限而去職退隱，則仍與以相當之俸給，俾得優游卒歲著書立說，傳其經驗於後人，故教育事業日益進步，愈普及而愈文明也。我國教育無經費,學校無基金,致教員不能久於其位,退隱以後亦多困於生計,不能以著作傳後人,故教育事業日漸窳敗,吾恐其愈普及而愈不能文明也。抑吾國教育尤有至不平之一事,即高等教育機關必設於首都及省會是也。夫教育與政治不同,設置地點以環境適合及交通便利為標準,不必居於京師及省會,觀美之華盛頓無大學校之設立,其意已可想見。我國大學及專門多設於京師,就學之便利僅限於特殊階級,而經費之供給,則責諸全國人民,此豈非至不平之事乎?吾蘇之南京,學校之多非蘇常揚鎮各地可比,其弊亦正類此。如此,則高等教育斷無普遍之望。故吾主張地方款項仍宜用在地方,以地方人民所納之賦稅辦理地方人民應受之教育,其理至公,其力亦裕。教育既發達,其他各種實業亦將隨之而發達矣。吾甚望南通人人發憤,能本此意造成全國惟一模範,則不獨南通之榮幸,亦江蘇全省之榮幸也。講畢復由張孝若代表致謝。時已五鐘,遂散會。

下午七時,張退庵季直及孝若三先生歡宴全體社員於俱樂部中,餐席間觥籌交錯。酒數巡,季直先生離席致詞,略謂聞諸君明日有將行者,謹於今晚為諸君贈言。鄙人有兩種意思貢獻於諸君。中國一般人常以為科學家無益社會,此雖謬論,但科學家不可不力謀社會之信用,使所經營之事業效率較普通人為大,則社會自歡迎科學人才之不暇矣。而欲達此種目的,第一須用科學方法研究社會心理,第二須用科學方法量度社會經濟,否則所經營之事業必難發展,甚者用舊方法舊人才尚可維持,而用科學家則失敗愈大,何怪社會上不重視乎。夫此固非科學本身之過也,而實由於不明社會之心理及實業經濟所致。鄙人之為此言，非憑懸想，固由經驗而來。數年前有徐某者自日本游學歸，頗精製皂術，鄙人令主南通之皂廠事，所出之貨經彼改良遠勝於前，然工本大而價格昂，人咸不願購，以是虧損甚巨。後令監造監獄出品，獄犯例無工價，而所出之皂成本仍貴，銷路勿暢，一年後結算又損失二千元，遂令仍製次等貨品，此一事也。南通唐閘前年組織工業化驗處，聘德國化學博士誓爾爲主任，提煉油廠之油爲白油，精美不亞歐貨，然以成本貴而價格昂，銷路不廣，遂令一向獲利之油廠忽以蝕本聞。今歲開股東會議，羣主辭退之，不及待其約期完滿，此又一事也。而皆可爲吾人研究社會心理及經濟之好資料，蓋愛精美而惡粗惡雖人之恆情，然精美而價過昂，在經濟萎縮及崇尚節儉之人民必不歡迎，將反樂購粗惡而價賤之物矣。以今日中國之資本家，其眼光尚未能辨科學之足以改進其事業，唯歡迎人能包其賺錢耳。科學家欲取得彼等之信用非能爲彼賺錢不可。欲賺錢非徒恃科學之精深，而須能用科學方法研究社會心理量度社會經濟以爲發展之標準，此鄙人今日貢獻於諸君之兩種意思也。張先生語畢，馬湘伯梁任公兩先生均有演說。湘伯先生略謂中國科學家所以無甚建樹於社會，實由政府之不能輔助，反加摧殘。外人開礦製造飛機何嘗無失敗，因有政府之助故終可告成功。中國則國內捐稅苛重，外國入口貨捐率反輕。科學家卽能改良貨品與歐美埒，終以捐重價昂，不能與外貨競爭.隨舉江西瓷器不如日本瓷器之暢銷爲例,反覆言之.又謂外國因科學發達而致文明富强,然亦有因科學發達而發生惡果者.例如殺人之器日益精利,彼已上當矣,吾人不可再上當,須就其造成良果者精研而發展之.任公先生略謂我於科學爲門外漢,適聞四先生及湘老所言引起我之趣味,故略講幾句.此次在南京參與生物研究所落成禮,與科學社諸君晤談,卽有人提倡組織中國社會科學社.四先生頃謂用科學方法以研究社會心理量度社會經濟,足見社會情形極有待於科學家之研討,與吾注重社會科學之意實不謀而合.末由丁文江博士代表全體社員答謝.略謂昨日任公言我們學者是書獃子,豈但我們而已,卽四先生亦書獃子也.何以言之,四先生在前淸狀元及第後,升官發財極易,而四先生願舍之,獨殫力實業,不憚煩難,研究社會心理,量度社會經濟.及事業已發達矣,又不以所得利益利一人享受,而以之設圖書館博物苑,捐助各學校各慈善機關.卽如本社建築南京生物研究所,四先生亦曾捐助一萬元.凡此種種,非書獃子孰肯爲乎.我們爲書獃子,四先生亦書獃子,故我們認爲同志,舉爲名譽社員也.雖然,此所謂書獃,特指做人所不敢做,爲人所不敢爲而言,非謂不明人情世故.若不明人情世故,則一愚騃之書獃耳,何能用科學方法研求社會心理量度社會經濟乎.自有四先生爲我們書獃吐氣,而書獃亦漸爲社會所重.鄙人敢斷言,如有予我們社員以發展之機會,社員必皆能抱奮鬥之決心,以不負此機會.以後社中進行之事亦須望四先生時予協助.丁君言時極詼諧之能事,故鼓掌聲時作.十時會散,社員復就俱樂部討論修改章程,至夜十二時始散.

八月二十二日(星期二)為年會之第三日.上午九時社員三十餘人乘公共汽車赴五山,二十分抵軍山東林橋下車,步行至東奧山莊,憩於受頤堂.少頃馬湘伯先生乘汽車續至.樓臺林木遠近相映,皆張季直先生所獨立經營.時纔九時五十分,本可遍遊各名勝,因氣候炎熱,各社員頗覺疲倦,祗有一部分登軍山參觀氣象台,馬湘伯則駕車遊西山村廬.至十二時十分陸續集狼山三元宮,應南通社員之歡迎宴會,張孝若等亦先後偕來.馬先生每憩一處,各社員輒就與談論,先生述少年時在歐洲情形,娓娓不倦,詼諧雜出,聞者每為之鬨堂.各社員雖汗流浹背,猶比肩環立以聽焉.席次各社員相與暢談.宴畢由楊君杏佛代表全體社員致謝辭.略謂此次年會於南通舉行,南通諸社員頗為辛苦,招待之周至,實為歷次年會所未有.今日山林遊覽之餘,更餉吾人以盛筵,實足以令吾人感激無已.謹代表全體社員,敬謝南通社員諸君,敬謝張孝若先生.語畢,衆鼓掌.時已下午二時,各社員乃急下山往觀音禪院參觀各種觀音像.二時半匆匆登車返城內俱樂部.下午三時各社員在會場宣讀論文,到會者約四五十人.首由張君孝若報告宣讀論文諸君之姓名及項目,其讀文之次序如下. (一)丁君在君宣讀"雲南之東部地質結構."其東部與貴省接界附近地質以銅質爲最饒,因有其他特別原因,故地層亦間有一二處錯觀者.本其所親歷情形而撰成論文,故愈覺真切有味.(二)何君奎垣宣讀"數學之教學法."(將見本報下期之科學教育號) (三)秉君農山宣讀"鳥類耳骨之解剖."極言鳥耳之構造,分外中內三部及其感覺聲音之原理. (四)胡君敦復代趙君元任宣讀"研究中國之方言發音法."中國方言極形淺雜,並歷言研究之方法,又舉聲韻之學以申明之.時已五點三刻.徐君南騶之江蘇水利問題,不及宣讀,改於晚七時半再讀.遂由張君孝若宣告散會.

下午八時二刻各社員講演,先由張君孝若介紹伶工學社奏樂.略謂伶工學者本分二部,一爲演劇部已赴漢口獻藝,一爲音樂部適由上海回通,得參與盛會.諸君連日開會研討講論,今午又游覽五山,知必疲勞,藉此慰安,並以助諸君之興會.演說畢,伶生十二人各執西樂器當台奏演,先後共奏三調,音韻悠揚,每奏一調,聽者輒鼓掌贊賞.俟樂終已至九時.丁君在君登台講演,題爲"歷史人物與地理之關係,"並有各省歷代人物表二種張掛台上以俾衆覽.略謂今日所講以二十四史爲範圍,所謂人才者不論歷史上評論其爲善爲惡,祗以其有學術或官爵而史書爲之立傳者,視其產生之地域屬於何省,以算數百分之幾爲標準.北宋以前北方(如山陝等省)之人才較多,南宋以後南方(如江浙等省)之人才較多.其關係約有數種,一爲建都地點之吸收,二爲避亂士民之遷移,三爲水利通暢,農業振興,社會之經濟發展,四爲氣候變遷於人民生活之影響甚大,此皆可以能得文化轉移之因果也.此外尚有一事,漢人質樸,其美的思想不甚發達,至唐人文化美術則超出漢人遠甚,此係何故?以鄙見觀之,一因血統改造,其時種族上之漢胡界限渾雜已久,其證例頗多.一因歷史相傳之學術受佛教輸入之影響,士人思想呈出絕大之變化,遂有此現象.但鄙人未敢自信,仍求歷史家指教.至於新地方之新環境,最易產生新人物,則古今所數見不鮮也.次由徐君南騶講江蘇之水利問題.此爲下午二時宣讀論文之一目,因時間不足,故於此時補講.其論吾國水利不振之原因有三種,(一)無水利工程人才造就處,(二)人民徒知賑災而不知防災,(三)河工官僚無工程學識,盲事舞弊.果欲振興江蘇水利,第一須組織江蘇水利技術委員會,設一會長,分領工程諮詢二部,專以解決本省或與他省有關係之一切水利問題.第二須籌足江蘇水利經費,其項目約擬數種,甲已得之水利費,乙田畝水利特捐,丙商業水利特捐,丁水陸交通特捐,戊水利勸捐,己水利公債.其立論極爲縝密,可爲治蘇省水利者借鑑.講畢時已鐘鳴十一下,遂宣告散會.

八月廿三日(星期三)年會之第四日.上午九時各社員在

南通俱樂部開社務會,由譚仲逵君主席,討論修改章程事.其修改之處甚多,大體意思已由全體社員通過,惟文字上尚待修飾,故現時未能發表.至選舉職員則以修改章程爲時過多不及舉行,改期次日上午九時.

是日各社員,除列席社務會議外,尚有楊柳錢鄒四社員應南通報社與縣教育會,中等以上學校聯合會,附屬小學聯合會四團體之敦請,於八時赴總商會講演.其秩序如下.

一　楊君杏佛講演講題爲(科學的辦事方法).略謂世間無論何人未有不辦事者,而辦事之要義在能節省時間,用力少而成功多,欲達此目的非用科學不可.科學的辦事方法,第一當明工作與疲乏的原理.吾人工作如機器然,必需燃料供給原動力,而此燃料則得之於食物.食物入腹如投煤炭於蒸汽爐,所以發生其原動力也.故工作與燃燒同時進行,工作過久燃燒所生之炭養二與乳酸亦增加.此二物皆能爲筋肉之毒,而停止其活動,此爲疲乏之第一源.又或工作過速體內之燃料已消耗盡,而新者復不及生,亦爲發生疲乏之源.第二要減少疲勞.減少疲勞之法,約分下列三項.一爲睡眠.睡眠時間有主八小時,有主九小時,有主張愈少愈好者,實則視各人而異,惟總宜使之酣足而無夢,有夢則足以耗其腦力,精神必不能暢適.一爲運動,運動與工作不同,工作係身體一部份之發達,運動則能使身體各部平均發達.一爲食料,食料不宜多,宜擇其滋養料之豐富者.食少而養料多,常使胃力有餘,最有益於身體也.吾人所食往往過多,因消化不良,疾病叢生甚至畏停食而不敢工作,因食廢事,不經濟莫過於此矣.此外更有兩要項.一爲工作之環境,溫度與溼度務使之適宜,氣候之寒暖光線之適否均與工作有密切之關係,可利用科學方法以調劑之.一爲工作之心理.心理可分四項言之.一須"忠"忠於所事則成效必多,雖勞而不覺其苦.一須有興味,即吾人爲工作而工作,則興味自濃,非為工作而工作則興味必減.一須競爭,競爭不但對他人,尤須對自己,今日比昨日何如,明日比今日又何如,常常如此,則自有進步.一須有從容態度,態度從容則心自靜,心靜則外物不能相擾.一須樂觀,牢騷抑鬱為事業失敗之原,故須常常樂觀,則心神煥發矣.

二　柳君翼謀講演,講題為(文化之權威).略謂今日世界之最有權威者為軍閥與金錢.軍閥擁兵恣睢,人民無可如何,觀於中國十一年來之現狀可知.然兵須有餉,無餉則變,是軍閥之勢力仍有賴於金錢也.試觀歐美各國資本家之藉金錢壓迫勞働階級,豈減於我國軍閥耶.自大戰以後,列強表面雖俱以減縮軍備為言,而實則耀武鑿軍,發展經濟,不遺餘力.是故在今日之世界,唯有軍閥與金錢二者勢力為最大,文化有何權威可言乎?雖然,文化固有極澕偉之權威,我自來南通後而益信此種觀念之不誤,試略為諸君言之.十九年前吾因應張謇公之召商推師範校事,初至南通.彼時學校唯有師範校一所,實業亦極幼稚,道路狹仄,唯有獨輪車可乘,一切事業俱極簡陋.及此次重來,教育發達無論,而軍山有氣象台,唐閘用機械之工廠林立,其他若道路,若橋梁,若公共建築,無不煥然一新,含有科學之意味.自普泛的眼光觀察,此新南通似為西洋文化所產生,其實新南通為張謇公一人所經營締造,乃舊文化之產物.何以故,謇公之出身,科舉而非學生,乃舊社會的人物.舊社會的人物甚眾,而獨謇公能新其邑者,蓋謇公天才卓絕,又有張廉卿,翁叔平等頎學之士為其師友,故能擷取舊文化之精蘊,而本其固有之學術,利用科學發展南通種種之事業.是以中國文化吸收西洋文化,並非以西洋文化征服中國文化.反之上海之新事業非不多於南通,而所以遠不及南通者,即由其盡失却中國文化之精神,而為西洋文化之奴隸也.吾人觀此,當可悟文化之權威之有在矣.抑文化權威不但能新一地方而已.日本由明治維新後而富強,一戰勝我國,再戰勝俄國,在淺見者無不謂為師效歐洲變法之故,而不知其維新諸子如西鄉隆盛等實得力於陽明之學.故日本之有識者嘗謂新日本之造成,實導源於中國之文化,允爲至當.前歲巴黎開中法文化溝通會,有法國著名之學者來會講演,謂中國人無不以法國爲共和先進國,民主之學說實由法人首倡之,而不知法人實得自中國.試觀盧梭所著書中嘗數引孔孟之言乎.中國學生初聞之,以爲法人欲聯絡邦交,故爲此恭維之語也,乃查盧梭所著書,果引有孟子民爲貴之說.此事乃某學生親告我者,某故我昔日之學生也,非虛語者.由此以觀,卽謂法國之共和亦發生於中國之文化,固未爲不可.是故文化之爲物,雖有時在本國失其權威,而必顯於異國.斯不獨中國文化爲然,卽印度文化,西洋文化亦莫不有此權威.惟印度是精神的文化,西洋是物質的文化,中國則介於二者之間,能爲精神上及物質上之調和,故其權威尤爲偉大耳.軍閥與金錢之權威足以減人幸福,宜求所以消滅之,文化之權威可以促社會進步,宜求所以發揮之.欲文化權威之發揮,不獨恃天才,而尤賴於環境之刺激.嗇公之能本舊文化精神運用西洋文化以改造南通,半由其天才過人,又有賢師友,半則有感於甲午之役而奮發.今國家之困難又甚於前矣,磨練精神,發揮文化之權威以造成新中國,是吾人之亟宜互勉者也.

三 鄒君秉文講演,講題爲(新農業與南通).略謂今日講題爲新農業與南通,講此題之目的,一因鄙人爲學農者,二因此問題對於南通之現在及將來均有重大關係.南通之所以爲人稱譽者,以地方自治事業之發達,地方自治事業之所以能發達者,其原因之一卽金錢是也.無錢卽不能成事,故錢之有無,事之興廢繫焉.張季直先生辦理地方自治事業首重經濟,故先辦紗廠,待紗廠獲利,卽設立師範學校,其後又注重鹽墾,待鹽墾獲利於是地方事業大舉.近年來棉花失敗,鹽墾不能獲利,紗廠亦因此難以支持,地方上自治事業受莫大之影響可知.農業發達則鹽墾與紗廠亦隨之而發達,農業不發達則鹽墾與紗廠亦隨之而不發達.旣不發達則地方自治事業難以維持.且南通城區之地方自治事業雖稱發達,而市鄉之景象恐尚有不如是者.眞正愛南通者當立定志願,使今日城區之好景象將來能普及於各市鄉,欲達此目的必須有充分經費,而經費之來源端在農業.因南通人民大多數業農,非改良農業無以增加人民收入,非民力充裕,決無從興辦各種自治事業,欲改良農業須先應付以下四種條件. (甲)須有良好之計畫, (乙)須有良好之組織, (丙)須有良好之人才, (丁)經費. 此四者相輔而行,缺一不可.就南通而論改良之問題正多,例如 (一)通地每年產棉在六十萬包左右,種棉地積約百餘萬畝,以價值而論,設一畝田能多收五角,則全體收入可增加五十萬元. (二)鹽墾問題尤為複雜,非僅耕種卽可盡其能事,如鹹性土之改良,農具之改良,病蟲害之驅除等,凡此諸事似不可委之於天,皆當應用科學方法以解決之.解決方法須先定研究計畫,至改良農業機關之最重要組織自為農科大學.南通現時已經設立農科大學之職務,在延聘各種專家研究解決農業上困難問題,同時並造就相當人才以應南通農學上之需要.就南通而論,所急於需要者計有二種, (甲)推廣人才, (乙)墾務人才.不特此也,大學尤宜用種種方法,每年除派人至鄉間演講及發行印刷品外,更宜就全縣分作若干區,每區就原有小學設農業指導員一人,實行指導農民改良農業.至經費一節多固佳,惟少亦應有少的辦法,庶在一定時期內可以收實效.最可幸者卽農業敎育果有實效,必為衆所目覩,屆時不患社會之不予以充分經費.經費之難尚非最急,最急者何,曰良好計畫,良好組織,良好人才,此層希望南通人注意.南通為吾國之模範縣,全國人民對於南通均有一種景仰崇拜意思,鄙人亦然.惟景仰之深,不覺期望之厚,故言乃較直率,錯謬之處自知甚多,幸諸君糾正之.

四 錢君天鶴講演,講題為(實業家對於農民之新態度).略謂各種實業之原料皆由農民生產而供給之,故實業家之於人民恆有密切之關係,余今特將實業家對於農民之態度一研究之.舊的態度有二.一為冷淡,從前各處之實業家對農民之態度異常冷淡,所以然者,因未念及其原將出自農民一若農民與彼無絲毫之關係者.一爲欺壓,實業家爲圖厚利起見,常利用資本之勢力攫奪民之利益,或結成團體貶抑物價,或聯絡議會官廳訂立種種苛刻條約,致大利盡爲所奪,農民救死不贍,不能改良出產,實業之原料物質旣因而退化,數量亦因之短絀矣.此舊的態度所必至之惡影響也.至於新的態度則與舊的相反,卽一爲同情,所謂同情者卽利害與共休戚相關是也.一爲幫助,幫助分四項. 一爲促進農民之道德與知識,其辦法在多設鄉村小學,先使農民識字而後可用種種方法授以農業之原理,其他如講演會博覽會通俗報等皆宜及時舉辦,多多益善. 二爲增加出產,其辦法應多設指導機關,如試驗場印刷品等皆是也,而道路之交通尤應特別注意. 三爲價格公平,實業家收買原料務使農民有利可圖,萬不可用欺壓手段. 四爲改良生活,農民之體力衛生生計以及工作時間皆生活中之重要部份,務宜時時注意,使彼日常生活有愉快而無苦痛,而後始能專力於生產,足以供實業家之取求.以上四項皆實業家對於農民必要之新態度也.能如是則民力富裕,秩序安寧,原料充足,實業發達,有必然之良果矣.是日聽者男女約三百人,講畢已十二句鐘,遂散會.

下午一時社員二十餘人乘公共汽車赴三餘鎭大有晉鹽墾公司.登車時,某君語某社員以馬湘老年高,連日勞頓此行可勿偕行,蓋道途遼遠,行程時間又長,或有不耐顚播之苦.適爲馬先生所聞,笑答曰,吾聞南通縣道寬平坦,甚願偕行,若不乘此機會,恐終難見張嗇公經營自治之最大成績,遂相與同往.二時三十分抵大有晉公司,由招待員導入大廳休息二十分鐘卽由姚君引導參觀,並陳說該公司成立之經過及歷年辦理鹽墾贏絀情形,分贈該公司之報告及帳略.次參觀通泰鹽墾五公司設立之農事試驗場,該場主任王君出爲延接,遙見棉苗暢茂,棉鈴纍纍,如無風雨摧殘,可望有秋,亦足見其栽培合法也.再次參觀遙望港九孔大閘,閘距三餘鎭二十餘里,純用最新式之鋼骨三合土建築.姚君並詳述設閘之功用,一以禦海潮使不能內灌,一以洩河水使有所消納,實與各公司及全縣水利有重要之關係,其建築功程之費用共計十七萬元.各社員咸歎爲淮南之巨觀.時已五時許,仍循故道而反.至公司後相與談論南通農村之風味,竹籬茅舍,鷄犬不驚,洵世外之桃源,而縣道寬至四十英尺左右,分植楊柳,旣以表道,又點綴風景,尤一舉兩得之計畫.七時該公司欵以夜膳,膳畢卽乘車返城南俱樂部,時已八時五十分矣.

下午八時五十五分各社員赴更俗劇場聽伶工學生音樂,共奏六譜,視昨夜在會場所奏者尤覺和美,其所用西式樂器皆精良之品.僉謂伶工學生敎授年餘,卽有美滿之成績如此,雖上海之普通跳舞會亦恐未必能及.西樂奏畢,卽開演電影,初爲滑稽片,偵探片,最後爲紐約風景片均平常無奇,而中間所演之南通雜誌則爲本地風光,如陳團長閱兵,張嗇公游倭子墳,通城馬路之繁盛,更俗劇員之化裝劇,布置配合饒有興趣,爲本地之中國影片公司盧君出版,閱者無不歡迎.至十一時四十分電影演完,遂散.

八月二十四日(星期四)年會之第五日,上午九時各社員在俱樂部開社務會,由楊杏佛君主席.首選舉贊助社員及

中國科學社第七次年會記事

特社員,由主席報告各候選人之歷史與贊助本社之經過,卽進行選舉,計被舉者贊助社員爲張退庵,熊秉三,嚴範孫,齊撫萬,韓紫石,王搏沙,許秋颿,吳秋舫八先生,特社員爲馬湘伯先生.次選舉司選委員唐鉞,竺可楨,譚仲逵三君,查帳員周仁,徐乃仁二君.至此楊君因事離席,由胡明復君繼續主席.主席提議本年修改章程草案大體雖經通過,文字尙待整理,且料理通告社員等事亦須有人負責,擬請由年會公舉整理修改章程委員三人擔任此事,衆贊成,計被舉者爲王季梁,楊杏佛,熊雨生,三君.主席復提議今年年會成績之佳招待之周皆爲年會委員長張孝若陳心銘兩君之力,擬發起由到會社員公贈兩君銀眉以致感謝,衆贊成.時已九時半遂散會,分隊參觀各教育機關.

同日上午八時半科學社王胡何秉四社員應四團體之請在總商會議廳繼續演講,聽講者約有二百人之多,首由王季梁君講衣食住之化學常識,略記如下. (一)衣之原料甚多,而其成分則一,卽纖維素是也.纖維素種類有三,第一植物纖維素,第二動物纖維素,第三人造纖維素.植物纖維素之化學成分爲炭輕養化合物 $C_6H_{10}O_5$,輕養之比例有一定,爲一與二之比,恰如水之成分,如棉蔴是.動物纖維素之化學成分除炭輕養三原素外尙含有淡硫二原素.此種纖維素分二類,卽毛絲是.人造纖維素乃取原料於植物或取於動物而加人工製造者,成分無異上述二種如人造絲是. (二)住室與化學有關係者爲其構造之原料及與衛生之關係.房屋材料堅固必其內化學成分適當,近所用之水門汀爲鈣鈔鋁三者之養化物經化學作用而成.三者之分量如能適當,則其製造物堅固力可增加.工廠所用及建大房屋所用之磚其化合成分,若比例得當則製成之磚堅固,且可耐最高熱度焉.室內衛生在調節其溫度及溼度,以人身常須發出熱量,如溫度過高或濕度過大,則人皮膚內水分不易蒸發,熱量不易傳散,身體自生不快之感.昔人謂處廣座稠衆中覺不快者以二養化炭氣體過多之故,晚近科學家已實驗證明其說之非全是.

(三)食飲一項與化學關係最爲密切.素食葷食或多食少食於衛生有益與否頗難確定,必根據生理學及化學二者研究之.食物無論動植物,其主要部分爲蛋白質,蛋白質有九十多種,有滋養者,有不滋養者,其成分由有機酸根與鹽根NH_2化合爲鹽基酸根,復互相凝合而成蛋.食後在胃下腸上由酵素消化之.其次曰脂肪,動植物俱有之,其組織爲有機酸與甘油根C_3H_5化合而成,在體內效用與蛋白質不同,不事構造而專供消耗.消耗處有脂肪分解散入四肢,炭變炭養二輕變水,爲保存人身熱度之用.北方人喜肉食者以此.又其次曰炭水化物,簡單者爲糖,複雜者爲澱粉,效用如脂肪,亦供熱量.重要食物除上述三種外,尚有維他命(Vitamin)爲近十數年來之新發明,其化學成分尚不能明瞭,多數食物如蔬菜及脂肪如魚肝油等含之頗多,其餘食物含之較少,故滋養力較遜也.次由胡剛復君講研究與科學之發展.略謂研究與科學範圍均甚廣,此次演講不過就思想所至隨便談談而已.研究有專門與普通兩種,專門的研究有準備有儀器實驗係講高深學理.普通的研究則所研究不甚高深,隨在觀察所得,用科學的方法加以研究即是.研究方法有自主觀的,有自客觀的,主觀的多錯誤,不如客觀的從分量上研究.究竟客觀的佔多少,主觀的佔多少,實驗佔多少邏輯方法佔多少,當從科學發達程序及其種種方面研究之.觀察爲研究方法之一,其法先搜集普通經驗,加以分析.抽象得一原理,再應用於種種方面,所謂由歸納而演繹也.有時應用無意間發生幾種結果,或中途發生困難,則反諸原理重行觀察,則又由演繹而歸納也.歸納與演繹遂成一循環矣.臆說亦研究方法之一,能使理想容易,興趣增加.有時因發生矛盾不得不推翻,但能不推翻,即不必推翻,要慢慢改革之,縱至根本推翻時,中間必經許多爭論研究,甚有益處.故科學家須具有兩種精神,一求眞,一精密.研究科學,發明與應用,不可偏重,但研究科學並不因立變應用而研究也.今日所講於研究與科學之發展未能詳盡.聽講諸君若能隨時隨地從事研究,共圖科學之發展,是則不佞之所深望也.胡君講畢續由何奎垣君講數學之應用.略謂數學之應用分三方面.(一)數學應用在數學上,此甚顯著不必詳說.(二)數學應用在他科學上如物理學上之公式是.(三)數學應用在社會上如統計學上之公式是.普通高等分析爲連續性算學,統計則爲斷性算學,所以爲斷性者,因社會上事情甚複雜也.凡數學家當爲物理學家社會學家,一方面須專精,一方面須廣博,並與其他科學家應有聯絡之精神.無論自然科學與社會科學其能成爲一種科學,均有取於數學焉.講畢時已過午矣,遂散會.是日原定秩序尙有秉農山君之生物與敎育,爲時間所限,未能講演.

下午二時科學社員在總商會演講,先由柳翼謀君略致介紹之辭,繼由秉農山博士演講,講題爲人類之天演,攜圖五幅.首略述細胞學胚胎學之大要,謂人與羣動物形體雖異,細胞實同,人類胚胎之初步與魚類鳥類畜類胚胎之初步無甚區別.次闡明本題,略謂天演或譯作演進,或譯作進化,人類與其他動物均由一莫可名狀之共同始祖分途變化以有今日之萬類.其程度最高者爲人類,其次爲猿類.人類之初民爲原人,原人之始曰猿人.猿人者高於猿類而下於人類者也.人與猿唯一之區別厥在腦部,人腦大而猿腦小,人腦有司言語之神經,猿則無之.初時小兒不能言語者,以此部分之神經尙未發達,等於猿也.其次人能直立,他動物則不能,猿類略能之而猶不能久支.人之大指與其他四指能爲相對之動作,因此動作,生出許多功用.猿則否,小兒亦與猿同.猿類不能以手操作工事,而人類輒能之者,惟大指是賴焉.人類旣獨具充分之腦筋,又有完全之兩手與靈活之拇指,此其所以異於萬物而高於猿類也.秉君又謂吾嘗親見大猩猩攫奪食物,喃喃作聲,如相爭而怒罵者,聚夫婦子女而居,如簡單之家族,其父撻其子女,其母輒出而阻止,有嚴父慈母之況,是以此類動物其下於人也祇一間耳。講畢,柳君起謂適秉博士所講與吾人以新智識不少,此種新智識非科學發達不能取得也。復介紹竺藕舫博士演講,竺博士之講題為颶風,略謂空氣流動則成風,空氣何由流動則因氣壓有高低,氣壓高處之空氣必趨於氣壓低處,猶水之就下也。地球五帶赤道最熱為低氣壓,南北兩極最寒亦為低氣壓,故南北兩溫帶之空氣常趨赤道及兩極。北溫帶空氣之趨赤道者常為東北風,趨北極者常為西南風,南溫帶之趨赤道者常為東南風,趨南極者常為西北風,是曰貿易風事之常也。至所謂颶風者乃非常之風,南越志所謂具四方之風是也。其尤劇烈者曰颱風,其較緩和者曰暴風,皆颶風之類也。其成因有二,一由發生低氣壓致四方之風具備,二由地球上相反之風遇合。北太平洋南太平洋北大西洋等部皆颶風之發生地,多在北緯五度至十度及東經一百三十度至一百五十度之間,赤道雖易得低氣壓而非颶風之發生地也。吾國沿海之颶風咸自菲律賓來,故各氣象台颶風之預示多得自菲律賓氣象台之報告。其來也揚子江口及沿海各埠常蒙其災,及泝江而上,至南京已鮮有之,若漢口成都則絕無所謂颶風者矣。其時期及次數,據某觀象家最近之考察,平均六月2次,七月3.5次,八月3.5次,九月4次,十月3次,十一月2.5次。講畢,復由柳君起立致辭,略謂今日為科學社末次之演講,而最後之講題為颶風,實含有君子之風泱泱乎大國之風之寓意。方今學潮激盪,吾人可置之不問,但願此後南通學風如颶風之四方之風備具,科學社學風如颶風之從菲律賓吹來,吾人懸此希望謹為南通致祝,為科學社稱慶。語畢眾鼓掌而散,時已四時四十分矣。

下午七時各社員東請南通行政長官及地方法團紳士會餐於俱樂部,賓主五十餘人。酒行既酣,馬湘伯先生起立致辭,略謂本社年會會務已竣,各社員將於明日離通,故今夕置酒高會，與南通官紳作別。古人有言"黯然魂消者惟別而已矣，"是別爲可哭之事，而古今從未有人謂別爲可笑者。吾人今日將循例而哭乎，抑創例而笑乎，余以爲哭可也，笑亦可也。南通之事事物物皆含有科學的色采，在全國各縣中實所僅見，吾人見佳象，雖身離通境，能無歡迎鼓舞之餘情乎，此可笑也。然吾國人之慣性喜空談而鮮實事，因循夸誕，相尙成風，遂致結果一千七百縣中僅有一南通，四萬萬人中僅有一張嗇老，詎非吾人痛心之事，此可哭也。但以余最後之決心，奉勸各社員還是笑，不要哭，共帶著歡迎鼓舞之興會而別，對於一切學術事業努力做去，使人人皆爲張嗇老，縣縣皆爲南通，庶毋負連日官紳招待之盛意。說至此，衆大鼓掌，遂止。張季直先生起立，承馬先生之意而言曰，鄙人對於湘老所說有許多感慨。鄙人自脫離科舉後投身實業界，適當中國否塞之時，官僚奚落我，商儈輕視我，而我個人一切不顧，併力開闢，經過許多困難，方得最後之稍許順利，但所得順利不能算償還困難，惟拿來增加奮鬬。蓋天下最有力的是金錢，最有作用的是勢利，立時冷暖，人非受其薰蒸不可，能至大冷不覺其冷，大暖不覺其暖之一境，卽莊子所謂入水不濡，入火不熱者，便可以處世，便可以成事。鄙人當爲商時初招募紗廠股本，官商誰肯應募，及稍有成效，人又造謠謂欲發財，而鄙人則一本其預定之計畫，明明白白向前進行。當辦墾時咸疑沿海灘地鹵氣太重不能開墾,有人見築堤爲難,且說雖有洋錢舖滿地上亦不能築成,後竟築成,而其人未死,尚經看見.又前淸鹽務歸鹽運使管轄,鹽運使執蓄草供煎不許開墾之說極力阻撓.鄙人謂煎鹽有引額,則蓄草卽有限數,爲之詳測地積寬留蕩地,草旣有餘,煎何患不足,如此凡在規定蕩外之地皆可開墾,而鹽運使仍堅執不允,終至江督處交涉始得解決.凡此種種,皆鄙人親歷之實事.鄙人經商而不爲市儈,辦墾而不爲沙棍,營正當之業,賺正當之錢,給正當之用,此可向諸君表明者也.至於反對我者趨附我者向不注意,能反對我卽能趨附我,能趨附我亦卽能反對我,不過時間上之差別耳.諸君嗣後做事,無論在學校在社會,勿畏事太難,亦勿視事太易,切實忍耐黽勉前進,沒有做不到的,請將此意作爲臨別贈言.張先生說畢,主席又邀瞿莘畬縣長演說,略謂諸君惠臨,嘉惠南通甚偉,連日旣飽聆最有價値之演講,今夕又招與極爲殷摯之款待,實深紉感.惟科學之發明日進不已,南通之事業發展亦日進不已,其有所需求於科學之灌輸者至無限量,仍望諸君隨時賜敎,並視貴社科學昌明.說畢,柳君翼謀代表全體社員向在座官紳致謝,並宣吿本社年會於今夕正式閉會.

附錄　南通報對於本社之贈言

本社此次在通舉行年會,極承南通報社諸君之招待指導,意至可感.會期五日,此時期中之南通報無一日無極誠摯之祝辭與贈言,乃至年會吿終,同人已歸,南通報祝望本社之好音猶未絕,他山之石,良友之言,此本社同人所當永志弗忘者也,謹轉錄如下,並誌謝意。

(一)祝中國科學社

今歲中國科學社開常會於南通,一時彥俊畢集茲土,吾人得以親炙其言論風采,誠莫大之幸,竊以為軍閥官僚政客之禍國至矣,然學者亦與有責焉。民國肇建以來,非惟研究科學者乏其人,即哲學文學亦鮮進步,大抵士習浮囂,人圖享樂,欲求終身守一業而不遷,抱絕藝不為人知而不慍,窮惡顛連而無誘於外,以能卓然自樹有所創獲者,四海之間九洲之大往往而絕也,故科學社之發刊雜誌已歷數載,而自社員以外讀者甚希,豈惟理賾義精解人難得,亦由不學之風已浸淫於社會,華鄙之為無用故也,然而社中諸子未嘗墮其志而餒其氣,有識者亦漸知其有重要之價值,於當時譬猶荊榛塞路而嘉卉挺生,穢氣盈室而沉檀初爇,發榮蒸鬱期在異時,而護惜滋培誠不可不盡其力也,斯固在社中諸子之努力,與並時者頑之倡導矣。

抑又有進者,科學之研究與文哲諸科不同,有志於是者無貲財以具器械藥物之屬,則不能從事於其間,故欲期科學之發展必多設公共試驗室以供學者,籌獎勵金及補助金以裕寒士之生計,而此數者皆不可望諸政府,不可望諸政府者,國民當自起為之,斯則科學社之責任固不僅在私人研究及介紹譯籍而已也,今之弊俗人皆思安於逸而憚為其勞,亦且畫於隘而自謝其佐,社中諸子而思大有造於中國也,矯此二弊則所志之鵠近矣。 (觀明)

吾人所望於中國科學社者

中國科學社今開七次年會於吾通,濟濟英才,禮帷暫駐,作學術之商榷,謀社務之進行,此光明燦爛之盛會吾人曩日僅得聞而神往者,今乃得觸於眼簾,既瞻風采而聆偉論,竊更不憚讚陋,敢一陳其希望焉。

以各種科學之結果為發展凡百事業之基礎,務使科學有裨於實用,不徒演於空言,此吾人簡單之希望,欲以期諸科學社者也。

難者曰，今之學者方標揭爲學術而治學術之主張，譏評爲實用而治學術爲陋習，今務以有裨實用期之科學社何也。吾則應之曰，於研究或介紹之先，固不可以實用爲前提，惟是研究或介紹之後，旣有所得，假使不求實用，徒託空言，則又何必多此一擧也。矧在實業幼稚之吾國，際此物質文明時代，貨棄於地隱患滋深，證諸他邦，揆厥源委，是在科學之不振。今中國科學社旣以發達中國之科學爲宗旨，則其所得之結果正吾國救病之良方，擧以爲事業之基礎，尤自然之趨勢，安可不以科學之結果施諸實用乎。抑不獨實業一端而已，凡百事業靡不然也。

更從消極方面而言，二十世紀之吾國所以絀於他邦者，有一最大之原因，卽思想之迷信是也。迷信在思想進化之階段上乃初民時代之產物，今日已非初民之時代矣。彼先進諸邦之思想幾躋於極軌爲合理的邏輯矣。思想之進於合理的邏輯必與各種科學之臻於充分發達爲正比例，泰西各國能以物質文明稱雄於地球者，實基於此。返觀我國則以民族性之頑固尙未脫迷信之囿，將何以與時代適合哉。於此而圖挽救厥惟提倡科學，使自然界之現象得科學而啓示，則感覺上之疑謎因啓示而明瞭，一切頑固之迷信不攻自破矣。此雖屬科學之消極功用，實爲吾國目前救急之要擧。

要之今之學者所謂爲學術而治學術者，祇適用於從事研究或介紹之先，殊不適用於旣得結果之後，而吾人希望中所謂務使有裨實用者，亦祇就其結果而言。

吾人觀於科學社諸君之熱心研究，逆料其將來之成就當必有可觀，身爲門外漢何所用其曉舌，惟以其所得之結果施諸實用，則固引領而望之者也。

(遣)

吾人對於中國科學社本屆年會應有之觀念

中國科學社本屆年會就吾通擧行，本報旣著爲論文表示懇摯之歡迎矣。顧歡迎係對於惠顧吾通之諸社員而發，其性質全屬於客觀的，至於主觀方面,則吾人因此事之感動,心理上應具有何種現象,即所謂觀念是也.本記者個人之所見,以質地方人士之同情,殆亦本報職分之所當然也乎.

科學社之舉行常會,爲科學社自身之事,本與吾通無與,然旣就吾通舉行,則名義上固儼然以地主自居矣.吾通地非名勝,途非要衝,無天然界特別之事項可供考察,無科學上之人才及設置足備觀摩,地醜德齊誠無以表異於他縣,而此次竟能取得地位之資格者,其道何由?其故安在?吾通人試一冥想及之,度必能相喩於無言而無俟吾人之聲述.顧有所不能不鰓鰓過慮者,此項資格是否能繼續保持,過此以往是否有類似於科學社之舉動,仍認吾通爲地主,準人存政舉之談,不能無後顧百年之感.蓋地方之特別資格地方人造成之,亦必由地方人增進之,倘今日繁榮,明日卽趨於衰落,則山川猶是而人事全非,向爲全國人士之所爭趨者,必轉爲其所共棄,而今日之盛況僅成爲過去之史談,不復有再現之事實矣,則吾人良心上所負之責任,將何以告無罪於天壤乎.此吾人應有之觀念一也.

歐美各國自科學發達以後,人類一切生活莫不爲其所支配,蓋其代宗敎而興駸駸乎有再造世界之偉烈矣.潮流播蕩,不擇地而趨東亞神皋亦遂爲其領域,而回顧我國人士猶且醉夢沈酣,執古先舊說以自豪,則旗鼓相當遇之輒北,事有必至,於人何尤.至於今日,科學救國之說乃應運而興,誠循他人已闢之途徑而爲全國一致之步趨,事半而功倍,其結果未必遽後於他人.惟就今日言之,則須使一般學界變換其思想,人人知科學之重要始足以喚起其研究之興味,不致以故步而自封.中國科學社之年會所以必遷地爲良,而不必有一定之地點者,除遊覽或考察而外,實含有宣傳之性質殆無疑義.方其未至也,吾通多數人士能盡知科學之重要乎,能盡知吾國尙有科學社之名詞乎,能盡知諸社員爲何如人,其對於科學之研究及宣傳已至若何之程度乎,吾有以知其不盡然矣.今者近接丰徽,快聆緖論,則思想界卽當赫然丕變,改換其舊日之態度,傾向於新理之鑽硏,異日科學大昌,國運再造,吾通蓋爾亦得藉一手一足之烈同，與於論功行賞之倫，此其機固由諸社員啓之而其責則由吾通人自任之。是則諸社員之至吾通也，吾人不當僅驚於招待之虛文，實隱然負有重大之責任，此吾人應有之觀念二也。

吾通自治事業在中國素負聲譽，教育機關漸臻完備，優秀子弟出受中等以上教育及負笈外洋者亦歲有增加，以舊式之眼光觀之，其進步之訊速成績之優美未嘗不足以自豪。然試思之，各種事業之組織適合於科學之原理者何在，教育上之設置足以備科學家之考察者何處，學界人士足以出其所蓄以與諸社員相周旋者何人，又不禁爽然自失矣。吾通以一二前輩先覺之士，竭盡心力，辦理教育培植人才，垂二十年而所得猶未足以上科學之途徑，亦可見卽事圖功之不易，而完成此種事業之責任則不在前輩而在後人。後人而欲長此終古也則亦已耳，如欲卽已成之基礎而策進焉，期於科學界佔一位置，則不可不以自覺心為前提，而今日之所接觸固已予吾人一自覺之良好機會，而不可視為過眼之雲煙者，此吾人應有之觀念三也。

吾通近來受物質文化之影響，人類生活頓感困難，一種自私自利巧取豪奪之風因而大熾，結果風俗日漸偷薄，社會失其平衡，識者謂其非小故也，恆竊竊然憂之。然吾以為欲救其弊，不在道德，不在法律，而在科學之修養。蔡孑民先生之言曰，"平日雖屬敵國，及至論學之時，苟所言中理，無有不降心相從者，可知學術之域內其愛最溥。"又曰"科學均由實驗及推理所得之惟一眞理，不容以私見變易一切，是故妬嫉之技無所施而愛心最容易養成焉"其言亦可謂深切而著明矣。顧吾更有進者，科學家之研究科學也，敝精勞神苦思力索經百難冒萬險，其目的無非欲有所發明以增人類之幸福耳，非以自利也。及其有所得也，則天下後世蒙其福，而一己之所享受則除名譽以外固別無絲毫之酬報焉。故科學家之主義完全為利他的而非自利的，即今日諸社員所抱之志願亦正復相同。吾通誠得有力者提倡於上，牽優秀分子引而入於科學之途，則習性日漸轉移，而自私自利之風可熄，不得謂非救時之一良劑，而收效之宏或且駕道德而上之，此吾人應有之觀念四也。

　要而言之，科學社此次之來吾通開會也，表面似予吾人以榮幸，實際則予吾人以覺悟及責任，故吾人對之貴有見賢思齊之眞意，而不尙輿接爲櫒之虛文。吾通人當如是，卽諸社員之希望於吾通人者，度亦無不如是也。吾通學校如林，生徒濟濟，形勢上之進步固覺可驚，而精神方面則舊學日以退化，新機猶待將來，素號模範之區至欲求一研究任何學術之團體而不可得，寧非至可惋惜之一事乎。顧吾更有感焉，以地方教育經費之支絀獎學基金除由勸學所歲撥五百元津貼大學本科生外，別無絲毫之儲備，學者之無其志願，事固可悲，而地方無此項基金以獎勵而誘掖之，亦不能不負一部分之責任矣。蓋學術團體需用浩繁，而勵志之徒類多寒素，是以泰西各國由國庫或私家出貲補助者恆源源而來，故興味以濃而成績以著。吾國部定之獎學基金條例旣未實行，而地方亦多以支絀之故未能注意於此，長此不進而欲望地方有學術團體之設，寧非夢想。此亦地方科學不發達之一原因，而教育行政界所當及早覺悟力圖補救者也。　（軸雲）

(九)明年年會地點. 衆議決在青島或濟南舉行,由書記向兩處接洽,報告理事會酌定.

(十)規定本社成立年日. 衆推楊杏佛查明本社第一次成立會之年月日,即以之爲本社成立年日.嗣經楊君查出爲民國三年(一九一四年)六月十日.

(十一)請派員赴太平洋會議. 因款絀暫不議.

(十二)社所包火險. 由竺可楨君臨時提出,衆通過,由職員進行.

以上爲四次會議之結果,即二十一日上午九時至十一時半,下午四時至六時半,晚八時至十時,二十二日晚七時至八時也.

科學雜誌編輯部推舉新編輯員

科學編輯部於十月六日,在本社圖書館開本年暑假後第一次常會.今將議決各項開列如下.

(一)推選編輯員. 本次新推選出之編輯員,爲下列諸君.翁文灝君經利彬君原頌周君李熙謀君徐韋曼君查謙君吳鑛君.

其舊編輯員仍繼續被推選任事者,爲下列諸人.秉志君,胡先驌君,竺可楨君,楊銓君,曹梁廈君,何魯君,胡明復君,熊正理君,趙元任君,王璡君.

又推定杜光祖君爲在寧經理,胡明復君爲在滬經理,編輯部主任決定現暫由王璡君主持,待新主任舉出爲止.

(二)推選編輯部主任辦法. 決定由編輯部於每年年會前推舉數人,再由年會大會選決.

(三)雜誌之雜俎傳記等材料,由編輯員分類擔任.本社紀事一門,則由理事及各職員共同擔任.

美國分社之新氣象

美國分社成立以來，留美社員俱極熱心進行，社務日見發達。今將分社來函附錄如下，亦國內社友所樂聞也。

社友均鑒：弟自執行中國科學社駐美事務以來，幸諸社友熱忱相助，得使美洲分社基礎鞏固，規模略具。今正式理事已經舉出，將來社務之必蒸蒸日上，可豫料也。弟之責任，因係臨時性質，有欲舉行之事，而不敢貿然行之。今特舉大要之數端爲諸社友陳之。

（一）留學界爲中西思想之交通機關，對於國內雜誌自當常有貢獻。本社總社所出版之"科學"雜誌中，諸社友尤宜時常投稿。特爲美洲諸社友投稿便利起見，總社之董事會，曾囑分社每年擔任編輯"科學"三期，每期稿件完整後，送國內印刷。

（二）本社原爲研究學術而設，社員之同科者宜常接觸，以資切磋。故分股委員會，宜積極整頓以副此旨。

（三）各地社員宜如何鞏固其團結之精神。以上諸端，弟未能使之實現，甚以爲恨。深望諸社友熱心協助正式職員，俾有成績，是所至盼。

駐美臨時執行委員會會長葉企孫啓

本年事務，殊形發達。計由臨時執行委員會通過入社新社員，有三十九人之多。習農學者四人，習林學者一人，習醫學者四人，習理化學者十人，習植物學者一人，習土木工程者四人，習水工程者一人，習化學工程者五人，習電氣工程者三人，習機械工程者二人，習兵器學者一人，習歷史學者一人，教育心理學者一人。是皆賴各地會員及徵求委員李君順卿，丁君緒寶，郝君坤巽熱心徵求之效果。年內中國科學社駐美分社章程附則，亦由社員通過，幷由執行委員會委任陳楓，李善述，唐在均三君爲司選委員，執行選舉事務。現在下屆職員，既經選出，駐美分社組織已告完成，用人等事務，自本年六月底以後，完全交與駐美分社。來日駐美分社之發達，可以預卜也。

臨時執行委員會書記唐啓宇謹啓

自一九二二年十月一號至一九二三年五月底收支報告.

收　入

(1) 前任會計交來餘款　　　　　　　一一·五三
(2) 丁君緒寶交一九二〇二一年費　　四·〇〇
(3) 汪君卓然等十八人交一九二二年費　三六·〇〇
(4) 紀君育澧等一九二三年費　　　　二四·〇〇
(5) 紀君育澧等入會費　　　　　　　五五·〇〇
　共　收　　　　　　　　　　　　一三〇·五三

支　出

(1) 本社會計用款　　　　　　　　　六·〇八
(2) 還一九二二聯合會墊款　　　　　八·七五
(3) 草章委員會通告費　　　　　　　五·〇〇
(4) 司選委員會通告費　　　　　　　五·一一
　共　支　　　　　　　　　　　　二五·〇三

收支兩抵餘款一〇五·五〇　　　　會計陳宰均報告

中國科學社美國分社司選委員報告選舉理事結果摘要

此次科學社選舉理事結果記錄如下:丁緒寶49顧毓成42曾昭掄40錢昌祚39丁嗣賢38程耀椿34唐啟宇30　以上當選理事.

互選職員結果:社長顧毓成,書記錢昌祚,會計丁緒寶,編輯部部長曾昭掄,分股委員會會長程耀椿,理事唐啟宇,丁嗣賢.

十二年七月二日司選委員李善述唐在均陳樞報告.

社所繼續舉行科學講演

本社科學講演向例在春季舉行,惟本年秋季科學講演委員諸同人仍極力進行,故暑假後仍舉行講演數次,聽者亦甚踴躍.其中有柯脫爾博士之最會者十五國,代表二十三人.會長 Major Darwin, 副會長 Prof. Osborn, 文牘兼會計 Dr. Govaerts, Mrs. Hodson 佐之.將來改種學之昌明,不待龜卜矣.

黃河流域推廣美棉種植

天津歷年輸出物產,以棉花爲大宗,然華棉纖維不良,不能用以紡織細紗,故天津各廠,如紡中支以上之紗,則必取用美棉.直豫一帶,地勢高爽,乾燥少雨,土質又復輕鬆,極宜於美棉之生長.故於數年前,「三菱公司」在黃河流域,以優美之美國棉種,分散農民,勸其種植,並訂明條約,以高價向其收買,農人既得高價,而美棉收量又豐,種者日增,每年可收三四十萬斤之美棉.其棉經考驗甚佳,纖維白而長,含水分極少,其品質殊非輸入之棉所可比擬.種植地在石家莊彰德等處.植棉時並派技師前往考查,三四年來,投資甚巨,成效亦頗可觀.惟美棉品種易變;三四年後必須再購新種,現三菱公司,已從事研究選種方法,亦稍有成績.吾國實業家如能急起經營,則數年後黃河流域美棉之產額,當可增至數萬擔,利權亦不致外溢也.

東京又地震

七月四日東京電,今晨六時二十分,東京有強震.震源地以爲相模丹澤山麓.據中村博士言,最大震輻爲一密米半.該地附近,若人家多者,難免損害.近來地震極多,自昨年至今年六月,感於地震計者,昨年爲三千三百六十四回,今年爲六百九十二囘.六月中震源在東京府直轄者,有二三回.關東地方土地突起,或者不遠再有大地震,亦未可知.

中國科學社年會紀略

「中國科學社」第九次年會及十週紀念會在南京成賢街本社社所舉行.年會正式開始,在七月一日下午四時.二日上午十時,爲科學社成立十週紀念大會,除社員外,並請各界來賓,參與盛典.因社所狹小,不敷應用,假「金陵女子大學」新落成之中央禮堂為會所.紀念會主席為社董范靜生.各界來賓及社員馬君武均有演講.下午三時,即在「金陵女子大學」開社務會,各職員報告一年來經過情形,入晚在社所開游藝大會.三四兩日,秩序相同,上午宣讀論文,下午為社務會,晚間通俗科學演講,佐以幻燈或影片.五日本社社員聯袂赴南京各名勝,作竟日之游覽.至本屆各社員之研究論文頗多,今將其論文題附錄如下中國樟科之分類(陳煥鏞),呀蟲之發長及他生物現象,(陳席山),浙江沿海動物採集之報告(秉農山),南京蜥蜴之分類(孫稚孫),南京原生動物之調查(王仲濟),蟹類神精系之解剖(喻慕韓),中國植物名詞商榷(陳煥鏞),金魚之變異(陳席三),揚子江鯨魚之解剖(秉農山),中國蚌殼之類別(秉農山),蜥蜴類腦部細胞之比較觀察(秉農山曾巍夫),燕京大學育種試驗場之組織及成績報告(陳焞人),凝聚現象之化學與物理化學觀(查德萊 Chatly) 中國山脈考(翁文灝),陝西旱災之統計(丁文江),自由振蕩與繼續連接之電路及其對於無線電信之應用(朱其清),晚近發現的磁學新現象及磁學理論之改造(葉企孫),中國歷史上氣候之變遷(竺可楨),長江流域地質之新調查(翁文灝),結晶體分類(諶湛溪),崙山化石岩層紀略(徐韋曼),土壤反應及植物對於地灰需要之檢定法(姚醒黃),周代合金之化學成分(梁津),新鄭發現之人骨(李濟),石灰石膏石溶磷酸鹽與土壤之反應及其對於植物生長成份之影響(姚醒黃),土壤反應對於植物汁內氣游子濃之影響(姚醒黃).

科學名詞審查會在蘇開會

七月四日,科學名詞審查會假蘇醫校舉行預備會,五日起分組審查,各組主席如下:(生理化學)吳谷宜,(動物)薛良叔,(植物)吳和士,(藥理學)王完白,(算學)姜立夫,各組書記為曹梁廈,鐘衡臧,黃頌林,吳子修,李詠章,黃勝白,段

中國科學社記事

駐美分社消息

本社駐美社員甚夥,自民國十二年駐美分社成立以來,社務發達,組織益備.去冬以來,又有無線電籌備委員會之設,從事研究推廣及提倡無線電之方法.數月以來,該委員會考慮之結果,已有具體辦法.聞不久將有詳細之設計書及施行細則寄請總社董事部理事部核定施行云.現駐美社員不下一百二十人.茲將分社章程照錄於下,以供社員參考.

中國科學社駐美分社章程

(民國十二年十二月最後修訂)

第一章 定名

第一條. 本分社依總社社章第五十三條之規定,定名為中國科學社駐美分社.

第二章 宗旨

第二條. 本分社以聯絡駐美社員,協助總社進行,共圖中國科學之發達為宗旨.

第三章 社員

第三條. 總社駐美社員,即為本分社社員.

第四章 理事委員會及職員

第四條. 本分社辦事總機關定名為理事委員會,以理事七人組織之.

第五條. 理事委員會之責任及權限:

(一) 籌劃駐美一切事務;

(二) 通過社員及仲社員;

(三) 辦理總社委託事務;

(四) 委派特別委員;

(五) 委派年會主席.

第六條. 本分社設職員五人: (一) 社長, (二) 書記, (三) 會計, (四) 分股委員會委員長, (五) 駐美編輯部長.

以上五職員由理事七人中自行互選舉出.

第七條. 理事委員會會長即為本分社社長.

第八條. 社長承理事委員會之委託與同意, 籌劃駐美分社一切事務.

第九條. 書記 (一) 記錄理事委員會及年會會議事件;

(二) 記錄及經管社員姓名住址檔片;

(三) 收理入社願書及發入社證書;

(四) 收管本社各種公式簿册;

(五) 管理及監察年歷;

(六) 發布通告;

(七) 收發及保存往來信件.

第十條. 會計 (一) 收集社員會費;

(二) 收管本分社財產, 經理銀錢出入;

(三) 預備銀錢出入報告.

第十一條. 分股委員會委員長, 經管各分股組織交代等事.

第十二條. 駐美編輯部長, 總管在美收稿編輯事件.

第五章 選舉

第十三條. 理事七人, 除初次以後, 每單數年 (例如民國十三, 十五年) 改選三人, 雙數年改選四人. 儘先改選任滿二年者, 回國者, 及將於一年內回國者,倘應改選者,單數年不滿三人,雙數年不滿四人時,則由司選委員於他理事中抽籤改選;不止時則增選補足.改選理事,不得連任.

第十四條. 選舉理事,由司選委員三人執行之.初次須選七人時,由司選委員提出十一人;改選三人時,提出五人;改選四人時,提出七人爲候選人.

任何社員得十人或十人以上之連署,得提出爲候選人.

第十五條. 每年選舉理事,除初次外,須於六月十五號以前告終.新舊職員之交代,須於年會時行之.倘無年會,則於十月一號行之.

第十六條. 司選委員候選人七人於年會時選出,再由社員於七人中選出三人.

第十七條. 社長於任期內去職時,由書記代理,同時由理事委員會中另選書記.其他職員(指除社長外)於任期內去職時,由理事委員會互選.

理事於任期內去職時,得由最近理事改選中之次多數理事候選人遞補,如無人遞補時,遺缺得由理事會請人代理,其任期至下次改選理事爲止.倘改選得選,可以繼任.

第十八條. 駐美編輯部,由編輯部長約請社員組成之.

第六章 經費

第十九條 駐美社員(指普通社員)入社費美金五元,常年費美金二元五角,應由分社會計徵收,依據總社章程,提取十分之四,爲分社經常費.

第七章 年會

第二十條. 年會每年一次,以駐美社員十五分之一爲法定人數,除修改章程另有規定外,年會得決議各種事件.

第二十一條. 年會主席,由理事委員會委派.

第八章 社友會

第二十二條. 美國各地,無論社員多寡得組織各該地之社友會,其組織法由各該會自訂之,但社友會均直接隸屬於駐美分社.

第九章　修改章程

第二十三條．關於修改章程事,其議案之成立,須經:

(甲)十五人之提議;

(乙)年會到會者三分之二之提議;或

(丙)理事委員會之提議.

第二十四條．關於修改本章程之提議案,須經駐美社員二分之一之投票,投票人三分之二之贊同,然後作爲通過.修改結果,應由理事委員會以記名法公布之.除原案特別規定者外,修改案於通過後一月起發生效力.

第十章　雜則

第二十五條．本章程未明白規定者,概用總社社章.

第二十六條．本章程須經駐美社員過半數之贊同,始能作爲通過,其結果公布生效,由駐美分社草章委員會,依第二十四條之規定行之.

中國科學社記事

駐美分社消息

本社駐美社員甚夥,自民國十二年駐美分社成立以來,社務發達,組織登備.去冬以來,又有無線電籌備委員會之設,從事研究推廣及提倡無線電之方法.數月以來,該委員會考慮之結果,已有具體辦法.聞不久將有詳細之設計書及施行細則寄請總社董事部理事部核定施行云.現駐美社員不下一百二十人.茲將分社章程照錄於下,以供社員參考.

中國科學社駐美分社章程

（民國十二年十二月最後修訂）

第一章　定名

第一條.　本分社依總社社章第五十三條之規定,定名為中國科學社駐美分社.

第二章　宗旨

第二條.　本分社以聯絡駐美社員,協助總社進行,共圖中國科學之發達為宗旨.

第三章　社員

第三條.　總社駐美社員,即為本分社社員.

第四章　理事委員會及職員

第四條.　本分社辦事總機關定名為理事委員會,以理事七人組織之.

第五條.　理事委員會之責任及權限：

最近二三十年中中國新發見之學問

王國維

古來新學問起,大都由於新發見.有孔子壁中書出(出山東曲阜縣),而後有漢以來古文家之學,有趙宋古器出,而後有宋以來古器物古文字之學.惟晉時汲冢竹簡出土後,即繼以永嘉之亂,故其結果不甚著,然同時杜元凱注左傳,稍後郭璞注山海經,已用其說,而紀年所記禹益伊尹事,至今成爲歷史上之問題.然則中國紙上之學問賴於地下之學問者,固不自今日始矣.自漢以來,中國學問上之最大發見有三:一爲孔子壁中書.二爲汲冢書.三則今之殷虛甲骨文字,敦煌塞上及西域各處之漢晉木簡,敦煌千佛洞之六朝及唐人寫本書卷,內閣大庫之元明以來書籍檔册;此四者之一,已足當孔壁汲冢所出,而各地零星發見之金石書籍,於學術有大關係者,尚不與焉.故今日之時代,可謂之發見時代,自來未有能比者也.今將此二三十年發見之材料,並學者研究之結果,分五項說之.

(一)殷虛甲骨文字(又稱龜版)

此殷代卜時命龜之辭,(鑽孔,以火燒之視其裂紋,所問之事,書於版上,如祭祀征伐漁獵晴雨等.)刋於龜甲及牛骨上.光緒戊戌己亥間.(西曆紀元1888至1889年)始出於河南彰德府西北五里之小屯,其地在洹水之南,水三面環之,史記項羽本紀所謂洹水南殷虛上者也.(按宋有河亶甲城之名,此即其地,殷都朝歌,古書謂即衛輝,而竹書紀年則謂即彰德.總之,殷虛爲都城一部所包之名,龜版中又多商帝王之名,故可斷定出土之地即爲殷都.)初出土後,(時土人認爲龍骨,以治瘡,後乃入古董客之手.)濰縣估人得其數片,以售之福山王文敏(懿榮),(聞每字售銀四兩云)文敏命祕其事,一時所出,先後皆歸之.庚子文敏殉難,其所藏皆歸丹徒劉鐵雲(鶚).鐵雲復命估人蒐之河南,所藏至三四千片.光緒壬寅,劉氏選千餘片,影印傳世,所謂鐵雲藏龜是也.丙午上虞羅叔言參事始官京師,復令估人大蒐之;於是丙丁以後所出,多歸羅氏,自丙午至辛亥,所得約二三萬片;而彰德長老會牧師明義士(T. M. Menzies加拿大人)所得亦五六千片;其餘散在各家者,尚近萬片(總計已出土者,約有四萬至五萬片).近十年中,乃不復出(且有僞造者).其著錄此類文字之書,則鐵雲藏龜外,有羅氏之殷虛書契前編(壬子十二月),殷虛書契後編(丙辰三月),殷虛書契菁華(甲寅十月),鐵雲藏龜之餘(乙卯正月);日本林泰輔博士之龜甲獸骨文字(甲寅十二月);明義士之殷虛卜辭 (The Oracle Records of the Waste of Yin, 1917年,上海別發洋行出版.)哈同氏之戩壽堂所藏殷虛文字(丁巳五月);凡八種.而研究其文字者，則瑞安孫仲容比部(詒讓)始於光緒甲辰撰契文舉例("原稿曾寄劉鐵雲"越十三年丁巳，余得其手稿於上海，上虞羅氏刊入吉石庵叢書第三集)；羅氏於宣統庚戌撰殷商貞卜文字考，嗣撰殷虛書契考釋（甲寅十二月），殷虛書契待問編（丙辰五月）等（諸書詳考筆畫，審慎缺疑，雖間亦有附會，而十之六七確鑿可信.）；商承祚氏之殷虛文字類編（癸亥七月），復取材於羅氏改定之稿（以說文次序排列之，較可據，惟嫌摹畫未真.）；而戩壽堂所藏殷虛文字，余亦有考釋（丁巳五月），此外孫氏之名原亦頗審釋骨甲文字，然與其契文舉例，皆僅據鐵雲藏龜為之，故其說不無武斷.審釋文字，自以羅氏為第一.其考定小屯之為故殷虛，及審釋殷帝王名號，皆由羅氏發之.余復據此種材料，作殷卜辭中所見先公先王考，以證世本史記之為實錄（且可辨其舛誤）；作殷周制度論，以比較二代之文化.然此學中所可研究發明之處尚多，不能不有待於後此之努力也.

(二) 敦煌塞上及西域各地之簡牘

漢人木簡，宋徽宗時，已於陝右發見之（僅有二簡）；靖康之禍，為金人索之而去.當光緒中葉(1900年至1901年)英印度政府所派遣之匈牙利人斯坦因博士 (M. Aurel Stein) 訪古於我和闐 (Khotan)，於尼雅河下流廢址，得魏晉間人所書木簡數十枚，嗣於光緒季年(1906年至1903年)先後於羅布淖爾東北故城，得晉初人書木簡百餘枚；於敦煌漢長城故址，得兩漢人所書木簡數百枚(原物均歸英國博物館收藏)；皆經法人沙畹教授(Ed. Chavannes)考釋，其第一次所得，印於斯氏和闐故蹟(Sand-buried Ruins of Khotan)中，第二次所得別爲專書(詳後所列書目)；於癸丑甲寅間出版。此項木簡中有古書(蒼頡篇急就篇等)，歷日方書，而其大半皆屯戍簿錄(又有公文案卷信札等)，於史地二學關係極大。癸丑冬日，沙畹教授寄其校訂未印成之本於羅叔言參事。羅氏與余重加考訂，并斯氏在和闐所得者，景印行世；所謂流沙墜簡(甲寅四月出版)是也。(此外俄人希亭(Hedin)亦有所得，又日人大谷光瑞所得有西域圖譜一書，然其中木簡只吐魯番之二三枚耳)

(三)敦煌千佛洞之六朝唐人所書卷軸

漢晉牘簡，斯氏均由人工發掘得之。然同時又有無盡之寶藏，於無意中出世，而爲斯氏及法國之伯希和教授攜去大半者，則千佛洞之六朝及唐五代宋初人所書之卷子本是也。千佛洞本爲佛寺，今爲道士所居(千佛洞在鳴沙山，唐有三界寺，至元代猶爲佛寺，後爲道廟)。當光緒中葉(約在甲午前後，卽1894年)，道觀壁壞，始發見古代藏書之窟室。其中書籍居大半，而畫幅及佛家所用幡幢等，亦雜其中。余見運陽端氏所藏敦煌出開寶八年靈修寺尼畫觀音像，乃光緒己亥(二十五年)所得；又烏程蔣氏所藏沙州曹氏二畫像，乃光緒甲辰(三十年)以前，葉鞠裳學使(昌熾)視學甘肅時所收,然中州人皆不知(又有視爲廢紙者).至光緒丁未(三十三年),斯坦因氏與伯希和氏(Paul Pelliot)先後至敦煌,各得六朝人及唐人所寫卷子本書數千卷(斯坦因氏所得約三四千卷,伯希和所得約六千卷,擕之過京),及古梵文,古波斯文,及突厥回鶻諸國文字無算,我國人始稍稍知之,乃取其餘,約萬卷,置諸學部所立之京師圖書館,前後復經盜竊,散歸私家者亦當不下數千卷(市中有流傳出售者,其時陝甘店中可購得).其中佛典居百分之九五(可補藏經之缺及校勘誤字).其四部書,爲我國宋以後所久佚者,經部有未改字古文尚書孔氏傳,未改字尚書釋文,麋信春秋穀梁傳解釋,論語鄭氏注,陸法言切韻等;史部則有孔衍春秋後語,唐西州沙州諸圖經,慧超往五天竺國傳等(以上並在法國),子部則有老子化胡經(英法俱有之),摩尼教經(京師圖書館藏一卷,法國一卷,英國亦有一殘卷,書於佛經之背.),景教經(德化李氏藏志玄安樂經宣元至本經各一卷,日本富岡氏藏一神論一卷,法國圖書館藏景教三威蒙度讚一卷),集部有唐人詞曲及通俗詩小說各若干種.己酉冬日,上虞羅氏,就伯氏所寄影本,寫爲敦煌石室遺書,排印行世;越一年,復印其景本爲石室祕寶十五種;又五年癸丑,復刊行鳴沙石室逸書十八種;又五年戊午,刊行鳴沙石室古籍叢殘三十種;皆巴黎國民圖書館之物.而英倫所藏則武進董授經(康),日本狩野博士(直喜),羽田博士(亨),內藤博士(虎次郎),雖各抄錄景照若干種,然未有出版之日也(總計已出土者共約三萬卷).

(四)內閣大庫之書籍檔案

內閣大庫,在舊內閣衙門之東,臨東華門內通路,素為典籍廳所掌.其所藏書籍居十之三,檔案居十之七.其書籍,多明文淵閣之遺;其檔案,則有歷朝政府所奉之硃諭,臣工繳進之勅諭批摺黃本題本奏本,外藩屬國之表章,歷科殿試之大卷.宣統元年,大庫屋壞有事繕完,乃暫移於文華殿之兩廡,然露積庫垣內僅半,時南皮張文襄(之洞)管學部事,乃奏請以閣中所藏四朝書籍,設京師圖書館,其檔案,則置諸國子監之南學;試卷等,置諸學部大堂之後樓.壬子以後,學部及南學之藏,復移於午門樓上之歷史博物館,(堆置於端門之門洞中)越十年,館中復以檔案四之三,售諸故紙商,其數凡九千麻袋(得價四千元),將以造還魂紙.為羅叔言所聞,三倍其價,購之商人,移貯於彰義門之善果寺.而歷史博物館之賸餘,亦為北京大學取去,漸行整理;其目在大學日刊中.羅氏所得,以分量太多,僅整理其十分之一.取其要者,彙刊為史料叢刊十冊,其餘今歸德化李氏(李盛鐸氏).

(五)中國境內之古外族遺文

中國境內,古今所居外族甚多,古代匈奴鮮卑突厥回紇契丹西夏諸國,均立國於中國北陲,其遺物頗有存者,然世罕知之.惟元時耶律鑄見突厥闕特勤碑及遼太祖碑.當光绪己丑(光绪十五年,西历1889年),俄人拉特禄夫,访古於蒙古,於元和林故城北,访得突厥阙特勤碑,苾伽可汗碑,回鹘九姓可汗碑三碑.突厥二碑皆有中国,突厥二种文字;回鹘碑並有粟特文字.及光绪之季,英法德俄四国探险队入新疆,所得外族文字写本尤夥.其中除梵文,佉卢文回鹘文外,更有三种不可识之文字,旋发见其一种为粟特语,而他二种,则西人假名之曰第一言语第二言语;后亦渐知为吐火罗语及东伊兰语〔附註.发明粟特语者,为法人哥地奥(Robert Gauthiot);吐火罗语者,为西额(Sieg)及西额林(Siegling)二氏;东伊兰语,则伯希和之所创通也.又释阙特勤碑之突厥语,为丹麦人汤姆生(Thomsen).〕.此正与玄奘西域记所记三种语言相合.粟特语卽玄奘之所谓窣利;吐火罗卽玄奘之覩货逻;其东伊兰语,则其所谓葱岭以东诸国语也.当时粟特吐火罗人,多出入於我新疆,故今日犹有其遗物.惜我国人尚未有研究此种古代语者,而欲研究之,势不可不求之英,法,德诸国.惟宣统庚戌,俄人柯智禄夫大佐,於甘州古塔,得西夏文字书,而元时所刻河西文大藏经,后亦出於京师.上虞罗福萇乃始通西夏文之读.今苏俄使馆参赞伊凤阁博士(Ivanoff),更为西夏语音之研究,其结果尚未发表也.

此外近三十年中,中国古金石,古器物之发见,殆无岁无之.其於学术上之关係,亦未必让於上五项,然以零星分散,故不能一一縷舉,惟此五者分量最多,又爲近三十年中特有之發見,故比而述之.然此等發見物,合世界學者之全力研究之,其所闡發,尚未及其半,況後此之發見,亦正自無窮,此不能不有待少年之努力也.(按此篇原係王國維先生在北京清華學校爲暑期學生講演之底稿,文中雙行小註,皆是日在場聽講之某君所增入.本誌編者識.

附陳列書籍目錄(此王君講演日陳列各書目錄,因供讀者求書之便,附錄於後,並加注售書處及價目以備參考.)

甲骨類

鐵雲藏龜不分卷	羅振玉編抱殘守缺齋景印本	六册	天津法界嘉樂里口貽安堂出售	現已售完
鐵雲藏龜之餘一卷	羅振玉編乙卯正月羅氏景印本	一册	天津法界嘉樂里口貽安堂出售	現已售完
殷虛書契前編八卷	羅振玉編壬年十二月景印本	四册	天津法界嘉樂里口貽安堂出售	現已售完
殷虛書契後編二卷	羅振玉編丙辰三月景印本	一册	天津法界嘉樂里口貽安堂出售	價七元八角
殷虛書契菁華一卷	羅振玉編甲寅十月景印本	一册	天津法界嘉樂里口貽安堂出售	價二元五角
殷虛卜辭不分卷	英人明義士著一九一七年印本	一册	上海別發洋行	十二元
戩壽堂所藏殷虛文字一卷附考釋一卷	王國維攷釋丁巳上海愛儷園景本	二册	上海靜安寺路哈同花園	
龜甲獸骨文字二卷	日本林泰輔著大正十年七月景本	二册	北京楊梅竹斜街青雲閣內富晉書社寄售	
殷虛古器物圖錄一卷附說一卷	羅振玉編丙辰仲夏景本	一册	天津法界貽安里出售	價二元五角

契文舉例一卷	孫詒讓著刊入吉石盦叢書第三集(乙巳刊本)	二冊	天津法界貽安里出售	吉石盦叢書第三集價七元
殷商貞卜文字考一卷	羅振玉著宣統二年玉簡齋石印本	一冊	天津法界貽安里出售	價五角
殷虛書契考釋一卷	羅振玉著甲寅十二月景本	一冊	天津法界貽安里出售	價六元
殷虛書契待問編一卷	羅振玉編丙辰五月景印本	一冊	天津法界貽安里出售	價一元六角
殷虛文字類編十四卷	商承祚編癸亥自刻本	八冊	天津法界貽安里出售	價十元
殷卜辭中所見先公先王考一卷又續考一卷	王國維著刊入觀堂集林卷九		天津法界貽安里出售	觀堂集林價八元
殷周制度論一卷	王國維著刊入觀堂集林卷十		天津法界貽安里出售	觀堂集林價八元

簡牘類

流沙墜簡三卷考釋三卷補遺一卷附錄一卷	羅振玉王國維同撰甲寅正月羅氏景印本	三冊	天津法界貽安里出售	價十七元

卷子類

鳴沙石室古佚書十八種	癸丑九月上虞羅氏景本	四冊	天津法界貽安里出售	價三十六元
鳴沙石室古籍叢殘三十種	乙巳上虞羅氏景印本	六冊	天津法界貽安里出售	價三十六元
石室祕寶甲乙兩集十五種	上海有正書局庚戌景印本	二冊	上海英界有正書局出售	
敦煌石室遺書十二種	宣統己酉鉛印本	四冊	天津法界貽安堂出售	
敦煌石室碎金十七種	乙丑五月東方學會印本	一冊	天津法界貽安堂出售	
沙州文錄一卷補一卷	吳縣蔣斧編上虞羅福萇補甲子仲冬羅氏鉛印本	一冊	天津法界貽安堂出售	價九角
敦煌零拾七種	甲子正月羅氏鉛印本	一冊	天津法界貽安堂出售	價七角

巴黎圖書館敦煌書目	羅福萇編刊入北京大學國學季刊第四期	北京大學出售	價五角
倫敦博物館敦煌書目	羅福萇編刊入北京大學國學季刊第一期(未完)	北京大學出售	價五角

內閣大庫書

史料叢刊初編	羅振玉編甲子正月東方學會鉛印本	十冊	天津法界貽安堂出售	價六元八角

中國境內之外族文字

和林金石錄	李文田編靈鶼閣叢書本	一冊
意園文略	盛昱撰漢軍楊氏刻本	一冊
和林三唐碑跋	沈曾植撰亞洲學術雜誌第二期	一冊
九姓回鶻可汗碑圖		一幅
西夏國書略說	羅福萇著上虞羅氏景印本	一冊	天津法界貽安堂出售	價七角
伯希和教授論文	王國維譯刊入北京大學國學季刊第一期		北京大學出售	價五角

　　編者按本篇所引及西人之著作,今寫錄列於下,俾有志研究者可進而取原書讀之也.

　(一)明義士(T. M. Menzies)之殷虛卜辭(The Oracle Records of the Waste of Yin),上海別發洋行(Kelly & Walsh, Shanghai, 1917)出版,已見本文中.

　(二)英國印度政府所派遣之匈牙利人斯坦因博士(M. Aurel Stein),其來中國探險古蹟,共有三次.第一次在新疆和闐一帶,時為1900至1901年;第二次在羅布淖爾及甘肅敦煌等處,時為1906至1908年;第三次所往之地,與第二次略同,時為1913至1916年.而以第一第二次為最重要.每次先有遊記發刊，又得學者之輔助，共同研究，久之乃有研究成績報告之專書出版。分列如下：

第一次遊記："Sand-buried RUINS OF KHOTAN: Personal Narrative of a Journey (1900–1901) of Archæological and Geographical Exploration in Chinese Turkestan," By M. Aurel Stein, First Edition, London, T. Fisher Unwin, 1903; Second Edition, Hurst & Blackett, 1904.

第一次成績報告："ANCIENT KHOTAN: Detailed Report of Archæological Explorations in Chinese Turkestan," By M. Aurel Stein, Oxford, 1907. In two vols. Vol. I—Text; Vol. II—Plates

第二次遊記："Ruins of DESERT CATHAY: Personal Narrative of Explorations (1906–1908) in Central Aia and Westernmost China," By M. Aurel Stein, In 2 vols. London, Macmillan, 1912.

第二次成績報告："SERINDIA: Detailed Report of Explorations in Central Asia and Westernmost China," By Sir Aurel Stein, Oxford, 1912, In 5 vols. Vol. I–III—Text; Vol. IV—Plates; Vol. V—Maps.

第三次遊記：M. Aurel Stein "A Third Journey of Exploration in Central Asia," being an account of his 3rd Central-Asian Expedition (1913–1916) in Lop Desert and Westernmost China, published in the "Geographical Journal," Vol. XLVIII, pp. 97–130; 193–225, 1916.

(三) 法國沙畹教授 (Edouard Chavannes, 1868–1918) 考釋斯坦因所獲木簡之作，先見於斯坦因第一次成績報告之附錄中 "Ancient Khotan," pp. 521–547, Appendix A.-Chinese Documents from the Sites of Dandan Uillq, Niya and Endera, translated and annotated by Ed. Chavannes.

其後又自為專書印行 "Les Documents chinois découverts par Aurel Stein dans les sables du Turkestan oriental, publiés et traduits par Ed. Chavannes,"

Oxford University Press, 1913, pp. XXIII, 232. with 37 Plates.

（四）欲知西國學者對於中國及東方學問之研究，以求之於通報爲最便 TOUNG PAO: Archives pour servir á l'Etude de l'histoire, des langues, de la géographie et de l'ethnographie de l'Asie orientale 通報發刊於1890年，迄今共出二十餘卷，歷任編輯爲 G. Schlegel, Henri Cordier, Ed. Chavannes 等（均已故），現任編輯爲伯希和氏（Paul Pelliot），讀者欲詳考其事，可由通報中所徵引之書籍雜誌，進而得讀原本及他人之著作也。

（五）沙畹教授 Edouard Chavannes (1868—1818) 生平著述，以翻譯司馬遷史記成法文爲最有名（但未畢全書）。其於漢學及東方學，不但博覽旁通，知識淵博，且能明解中國禮教道德之精義，爲其他西方學者之所不及。通報 Ser. II, Vol. XVIII, pp. 114—147 有沙畹傳及其生平著作目錄，可供查檢，蓋爲哀悼沙畹氏之歿而作者也（Nécrologie）。

（六）沙畹氏第二次來中國考察古物，所得各件，先後影印行世 Ed. Chavannes "Mission archéologique dans la Chine sep tentrionale," Paris, Leroux, 1909, 488 Plates.

後又著書考釋之，列入 Publication de l'Ecole francaise d'Extreme Orient, Vol. XIII 凡二卷 Tome I-La Sculpture a la Epoque des Han, 1913, Tome II-La Sculpture bouddhique, pp. 1915.

參閱 1907 年通報 pp. 561—565; 709—710 "Voyage de M. Chavannes en Chine" 又參閱 1908 年通報 pp. 187—203; 503—528. 其一爲評語，其一則譯稿也。

（七）沙畹評斯坦因 M. Aurel Stein "Mountain Pannoramas from the Pamirs 一書之文，載1908年通報603頁。

（八）千佛洞畫幅之影印出版者，有 Portfolio of "The Thousand Buddhs," 48 Plates, B. Quaritch, London.

(九)拉特祿夫(W. Radloff)探索之成績,輕拉氏自行著書論述者,則有 W. Radloff "Altturkischen Inschriften der Mongolei." 1885. 佉盧文(Kharoshthī), 突厥文(Kö.turque), 回鶻文(Ouigours), 粟特文(la langue soghdienne).

(十)西額及西額林之吐火羅文之研究 E. Sieg & W. Siegling "Tochrisch, die Sprache de Indo-scythen," Sitzungsberichtte der K. Preussischen Akademie der Wissenchaften. Vol. XXXIX, pp. 915—934, 1908.

參閱沙畹氏評此書之文,見1908年通報604至605頁.

(十一)渴姆生釋闢待勤之突厥文之研究 Vilh. Thomsen "Dèchiffrement des Inscriptions de l'Orkhon et de l' Iénisséi," 1893.

又 Vilh. Thomsen "Ein Blatt in türkischen Runenschrift aus Turfan." Szb. der K. Preussisch Akademie der Wissenschaften, Vol. XV, pp. 296—306. 1910.

參閱沙畹此書之文,見1910年通報303頁.

(十二)柯智祿夫撰文自述其發見之成績 Colonel Kozlov "The Mongolia Szechuan Expedition of the Imperial Russian Geographical Society," in the "Geographical Journal," October, 1909, pp. 384—408.

(十三)伊鳳閣西夏文之研究 A. Ivanov "Zur Kentniss der Hsi-Hsia Sprache," Bulletin de l' Academie Impèriale des Sciences de St. Petersbourg, 1909, pp. 1221—1233.

參閱沙畹評此篇之文,載1910年通報148至151頁.

又 A. Ivanov "Stranittza iz istorij Si-Sia," 1911.

參閱沙畹評此篇之文,載1911年通報441至446頁.

(十四)沙畹評 A. von Le Coq "Sprichwörter und Lieder aus de Gegend von Turfan" 之文,載1910年通報695頁.

(十五)沙畹評 G. L. Ramstedt "Zwei Uigurische Runeninschriften" 回鶻文之研究,載1913年通報789至791頁.

如何發展中國科學——爲中國科學社十一次年會作

翁文灝

中國科學社例於夏間舉行年會,此爲其十一次,曠觀近來科學界之大勢及吾國之特別情形,殊不能不有一種應時感想;而此後如何進行,如何發展,更不能不有所希望,敢就個人思慮所及,略貢管窺之辭,竊附贈言之義.

吾人所處時代,實爲科學歷史上極可紀念之秋.科學界重大進步如相對論之發明,不過近二十年內之事.相對論之價值不僅在其理論之精闢,而尤在其能有事實之證明.愛斯坦氏嘗自言相對論之能成立或失敗,全視乎三種天文現象之能否實驗.三者維何:一曰行星繞日軌道之變化;二曰日光分光象之趨近紅色;三曰星光受日球吸力之偏倚.此三事者,第一事未幾卽已證實,次者若望(Dr. C. E. St. John)博士亦在維爾孫天文臺證明之.第三事今又於1922年九月日蝕時在澳州觀察實驗之矣.由理想之推論而得事實之證明,此誠科學家最高之快慰,抑亦人類思想無上之光榮也.又如化學原子之研究,由物質單位之舊觀念進而達到原子之破碎,遂以打破質力之分界.從前科學家對於以太(ether)之假想,能力(energy)之探討,非不言之津津,具有至理;而按之實際,終嫌空虛,不脫假設.今之物理學及化學乃由原子進而研究電子(electron),其重可量,其速可測驗之物質,則元素之變換旣已成功,證之能力,則質力之互通,無復疑義.此誠物質科學極大之勝利,可謂宣洩造化之祕者也.而吾人躬與其盛,及身見之,抑亦幸焉.

卽就個人聞知較親之科學——地質學——言之,向者所學,蓋猶爲康德(Kant)或拉普拉斯(Laplace)之緖餘,冷凝縮縐海陸迭乘之成說;今則因經緯度及重力之精測,地殼均衡(isostasy)已成證明之事實,海山變遷之原因,遂得較確之說明.而如若里(Joly)地殼放射能之研究,惠格納(Wegener)大陸漂流之學說,諸地震學家地球內部彈力密度之測量,此皆爲地質學開闢新蹊徑征獲新疆域者也;而其發明進步皆不過近三十年間事.吾輩出校未久,鬢毛未衰,而環顧學術潮流,早已澎湃直前,一瞬千里.苟非捷足窮追,卽成落伍疲卒,可不懼歟!

當此世界科學猛進之中,我中國學術界貢獻幾許,位置如何,言之良堪愧怍.今試證之旁觀者言,或可藉爲借鏡之用.1924年英國老地質學兼地理學家格雷哥利(Prof. T. W. Gregory)嘗於自然週刊(Nature)中著一文曰:"中國之科學復興"(The Scientific Renaissance in China).其中列舉事業,大要可分爲二類:(一)關於敎育及文化者,格氏列舉國語之統一,注音字母之實行,教育課程之討論及各大學之創立,以為皆於中國文化大有影響.(二)專門學術機關之成立,格氏所首屈一指者,在北為協和醫學校,在南為香港大學,此皆為外人經營者;中國所自辦者,格氏於教育機關則首及北京,東南,廈門,清華諸校,於研究機關及團體,則舉及地質調查所,工程學會,化學會,地質學會等.格氏所論自係局外者言,不無誤會掛漏之點,然亦足以代表外國一部分學者對於吾國科學事業之大概觀念.

格氏復綴以結論曰:"中國政治紛亂,以上事業,或竟不克善終,種種計劃未可遽抱樂觀,然中國歷史足以鼓勵對於將來之希望.……現時亂狀,或尚有數年,然和平終當有恢復之日,雖暫時困於政治之混亂,軍閥之摧殘,而新中國之復興,仍極有進步之望也."

"It may be felt that the outlook of those schemes is not promising and that the existing political chaos in China may bring them to naught. But Chinese history encourage confidence as to their future ……… Though the present disorder may last for years, peace will assuredly be restored. In the near time the new Chinese Renaissance promises to make good progress in spite of the political turmoil and military misgovernment."

吾國近年來所發生之科學事業實,尚不止格氏所列舉;語其要者,如醫學,生物學,氣象學,工程學之研究,皆已有一部分之貢獻與相當之成績,故吾國科學事業謂之幼稚草創誠無可辭,若欲一概抹殺而漫曰:"中國尚無科學,"如間有一部分人所云云者,此則自暴自棄之言,吾人所絕不願承認者也.惟當此時局泯棼,方始萌芽之科學事業,誠有岌岌不可終日,如格氏所慮者,斯則大可惜耳.試回顧以往之歷史,民國以前,國人之言學者,只知言編譯外國之成說,而不知自圖新鮮之貢獻;只知重路礦槍礮之造作,而不知為自然真理之探求;偶有科學名著之譯印,如天演論等書,亦不過供文士揣摩抄襲之資料,而未有以為實際觀察試驗之針導.當此之時,誠可謂未嘗自有科學.今則有志之士,排萬難耐艱苦以從事於研究事業,而冀有所貢獻於人類知識之進步者,大有其人.徒以時期未久,環境不良,重要績效尚不甚多.然研究功效,固非可期於旦夕之間,專門研究卽有重要結果,亦未必為盡人所能喻.惟近十餘年來,中國人科學精神之漸次發達,世界科學記載中漸見有中國學者之新鮮貢獻.而此類貢獻中,亦間有為世界學者所傾服而稱引者,此則不可掩之事實,而足可引為民國以來歷史的紀念者也.

當此科學研究方始發軔之期,幼稚缺憾之處,自所難免.則試更引旁觀之論,借為吾人警惕之資.

洪廷棟(Ellsworth Huntington)者美國著作極富之名地理學家也.近作太平洋之西(West of Pacific)一書,中有一段述其參觀福州造船廠後之感想,言該廠正在製造飛機,有中國技師告之曰："吾輩力求新式,時讀專門雜誌,惟苦不易瞭解,竟不知應仿何式為佳;故就大概而論,惟有俟製造方法見之教科書後始能利用,尤以英國教科書為最善。"洪氏乃繼以論曰："夫製造飛機有數時期研究試驗其第一期也.苟不自行研究試驗,即不能有最新製造.第二期則以研究試驗之結果表之公衆,使他人亦能仿造,非有此第二期,則航空事業不能望有新發展.第三期則所有發明成立已久,著書者採入教本成為常識.在此時期較新發明又復續出;若抱此自足,則必後於人矣.中國今日去教科書時期猶或未至,蓋中國人不自著書,僅用他國人之書而已.中國程度大抵不脫此時期也."其後數語原文如下:

Chinese are, scarcely in the textbook stages, for they do not make their own books, but merely follow those of other countries. In most things, the Chinese are in this stage. 洪氏因此即謂中國革新,非有外國人指導不可. (Another illustration of what I fear will happen if China tries to modernize herself without external guidance). 此其所識,誠不無過甚,然其所謂"教科書時期"也者,則吾亦嘗有同感焉.大學畢業之士,固不乏以能瞭解講義或教科書為盡求學之能事者,不可謂非一部分中國學者重大之迷誤也.有中外學者二人於此,學相同,年相若,業復相似,乃數年或十數年之後,外國學者研究著述卓然名家,而中國學者則拘守師說,故我依然,若此之例,蓋嘗屢

觀,誠大半由於環境使然,然亦半由求學觀念不無歧誤故耳.

　　學問意義有兩種:瞭解前哲研究之結果享受旣得之知識復傳之於後人,此其一也.就前人所未解決或未注意之問題,從事研究,有所發明,於學術有貢獻,卽爲人類知識求進步,此其二也.二者固各有所宜,不可偏廢,亦因人之性質而各有所近,然在今日中國則亟應提倡自動研究之精神,應有學術發展之希望.美國某專門學者近爲予言:"中國留學生曾從爲學者,類多頭腦明晰,讀書能得要領,以爲敎授當頗相宜,然多不好爲實物之觀察,並不屑爲瑣細之注意,則學術研究希望甚少."此誠洞中肯綮之談,而吾輩所當聞而自警者也.夫使有學問而不研究,僅求現成知識之傳習,而無自動發明之精神;則充其量不過如洪廷棟氏所謂"讀他國人之書"而已.中國科學,豈有能自立之一日哉.而況科學理論,不驗不明,不用不顯,吾儕畢業大學者在初等敎科書中儘多不能澈底瞭解之處.往往因經過新問題之研究而舊理論之意義始克充分明瞭.以聞托夫(Vant Hoff)氏之天才碩學,而自言對於化學中亞服格德羅氏律(Avogadro Law)且歷久未能瞭解.故不自起研究而僅知讀書受課者,不特不能自有貢獻,卽對於現成知識是否眞能精通,恐亦有未易遽言者;於是皮相文飾之風因之以起,而學問之眞意寖亦失矣.

中國一部分青年學者有時對於學術貢獻視之過高,以爲發明新得此何等事,我儕初學詎能希冀;而不知行遠自邇,登高自卑,科學問題隨在皆是,奮起研究非異人任也.惟科學研究既貴精確,又貴有恆,不可以一得自滿,不可以瑣屑見輕;浮光掠影之談,不足以稱實學,機械模仿之作,亦不足以當研究;實事求是,誠心求眞,始克有濟.昔德國名化學家奧斯華德(W. Ostwald)氏嘗作科學名人傳,分科學家爲二大類:一曰天才者,思想奮發,著述豐富,觸處皆機,隨在有得,於短時期內所得知識突越前人,鴻篇巨著陸續不絕,然興會易竭,意念時遷,早出倦勤,有如才盡.二曰力學者,守一定之範圍,研少數之問題,矻矻孜孜鍥而不舍,不輕於發表,不好爲空談,以此終身不厭不倦.奧氏以此分類,歷證前賢,若皆默契.而於二類學者對於科學貢獻之功,實不能有所軒輊,蓋一則勇往直前,一則强聒不舍,各盡其能,各致其力,此其精神皆有足爲吾輩取法者.

吾人對於學術研究不必視爲過難,然亦不可視爲過易.視之過難,則妨進取之心,視之過易,則輕於發表而錯誤過多,失一己學術之信用,增他人研究之困難,此可惜也.關於此點,外人之在中國研究科學者,似亦往往不能無所遺憾.蓋外國科學家或有成爲科學家之志望者,來至中國,殆莫不抱有一種發見熱,以爲新鮮材料俯拾卽是,凡所接觸皆是發見;此則吾向所謂學術的黃金世界之觀念之流弊也.

因此心理,凡所觀察研究,若在歐美非經過詳密之考證,專精之參研,所不敢遽爲發表者,在中國則對國內既不慮專門之評判,對遠方復易爲新奇之宣傳,遂不免意存誇大,掉以輕心.實則科學研究務在真實,苟有錯誤,雖足以塗耳目於一時,決不能泯是非於永久.其間錯誤誠大抵出於無心,且以參考缺乏種種困難大可原諒.然歷觀往史,好名廢實者,蓋亦非無其人.證之地理,例如俄國普理無華爾世基(Prejevalsky)抹殺中國元清兩朝探察河源之前功,而改名扎陵,諾陵二湖曰俄國湖(Russian lake)及探險湖(Expedition lake)以自矜其發見,此可謂學術界之笑談;證之地質,有如法人戴普勒(Deprat)之於雲南地質竟至有故意僞造之嫌.(此係據法國學者所證明,其故意之程度是否如其所言之甚似不無問題.)此可謂學術界之不幸事;而中國學者所應取以懲戒者.研究惟以求真;宣傳不宜失實;而況中國學術研究發軔方始,信用未立,更宜惟精惟碻,實事求是,始足與世界學者相見,而確立中國科學之基礎.即發表文字,亦必須參考精詳,記載確實.研究精神固須注意,著作形式亦宜講求.吾國昔賢著書有數易稿而猶不敢問世者,外國從前科學界對於科學著作亦極愼重.愷文遜喜於物理化學造詣極精,發明甚多,而其著作及身公表者不及百頁.達爾文(Darwin)對於生物進化之研究經過二十年繼續不斷之觀察,始行著書發表其天演學說;其所以能風動一時者,不惟以其理論之堅實,抑亦因其文字之精審.近代印刷較易,發表較速,益以學術之研究仍不免國際之競爭,難忘好名,爭思捷足.然高等學者對於重要著作亦仍再三校讀始肯付刊;青年學子之初執筆爲文者,尤必就敎於較有經驗者閱讀指正始敢發表;亦必如是始能得重要刊物爲之登載.眞理價值不因發表之旦暮而大異,研究精神卻視記載之得當與否而不同.承學之士,不可不勉.吾國科學成績,必賴外國文字爲之宣達,旣已多一困難;而排印西文製造圖版,又復缺乏經驗難臻完全:雖似末節,實亦我國科學界之一大問題也.

當聞之比國地質學者谷逎(Cornet)氏言一國地質學之進步,可分爲三時期:一曰開創時代 (heroic period); 二曰紊亂時代 (chaotic period); 三曰整理時代 (synthetic period). 蓋言初研究一地方時,新發見新觀察殆觸處皆是.學者因其新奇,爭先發表,錯誤之處,在所難免,紊亂情形因之而起.凡此程序各地皆然.故吾嘗曰:發見者開創者 (pioneer) 應盡本份,而錯誤亦卽開創者必有之副產也.迨粗略之觀察漸周,則精密之研究卽起,於是而入其所謂整理時期焉.此其所言,凡各自然科學皆可適用之.然以此衡量中國現在情形,則頗有數種學科似幷紊亂時代而尙未至也.就吾所知,如生物學氣象學地質學,今已頗有研究之人,於谷氏所謂開創或紊亂之程度,亦或庶幾近之.而就吾所知較近者,則地質學中近年研究如太原系之確實時代，上新統之確定界線，黃土之成因，造山之時代，人主一說，各不相謀，雖在宿學難免反對而頗有紊亂之象焉，豈誠有不可免者乎，然亦未可盡以爲輕率者解也，尚有數種學科則似尚少爲新類之研究以作開創之工程者，至於所謂整理工作，則無論何科最多不過十居一二偶見而已，而且就進步程度言之，必先多有詳細的觀察而後能作精密之歸納，歸納過早，容易致誤，或亦非所尚也。

十餘年前吾國對於科學僅知有教科有編譯，而不知有研究，近數年來則公私團體漸知以自動研究爲事，其爲進步夫何待言，惟研究之人旣漸多，研究之機關旣相繼設立，則彼此間相互關係必須完滿愉快，始能望充分發展，則合作精神爲必要焉。

昔者美國古生物學初興時有哥布(Cope)與馬世(Marsh)二氏輒在同一地方爭相採掘動物化石，互相侵奪，各不相下，科學家至今惜之，引爲深戒，反之如英國達爾文費二十年之研究始發明"物競天擇"之理，同時沃拉斯(Wallace)亦悟及"適者生存"之義，達氏不願爭名欲讓沃氏先爲發表，經友人之勸始同時印行，而沃氏亦充分承認達氏研究之廣博，雅量互尊，科學家引爲美談，莫不欽仰，蓋學人研究固不妨有競爭之心，以鼓其進取之氣，然競爭有道，絕非攘奪傾軋之謂，必互相尊重然後有眞正價值可言也。

近代科學機關愈設愈多,然凡一機關之設立,莫不對於同類或相關機關間之關係鄭重考慮,以免衝突.對於性質相同者必尊重優先而力避重複之工作,或商定界線而各守應盡之範圍.蓋分工則用力專,合作則成功速,二者相成非相反也.卡迺吉學院 (Carnegie Institution) 美國學術機關規模最大者之一也.其創立宗旨在設法使美國在學術發明中能得領袖地位,並期利用新能力以造福於人羣;達此目的之途徑,復定為積極及消極二類:屬於積極者(A)提倡新規研究, (B) 促進高等教育.其消極方面亦經正式議定具體原則:有可注意者如(a)他機關已進行之事業勿複辦,(b)他機關較適宜之事業勿爭辦,(c)現在機關之已有設備者或能有設備之事業勿侵入.

a. Not to do anything that is being well done by other agencies.

b. Not to do that which can be better done by other agencies.

c. Not to enter the field of existing organizations that are properly equipped or are likely to be so equipped.

蓋學術之範圍甚廣,研究之方法甚多,羣趨一途,則途徑隘而擠軋起,分流並進,則致力易而績效多;吾故曰相互尊重他人之工作,而各自發展特有之精神,實為科學機關間必守之要則,抑亦其成功之祕鑰也.消極原則明文規定者卡迺吉學院者雖不多見,然其分功合作之精神,則為近代科學界一般所公認.雖同一國內科學機關間有外表或名目视若类似者,然其性质组织办法事业则大抵绝不雷同,绝不侵犯;各就他人所未举事而特致其力,或共就一方所未能充分发展之业而合助其成焉.夫如是始能多一种组织即多一种效用,而不致因互相冲突而彼此抵消也。

中国学术机关及团体现尚不为甚多,但近者风气既开发展可期,尤可注意者如各国退还之庚款,大抵以全部或一部份提倡学术研究为原则.用之得当,则合助一定之事业,或分举各异之研究,固于中国学术大有裨益.用之而不得当,则各自分立同类之机关以相角逐;或互为重复之研究以相侵陵;种种流弊将不可胜言.此有识之士所应早为觉悟思患预防者也。

美国著名物理学家米立根(R. A. Milikan)尝论美国科学组织曰:"美国科学机关诚已甚多,而合作精神则殊嫌缺乏;……换言之,必须设法使美国科学家互相合作,携手进行."在美国且有此言,况在我国可不引为前车乎?

米立根氏同时亚详论提倡科学研究之方法,其言洞见本源,识见之高,迥出一般美国学者之上.撷其要点,可分数项:一曰,多设机关,多增设备,不如多养成更能研究之人才.复论之曰:

"I should regard it as a calamity if the research funds available in America went exclusively or even primarily in the founding of central research laboratories. The country already has scores of magnificently equipped laboratories which produces one tenth as much as European laboratories one fourth as well equipped. We do not want more bricks and mortars……we want more and better men."

二曰，養成研究人才之法，在多設立研究獎勵金及研究教席。三曰，大宗研究經費之用途及各機關間之分配，應由至少五人以上最高科學家或工程師組織之委員會就各機關研究計劃審查補助。其言曰：

"If the allottment of research funds within each state can be placed in the hands of men who know what research is and if the institutions of a state can be stimulated to a rivalry in the development of research programs there will develop in existing laboratories of which we have already an abundance, an atmosphere of research which is now wanting. It is only through the creation of such atmosphere that research men can be developed."

此其所論，固專為美國教偏補弊而發，按之吾國容不盡同；然其根本精神實為吾國有發展科學研究之責者所應取法。蓋我國科學界之最需要者，亦猶是此 research atmosphere 也。

記 事

中國科學社第十一次年會記事

本社此次年會地點由上屆年會議決在廣州舉行.先是由理事會推定年會職員如下:孫哲生,許崇清,張君謀,汪精衞,黃貽蓀,鄧植儀,黎耀生,陳其瑗爲籌備委員會委員.翁文灝,孫哲生,汪精衞,竺可楨,胡明復爲會程委員會委員.王季梁,翁文灝,秉農山,趙元任,葉元龍,周子競爲論文委員會委員.金湘帆,褚民誼,許崇清,伍梯雲,吳鐵城爲招待員.竺可楨,邵元冲,任叔永,過探先,楊杏佛爲演講委員會委員.錢天鶴,何奎垣,胡剛復,胡步曾,楊杏佛爲文牘委員會委員.

開會日程

地點　廣州.

會場　中山大學農科學院.

宿舍　培正學校宿舍.

日期　八月二十七日起至九月一日止.

會程　二十七日午後三時假座中山大學農科學院行年會開幕禮.到會者約百餘人.散會後,赴歐美同學會歡迎宴會.

二十八日上午九時同時舉行公開演講及宣讀論文.公開演講者,爲吳稚暉與過探先.宣讀論文者,爲胡步曾及黎國昌等.散會後,全體社員赴黃埔軍校午餐.下午參觀該校,是日三時許,該校開歡迎會.夜赴中山大學歡迎宴會.

二十九日上午九時仍假座中山大學農科學院開社務會.各部職員報告一年來之經過情形及討論改組社內之組織系統.散會後,赴教育行政委員會宴會.午後參觀嶺南大學,校赴培正學校歡迎會.

三十日上午九時復舉行宣讀論文及公開演講.宣讀論文者,爲曾昭掄,鴈銳等.公開演講者,爲楊端六,李熙謀,及曾昭掄.十一時乘船參觀石井兵工廠,在船上開第二次社務會.三時抵兵工廠,參觀畢,晚赴市政廳歡迎會.

三十一日上午出席社務會調查討論會.午時赴省教育會,中華工學會留東同學會及統計學會宴會.午後三時往遊觀音山,六榕寺等.是晚爲本社答宴廣州各團體.

九月一日上午胡步曾及褚民誼在中山大學公開演講.下午七時王季梁及何奎垣在長堤青年會演講.

本年年會到會社員爲吳稚暉,孟心史,楊端六,褚民誼,過探先,楊杏佛,胡明復,胡剛復,余謙六,李熙謀,王季梁,胡步曾,孟心如,路季訥,李乃堯,華祖芳,曾昭掄,許守忠,何奎垣,何衍璿,劉孝勤,雷沛鴻,胡懋風,魏璧,黎國昌,陳宗南,許陳琰,王瑞琳,陳燕山,吳之椿,周炳琳,劉忱,童啓顏,趙畸,鴈次行,及廣東社友等約百餘人.

第一日記事

八月二十七日下午三時假座中山大學農科學院舉行本社第十一次年會開幕典禮.到會者七十餘人.孫哲生主席,報告籌備經過並致歡迎詞.畢後,由譚組安致歡迎詞;次何香凝,經子淵,韓竹坪,鍾榮光,吳稚暉,楊杏佛相繼演說.王季梁並代表本社社長翁文灝發表改進中國科學之意見.繼以攝影.散會後,同赴歐美同學會歡迎宴會.

第二日記事

二十八日上午九時至十時半同時舉行公開演講及宣讀論文.公開演講者,爲吳稚暉與過探先.地點在中山大學大禮堂.吳稚暉之講題爲"科學與洋八股."大意謂八股爲前清束縛人材之一種方法,非實用之學問,現在歐美之偏於美術的科學頗多,其不切實用與中國八股同,故可稱爲洋八股,實不能認之爲科學云云.過探先之講題爲"科學與中國農業之革命."大意謂欲革命完全成功,須先從事於農業革命工作,但農業革命工作非宣傳所可濟事,須從實際上做去,方能收效;為實際工作,非採取科學不為功,蓋因政治革命乃為一時的,不澈底的;農業革命方為根本的及澈底的云云.論文宣讀地點在中山大學農科學院.胡步曾宣讀"東南諸省森林植物之初步觀察",黎國昌宣讀"植物原形質中顆粒之研究",其後復由胡步曾代讀秉農山之"虎口硬腭之構造,"孫宗彭之"白鼠小腸表皮組織之變遷,"喻兆琦之"螃蟹神經結之研究,"秉農山之"炎亭之海蛇",及方炳文張宗漢之"溫州之蒼蛙."宣讀畢,同赴黃埔軍校午餐.下午參觀該校,三時許該校開歡迎會.由孔編譯處長代表教育長主席,報告校內設備情形;王宣傳科長說明政治工作需要科學人材之孔殷;旋由楊杏佛,孟心史,何奎垣,胡步曾諸人次第發表意見及致謝詞;遂散會.本擬遊覽虎門,波羅,以天雨不果.晚赴中山大學歡迎宴會.

第三日記事

二十九日上午九時起開社務會.地點在中山大學農科學院,到會者三十九人.過探先主席.胡明復報告一年來社務之發展與遣派出席美國,比國,日本各種學術會議代表之經過.過探先報告會計收支狀況.胡明復報告基金管理之現狀.王季梁代編輯部主任任叔永報告編輯雜誌之狀況.胡剛復報告最近科學圖書館之內容.胡步曾報告生物研究所一年來之事業.各人次第報告畢.由楊杏佛代表理事會提議於修改章程內刪去第七十五條;增加理事人數改組社內組織系統,分工程,社會,生物,物質四大學會,使社員皆得從其所專,各展懷抱.以上各案,皆得通過.並舉定籌備委員八人,計物質組竺可楨,王季梁,生物組鄧植儀,黎國昌,社會組楊杏佛,楊端六,工程組周子競,李熙謀.次過探先提議增加司選委員人數.胡步曾及沈鵬飛等提議修改章程第七十四及七十六條,結果通過.本日上午同時舉行公開演講.孟心史講"廢除不平等條約"王季梁講"化學研究與實業."十二時散會,赴教育行政委員會宴會.下午參觀嶺南大學,該校美國教授對於中國生物學上問題,頗多詢問,由胡步曾一一答覆之.夜赴培正學校歡迎會.

第四日記事

三十日上午九時復舉行宣讀論文及公開演講.論文計有九題;爲曾昭掄之"有機定性分析之研究,"馮銳之"應用科學改進中國農業之原則及方法,"秉農山之"中文之雙名制,"資維廉之"中國北部食物之研究,"伊博恩之"食品與疾病,"周君通之"近世物理中之電磁光浪說,"孟心如之"四價釩鹽及其複雜化合物,"吳承洛之"有機化學統系名詞平議,"劉晉鈺之"中國度量衡制芻議." 公開演講者有三人;楊端六講"法制與思想,"李熙謀講"無線電,"曾昭掄講"化學戰爭之常識."十一時乘船往觀石井兵工廠,在船上開第二次社務會.仍爲過探先主席,馮銳行紀錄,議案共有七起:(一)沈鵬飛提議請求國民政府撥地助款建設廣州科學博物館.結果推褚民誼,鄧植儀,黎國昌,楊杏佛,沈鵬飛辦理此事.(二)明年年會地點決定成都或長沙.(三)公推譚組安,蔣介石,張靜江,宋子文,陳陶遺,傅筱菴,江恆源,張乃燕,張乃驥,王岑等十人爲本社贊助會員.(四)公推吳稚暉,孫哲生及葛雷布三人爲特社員.(五)公推孟心史爲董事.(六)公推褚民誼,葉企孫,宋梧生三人爲司選委員,皆得通過.(七)胡明復提議設立建設服務委員會,專任代人計劃工程,委託研究及介紹人才等事.結果舉王季梁,李熙謀,胡明復爲籌備委員.三時抵兵工廠,參觀畢.晚赴市政廳歡迎宴會.

第五日記事

三十一日上午出席市政廳所發起之社會調查討論會.孫哲生主席,報告廣州市社會事業調查之經過及困難諸點.次農工廳代表報告統計調查經過情形.楊端六報告上海方面社會調查進行情形.楊杏佛報告北京,山西,南京社會調查歷次失敗之經過.十二時散會.赴省教育會,中華工學會,留東同學會及統計學會宴會.下午參觀財政廳,民政廳,國民政府諸機關.三時後往游觀音山,瞻仰鎮海樓,視察預備明年開全國運動大會之新築運動場及該處之戰跡,下山更遊六榕寺。是晚為本社答宴廣州各團體之期,賓主不下百餘人,濟濟一堂,盡歡而散。

第六日記事

九月一日本為閉會之期,但尚有公開演講。上午胡步曾講"生物學研究與人生,"褚民誼講"科學與生命。"下午七時長堤青年會并邀王季梁講"科學與民生,"何奎垣講"科學與救國。"是晚聽衆頗多,咸露忻愉之色云。

社 聞

民國十七年十一月

理事會記錄

十七年十一月二日下午六時在南京本社社所開理事會．到會者王季梁 秉農山 過探先 竺藕舫．

一．議決購社址南首顧姓地每方十二元，先丈量再付價，於明春建築博物院（一萬五千元）及樓房三座，每座六千元，為出租及社員住所之用．

二．呈教育部請款一萬元為出席汎太平洋學術會議之用．

三．秉農山提議生物研究所植物部繪圖員馮澄如月薪三十元，議決照辦．

四．胡剛復提議中央研究院與科學圖書館可以團體名義互借書報案．討論後無決議．

五．通過鄭禮明徐學楨樂森璕張鳴韶王義珏蔣士彰王恭睦吳南薰陳鼎銘為普通社員，楊絜夫為仲社員．

以上議決案因到會人數不足須徵求未到會各理事意見．

十七年十一月三十日下午六時在南京社所開理事會．到會者過探先 竺藕舫(主席) 周子競 王季梁 楊杏佛 任叔永 秉農山 路季訥(記錄)

一．曹惠羣函辭清理胡明復先生經手本社基金現金部份委員．議決仍請擔任委員進行清理．

二．翁詠霓訂定本社考古學獎金辦法三條：(a)中國科學社為提倡考古學及其關係學科（如人類學等）之研究起見，特設獎金每年一百元．(b)每年應給獎金者由理事會推定三人決定之,受獎者以中國人為限.(c)受獎論文或其提要應在"科學"發表,至其詳細條例應由理事會核訂. 議決原則通過(a)條除去每年一百元五字,各獎金條例由獎金委員會擬定,分送各學校等發表.

三. 通過高君珊為永久社員.

四. 議決高君韋紀念獎金,論文不限定化學者.

五. 議決生物研究所本年度印刷費如文化基金董事會補助費不足,可透用若干,以一千三百元為限.

六. 議決聘楊允中為本社總幹事.

七. 本年度理事會職員選舉結果:社長竺可楨五票,楊銓三票,任鴻雋一票,會計周仁六票,過探先二票,竺可楨一票,社長竺可楨當選,會計周仁當選.

八. 議決本社博物院建築費,除本社之一萬五千元外,再函請文化基金董事會與中央研究院協助,計劃書由秉農山起草.

九. 議決本社社址全圖應先畫就,各大建築地點亦當預先計劃規定,再行建築.

十. 通過徐瑞驎沈宜甲為普通社員.

圖書館消息

1. 本月新到之書如下

1. F. Darwin & E. Haction: Practical Physiology of Plants.
2. Edward J. Russel: Soil Conditions and Plant Growth.
3. Muriel Wheldale: Practical Plant Bio-chemistry.
4. Frances Mason: Creation by Evolution.
5. A. S. Hitchcock: Methods of Descriptive Systematic Botany.
6. 斯密斯蓋爾著:解析幾何學原理.

摘譯第四次太平洋科學會議理事會議紀錄

會場　荷屬東印度爪哇萬隆工程學校
日期　一九二九年五月二十四日下午五時
主席　協會會長　文書　協會祕書長
蒞會各國理事名單：

C. Andrews	澳洲
C. McLean Fraser	坎拿大
翁文灝	中國
A. Lactoix	法國
G. Elliot Smith	英國
C. Montague Cooke	夏威夷
S. Hatai	日本
O. de Vries	荷屬印度
J. L. Maclaurin	新錫蘭
A. Fischer	斐列濱
T. W. Vaugnan	美國
F. A. F. C. Went	荷蘭

主席致歡迎詞，次報告各國更換代表機關，荷屬印度原

由荷印太平洋研究會代表,茲改爲荷印學校評議會.中國原由科學社代表,茲改爲中央研究院,主席復向中國代表祝頌新更換之代表機關,實足以代表全中國研究高深科學團體之結晶組合.翁君聲謝略述中央研究院成立之經過,並當盡力爲協會之助.

會議事項

(甲)法屬印度支那代表列席理事會問題.

首由主席提出法屬印度支那科學研究會來函,請求加入本會列席理事會議,上次執行股已據函通知與會各理事在案.按諸會章,理事名額定爲十名至十五名,現在列席者總數祇有十三名,尙餘兩名缺額,卽請法屬印度支那加入.衆議贊同,並以法屬印度支那地質調查所所長 E. Blondel 爲代表,卽爲本會理事之一.主席致詞歡迎法屬印度支那代表答謝,並表示印度支那科學研究會,當盡其能力之所及,以扶植協會進行之前途.

(乙)本會總部工作報告.

本會總部工作經過,早已刷印分帙,散給與會各理事,主席復就報告中撮舉要點,以爲討論,關於邀請太平洋以外各國專家莅會討論之辦法,全場一致贊成.

主席復贊揚上周會長櫻井博士草定之協會章程及細則,爲極有價值之工作.奉行以還,絕鮮需爲修正之提議,至堪欽佩.

(丙)下屆會議地點問題.

主席報告關於本屆以後之開會地點,現已有坎拿大,印度支那兩國約請,下屆會議尚須數年之期,而兩國均先期邀定,不勝欣感.

次坎拿大代表 C. McLean Fraser 表示坎拿大國家研究院院長未克親蒞面約之歉忱,唯上屆東京會議卽經邀請,此次 Dr. Tory 囑由本屆會議決定第五屆會議,就坎拿大境內舉行,良由近來三次會議之會場,均在太平洋西岸,坎地為東岸大陸,移西就東,於太平洋之研究,得其全體,實為適當之時機,並繼述坎境足供游客欣賞之處所,下屆各國代表蒞境,當竭誠招待務達十分完善而後已.

主席答謝坎代表 Fraser 邀約之熱誠,正式請柬因遞到過遲,未及分寄各國與會代表各機關,嗣復詢印度支那代表 Dr. Blondel 對此事件之意見. (安南請柬早數月已經遞到幷已分致與會代表機關.)

印度支那代表 Dr. Blondel 表示對於坎代表 Fraser 之提議完全贊同,渠並無所堅持担任招待下屆會議之意,因坎拿大之約請,東京會議時早經提出,當然無可爭執,故印度支那願將約請第五屆會議之請帖撤囘,唯第六屆則深願會場設於印度支那境內以揚國光,是所厚幸.

主席以如此配置十分適宜,大會當然完全贊同.

Prof. Vaughan 提議此項決議應須公布,並希望下屆會議當就太平洋東岸舉行.

主席意以由坎代表 Fraser 及印度支那代表 Blondel 各人親向大會宣告爲佳,衆贊此說.

(丁)下屆會議日期問題.

主席聲稱執行委員會所定本屆大會之期,距東京大會期間祇二年半,有嫌爲期過促者,因詢坎代表坎地以何季於一年中爲最適宜者,坎代表 Fraser 答以六月爲一年中最佳時期,坎政府擬定一九三二年爲舉行下屆大會時期.

Vaughan 深韙主席每屆大會相距期間過促之言,設果延長至三年半或四年,亦無不可.坎政府所擬定之一九三二年爲下屆會期一節,渠贊成容納此項建議,蓋期間較長,於將來籌備上易於周匝,諒印度支那代表當能諒體茲意.

大會隨通過第五屆協會大會定於一九三二年六月在坎境溫哥華埠舉行一案.

(戊)協會用語問題.

主席宣稱印度支那代表建議協會大會用語,英法並重一案,數月前已提交代表各機關討論,復請印度支那代表 Blondel 簡單向大會公開陳述. Blondel 聲述國際會議語言統一殊爲要素,列席本會以來,已有充分證明,因此之故,願將前所建議之大會用語,英法並重一案,自勤撤消.

主席深贊此說,並欽佩印度支那代表 Blondel 種種協助本協會之態度,一以協會之便利爲前提,至不惜犧牲一己之建議.因復敍上屆東京會議櫻井博士會長就任時演詞中關於統一大會語言之一節,其言曰:"大會語言之統一,確爲切要之事件,而大多數國家對於研習太平洋有關各問題,最感興趣者類都嫺於英語,而英語又爲諸種語文中最具普遍性,故本協會當然採用英語爲公用語文,一循慣例而爲之,毫無疑問,引用以來,迄未感覺任何困難之點.復次語言龐雜,致因之引起相互間誤解與猜疑,致缺乏同情感念,無法以建設真摯友誼之基礎洵爲人類大不幸之事件.深願諸位科學家以犧牲服務之精神盡一己及一國之所能,均致力於英語之研習,視爲唯一之外國語文,以圖世界之進步.並深盼統一大會用語,在太平洋科學協會永久保持,爲一重要問題,且將爲其他國際會議統一用語之倡導表率."

主席復詢其他各理事對此問題之意見.

Andrews 聲稱依渠意見櫻井博士所論確極圓滿,無可置喙.

Vaughan 引會章附則第七條內載:"英語定爲協會常用語文,但他種語言於必要時經會議主席裁可,並准引用."

主席復言法語之清新流麗,久當選擇爲國際語文,但統一用語,選用單一語言爲便利,實無法以否認而違背之耳.

Hatai 復述櫻井博士堅持引用英語爲協會用語之意見.

Vaughan贊同櫻井之說,以爲中日兩國人民,歐陸語文不無感覺困難之點,唯多習英語,設於英語外再引他種語文爲通常協會用語,對益予兩國人民以不便利之處。

翁君言中國硏習外國語,亦以英語爲最多,並附述中國將來深願接待協會涖境開會之意,主席表示謝忱。

Fraser述坎拿大在太平洋沿岸不用法語,唯在東部則仍有用法語者。

Hatai復言東方習法語視習英語爲困難。

主席遂以英語定爲協會用語一案付表決,全體贊成。

(巳)議案股報告。

主席請議案股主任Went報告該股工作經過。

Went隨將該股所列議案,逐條宣讀,略加修正後,卽預備提交大會,各代表對於所提議案之意見,槪述如下：

(議案二至四) Fischer述斐列濱無地質測量。

(議案四)翁文灝詢中國北部應否依法協作,Blondel稱本案特別關於熱帶各國。

(議案十)Vaughan稱本案所述各節,已由兩委員會進行在案,應予撤消,以省繁複。

(議案十四乙)Vaughan允以有關之各海軍表供給執行股。

主席末復聲稱此次提案,涉及請設專科委員會者意有七案之多,可決爲最佳之結果。除已設立之海洋珊瑚礁委員會,火山熔岩委員會,人類學委員會三委員會外,將更爲進一步之工作，務使協會之所研求，爲永久而有實效，庶與協會創設原旨相合.

(附註)議案分峽已於六月二十日通函附寄代表各機關.

(庚)醫學或衞生學農林學等及其他科學，不純屬於太平洋範圍內者之參加協會問題.

主席宣稱澳洲學術研究院來函提議第四屆協會爪哇會議應組設一關於醫學研究組，專論氣候人種及經濟狀況對於人類之影響.澳洲在本協會理事會中之代表，應囑爲贊助.是項提議該函封面寄交 Dr. Rutgers 個人，故往返郵遞，致稽時日.

執行委員會答函謂按第一次宣言第九頁所述，遇有討論至某項醫學問題時，委員會深願特設醫學研究組，以應是項需求唯本屆會議中所收論文尚無涉及醫學研究範圍內者，祇有數種非純屬醫學研究者，已歸入人類研究組，一併討論.又其他各國代表機關亦無是項同樣之請求，故執行委員會認爲醫學研究暫無特設專組之必要云云.主席復言現有之熱帶病理遠東協會，乃討論太平洋有關之醫學之機關，頗合于研究是項問題.

Andrews 列舉數種熱帶問題及太平洋附近視爲重要之疾病，如衞生瘧疾絲蟲傳染關節病等等，此均與協會章程第二條有關.

Hatai 言第三屆東京會議，曾設有衞生研究組，主席以爲第四屆協會附設醫學研究組，誠非必要，但第五屆協會開會，遇必要時當然可以組織，本協會素以保持公開研究之精神爲尙也。

Elliot Smith 贊同主席之議，以爲此項建議，係由醫學方面發生，非根源於太平洋科學協會，如絲蟲傳染等問題，可於動物研究組或人類學研究組中加入討論，實無另設醫學研究組之必要也。

Vaughan 述上項討論按會章第十二條，應留俟協會委員會議決之。

Fischer 述將來協會蒞斐境開會之時，願對于蒞會人數稍有制限。又各蒞會之農業代表，有建議於協會中另設農業專會者。據主席之意，對於渠等之主張非不表示同情，唯以農會尙須延納英屬印度暨其他不隸於太平洋各國，上項專會之創設致協會應行研究之範圍過於廣漠，殊難促其實現，然各代表設欲貫澈討論關於農業問題之意旨，似可另成協會，以事研究，本協會一本襲昔公開態度，同爲研求學術集團，倘需相助之處，當不吝爲之，蓋因各種協會蒞會人數，日見其增加，討論境域亦日見其擴大，實非單一協會所能盡量容納，故深願各關徑途，同趨一鵠，較爲得計耳。餘如請設林業組等等專會者，主席之意亦照同樣辦理。

Fischer 表示願盡力贊助依據議案第二十七條而成立之常置委員會。

McLean, Fraser 詢新設立之常置委員會,第五屆協會開會時,應否有所報告,主席以應有報告答之.

(辛)嗣後大會開會莅會會員額數,如代表會員及參加人之人數限制問題.

主席宣稱經第一次常務會議議決,以 Andrews, McLean, Fraser, Hatai, Vaughan 連同主席六員組設特種委員會,為計畫協會將來進行事項.本問題由該會審查後,必可得一具體之莅會人數增加率,Andrews 贊同此說.

Montague, Cooke, Vaughan 三君之意則欲詢明與會各國,就可能招待限度內,擬一參加人員數目,以供本問題之研究.

Went 述歐洲各種協會,對于會員莅會之招待,無若是之繁縟者.

Fischer 述卽如萬國林業會議於羅馬舉行時,所在國除社交上應有之大宴會外,無其他供應.

Vaughan 提議嗣後協會開會莅會人員,自理膳宿,而擔任招待國,可特定某種廉值優待減價折扣辦法,殊為兩得其宜.

Went, Andrews 及主席遂動議選舉特委會委員如下:

主席 Dr. S. Hatai

委員 Prof. E. C. Andrews

　　　Prof. C. McLean Fraser

　　　Frof. Dr. T. W. Vaughan

Prof. Dr. O. de Vries

本會開會以前Fischer復表示"太平洋科學協會歷史"之編纂,應總承前會長 Gregory 之工作,務竟全功而止。

下午八時十五分主席宣告閉幕,並致謝莅會理事。

社　聞

理　事　會　紀　錄

十九年三月十七日下午五時，在上海社所開第八十六次理事會.

出席者　秉志　周仁　胡剛復　竺可楨　王璡　楊孝述

主席　竺可楨　紀錄　楊孝述

一　通過　鄔保良　高露德　趙進義　金劍清　梁夢星　閻敦建爲普通社員.

二　生物研究所建築費預算原定三萬元，今承造投標最低額爲三萬六千五百元，再將水電設備等計入，不敷約一萬元，應如何辦理案.

　議決　該項建築准由朱森記承辦，一面請楊允中與朱森記商減造價，所缺一萬元由本社向中華文化基金董事會請求補助.

三　社員宋梧生先生介紹，擬將其亡姨妹謝女士遺產約一千元捐助本社，作一永久紀念，其目的在提倡科學及獎勵科學人材，應請指定用途案.

　議決　仿高女士紀念獎金辦法，專款存儲，逐年取息，作徵文之獎金，並在圖書館內獎金題名碑上題名，藉留紀念.

四　竺可楨提議本社已故名譽社員張季直先生前爲本社贊助甚力，應如何永久紀念案.

　議決　生物研究所開幕，本致獻於張先生者，俟該所新館落成，植碑紀念.

五　秉農山提議本社生物研究所擬規定本所教授，在所服務，每閱七年，得休養一年，在休養期內仍支原薪，惟以出洋研究者爲期，其以資自備，請公決案.

　議決　通過.自本年起算實行.

六　王季梁提出本年度高女士紀念獎金徵文,應即指定學科,並推選徵文委員案.

議決　本年度學科指定物理學,公推胡剛復丁巽甫葉企孫為徵文委員.

七　留法社員張作人提議本社每年所出論文專刊,應分送社員案.

議決　論文專刊分送,以該年度納費社員為限.

本社廣州社友會會議錄

(十九年三月十四日)

出席者　陳宗南　趙進義　何衍璿　伍伯良　黃巽　李應南　梁孟齊　張雲　許崇清　黃炳芳　邱峻　高露德　沈鵬飛　金湘帆

主席　陳宗南　　紀錄　沈鵬飛

開會如儀.

　　報告事項

1. 舊社友從新登記者共十六人(已交費者十二人).
2. 新入社社友共六人(已交費者三人).
3. 現收欵項共六十五元.

　　討論事項

1. 加推徵求新社友委員案.

　　(議決)　加推伍伯良黃希聲許志澄金湘帆四社友為徵求新社友委員,另由現時各社友每人擔任徵求新社友二人.

2. 請政府指撥浮邱寺為本社社址案.

　　(議決)　請伍伯良先生先行調查,再請金湘帆許志澄兩先生前往公安局接洽.

社 聞

美國分社消息

美國分社,停頓已久,以致本社對於中美間科學界之情形及社員之聯絡,頗感隔膜.去年冬本社理事會公推梅貽琦君將美國分社重行組織.最近接到梅君報告,知已徵得新社友三十餘人,分社業已成立,推定梅貽琦為理事長,吳魯強為書記,黃育賢為會計.本年夏間並擬與工程學會或化學會聯合開一年會云.

理事會紀錄

十九年六月二十四日在上海大加利開第八十八次理事會.

出席者　翁詠霓　趙元任　任叔永　楊杏佛　王季梁　胡剛復　周子競　楊允中

主　席　任叔永　紀　錄　楊允中

(一) 任叔永提議本年年會日期原定八月一日至五日,但為便利各處教暑期學校者到會起見,應將會期略予延遲,轉提請覆議案.

議決　本年年會日期改為自八月十二日至十六日.

(二) 楊允中提出本社上海圖書館建築費器具費至少須超出預算約一萬四千元,應如何彌補案.經原提議人說明原定預算為十萬元,因添置熱水暖房等設備,工程項下已超出預算七千七百餘元,此外尚須購置電器木器幻燈等設備,約需六千餘.

議決　超過一萬四千元,設法籌墊,于必要時得以基金作抵.

(三) 通過　何思源　鄭肇經　楊振聲　凌炎　唐燾源為普通社員.

社 聞

本社第十五次年會記略

本社第十五次年會于八月十二日至十七日在青島大學舉行,到會註冊社員五十五人.第一日開幕典禮甚盛,由社董蔡子民先生主席,有來賓市長葛敬恩,教育廳長何思源,中央委員張道瀋,青大校長楊振聲,及社員陳宗南,任鴻雋,楊杏佛,竺藕舫等演說.會期內宣讀論文二十四篇,總幹事,會計,圖書館長,生物研究所所長,編輯部主任,各有詳細報告,社務會通過議案十七件,其中以切實組織科學教育委員會,科學咨詢委員會,改理事會人數為十五人,論文專刊年出四期,援助青島觀象台撤消日本職員等案,為最重要.公開演講凡二次,蔡子民講實驗的美學,秉農山講人類天演問題,楊杏佛講婚姻問題.改選理事五人,由任鴻雋,王璡,周仁,高君珊,錢寶琮當選.改選編輯員:王璡當選編輯主任,趙元任,翁文灝,吳有訓,曾昭掄,秉志,任鴻雋,周仁,王崇植,胡先驌,蔡元培,姜立夫,錢崇澍十二人當選編輯.司選委員由吳有訓,陳宗南,姜立夫當選.查賬員由何德奎,甄季高當選.科學教育委員會由張子高,丁緒寶,王季梁,錢崇澍,姜立夫,周厚樞當選.各團招待宴會者有青島大學,山東省政府,青島市政府,膠濟鐵路局,青島市港務局,工務局,教育局,社會局,農林事務所,青島總商會,青島觀象台十一團體.東北海軍司令部特派江利軍艦招待遊覽嶗山,並在華嚴寺歡讌.年會詳細情形,另有年會紀事專刊出版,茲不具述.

理事會紀錄

八月十三日下午九時在青島大學開第九十次理事會.

出席者 秉農山 葉企孫 竺藕舫 楊杏佛 任叔永 王季梁 周子競

主席 竺藕舫 紀錄 王季梁

科學新聞

中國科學社第十六次年會紀略

本社第十六次年會于八月二十二日至二十六日在鎮江舉行,實到社員七十二人,大都下榻焦山,社務會論文會亦均在此舉行,茲紀略如次:

八月二十二日下午在教育廳舉行開幕典禮,同時並有小規模之科學成績展覽會,到社員來賓一百五十餘人,由蔡孑民先生主席,略述本社之過去,水災與科學之關係,並致謝省政府之招待。次有鄒樹文,竺藕舫,丁緒寶,陳宗南,錢寶琮,汪典存,王季梁諸君相繼演說,攝影散會。

八月二十三日上午開社務會,王季梁君主席,有本社各部報告,對於科學編輯有所討論。下午請美國洛夫教授在教廳禮堂公開演講,題為科學對於農業之重要。

八月二十四日上午宣讀論文,竺藕舫君主席,宣讀者及文題如次:

秉 志	Zoological Notes on the Lower Yangtse Valley.
秉 志	The Latency in Producing Effect on Limbs by Electric Stimulation on the Cerebral Cortex of the Guinea Pig.
蔡 堡	蛙類性腺之分化,互變及與腦下腺之關係.
紀育灃	The Molecular Rearrangement of 2—Ethyl-Mercapto-4-Methyl-6-Thiocyanpyrimidine into its Isocyanate Modification.
紀育灃	The Preparation of Iodophenols through Mercury derivatives.
胡 澤	四川銀耳之研究.

下午參觀合眾蠶桑改良會之育種場。

八月二十五日上午開第二次社務會,王季梁君主席,選出王季梁君為楊辑部主任.通过.编辑十二人由年会选八人编辑部主任就其所在地推其余四人于理事会聘任之.选举结果以翁文灏,秉志,蔡元培,竺可桢,曾昭抡,胡先骕,周仁,胡刚复八君当选为下届科学编辑.

下午开第二次论文会,秉农山君主席.宣读者及文题列次:

丁绪宝　在旋转地球上上射物体之偏距.

　　　　牛肉绦虫之少效西药及有效中药之经验谈.

黄金吾　鸡脚洋棉之发见.

罗　河　桥梁第二应力之最小工作原理分析法.

其余论文因著者未到未能宣读者如次:

庄长恭,马集铭　A Preliminary Report on the Chemical Constituents of the Chinese Drug Yuan-Shen (玄参).

庄长恭,田遇霖　A Preliminary Report on the Chemical Examination of the Chinese Drug Lang-Tu (狼毒).

庄长恭,张维屏,沈海峯　A Preliminary Report on the Chemical Constituents of the Chinese Drug Tse-Hsien (泽泻).

罗宗洛　Studies on the Absorption of Ammonia and Nitrate by the Root of Zea Mays-Seedlings, in Relation to the Concentration and the Actual Acidity of Culture Solution.

余兰园　哈斯蜺之研究.

余兰园,陆志安　氟氯离子对于高锰酸钾标准溶液之影响.

曾昭抡,朱汝华　Tastes of Some Derivatives of d-Glutamic Acid.

曾昭抡,朱汝华　Optimum Conditions for Preparing d-Glutamic Acid Hydrochloride form Wheat Flour Gluten.

张仪尊,曾昭抡　The Reaction between Isonitrosoacetophenone and Phenylmagnesium Bromide.

曾昭掄,張儀尊	The Reaction of Polyhalogen Compounds on Magnesium in Ether Solution.
王葆仁,曾昭掄	An Improved Procedure for the Preparation of Nitromethane by Kolbe's Synthesis.
王葆仁	Ammoniacal fuchsin solution as a Reagent for Aldehydes.
王葆仁	The Reaction between Nitro-Compounds and Grignard Reagents.
黃友逢	Death Temperature of Spore bearing Bacteria.
蔡方蔭	Mohr's Stress Diagrams and their Applications.
李之常	中國東南部造山運動.
周培源	Diamagnetism of Free Electrons in Metals.
薩本棟	Application of space vectors to the solution of three phase electric networks.
吳有訓	Scattering of X-Rays by Monatomic Gases.
吳有訓	On the Intensity of Total Scattering of X-Rays by Polyatomic Gases.
吳有訓	Temperature and Diffuse Scattering of X-Rays from Crystals.
龔祖同	A Modified Form of Discharge Tube and Lichtenberg Figures.
嚴濟慈	氫的連續光帶.
陶延橋	國內植物鞣革材料之考查.
倪尚達,王佐清	測量調幅百分數之又一法.
晉遞春	利用木炭瓦斯運轉自動車之新法.
李寅恭	森林與水利.

五時在公園演講廳公開演講,羅家倫君講"史學新義". 竺藕舫君講"七月份長江下游雨量特多之原因."

八月二十六日鎮江社友二十人全日招待到會社員遊覽名勝,第十六次年會於此告終.

雜俎

中國科學社第十七次年會紀事

本社第十七次年會于廿一年八月十三日至廿日在陝西西安舉行,年會職員如下:年會名譽會長楊虎城,年會委員長李協,祕書壽天章,委員李百齡,李儀,楊孝述,許心武,李賦京;論文委員會委員長竺可楨,委員翁文灝,陳宗南,鍾心煊,王璡;會程委員會委員長周仁,委員胡剛復,沈百先,秉志,路敏行;演講委員會委員長楊銓,委員王璡,汪懋祖,任鴻雋,許心武.

本年赴會社員均下榻於民政廳內訓政樓,民廳為唐中書省地,訓政樓為本年之新建築,屋宇巍峨,房舍寬敞,承建設廳預為佈置,會場宿舍莫不處置適宜,飲食尤為注意,是以雖當虎疫盛行之時,而諸社友仍得安心集會.茲將年會情形撮要紀錄如次:

本年年會到會社友共二十一人如下:

王 璡	周 仁	路敏行	凌鴻勛	胡庶華	胡博淵
陳燕山	葛綏成	孫雲鑄	馮景蘭	余謙六	顧鼎梅
朱其清	李永振	徐南驤	沈良驊	孫延中	楊鶴慶
李 儀	李 協	壽天章			

年會之第一日

八月十三日 下午二時在西安民政廳訓政樓大禮堂舉行開幕典禮.出席者社員二十餘人,到會來賓有省主席楊虎城,暨各廳長,新聞記者及西北實業攷察團等六十餘人,由年會委員會委員長李協主席,行禮如儀.

主席致辭 略謂:在這二十世紀民族生存爭鬥的過程中,完全運用科學的力量戰勝一切,也可以說科學是國家和民族間,強而有力的武器.中國之所以貧弱受列強的壓迫侵凌的原因,就是科學不發達,一切的自然現象,和天然富源,沒有充分的力量,和超越的智識去利用牠,貢獻給社會,使人人享同等的權利.中國科學社是國內科學家,暨國外留學生組織而成,各社員均能本着一種創造精神,堅苦毅力,誠懇的提倡科學,督促進行.一切物質科學,工程科學,生物科學,社會科學,現在已經各社員的努力設施,漸漸的在國內各地萌芽了.其他生物地質調查及物質創造,亦有相當的成績.從前開年會,都在沿海各地舉行,這次在西安舉行,確有不可思議的偉大成功.因爲西安是中國古代文化策源地,天然富源的薈萃所.一面舉行年會作實地之研究,一面從事考察,供將來的設施.流通歐美各國的科學方式,普遍於中國各地,然後中國才可富强與列强抗衡云云.

社長王璉報告 本社到西安後,承陝西各界,備極招待,使我們精神上,物質上,種種得到愉快,實深感謝.本社成立以來,實際已有二十年歷史,好像長成的孩子了.本社目的,是在闡發科學與國家之關係.長安爲中國故都,文化策源地,以古代而論,實爲東西文化交接之處,故本社採定爲開會地址,實有深刻的意義.至本社社員研究科學之目的,並非徒務表面,乃是幫助政府之建設.本社組織雖小,而其志甚遠,想把科學提高在中國有相當的地位.現在我們的工作,一方面研究,一方面實習,但因限於經濟,致礙研究進行,後因各方幫助,始成立生物研究所於南京.科學不外兩大類,一,物質科學如工程,理化等.二,社會科學如人類學,社會學等,尤以物質科學爲切要,但同時對於社會科學亦甚重視.至宣傳方面使民衆對於科學先有認識,方法爲出刊物,如科學雜誌,科學叢書,科學通論等,並在上海南京設立圖書館,存科學書籍數萬册.上海爲工業區,有此圖書館,可供研究以期達到本社之目的.此外各地辦理關於科學事業甚多,不及詳細報告云云.

社友凌鴻勛演詞 略謂陝西爲古代文化發祥之地,有許多事業,均已有科學之表現.如禹治洪水,春秋時之鄭國渠,均以科學方法利用或征服自然足见在过去科学事业之发展.现在社会进化,国家强弱更以科学为转移云.

末由社友周仁致词散会,已五时馀,即在训政楼前摄影一帧.六时共赴新城大楼,应省主席之公宴.是晚杨主席除欢迎科学社社员外,并宴西北实业考察团团员.席次由建设厅厅长赵守钰代表主席致欢迎词,略谓:陕西连年灾患,民多四散逃亡,近復虎疫流行,益觉无以为生,然而推究其原因,所谓灾患与疫疠非绝对莫可抵御.昔日禹凿龙门以平水患,近日水利局通泾惠渠以息旱灾,饮食清洁疫疠自不能蔓延,凡此皆可以人力抵御.然而一般人民奔走骇汗,一若天灾之莫可抵抗,坐是失望而不加努力,驯至灾患愈烈而不可收拾,是皆由于不明科学之巧妙.殊不知所谓天灾皆得利用科学方法以解除之也.今承科学家实业家联袂莅临敝省,唤起民众科学之观念,提倡实业之先声,解倒悬而出诸水火,不胜庆幸云.

社长王琎答词 略谓陕西地广物博,祇以连年灾患,以致民不聊生,所谓地有馀利,民有馀力而库絀民贫者无科学方法以为之助耳.邦人君子有鉴于此,竭力提倡,他年民众具科学之观念,知科学方法之万能,利用科学,然後民尽其力地尽其利,不难民殷库裕.本社本年在此开会,到会人数不多,实少贡献,承蒙招待优渥,深为感谢.希望陕省经一度考查,进而建设,以造成灿烂庄严之西京,殷实充裕之都市,他年再有机缘,重来集会,以观厥成,不胜祷祝焉.辞毕进餐,宾主尽欢而散.

年会之第二日

八月十四日 上午八时在训政楼大礼堂开社务会议,出席者社员十二人,列席来宾五人.由社长王琎主席,并报告开会程序.

总幹事杨孝述报告一年来社务状况(由路敏行代表报告).

生物研究所报告(由路敏行代表报告).

会计周仁报告二十年度收支账目及经济状况.

图书馆主任路敏行报告.

常任編輯路敏行報告.

報告畢揭曉當選理事爲任鴻雋,秉志,竺可楨,丁文江,王璡,周仁,胡庶華,徐洪芬,李協.

次選舉本年度職員:

(一)司選委員　　葛綏成　徐乃仁　李　儼　當選.

(二)查賬員　　　何德奎　顧毓羣　當選.

(三)編輯員　　　李　協　李　儼　竺可楨　葛綏成　沈良驊
　　　　　　　　趙修鴻　蕭純錦　楊叔吉　當選.

(四)編輯部主任　王　璡　當選.

選舉畢,通過明年年會地點定爲福州,開封或成都三處,供理事會參致決定之.

下午一時參觀民衆教育館科學運動週開幕,幷由社員朱其清演講無線電,佐以實驗.四時畢講,五時赴西北飯店應教育廳,建設廳,財政廳民政廳,高等法院之宴,至八時始盡歡而返.

年會之第三日

八月十五日　上午八時在訓政樓大禮堂宣讀論文,出席社員九人,來賓列席者四人,由王璡主席.本年論文共十一篇,是日宣讀者共六篇.

(一)李　儼　中國算學史大意,演講 π=3.14159265,四元論,明朝算盤$(a+b)^n$指數係數各種發明比外國爲早.

(二)胡博淵　我國最重要的幾個科學問題(王璡代讀)

(三)陶延橋　國立植物鞣革材料之考查(路敏行代讀)

(四)陶延橋　不受潮之火柴(路敏行代讀)

(五)李國楨　陝西種植脫字棉之結果(演講)

(六)楊鶴慶　全國虎力拉瀾臺傳達之研究及預防法(演講)

未宣讀者有:

(一)倪尚達 王佐清　百分調幅之分析
(二)周厚福　含氯環狀有機化合物誘導體之究研
(三)周厚福　拉曼効應在有機化學之應用
(四)紀育灃　蛋白質含氯誘導體之預備(pyridin)
(五)余蘭園　酸根分析新系統

下午一時遊杜公祠及小雁塔,五時返,六時舉行年會宴,幷邀請陝西省主席各廳長,暨各界人士,計到宴會者共五十餘人,入席後由社長王璡起立致詞,略謂:本社此次來陝開會,深蒙西安各界招待,使本社同人在物質上精神上受到極大的愉快,本社向各界深為致謝.陝西年來在各方面均有勃勃生氣,在科學方面有研究者,有正在作科學事業者,故在一二年後陝西定可放出光華燦爛之異彩,他日同人若能重新來陝,其愉快必更有勝於今日云.辭畢舉杯敬祝在席諸君康健.次由建設廳長趙守鈺代表致答詞,略謂:中國科學社在科學落後之西北開會,使西北民衆能接受科學因緣,望今後科學家多來西北開會,使科學流傳西北云云.

年會之第四日

八月十六日　上午遊覽碑林及城市,下午謁董仲舒墓,赴嶽廟觀畫壁.

年會之第五日

八月十七日　上午出西關赴釣兒嘴,參觀涇惠渠,途次因汽車損壞,遂渡渭水,即於咸陽渡口少憩,復入咸陽城遊覽,返渡口時車已修竣,遂首途渡涇水,直趨涇陽,午飯後赴涇惠渠,沿渠而行,考察河渠工程,放水閘口,以及水道分途之堤等,是渠可灌漑田萬頃,其有利於民生可謂大矣.晚不及返涇陽,宿張家山水利局辦事處.

年會之第六日

八月十八日　上午返涇陽,抵郊外,捨車,步行荒草間,觀前代牌坊,雕縷精細,見藝術之工.午後返西安,途次謁周陵,除文武二陵外,舊代建築已不可見,陵前碑碣略有存者.返咸陽渡河抵西安已四時餘矣.

年會之第七日

八月十九日 上午七時各社員均束裝出東關離西安趙建廳長及西安社友等送至灞橋,始各握別,午餐於渭南,四時抵華鎮,游華山.

年會之第八日

八月二十日 上午八時各社員下山,午抵潼關,下午二時各乘火車出關,第十七次年會於此閉幕.

畢卡教授二次高空測探紀略

比國不魯寒爾大學畢卡教授(Prof. Auguste Piccard)于1931年五月作第一次高空測探詳情見本刊十五卷第1624—1641頁.第二次測探于1932年八月十八日舉行,茲續誌如次:

畢卡教授偕助手柯辛士博士(Dr. Max Cosyns)於今年八月十八日晨五時〇五分,從瑞士之沮利克(Zurich)作第二次升達平流層(Stratosphere)之試驗,平流層高出海面十一公里.二氏在空中約歷十二小時,於下午五時十分平安降落意大利加達湖(Lake Garda)左近之蒙場拔諾(Monzambono).在上升三小時內,即飛抵高出海面16500米之處,在平流層逗留三小時,用科學儀器測量者十一小時,實達高度由氣壓表所測者為 16201 米,由經緯儀所測者為16940米,約十六至十七公里,較第一次更高1000米.在平流層時非常寒冷,氣溫低至攝氏零下36度,而落地時氣溫高至攝氏36度,寒熱相差如是之劇,故畢氏出氣球時精神至為萎頓.

此行之目的為繼續研究宇宙光(Cosmic ray) 及覆驗去年五月第一次上升時所得各種紀錄.經疊次測量結果,佐以此次攝取之宇宙光攝影,畢氏證明宇宙光之強度,隨高度而增,與日前雷格納(Regener)教授用橡皮氣球,攜儀器上升至平流層所得結果適相反.畢氏擬在北美赫貞灣(Hudson Bay)繼

科學

第二十一卷　第二期

科學論壇

一九三七年科學界之展望

『一九三七』將爲歷史上重要之一年，此由多方事實之證示，可無疑義者。吾人本科學立場，不欲作任何驚人之科學預言，以聳聽聞，但本回顧過去，觀察現在，以預測將來之科學推理，未來之科學展望，頗有可得而言者，試抒所見。

在純粹科學研究方面，一九三七年將仍繼續一九三六年未了工作，以期有更新更大之發明，是可斷言；故物質科學之研究，仍將以原子宇宙，核子物理，放射原素，宇宙線，X光，物質轉變，同位原素等近代問題爲研究中心，預料此方工作在本年度將有長足之進展，重要之發現。去年六月十九日在蘇俄，日本國境內有日蝕觀測，各國競組觀測隊，蒞臨參加者不下數十隊，觀測結果尚未正式發表，吾人深信此次觀測，對於天文，氣象，物理諸學，必有若干新貢獻。美國李克天文台（Lick Observatory）之二百吋直徑望遠鏡開已裝成，預料在本年天文觀測研究中定有若干新理之發現，使吾人對於宇宙星辰有進一步之認識。同溫層之探險，不斷舉行，關於高空知識，本年或有新發展。此外關於宇宙構造之理論問題，天文學家如詹因士（Jeans），愛丁頓（Eddington），米爾恩（Milne）諸氏，或將有更新之學說發表。

在生物科學方面，其有進步亦不待言，而研究之中心問題，將仍不外動植物之遺傳與育種諸問題，人類遺傳及優生問題，亦爲時下研究之對象，故細胞，染色體，基因之探討，必大有進展。試驗生物學將仍爲活躍研究之一部門。此外內分泌之功能及性質，維生素之數目及效能，必仍爲事人所喜研，且有所闡發，實驗胚胎學，動物社會學，心理學，生機化學等門，將更有發皇之成績，至於人類進化史之追溯，最爲人類學家，地質學家，考古學家所注意。較艱深之物種由來，生命起源諸問題，爲數千年來所未能解決者，或能因今日其他各種科學之進步，而能獲得新解釋，如宇宙綫與物種由來有關係，已有人擬議之矣。附麗於生物，物理，化學之醫藥學，每年均有可觀進展，或於醫理有所闡明，或發明治療新法，本年料亦有正常之進步，增加人類之幸福，而難題如癌病，亦望能有治療法出現。他如農林科學之研究，除本身進步之外，又可因生物學之進展而促成之。

至若應用科學之後來居上，更無疑義，吾人可預測因機器製造之益精，無論汽車，輪船，飛機，其速率，高度，安全，必將打破一九三六年之紀錄。環球不停飛行，在本年或可慶成功，縱不成功，亦必有新紀錄出現。飛機聲響問題，定爲聲學家及機械工程師所欲得而解決之問題，環球航運本年必能完全聯絡成功，且設備安全。大西洋上今年定有較馬麗皇后號更快之輪船出現，歲暮伊始，美國福特汽車公司宣稱有價廉物美，乘坐安全之新汽車製造成功。關於電之應用尤其無線電，將更加推廣，無可疑問；電傳術之使用，將可求其普遍化。總之，一切科學研究，將各擴大其領域，增加其應用，長進人類知識，豐滿人類生活，在「一九三七」之一年中，必能百尺竿頭，更進一步，可預卜也。

因科學進展之結果，而影響於國際大局者，則本年尤非去年可比，吾人不難臆斷「一九三七」乃世界和戰運命所繫之一年，試一觀察列強歷來從事於戰爭的科學準備，至今年各達其最高峰，或告一相當段落。例如蘇我之第二次五年計劃，本年爲完成之期，所謂五年計劃者，無一不以科學建設爲主幹，如資源之探採，農工業之興建，皆獲超過預期之成功，因之蘇俄東西國防，藉以增強。再如德國之重整軍備，在去年之末已告成功，今後工作，在謀經濟建設，原料自給，戈林將軍宣稱，須利用科學達到此目的。至於擁有強大海軍之英，美，日三國，至本年因不受華盛頓與倫敦海約之束縛，將入於自由競爭造艦之一途，同時太平洋上各島嶼之設防限制亦已取消，關係各國皆準備傾其全力趕造軍艦及設防工作。又英，意，法，德，蘇，美，各強國之銳意擴展空軍，更不惜通過龐大預算，以謀達到此目的，日本爲謀強化國防起見，至以政府歲入之半數，盡供軍費。凡此如火如荼之軍備競爭，無一非利用科學尖端，至本年愈形尖銳化，對於國際和平，施以莫大威脅，展望前途，誠令人憂心如擣，在此種情勢之下，苟非強有力者出而斡旋和平，實行減縮軍備，倡導非戰運動，則世界第二次大戰，在本年之內，因列強間之利害衝突，與軍事之準備完成，萬難倖免。故曰就科學立場觀察，本年將爲世界和戰所繫，決定運命之重要的一年。果極端帝國主義者，至此戰爭一觸卽發之前夕，本天地有好生之德，體人類愛好和平之心，不忍見此燦爛文明，遽趨毀滅，幡然改悔，勒馬懸崖，重向和平途徑，解決一切國際糾紛，則撥雲霧而見青天，使全世界人類永受和平之福，其爲欣幸爲何如耶！所望世界科學家，本科學求眞理之高尚意旨，爲人類造幸福之最後目標，一致聯合起來，對於直接殺人的科學研究，誓不從事，則世界縱有二三野心家，軍國主義者，亦必失所憑藉，無所用其技矣。所謂科學的裁軍，應莫善於此。

　一九三七年之科學展望，在國際如彼，然則在吾國爲何如乎？吾人以爲吾國本年科學事業之展望，頗可樂觀，蓋近年以來，我國科學事業頗有進步，爲社會各級人士所公認，觀乎去年七科學團體在北平年會所宣讀論文之多，與各研究機關及大學中之成績報告，甚爲發皇，可以想見。現在政治統一，國家組織更臻強固，則在政治安定條件之下，本年科學事業，繼往開來，理應更有長足進步。至於科學建設，尤其在交通方面，近年頗呈突飛猛進之狀，如各省縣之電話線，無線電，公路，及以國內主要鐵路之趕造，成績昭昭在人耳目，不必備述，預料今年建設成績，更當駕往年而上之。且錢塘江橋之完成，浙贛路之告竣，京粵通車皆指日可期，成渝，川湘，湘黔，湘桂，廣汕各路，均在加緊工作，導淮案已初步成功，擇期舉行放水典禮，凡此皆將爲本年科學建設成績之可預卜者。吾人更希望政府高瞻遠矚，于本年施政綱要中，將發展科學研究，與建設科學事業，列爲要目之一，用雄厚力量，大宗經費，切實推行，已有機關宜謀充實，私立機關分別獎助，待創辦者宜速籌劃。例如目下國內各種科學研究機關，數量均嫌太少，且部門均不完備，宜師先進各國，將應有盡有者，在整個計劃之下，次第設立，以圖完善。又如各種輕重工業之製造廠，在吾國尚極缺乏，急宜用國家力量，籌辦汽車製造廠，飛機製造廠，鍊鋼廠，木材廠，造紙廠，及其他各種化學工廠，及兵工廠，此皆直接關係國防建設，籌設經營，不容一日或緩。至於鑛產之勘探，動植物資源之開發，民族文化之研究，籌水利，興農林，現在雖有若干機關努力從事，且見成績，然以吾國之大，物產之豐，實嫌供不應求，專家太少，亦應由政府作更大規模之籌劃，使之盡量發展，務期十年之內，將吾國必需之各種科學事業，次第建設成功，引上軌道，以爲建立現代國家之基礎，而本年實爲最適當之開始時期。吾人於展望之餘，懸此鵠的，國家隆替，胥將於此卜之矣。

照斯篤曼(Störmer)教授在挪威及其他地方研究的結果,我們現在能夠很準確的知道極光的高度,這種高度的確定乃是由於同時在很遠的地方攝取極光的相片得來的.從觀測中知道極光的頂端可以至離地 400 粁或以上的高度,其底部却有一顯著的界限,卽約在 100 粁高度處,我們必須記住,用無綫電波測量的結果,由於帶電的質點而產生的導電層亦恰正在這個高度特別顯著.

本社昆明社友會成立

本社在滇社友,爲數頗多,且有逐漸增加趨勢,爲謀社務之促進及社友之聯絡,乃籌備昆明社友會,由熊慶來,何魯,嚴濟慈,周仁,趙元任五君負責進行。茲已於二十七年七月十六日下午四時在雲南大學禮堂開中國科學社昆明社友會成立會。是日下午大雨傾盆,到者二十餘人,通過會章六條,周子競報告本社近況,選舉理事長熊慶來,書記何魯,會計嚴濟慈,由趙元任唱社歌,茶點後盡興而散。

科学

科学论坛

一年挣扎

刘咸

1938年为国际政局最混沌杌陧之一年，在吾国，则更为有史以来最艰钜创痛之一年。国际之事，姑不具论，试就吾国情状，略加检讨。自一方面观之，本年为吾国存亡关头所系，贞元绝续之交，国土横被侵凌，主权备遭蹂躏，人民伤亡以百万计，财产损失不可胜数，实吾国有史以来空前浩劫，言之痛心；但从另一方面言之，本年遭遇，意义重大，不仅表现吾人为国家民族求独立自由而奋斗，同时更为世界和平正义而牺牲，艰苦卓绝，旷世罕匹，且抗战之外，实行建国，如发展交通，开拓资源，训练民众，改进教育，在过去一年中，成绩斐然，继续努力，必底于成。故本年虽为最可惨痛之一年，同时亦为最可宝贵，最可欣慰之一年。

更就科学界论，战前科学事业，蒸蒸日上，研究机关林立，学会蝟兴，刊物之多，有如雨后春笋，气象蓬勃，颇具现代国家之规模，乃经战事摧残，大学，研究所，图书馆，以及其他文化机关，十之七八均被燬于敌人之飞机大炮，其幸而孑遗者，则又辗转流徙，损失綦重，科学刊物，则大都因人力财力支绌，被迫停刊，以致莘莘学子，平日所恃为知识资粮者，一旦中断，其为打击，与所受影响，更非物质损失，所可比拟，殊堪浩叹！

在此惊涛骇浪，历史鉅变中，本社事业所受影响，亦匪一端，本社唯一研究机关之生物研究所（在南京）之被燬，即其明证。至于经费来源短绌，尚在其次。惟本社为纯粹科学团体，本科学寻求真理，维护正义之精神，不屈不挠，尽忠事业，本此信念，本志虽在极端困难情形之下，仍力图挣扎，藉谋继续，一年以来，虽稿件缺乏，纸墨腾贵，交通阻滞，销路欠畅，经勉力支持，得不中断，继续为科学界服务，略尽非常时期之义务，杂志分量容有减少，内容仍旧一贯，保持向来风格，以视並世同道之受战事影响而停顿者，则又不幸中之大幸，此则本社所引以为自慰，敢以告慰於国人者也。

兹者岁暮天寒，本卷亦依时令而告完成，迴溯一年来之经过，其情形颇类吾国抗战之整个过程。年初积稿用罄，困难倍增，大有被迫停刊之势，乃持以坚定，多方徵求，前後承本社社员及各方读者，不遗在远，航邮惠稿，少甦涸鲋，深信否极泰来，不远而复，本志前途，重见曙光，此各方爱护本志之殷情，为编辑同人所引为衷心感谢者也。

复次，本志稿件之审定，向请顾问编辑相助为理，乃自军兴以来，道途多阻，势不能寄至内地请求审查，故本年顾问编辑，概请在沪服务者任之，多承不弃，悉心评阅，良深感荷！至於未负名义，甚或非本社社员，而为本志评阅文稿者，亦所在多有，尤切铭感！

往者不谏，来者可追，黑暗既去，光明斯复，希望明年本志，更能力求充实，恢复前规，本志同人悬此为鹄，用以自勉，尤盼海内外科学专家，进而教之，则幸甚矣！

內，來做匆促的研究。不過全蝕時景象，較為壯觀。日冕是包圍太陽四周面積極大的純白色的光芒。日冕性質，是否屬於太陽，當初也成疑問，現在多證軸是太陽上的一種光電現象，屬於太陽，是無問題了；不過牠的光譜，牠的詳細性質，還有許多等待研究，而日冕的光力，却非常微弱，只要全食一過，生光的時間一到，牠就立刻隱滅不留踪跡。

除了日珥日冕以外，用分光儀來觀測，可以看見或者攝得一種特別的光譜，名爲閃光譜，這是太陽反變層的作用，其中詳細，至今還要研究。

近年還有一種特別興趣的觀測，就是按照愛因斯坦相對論的結果，蝕線經過太陽的表面，應有的屈折，要在太陽的切近處測量星光的屈折，自然非等待全蝕不可。自1919年以來，每逢日全蝕，天文家就努力這種觀測，結果證實愛氏學說，非常正確。

全蝕開始和終了的時候，還有兩種現象：一種就是倍里珠，這是日輪逼成一線時，愈逼愈細，最後這一線，似乎斷裂，成為點點光珠，這不過是日光通過月邊的山谷極小一點，因為光强而化成光珠的；第二種是影帶，這是在將盡未盡時，在地面上發生移動的光暗浪紋，這大槪是氣象的現象。以上二種，都算是次要的現象，並且都可以用肉眼看見。

近來也有用飛機來拍全蝕時月影照臨的界線，以定月球的精確緯度的，這又是一種新的觀測方向。

日蝕觀測，在科學上既然是估重要的地位，因為機會的難得，時間的短促，所以天文家和物理家，都用全力來觀測。中國天文學會前經聯合各學術機關及團體，組織中國日蝕觀測委員會，對於明年9月21日的日全蝕，已決定派觀測隊前往觀測。一般民衆，要知道日全蝕現象的大觀的，自然可自由觀測，並且一般民衆觀測的結果，亦可供專門學者研究的參考。一般民衆可能觀測的問題，如時刻觀測，偏蝕觀測，全蝕繼續時間的測定，全蝕界線的決定，日冕觀測，景色變化觀測，肉眼看見星數的檢查，天空暗度觀測，影帶觀測，氣溫觀測等，各位如果要知道觀測的方法，可以寫信去問昆明中央研究院天文研究所。

中國科學社第二十二屆昆明年會記事

劉重熙

1 籌備經過

本社第二十二屆年會原定於26年8月間在杭州舉行，嗣以"七七"變作，時局緊張，至"八一三"滬戰爆發，全面抗戰展開，形勢尤為嚴重，理事會於鄭重攷慮之餘，乃宣告延期；直至29年3月開理事會在渝開會，議決本屆年會定於本年9月14日至18日在昆明舉行，假國立雲南大學為會場，並推定熊慶來，任鴻雋氏等十人為年會委員，擔任籌備事宜。籌備委員會先後於5月13日及7月13日開會二次，公推熊慶來氏爲委員長，並推定會程，論文，及招待等分組委員會各委員（名單見第6節），共策進行。

爲舉擴大集會起見，復邀請中國天文學會，中國物理學會，中國植物學會，中國數學會，及新中國農學會等五學會加入，舉行聯合年會，經各學會復函贊同，並由每學會推定年會籌備委員二人，會程，論文及招待各組委員會各一人，加入本社年會各委員會，共同籌備，以利進行。聯合籌會復於7月29日及9月6日舉行會議二次，討論年會中之一切應辦事宜，分工合作，極稱安洽。

3 會況紀要

9月14日註冊，本社社員及各學會會員出席者共180人，就中以本社社員爲最多，共62人（隸屬所個團體者不計），惟此抗戰方殷，交通困難，社員遠道赴會者，頗不乏人。

15日上午9時在雲南大學大禮堂舉行開幕典禮，由熊慶來氏主席，到農林部，雲南省黨政各機關代表，及各學術團體代表，來賓及年會全體會員等，都二百餘人。行禮如儀後，由主席致開會詞，略謂：

"此次六學術團體於時局緊張期間舉行聯合年會，各會員多遠道前來參加，集二百餘學術界之精英，濟濟一堂，復蒙鄭院長，翁部長先後來電祝賀，龍主席賜詞勗勉，及各機關長官，各界來賓駕臨指導，不勝興奮之至。中國科學萌芽最早，近年來尤有長足之進步，雖無偉大發明，但與國際科學水平，已漸趨一致，因此遂引起某邦嫉視，"七

七"事變以來，我學術文化機關雖多被摧毀，但我學術界同人，不惟不因此而氣餒，反努力作深湛之研究，其成就實非淺鮮。有人謂我國目前之科學任務應注重在實用方面，對於理論則暫置不談，其實理論卻所以指導實踐，其間有密切之聯繫，不應有任何方面之偏廢，六團體本此精神努力邁進，相信對於抗戰建國工作，實有莫大之幫助"。

繼宣讀考試院戴院長，經濟部翁部長及中央研究院總幹事任鴻雋，唐山工學院院長茅以昇諸先生賀電。戴院長賀電云："雲南大學熊校長轉中國科學社，中國天文學會，中國數學會，中國物理學會，中國植物學會，新中國農學會同鑒：閱報悉貴學會等開聯合年會於昆明，不勝欣感！科學進步，爲抗戰勝利與建國成功之堅固基礎，亦爲推進抗戰建國工作之偉大動力，敬祝此次之聯合大會獲得美滿之成績，並使中國之科學與國家生存，人民生活，時時事事成爲不可分之共同體，更敬祝諸君心身康健，一切成就。戴傳賢文印"。

旋經大會通過電林主席，蔣委員長，龍主席，及前方將士致敬；次由六團體代表李書華氏報告各該學術團體之歷史及概況；再次由主席宣讀龍主席勗詞，詞云：

"吾國學術，源遠流長，以自然科學言，自伏羲，黃帝時代，醫藥，算數，天文星象，已奠始基，姬周農業發達，稼穡桑藝，設置長官，人民安土重遷，生活優裕，百工技藝，應運而興，數千年來，蹇逢不斷，其間如印刷，製紙，磁針，火藥諸端，遠播西歐，有裨於現代物質文明者，殊非淺鮮。惟因歷朝政府，偏重農業，以工商爲淫巧末技，加之抑制，

而一般士大夫，亦尊崇形而上之道術，不屑講求人生日用之技藝，致使先民辛苦發明之種種科學，不克充分闡揚，見諸實用。及海禁既開，朝野震於西方堅甲利兵之猛烈，乃始更改學制，提倡實科，數十年來，在政府與科學界人士不斷努力之下，漸為世人所重視，研究科學之各種社團，亦如雨後春筍相繼萌生，此實為吾國學術上之一大轉機！茲者，中國科學社等六學術團體，聯合舉行年會於昆明，在此抗戰緊張之時期，諸君不避艱辛，遠道來赴，濟濟蹌蹌，互相切劘，愛護學術，樂道不倦之精神，吾人至為佩慰！夫自然科學，廣大精微，愈研愈深，皓首難窮，於此抗戰建國分頭並進之時，研究科學，常以實用為依歸，舉凡國防工業，及種種生活必需品之製造，皆有待於科學技能之研究改良，我後方各省，地利未闢，蘊藏豐富，若能切實探求，就地開發，利用土產，代替洋貨，裨軍民所需，不待外求，則最後勝利，藉此易於達到。吾國習慣，向以多才多藝為能，今則科學分類細密，必須專門，乃能精進，與會諸君，平日隸屬各個社團，單分類策，殊途揚鑣，此後專研覃思，互相合作，由縱的行進而結為橫的連鎖，其發展當更迅速。憶自抗戰發動以來，各界學人，相隨西徙，多能埋頭工作，為國家新建設而努力，今日盛會展開，羣策羣力，共謀進展之方針，繼續以往之精神，造成學術界之新氣象，其前途正無限量！滇省在昔為交通阻滯之奧區，今則四通八達，遂使各學術團體，得以開會於茲，此次六團體年會，聚各種科學人才於一堂，尤屬難得，徒因時局緊張，不克從容招待為憾，開幕盛典，聊進蕪詞，敢諸君努力進步！"

繼由張西林，查良釗，梅貽琦，葉企蓀諸氏相繼演說，時已近午，攝影禮成。

正午赴中央研究院，北平研究院，西南聯合大學，雲南大學，同濟大學，中法大學，中正醫學院，上海醫學院等八學術團體公宴，地點即在雲大，席間由李書華氏代表八學術團體致歡迎詞，由何尚平氏代表本社及各學會致答詞。下午2時至5時天文學會，數學會，植物學會，農學會分別舉行會務會議，同時宣讀物理學論文，5時起，何尚平氏在雲大作公開講演，題為："雲南農業與專業農村"，6時散會。

16日上午9時至12時，宣讀動物學，生理學，化學論文，並同時由湯惠蓀氏舉行專題討論，題為："雲南農業經濟問題"。下午2時至5時宣讀數學，物理學，天文學，植物學，農學論文。5時起分別由高魯氏公開講演"天體物理學演進"，任之恭氏講："無線電學在國防問題上之應用"，聽者甚眾。

17日上午9時至12時，宣讀數學及植物學論文，同時物理學會舉行會務會議。下午2時至4時，本社舉行社務會議，4時至6時公開講演，由謝家榮氏講："雲南的礦產"，顧毓功氏講："物理探礦在易門之實施"。7時年會集餐，席間由吳有訓氏代表六學術團體致詞，並向各學術機關及年會籌備委員會致謝，末由年會主席熊慶來氏致詞散會，極為歡洽。

18日上午9時起，赴昆明附近各工廠參觀，至下午6時返城。19日隨意遊覽及參觀，晚7時25分由李書華氏在昆明電台作廣播講演，題為："民國三十年九月二十一日日全食"[1]。年會至此遂告終了。

3 本社社務會議

9月17日下午2時，本社舉行社務會議，公推周仁氏為主席，首先代表本社理事會宣讀二十五年至二十八年度總幹事，編輯部，圖書館，生物研究所等分部之報告，及本社該四年度之財政狀況，當經一致接受。

次由沈嘉瑞氏代表司選委員會報告本屆理事會選舉結果，由秉志，竺可楨，翁文灝，胡剛復，劉咸，趙元任，吳有訓七人得票最多，當選為理事。至董事早經提出范銳，葉揆初，金紹基，盧作孚，胡適，翁文灝六先生為候選人，經討論後，舉行決選，結果翁文灝，金紹基，葉揆初，盧作孚四人當選為董事。次推定下屆司選委員，結果沈嘉瑞，何衍璿，何尚平三人當選；復次推舉查賬員，何德奎，潘序倫二君當選，最後議決下屆年會地點，在成都，貴陽二處擇一舉行，於4時散會。

4 年會論文

本屆年會在時局緊張中舉行，共收到論文115篇，非常時期，有此成績，難能可貴，均於年會期中分下列各組一一宣讀，理論互著，應用文章，兼而有之，裨益於抗建事業，當非淺鮮，茲分類如下：[2]

(1) 物理學組論文　　40篇
(2) 數學組論文　　　35篇
(3) 植物學組論文　　13篇
(4) 農學組論文　　　6篇
(5) 天文學組論文　　5篇
(6) 生物學化學合組論文　16篇

5 年會職員

(1) 年會籌備委員會：熊迪之（委員長），葉企孫，曾昭掄，吳定良，梅貽琦，任鴻雋，嚴濟慈，周仁，何尚平，沙玉彥。

(2) 會程委員會：周仁（委員長），何尚平，梅貽琦，任鴻雋，李書華，楊孝述。

(3) 論文委員會：曾昭掄（委員長），嚴濟慈，吳定良，葉企孫，楊鍾健，竺可楨，胡先驌，錢崇澍，王守競，姜立夫，劉咸。

(4) 招待委員會：梅貽琦（委員長），李大鈞，張裕，沙玉彥，李權侗，趙雁來，丁嗣賢。

此次年會適以越南局面緊張，交通修阻，致平，津，滬，寧各地社員，多不克前往參加，然後方社員猶不遠千里，恭臨盛會，益以其他五學會聯合參加，共襄盛舉，獲茲成績，要足珍貴。本屆規模雖較遜於以前兩屆，然精神萃屬，實遠過之。至此次年會各職員，努力籌備，不辭勞瘁，尤足稱道。會場記錄多由沙玉彥氏擔任，並撰成報告，記者茲多所取材，尤應申謝。

---

(1) 全文見本欄另篇。
(2) 論文題目容後披露。

科學新聞

本社董事會理事會互選職員結果　本社去年9月在昆明年會時，由司選委員會宣佈之董理事改選結果，曾誌本刊（24卷12期900頁）。總社於同年10月底接到昆明年會會務報告後，當即通函全體董理事投票互選職員，祇以交通困難，延至12月底共收到董事投票6張，理事投票13張，各缺2張，惟本年度已逾三月，未便再延，因於本年1月15日開票，檢點，計得結果如下：

(1) 董事會：

翁文灝（會長），宋漢章，胡敦復（基金監），孫科，吳敬恒，葉揆初，金紹基，盧作孚。

(2) 理事會：

任鴻雋（會長），楊孝述（總幹事），周仁（會計），竺可楨，秉志，孫洪芬，薩威（常務理事），翁文灝，胡剛復，趙元任，吳有訓，胡先驌，李四光，王璡，嚴濟慈。

又本年度本刊編輯部專科編輯業由理事會聘定如下：

范會國（數學），李珩（天文學），楊肇燫（物理學），查謙（物理學），吳學周（化學），黃素封（化學），伍獻文（動物學），沈嘉瑞（動物學），方文培（植物學），歐陽翥（人類學），盧于道（生理學），鄭集（生物化學），胡煥庸（地理學），呂炯（氣象學），楊鍾健（地質學），楊孝述（工程），馮澤芳（農業），王吉民（醫藥）。

讀者如有稿件請就近投送可也。（社）

本社生物研究所近況　生物研究所為中國科學社重要事業之一，其目的正如科學社標識所載，是從生物的方面去「格物致知，利用厚生」。蓋生物科學非但在理論上對於吾人生命之知識，有莫大貢獻，即在實用方面，對於農業醫學以至於工業，亦有密切的關係。該所址本在南京，自從戰事起後，即遷至四川北碚。書籍儀器及全部人員，來川已有三年。初來碚時，暫借西部科學院工作去年春季，已在北碚近郊自造簡樸研究室，以進行一切研究事宜。

自來生物研究所的工作，即從理論和實用兩方面著意進行。理論方面的有純粹生物之研究，分動物部和植物部。植物部方面，自從入川以來，主要工作，為：（一）西南植物之調查，另以實際需要有森林植物及藥用植物之調查，其結果已陸續刊佈於中國森林植物誌，及藥用植物誌。以上二種刊物，已各印行第一集，第二集正在編纂中。此外尚有研究論文多篇，刊入植物研究論文集。動物部方面，有秉農山盧于道及周蔚成諸先生所

科學論壇

中國算學之過去與現在

陳省身

近十數年來中國算學的研究有了若干可喜的進步。為檢討過去，策勵將來起見，筆者願把中國算學家幾千年來所做的工作加以歷史的敘述，最後則略敘近年國人進行研究工作的大概情形，俾大家瞭然我們這個時代將在中國算學史上所佔的地位。

根據幾件重要的事實，中國算學的發展約可分為五個時期，茲分述於下：

一 第一時期

第一時期可從上古算至公元263年（即曹魏景元四年）。公元263年為劉徽註九章算術之年，中國古代最完全的一本算學經典，是這一年告成的。

講到上古的算學，往往要提到伏羲、隸首，或河圖、洛書，這些史實比較渺茫，我們姑置之不談。今僅提出此時期中值得注意的兩點。第一是九章和周髀兩部算經的完成。這兩書成書的確年已不易攷。九章最遲當在秦火之前，因為劉徽的序裏曾說張蒼、耿壽昌各有刪補，而張蒼是秦末漢初的人，故九章之成書，在李斯以前，當無疑義。漢時九章之名，遂為算學之代表，大儒如鄭玄，馬融俱通九章，其重要可知。全書共分九章，其目錄為：方田第一，粟米第二，差分第三，少廣第四，商功第五，均輸第六，盈不足第七，方程第八，勾股第九。其內容經劉徽註後，網羅甚富，所盡問題有涉及二次方程式，聯立方程式，及匝與球之面積體積者。另一部周髀算經是大家認為最古的算書，但內容遠不及九章。其成書確年亦不可攷，祇知道揚雄，蔡邕都曾提到過。今本有漢趙君卿註，註比原書重要得多。書中最重要的一部份是幾何問題，

241

加以3爲圓周率，以正三角形勾股弦之比爲 3：4：5 等。後世中算裏有所謂割圓術與勾股術，則皆以此書爲嚆矢。

第二，從以上兩書的內容可以看出中國算學的一個特點，即對於應用之注重。所謂應用指日常問題與造曆二種。由於歷代帝王的重視，中國古時的算學家無不兼治曆算，逯劝張蒼，耿壽昌都以著曆知名，以後大多均同此現象。這種注重應用的態度使中國算學不能產生一部有系統的著作，使中國算學祇包括一羣零星的結果，不成爲近代意義下的算學。在同一時期內，希臘的算學已在最光榮的階段。畢達果拉斯（Pythagoras）的門人早就有了無理數的觀念。歐几里得（Euclid）的幾何原本則在公元前三百年已成書！希臘科學所產生的最末一個大算學家是丟番都（Diophantus），他的時代約爲公元 250 年左右，與劉徽同時，他的著作中已有三次方程式和二次不定方程式的討論。

總之，第一時期的中國算學，雖比不上希臘，然與同時期的其他國家，如埃及，印度等相比，則決無遜色。在這個時期的後半期，繼希臘而起的羅馬帝國，在算學上可說毫無成就，反把希臘的文化遺忘了。我們的算學却由此入於一個光榮燦爛的時期。

二 第二時期

中國算學之第二時期，應自劉徽之註九章，算至王孝通之著緝古算經，約自260年至620年。這時算學的先進——希臘——已衰落了，歐洲轉入黑暗時代，印度比不上我們。美索不達米亞平原上的報達（Bagdad）是一個中心，但阿剌伯人的工作，大多是留傳希臘的算學。中國的算學家却在此時有幾樁值得稱道的工作。

爲簡短起見，我只舉這時期三個代表的算學家說一說。第一個是劉徽，徽除九章註外，還有若干貢獻。在徽以前，周三徑一是公認爲圓周率，徽以爲疏，途由圜之內容六邊形起算，令邊數倍進，而求得較密的圓周率。他所得的值爲 3.14，後人稱爲徽率。他的方法與亞想默德（Archimedes）的相同。此外徽另造重差術，又稱海島算，實際上是相似三角形的方法。

在此時期中第二個算學家爲祖冲之，南朝宋齊間人（429至500）。許多人認他爲中國最大的算學家，雖尚有人持異議，至少可見他在算學史上地位之重要。他最重要的貢獻是求圓周率，得知 π 之值在 3.1415926 與 3.1415927 之間，并另得兩近似值爲 $\frac{22}{7}$ 與 $\frac{355}{113}$。這是一個超時代的貢獻！以當時算學進展的情形，這種準確程度，說爲驚能可貴。冲之圓率西洋方面直到 1573 年德人奧陶（Valentinus Otto）才得同樣的結果，前後相差一千餘年！

冲之在算學上的其他貢獻，我們不大知道，原因是他所著的書綴術失傳了。綴術的內容已不可知，史稱"學官莫能究其深奧，是故廢而不理"，可見必尙包括其他許多新結果在內。此外可知者，書的內容必很豐富：唐代學官制度，孫子算經與五曹算經共習一年，九章，海島共習三年，而綴術一書要讀四年之久！

第三個算學家是王孝通，唐初算學博士（

當於現在的教授），時代約在620年左右。他著的書叫做緝古算經，今尚有存本。緝古算經中的問題，應用到二次和三次的方程式，可惜書中沒有解法，不知他的結果是怎樣得的。

這是中國算學家在世界上稱雄的一個時期。

三　第三時期

祖冲之，王孝通以後，歐洲固仍為黑暗時代，中國的算學也缺少新的進展。到了十三世紀大家都同時醒覺了。西洋開始了近數百年的文明，中國的算學因有天元，四元術的發現，造成了一項不可磨滅的貢獻。所謂天元，四元術其實就是代數，元指未知數，天就是 x。不過照那時的寫法，未知數不能在四個以上，所以天地人物四元并用，為最普通的情形。那時的代數算式的形狀，可舉例明之如次：

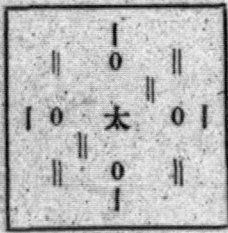

式中太卽是常數，寫成今式，當為：

$$x^2+680x+96000 \text{ 與 } x^2+y^2+z^2+w^2$$
$$+2xy+2xz+2xw$$
$$+2yz+2yw+2zw.$$

在此時期內傑出的算學家，當推李冶，秦九韶，其他如楊輝，郭守敬，朱世傑，亦都有重要的著作。這幾個算學家的年代，都在十三世紀中葉到十三世紀末葉，約當南宋，金，元的時候。

這時期是中國算學的黃金時期，學者之多，貢獻之廣，超越前代。我們試隨便舉幾點重要的說一說。第一，中國自己的代數學此時奠定了基礎。正負數的觀念，代數運算的規則，已為一般算學家所共習。進一步的方程式論自然成了中心的問題。楊輝詳解九章算法已有巴斯喀三角形定理，比巴氏約早四百年。此外如霍納（Horner）方法，已早為許多算學家所發現，至秦九韶著數書九章（注意此並非九章算經），其理遂大明，時間上比霍氏早了五百多年。

第二，秦九韶數書九章卷一"大衍類"論及聯立一次同餘式的解法。這問題在中國有悠久之歷史，實起源於孫子算經（大約為後漢時人所著，為中國第三部古算書）"物不知數"之問。我先把這問題及其解答錄下：

"今有物不知其數，三三數之賸二，五五數之賸三，七七數之賸二，問物幾何？

答曰：二十三。術曰：三三數之賸二，置一百四十，五五數之賸三，置六十三，七七數之賸二，置三十；并之，得二百三十三，以二百一十減之，卽得"。

此問題俗稱"韓信點兵法"（自然韓信不會只點二十幾個兵），問題和解法都很美妙可喜。所謂大衍就是這問題的推廣。秦九韶的普通解法，與歐幾里得算法實際上完全一致。在初等數論中這是一個比較"深"的定理。西洋近人所作數論教本中有稱此定理為"中國餘數定理（Chinese Remainder Theorem）"者。

第三，中算學家往往喜言堆垛與縱橫圖，前者卽為有窮級數論，後者今稱幻方。研究這類問題的算學家當以楊輝，朱世傑爲最重要。他們的結果因圖式太繁，茲從略。

以上所列舉和選擇的，自然雜有個人主觀的成分，但卽此已可見中國算學在此時期之光芒萬丈了！

四 第四時期

中國算學經過第三時期的清醒以後，復入於一沉睡的時期。西洋的算學却從此長足進展，漸漸的使我們望塵莫及。一直到十六世紀末葉，利瑪竇 (Matteo Ricci) 東來，才把我們喚醒，把西洋精神上的食糧喂給我們。於是我們遂入於一新時期，卽接受西洋算學的時期。

利瑪竇來華後，與徐光啓，李之藻等合作，譯了許多書，就中從算學方面講，以幾何原本前六卷與同文算指二書，爲最重要。兩書都是當時歐洲所通行的書，後者是一本算術，係德國算學家克拉維斯 (Clavius) 所著。克氏卽爲利氏之師，以善寫課本出名。利氏譯本序中所盛讚之丁先生，卽指克氏。

利氏以後，西洋教士之東來者日衆，譯著亦漸多，幾何學，天文學，對數術等漸漸的都輸入中國。中國人雖尚有只習中算的，但漸漸都感到西洋方法之優越，不能墨守成規。所以清初著名的算學家，如梅文鼎 (1673—1721)，王錫闡 (1628—1682) 等都兼治西算。自利氏東來至民國初年前後三百餘年，中國出的算學家很多，淸時漢學家兼善算者尤不少。但其結果與並時的西洋算學家相比，就瞠乎其後了。

就譯述方面講，徐，李以後，工作較多者，有淸末之李善蘭 (1810—1882)，華蘅芳 (1833—1902)。比較深一點的書如微積分等都是這時候譯的。以當時譯述情形的困難，此耳譯書工作，其價值正不亞於創作的貢獻。比方說，偉烈亞力 (Alexander Wylie) 幫李善蘭譯書，李不懂西文，而偉不懂算學，困難可想。我們現在展開一本舊譯的算書，觀其譯筆之雅而達，當對這幾位古人致無限的景仰。惜自學校盛興之後，我國中小學之課本，大都取給於日本。大學用書又直接採用英美原版。對於李，華諸人之譯本，久已束置高閣，無人過問，不免可惜！

五 第五時期

這是最近的一個時期，牠的前途一時還不容易估量，牠的特色是研究精神的復興。四十年來的學校教育已替許多有志於算學的人開了路，從前需要十年才習畢的材料，現在或者一年就够了。同時還有一些始終受西洋教育的學者，他們的西文程度使他們與西洋學者能有差不多的方便與機會。才智之士，逐輯進行同樣的工作。1920年左右中國算學家已有將其在國外大學的論文發表於國際第一流算學雜誌的。此後數年，卽有若干人繼起。到了現在，國人前後在有地位的國際算學雜誌發表論文者，據個人的統計，約在三百篇左右，戰事發生前數年，每年約有三十篇，在國內雜誌發表的尙不在內。以工作者之人數比之，這些數目自然要算難得的了！

以上論及的工作，最初幾年所產生的，大約是中國學生在國外導師指導下所做的。其中國內產生的部份，則隨時世而增加。這自然要歸功於國內算學研究機關的設立，與算學研究設備之充實。最先設立算學研究所的，是清華大學，從1930年起，前後畢業肄業者已有多人。此後浙江大學，中央大學，北京大學，都先後設研究所，成績亦頗為一般人所稱道。南開大學未設算學研究所，但最先注意算學的設備，其圖書館所藏算學圖書之充實，國內迄今無出其右者。惜自戰事發生以還，該項藏書，稍有分散，如何加以整理和充實，使永成國家之珍藏，當為該校當局與社會上熱心科學的人士，所應熟為考量的。

民國二十五年中國數學會創辦一個"數學學報"，專載有創作性的論文，已出兩卷。這雜誌已得國際的注意，所刊論文，質地不在一般先進國雜誌之下。猶憶1937年的時候，編輯者慮此雜誌或因戰事不能續刊，把存留的稿件，分寄國外第一流雜誌，結果都刊登了！

近代中國算學家工作的範圍，代數方面着重於數論，幾何則形勢幾何，微分幾何，代數幾何都有作者，分析則以函數論，微分方程論，級數論工作者較多。至於詳細的結果及其價值，一則太涉專門，未易細述，二則這些專家大多是筆者的師友，批評起來，不免參加主觀的成分，最好讓他們的工作說明他們的成績罷了！

六 結 論

在以上的敘述後，願對未來的中國算學界及社會，提出兩點希望：

一．希望中國算學界同志保留并發揚那點可貴的研究精神，使中國科學能漸漸不落人後。上節所說的工作實很有限，以之開始則可喜，從此自滿便可悲了！同時近代的研究工作需要設備，希望政府及熱心文化事業的機關予以充分的幫助。

二．在第一節中曾提及中國算學注重應用的特色。這也是應有的精神，值得加以培養的。希望有一部分算學家能多注意一點應用的問題，以發揮算學的效能。同時希望社會上遇着與算學有關的問題，肯予算學家以一個商討的機會。

美國物理學之進步

王　普

若將物理學分為理論與實驗兩方面，美國物理學在這兩方面的發展，顯然是不平衡的；實驗物理進展太快，理論物理落後許多。如果把理論物理比作人體的左臂，實驗物理比作右臂，那右臂顯然是長的多了。

美國的實驗物理，是已駕歐洲而上之，有許多事實為之證明，凡在這方面稍加留心的人們都能看出。上次歐戰以前，美國的習物理學者競赴

科學思潮

中國科學社生物研究所二十九年度工作概述

本所本年度研究工作之最高原則，為實踐方面之理論探討。一年以來，物價高漲，而本所經費有限，一切工作，皆受影響。如標本採集，難以兼顧，圖書設備，添置不多，皆為憾事。惟在努力掙扎之下，亦已完成工作若干，分述於後。

甲 動物部

動物部之工作，分研究與推廣二項，以研究工作而言，特別注意於下列問題：即一，大腦之構造與功用，二，食物營養及生理作用，三，森林害蟲，四，蚯蚓與土壤，五，動物調查是也。茲將研究結果，簡述於下，各論文標題，另列於刊物項內。

一、大腦之構造與功用　大腦為生物機體活動之最高中心，身心健康，胥依賴之。過去研究者偏重於其所主使之思想感覺及肌肉動作作用，而罕及於機體本身之臟腑作用。後者與臨床疾病之關係極大，故近年來注意及此者日衆。本所秉志教授，乃取白鼠為試驗材料，損壞其大腦皮層，於施手術後數小時以至數月，試觀察其對於呼吸作用及基本代謝作用等有何影響，現所得結果，即可刊布問世。

大腦所主使之功用，可分為二大類：一為精神作用，表現於性格行為；又一為臟腑作用，表現於健康及體格。二者綜合，乃構成近代醫學家，解剖學家，生理學家，及心理學家等所稱之"各種體質類型"(Constitutional types)。以理論而言，各種類型，當取決於神經活動。盧于道教授，乃試作理論分析，以剖析其中機構，報告於體質之神經分析一文中。

大腦對於生物機體之重要，既無可否認，然組織構造之繁簡，因動物進化之程序不同而懸殊。盧于道教授等乃研究哺乳類動物大腦之進化，察知：(一)司嗅覺及臟腑作用之腦膜(The Septum)，由低等哺乳類動物，如有袋類食蟲類以迄人類，無甚發展，與大腦其他各部分相比，其進化程度落後甚遠；(二)在低等脊椎動物，如兩棲類之貴陽大鯢螈(Megalobatrachus japonica)，經客員楊詩興君研究之後，悉大腦上之副腦上腺(The paraphysis)，甚為發達，至於在哺乳類動物腦上，昔以爲祇存在於胚胎期中者，今知其不然，在成年時期，仍留有遺痕，在人腦上，並偶或長大，以致構成腦病；（三）大腦之紋胆體（The corpus striatum）爲調節肌肉動作中心，杏仁巢（Amygdala）爲調節附臟活動中心，凡哺乳類動物，由低等以迄高等靈長類，紋狀體固有顯著之進化，卽杏仁巢外形雖縮小，內部構造除一部分萎縮外，亦有少數更發展者，此蓋由於高等動物之肌肉動作，固趨於繁複，卽臟活動，亦有一部分更繁所致，以上結果，分別報告於四篇論文。

低等脊椎動物，如爬行類，常有冬眠現象，冬眠之時，動物滯呆，腦亦呈不活動現象，此時腦細胞內，有何變化，頗有研究之價值。本所周蔚屋君乃專致意於哥爾基體及線粒狀體在細胞內之變化，分別於尋常活動時及人工或自然冬眠時觀察之。研究結果，第一知所謂哥爾基體，當為雜粒形物而非溝狀物，並者活細胞內已先存在而非由於死後構成；其次發現在活時細胞內，哥爾基體分布均勻，線粒狀體亦多短棒形，排列成行，分佈均勻；在不活動時，哥爾基體分布不勻，惟原來構造不變，線粒狀體常集合成團而不排列成行，棒形縮短，分布不勻，故知二者皆與神經細胞之活動有關。

凡腦之活動，皆需養料，故大腦各部，血管密佈，其分佈情形，在低等動物與高等動物腦上有何不同，亟待研究。本所黃似鑾君取四川特產之大貓熊（The giant panda）腦而觀察之，復與靈長類之腦相比較，知者大腦各動脈管分枝短而少，惟分佈於小腦延腦等處之基底動脈彰長且粗大。可知大貓熊之大腦其所獲得之血液，不及高等靈長類之多，其功用亦必較遜，而小腦延腦等處之血管分佈旣繁，故功用亦並不亞於靈長類動物。

以上爲本年度關於大腦組織及功用之研究所已獲得之結果，凡此皆足以供精神保健及腦病治療等工作之基本參考材料。

在本年度內盧于道教授與黃似鑾君，開始用白鼠作試驗材料，用桑戴克（Thorndike）反射方法，以研究巴夫洛夫（Pavlov）之所謂實驗神經病（Experimental neurosis）。今已察知白鼠與狗相似，個別性情差異甚大。至於如何引起神經病以及如何治療，尚待繼續研究，茲不具述。

二，食物營養及生理作用　食物營養，影響於國民健康甚鉅。食物之主要爲水，此不可忽視。我國內地，多取井河之水，以明礬澄清之。明礬中有三價之鋁離子，沈澱力極大，達入水中，對於吾人之唾涎消化澱粉能力，有何影響，殊值得研究。本所張眞衡教授及鍾豐榮君研究之結果，知所用之分量不同，其對於唾液消化力之影響亦不同。二千五百分之一至五千分之一濃度之礬液，使消化力受阻，若稀薄之由五千分之一至十萬分之一，反增强消化力二倍至四倍。此種效應，與澱粉之濃度無關，其根本活動因子，仍爲鋁離子之濃淡，故吾人用礬淸水，濃則有害，淡則有益。

節衣縮食，爲戰時國民之天職，以食而言，究竟可以節省至何種程度，而不礙於兒童發育及國民健康，亟待研究。張眞衡教授卽取白鼠作試驗，知節食百分之二十，對於小白鼠之體重增加，毫無關係；節食百分之三十至四十，白鼠之生長卽減緩，惟可以用紅薯洋芋以補足之。然則俗語所謂

『八分肚已足』者洵非虛語。

然則小白鼠在生後一月斷乳以後，完全喂以紅苕蘿蔔等根菜類，對於身體生長，有何影響？據張眞衡教授試驗結果，知喂食後在二十天以內，無生長可言，且身體消瘦異常，繼乃以米麥粉與紅苕等根菜類參半之食料與正常食物及以米麥粉爲食料者相比較結果，用正常食物在百日內可達到之體重，若用米麥則需百日以上以至百五十日；若用米麥與根菜類參半，則須二百五十日至三百日，可知根菜類之營養價値次於米麥，更次於正常食物，吾人若遇米糧缺乏，純以根菜類代之，對於正在發育之兒童，殊不適宜。

以上試驗結果，皆足以供糧食缺乏時國民膳食之參考。

吾人膳食常滲以動植物之油脂類，然而油脂類儲藏旣久，損失熱能，常易產生惡味，是爲氧化所致。究竟用何種方法，可以抵抗氧化。經客員張大齊君硏究結果，知在油脂類中摻和以百分之五植物類細粉，可以防止氧化作用，經多方試驗，知豆粉，藕粉，麥蚨粉等，皆屬可用，尤以豆粉之效驗爲最著，此種結果，足爲儲藏大量油脂類者參考之用。

生物體上神經肌肉之活動，皆受各種離子及藥物之影響。惟過去之硏究，多限於脊椎動物，對於無脊椎動物之效應如何，試驗不多。濮璚女士乃用蚯蚓之背血管（卽心臟）試之，試驗結果，如鉀鈉離子足以使心跳加速，過濃則使之停止；鈣之效應適相反。以各種藥物而言，腎上腺素及麻黃精在施用高濃度時，心臟收縮，以至停止；低濃度則使

心舒張，若施用醋酸膽鹼（Acetylcholine），低濃度時，使心跳加速，依色林（Eserine）足以促進其功用，阿托品（Atropin）可阻止血管舒張，並使心跳不規則，尼可丁（Nicotine）作用與醋酸膽鹼相反。凡此種效應，與有椎動物之試驗，不盡相同。

上述之各項硏究，皆已有結果。三十年夏初，復開始調查中學學童在不完善膳食營養之下，究竟身心發育如何，因硏究方始，茲不具述。

三、森林害蟲 森林爲建設要項，而害蟲爲森林大敵。戰前南京陵園松林，被松毛蟲損害甚鉅。本所苗久棚君，曾硏究南京松毛蟲之生活史，知此蟲學名爲 *Dendrolimus punctata* Walker，年三化，其幼蟲冬季藏於樹皮縫間或松針上，蟄伏不動，翌年二月，乃開始活動，以馬尾松黑松等針葉爲食。故防治之法，宜於冬季捕捉之，若祇以膀除樹幹，無濟於事。

抗建期間，油桐爲我國資源大宗，而害蟲猖獗，損失甚重。據調查所得，川，湘，黔，桂，鄂各省，爲害油桐者，有桐尺蠖，洋辣子，金龜子，天牛，白蟻，椿象，葉跳蟲，避債蟲，象鼻蟲，蚜蟲，黃蟻，介殼蟲等，尤以桐尺蠖及洋辣子爲害最烈。苗久棚君乃取桐尺蠖及洋辣子二種，在實驗室內硏究其生活史，結果知所謂桐尺蠖者，實有兩種，一爲 *Biston suppressaria* Guenee，其蛹在土過冬，可由冬耕或養雞飼豬以鏟除之；其蛾有向光性，可於晚間利用燈光誘捕之；又一爲 *Boarmia sp?*。至於所謂洋辣子，實有四種，仍待分辨。對於洋辣子已發現有自然勁敵，卽藍寄生蜂是也。藍寄

生蜂寄生於蛹,可利用之以除洋棟子,惟生活培養等問題,尚待研究。

除油桐害蟲之外,董君復研究茶樹害蟲及其防治方法,此項工作,我乃開始,不具述。

四、蚯蚓與土壤 蚯蚓與土壤之關係,甚爲密切,使土壤有利於農作物。其分佈至廣,有土壤即有蚯蚓。客員陳義教授,研究中國蚯蚓有年,茲復取與蚯蚓同目之國內水棲寡毛類,研究其分類及分佈情形,所記共有四科十九屬四十種,其中有七新種,以其分佈情形而論,大都屬於東洋區。該文載本所研究叢刊第十四卷。濮璚女士乃取環毛屬(Pheretima)蚯蚓,研究其消化道之各種酶素,察知環毛屬有真正胃,胃內有蛋白質消化酶素,和腸內之蛋白質消化酶素性質不同。腸之下部有盲腸,有消化纖維素及澱粉之酶素。可知環毛屬之消化道各部分,分化已甚顯著,並有顯微組織之觀察爲證。

濮女士繼復研究土壤經過蚯蚓之消化道後,有何種化學性質之改變,研究結果,知蚯蚓所排洩之土壤,其中有機物及氮、鈣、過效性磷,鉀等,較之普通土壤,其含量增加,並且無論酸性或鹼性之土壤,一經蚯蚓作用,即成爲近中和性。凡此均有利於農作物之生長,並已由栽培試驗證實。故吾人對於蚯蚓殊不宜忽視。

五、動物調查 國內所產動物,爲資源之一,亟有待於調查。戰事起後,本所經濟能力,已難勝任,惟戰前採集所得,予以整理者,有海南島之魚類及原生動物。客員王以康教授,將搜集所得之隆頭魚類(The labroid fish),詳予報告,計四十八種,其中發現有一新屬四新種。倪達書君將沙殼纖毛蟲原生動物予以整理報告,俱分別刊載本所研究叢刊。

推廣工作 本所自創辦以來,即以服務社會爲職志,故除研究工作之外,隨時復盡力推廣生物知識,以利學校及社會教育。本年度所完成之工作,有婚體證物通俗生理衛生論文,以介紹營養問題,性問題,中央神經系統,眼睛及內分泌等常識,共計十餘篇,約十萬言,分載上海本社印行之科學畫報及科學。此項工作,多由邵淨容女士任之。三十年春,復開始編著中學生物學補充教材論文,已完成者有鍾豐榮君所著之生物學發展史,及濮璚女士所著之原生質。全體同人,並籌福川省普通動物三百種圖鑑,俾充中學生物學教課之參考焉。

鼠房 本所雖經費拮据,猶忍痛維持美國魏斯脫種白鼠數十頭,因飼料設備,合乎標準,故所費甚昂,其目的無非爲國內生物界保存良種,以應各學術機關作研究試驗材料之用。盧于道教授及呈慧成君,曾作研究實驗用之白鼠問題一文,詳述本所育鼠情形。本年度內,除供給本所自用外,會先後供給國立中央大學,國立江蘇醫學院,及衛生署衛生實驗所之採用。

刊物 在本年度內,曾完畢正式研究論文二十二篇,其中十三篇已刊於本所,研究叢刊動物組第十四卷及第十五卷。餘九篇即將付印,此外尚有鼠房報告一篇,推廣論文十餘篇,刊印於科學及科學畫報。惟引巨遺憾者,各論文在上海印行,祇能分發於國外及申港南洋等處,未能郵寄後方,分送各學術機關。現正竭力設法內運，或一部分在後方刊印，俾與後方國人相見。茲將論文標題，分別列之於下：

一、關於大腦構造及功用者：

(1) 秉志：白鼠大腦皮層受傷後對於呼吸及代謝作用所受之影響。（一）受傷後三小時起至一個月者。（將刊印）

(2) 秉志：同上。（二）受傷後三日起至四個月者。（將刊印）

(3) 盧于道：哺乳類動物之端腦。（一）膈腦 (The septum)。（載本所研究叢刊動物組第十五卷）

(4) 盧于道：同上。（二）紋杏體叢 (The strio-amygdaloid complex)。（載本所研究叢刊動物組第十五卷）

(5) 盧于道：成年哺乳類動物之副腦上腺 (The paraphysis)。（載本所研究叢刊動物組第十五卷）

(6) 程詩興（客）：貴陽大螺螈 (Megalobatrachus japonica) 之副腦上腺。（載本所研究叢刊動物組第十五卷）

(7) 盧于道：體質 (The constitution) 之神經分析。（載本所研究叢刊動物組第十五卷）

(8) 黃似華：大貓熊 (The giant panda, Ailuropus melanoleucus) 腦之血管分佈。（即將付印）

(9) 周蔚成：蜥蜴腦細胞之哥爾基體及線粒狀體。（待整理）

二、關於食物營養生理者：

(10) 鍾豐榮 張眞衡：明礬對於唾液消化澱粉之影響。（載本所研究叢刊動物組第十五卷）

(11) 張眞衡：根莖類（如馬鈴番薯）之營養價值。（整理中）

(12) 張眞衡：節食試驗。（整理中）

(13) 濮璚 張眞衡：梨種陽離子對於蚯蚓心跳之影響。（整理中）

(14) 濮璚 張眞衡：梨種藥劑對於蚯蚓心跳之影響。（整理中）

(15) 張大衛（客）：食用油脂類之抗氧化劑。（載本所研究叢刊動物組第十五卷）

三、關於森林害蟲者：

(16) 苗久棚：南京及其附近之森林害蟲。（四）松毛蟲 Dendrolimus punctata Walker（載本所研究叢刊動物組第十五卷）

(17) 苗久棚：油桐重要害蟲之研究。（一）桐尺蠖 Biston suppressaria Guenee（整理中）

四、關於蚯蚓及土壤者：

(18) 陳義（客）：中國淡水寡毛類 (The Limnilic Oligochaeta) 之分類及其分佈。（載本所研究叢刊動物組第十四卷）

(19) 濮璚：環毛屬 Pheretima 蚯蚓消化道之消化酶素。（載本所研究叢刊動物組第十三卷）

(20) 濮璚：蚯蚓對於土壤化學性質之有利的影響。（載本所研究叢刊動物組第十五卷）

五、關於動物調查者：

(21) 王欽韶：淮南島之鯪鯉魚類。（載本所研究叢刊動物組第十五卷）

(22) 倪達書 程冰心：海南島之沙殼纖毛蟲。（載本所研究叢刊動物組第十五卷）

六、關於鼠房者：

盧于道 唐慧彧：研究實驗用之白鼠問題。（載科學第二十五卷第三期）

七、推廣論文：

邵瀰容：關於兩性間的重要問題——發育戀愛生殖及其他。（載科學畫報第七卷）

邵瀰容：我們的中央神經系統。（載科學畫報第七卷）

邵瀰容：內分泌——人體潛在的能力。〔(一)引言，(二)甲狀腺，(三)副甲狀腺，(四)腎上腺，(五)胰腺，(六)性腺，(七)腦下腺，(八)腦上腺和胸腺，(九)結論。〕（載科學畫報第七卷）

邵瀰容：我們的眼睛。（已交科學畫報）

鄭集 周同壁：營養講話。（載科學第二十四卷）

濮璠：原生質。（已送教育部）

鍾豐榮：生物學之發展史。（已送教育部）

乙 植物部

中國西部植物之調查，在西康東北部。二十九年夏由曲桂臚姚仲吾二君自康定北出至泰寧，西越大砲山至丹巴，然後經爐牛而南回康定。為時五月，探得標本一千一百號，共計五千枚。三十年春季，原擬派員沿岷江流域調查，惟以物價暴漲，所中經費難以負擔而罷，祗就附近地方，如華鏊山等處作小規模之採集而已。

中國西部植物輯要之編作，已出版者有下列數篇：

（一）川康樟科植物之記載　中國西部之森林植物，除高山之松杉外，樟科為一主要之成分，不特於植物地理為重要，即於經濟用途，亦為木材之一主要來源。楊衒晉君於整理本所材料以外，彙借用他機關標本室之標本，作成此篇。計得七十一種，其中發現一新屬，十三新種，及六新變種，且於前人對於樟科之著作，頗有修正。

（二）四川之莎草科青莞屬植物輯要　此為該科中之一屬，號稱難於研究者。今經曲桂臚君就本所歷年所採之材料，加以整理研究，計得八十二種，內四種為初次發現者。

（三）唇形科之漢史草屬（Hanceola）　此屬以前所知者有二種，皆產中國。今經孫雄才君之研究又發現三新種，故現為五種。

（四）川康杜鵑科之白珠樹屬與烏飯樹屬　此篇為楊衒晉君研究之結果，白珠樹屬計有五種及一變種，內一種為新發現之新種。烏飯樹屬計有十五種及變種，內有新種二，新變種三。及在四川新發見者一種。

（五）中國新木本植物　此亦為楊衒晉君研究之結果，計屬於茶科之柃木屬者一種及一變種，採自西康天全縣等處；屬於八角楓屬者一種，採自福建；屬於菩提樹屬者一新變種，採自西康。

（六）川康接骨木紀要　作者裴鑑。紀有五種，其中一種為首次發現於川者。附種之檢索表。

　　以上諸篇，均發表於本所研究叢刊植物組第十二卷第三期。

　　關於經濟植物之已出版者，有中巨森林植物誌第二冊，包括五十種，各有詳明叙述及圖畫。中國藥用植物誌第二冊已經付印，其性質與森林植物誌相似。

　　植物生態之研究，有曲桂齡君有西康泰寧附近考察草地一篇。草地植物之遲婚硬化，植物種類之組成，均與畜牧事業有甚大之影響。曲君於二十九年夏秋之交，曾於該處作較為詳盡之研究，並作植物組成之量的考察。因分析結果及鑑定種類較為繁複，故稿件尚在整理中。

　　關於推廣工作，本所同人正在編著一重要普通植物之簡要圖誌。其目的在備中等學校學生及對於植物有興趣者之用，現已成約三分之一，期於二年中完成之。又中學生物學補充教材論文，已完成者有楊衡晉君製作植物標本一篇，其餘尚在編著中。

設立中央氣象局的管見

右 滄

我們中國，自從道光年間，"海禁大開"，海關成立以後，就由海關內附設測候所。當時中國政府，沒有管理氣象事業的機關，就由海關當局，委託上海徐家匯天文臺替我們主管，他們是"越俎代庖"，我們也"無人過問"。到了民國元二年，北京中央觀象臺，設有氣象科，可以說是中國政府創設氣象機關之開始。到後來有農產部、水利委員會、航空署等機關，各就他們所需要，設立測候所。民國六七年間，中央觀象臺增設了庫倫、張家口、開封、西安等處測候所，氣象觀測的機關，漸漸的多起來了。國民政府成立以後，在南京首有中央研究院的氣象研究所的設立。各省市政府、航空委員會、各水利委員會、海軍部等機關，也次第設測候所，或規模較大的氣象臺。表面上看來，好像經一番的提倡，氣象事業果然有很大的進展。不過就實際上說，因為"統轄分歧""各自為政"，反因此發生了阻礙，有許多地方，反而不成功。前十年我著了一篇"二十年中國氣象事業概況"在科學發表，我就主張要想中國氣象事業能夠充分發達，應該設立中央氣象機關，統一管轄，然後氣象行政，可以集中，氣象工作，也可以沒有阻礙，這樣要用我們氣象報告者，可以得到很有力量的根據，我們擔任氣象工作者，亦可以充分的負起"氣象保護"的責任，這才能夠有成功的希望，到現在這句話，已說了十年了，近來聽說將設立中央氣象局的那就是我十年以來，所常常盼望的，居然有實現的希望。這是多

科學

第廿五卷　　　第十一，十二期

科學論壇

科學第二十五卷完成感言

編者

本社創立之初，首先舉辦科學雜誌，以傳播世界最新科學知識為職志，祇以當時吾國科學方在萌芽，凡所論著，未敢過事高深，只求源本卑近，解釋詳明，俾全國承學之士，能行遠自邇，登高自卑，獲得一般基本科學知識；其已具高深科學知識者，亦可取材他山，以資參考；同時更希望將來蔚為發表新知創作之機關。持此宗旨，努力不懈，自民四創刊以來，月出一冊，年完一卷，以迄今茲，正屆完成二十五卷之期矣。（以年計之，應得二十七卷，中有兩年，共刊一卷者。）

自人類歷史觀之，二十五年之光陰，實不過一刹那，然"人生不滿百"二十五年之時間，又似非一暫短時期。西人且有二十五年為一世（Generation）之說，凡事達成二十五年者，謂之"銀禧年"（Silver Jubilee），例可慶祝，依例而論，本卷完成，應出專號，以資紀念，祇以時值非常，未遑多舉，心誌之而已。

科學傳入中國，遠在明季，復見於清末，然或以轉輸販運，未獲真諦，或以本末倒置，根基未立，均不旋踵而夭萎。民國肇造，復興科學，懲前毖後，基本是圖，首重研究，次講應用，循序漸進，急起直追，本誌創刊，適當斯時，鼓吹提倡，不遺餘

1　見科學創刊號例言及發刊詞，民國四年一月。

力,用能廣開風氣,爲天下先。繼續編輯,不斷努力,成此卷帙,彌足珍貴,雖方之歐美之同類雜誌,卷帙浩繁,瞠乎後矣,然在吾國堪稱魁首,近年一般科學雜誌,所在多有,然體大範廣,年數久長,宗旨一貫,不激不隨,鮮有出本誌之右者,宜爲學人所愛護,齊之於英之自然 (Nature)[2],美之科學 (Science)[3] 之林,實至名歸,非偶然也。

三十年來,吾國科學事業,無論在數量方面,或質量方面,研究方面,或應用方面,均有長足進步。本誌職司發表,旨在傳播,除刊有創作性之專門論文外,兼記載現代科學進步,尤重國內情況,故本誌不啻爲吾國一部科學進步史料,舉凡吾國之重大科學發現,及科學建樹,彌不具載,逐年覆案,脈絡井然,後之修科學史者,將有所探討焉。

復次,就本誌本身言,進步之處,亦復可徵,無論論文選擇,精益求精,稿件取捨,大公無私,爰編輯體例,印製方式,字體配備,插圖製版,印刷用紙諸端,亦在在講求,不斷改進,至於封面簡樸,格式清雅,有目共賞,而"科學"二字,已成不註冊之商標,爲讀者所共識,時下雜誌頗有仿行之者,有榮幸焉。

本誌截至本卷止,雖僅僅發行二十五卷,實爲國人一般科學論文之結晶,先後刊佈其創見性及介紹科學文字近二千五百篇,都36,000餘頁,投稿者數以千計,多國內科學名家,社員中任歷屆編輯者,亦以百數,均極一時之選,總編輯凡四任,爲楊銓,趙元任,王璡,劉咸四君,此外胡明復,任鴻雋,秉志,胡先驌,竺可楨,唐鉞,路敏行,曹惠羣,盧于道,范會國,曾昭掄,嚴濟慈,楊鍾健,李珩諸君,於編輯工作,贊襄最力,至足稱道。

方本誌創刊伊始,正值歐戰瀰漫,今茲二十五卷完成,又逢世界大戰方酣,一若本誌與戰爭相終始者。近五年來,環境特殊,物價騰貴,本誌倍受經濟支絀,稿件缺乏之影響,然在職同人均願盡最大努力,以維本誌不絕如縷之生命。茲以環境愈臨困難,物資愈感匱乏,致令本刊不得不暫時停止在渝發行,永久事業,一旦停頓,殊堪浩嘆,然實逼處此,謂之何哉!惟天道好還,不遠而復,精神不死,恢復有期,希望不久將來,本誌仍可以嶄新姿態與讀者相見,二十五卷之完成,正不過一小結束而已,庸何傷!善哉,赫胥黎天演論曰:

"吾輩生當今日,——固將沉毅用壯,見大丈夫之鋒穎,豎立不反,可爭可取而不可降。所遇善,固將寶而維之,所遇不善,亦無懾焉。早夜孜孜,合同志之力,謀所以轉禍爲福,因害爲利而已矣!"

---

[2] *Nature*, Vol. 141, p. 954. May 28, 1938.
[3] *Isis*, Vol. XXII, I, p. 199. Dec. 1934.

中國科學社成立三十週年宣言

中國科學社，發起於民國三年而成立於民國四年。其時適值第一次世界大戰初起，同人等覩目驚心，知處此列國角逐之時代，非有自強自立之能力，決不足以自存。此能力從何得來？培根所謂：「智識即權力」一語，實一正確不易之答覆。科學者，樹智識之泉源。能研究自然而了解自然，又能了解自然而宰制天然力以供人類之利用。所謂近代文明，實以科學為一大原動力。無科學而求文化之進步，國力之增強，不可得也；有科學而求文化之不進步，國力之不增強，亦不可得也。

溯西方科學之起源，不過三四百年而事。在近代科學未出現以前，中古時代之歐洲，其異於東方古國者蓋亦無幾。迨文藝復興之後，哥白尼蓋理略諸人啟其緒，牛頓惠根士之徒居其礎，而近代科學遂在人類進化史上開一新紀元。繼是以後，科學本其屢試無前之方法，循其邏輯應有之途徑，繼續不斷為智識開闢新領土。於是在純一方面，則物理，化學，天文，地質，生物，生理，心理，社會，凡屬於物質與生物之各部門無不然；施之於應用，則工業，製造，工程，交通，醫藥，衛生，農產，樹藝，凡可以滿足人類生活之需要而增進其福利者無不燦然改觀；推而至於軍事設備，防守工具，上天入地，攻堅摧銳之術，亦可以固者制人、衰者敗者，亦賴科學之發明而層出不窮。總而言之，今之世界，一科學之世界也。居今之世而違棄科學，是猶魚之離水，鳥之離空氣，生存且不可能，遑言國際競爭哉。

吾國與西方學術之接觸，遠在三百年前利瑪竇等來華傳教時期。其時西方科學方始萌芽，吾人對之不能有真正認識，固無足怪。其後則為一百年前鴉片戰爭時期，此時西方諸國方挾其堅船利礮以凌我，我即以堅船利礮代表西方之科學。此種見解直至前清末年未曾廓清。夫船礮也，機器也，言其至，不過科學之應用耳。以科學之應用，代我科學本身，猶由是以求科學效用，是所謂拔本塞源而求本之茂，水之長也。其不能有得，更不待言。

本社同人知科學乃整個整體統系之事，不可以急功近利求也，知科學應用乃有本有源之事，不可以捨本末逐也；爰於民國四年有中國科學社之組織，以倡導新知，利用厚生，為其同共努力之目標，以聯絡同志，研究學術，為達目的之途徑。而尤要者，乃在促進普通一般對於科學之認識，與提高工作同志實地研究之興趣。為實現第一項志願計，吾人刊行之雜誌，有科學月刊，目下已出至二十七卷，為國內歷史最久之科學雜誌。有科學畫報，亦出至八卷以上。此外出版科學書籍數十種，論文數百十篇，而歷年舉行之科學講演，聽眾總數數萬人。為實現第二項志願計，吾人於民國九年設科學圖書館，後改名明復圖書館，藏科學書籍數萬冊，雜誌數百種。十一年設立生物研究所，刊行動植物研究論文各十五卷，與國際交換千餘處，養成專家百餘人。凡此種種，不敢云於科學有何貢獻，然吾人之黽勉從事者，則既三十年如一日。幸以社會之扶持，同志之努力，不惟本社事業得以繼續不墜，即以吾國科學情形與三十年前相比較，亦覺此一世之中頗令人有隔世之感。此則吾人於回顧之餘，所欲與國人共慰者也。

唯當此本社成立三十週年之期，適為我英勇抗戰已入第八年之時，亦即第二次世界大戰已進入第六年之際。國際競爭之劇烈，國內抗戰之艱苦，以及戰後建設之迫切與需要，莫使吾人對於科學發生更急切深遠之希望。茲特敬謹宣言：（一）吾人承認科學為智能權力之泉源，為建設現代國家，必須全力以赴。（二）吾人承認科學在我國特別落後，為求與先進諸國并駕齊驅，必須以人一己百，人十己千之精神進行。（三）吾人承認凡世界文明人類皆有增加人類智識產量之義務，因此，吾人對於科學必須有獨立之貢獻。（四）吾人堅信科學係為人類謀福利和樂而非為侵略殘殺之工具，因此，對於科學之應用，必須嚴定善惡之標準。信能行此四者，不唯本社格物致知，利用厚生之宗旨，非託空言；即明日之世界，亦將以吾人之努力而愈進於光明。同人等為之本驥，所忻嘉焉。

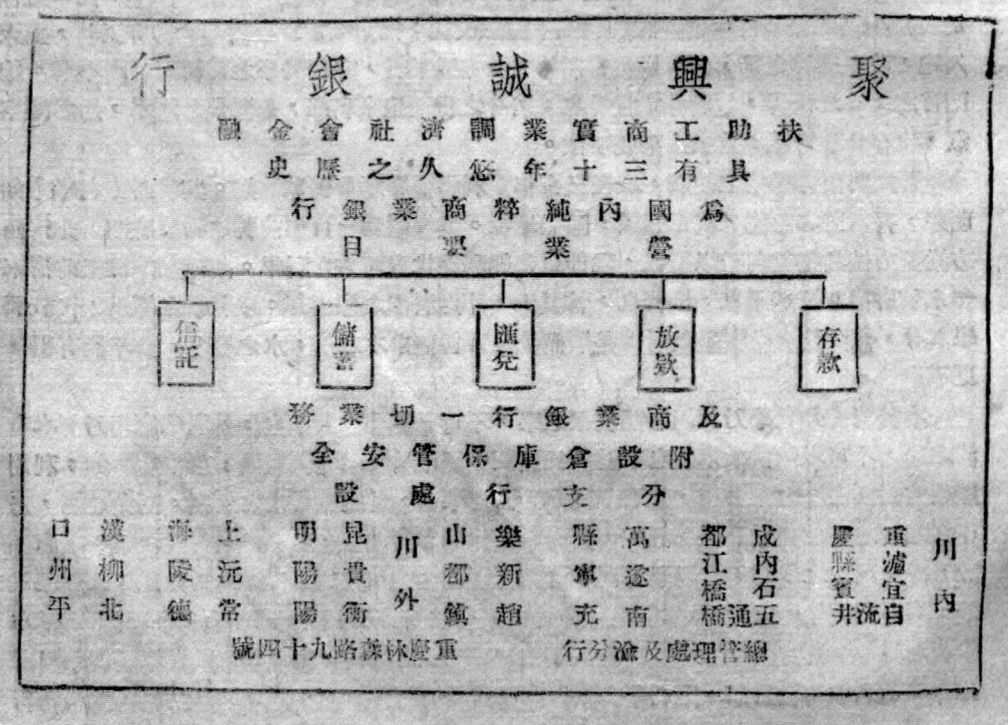

本社三十週年紀念大會暨二十四屆年會記

本社自成立迄今，轉瞬已三十年，不可以不有所紀念。回憶二十週年之時，在南京中央大學大禮堂，舉行紀念大會，盛極一時。廿週年紀念後三年，抗戰軍興，我社總辦事處，猶在上海，爲各大學科學教育，供應科學圖書，貢獻殊多；香港事變後，上海情況日非，總辦事處乃移北碚，在大後方再企圖盡其應盡之責。茲茲國難方殷，交通閉塞，本社理事會，乃決定本屆紀念大會分區舉行而以成都爲紀念大會之中心。茲記其經過如下。

一 大會開幕典禮

本社爲舉行三十週紀念會及二十四屆年會事，特派代理總幹事盧于道君赴蓉於十月初開始籌備。承當軍政學各首長之贊助，及本社蓉埠社友之努力，籌備各事進行極爲順利。大會開幕典禮，遂於十一月四日上午九時在華西壩華西大學大禮堂舉行。大會由本社社長任鴻雋先生主席，到來賓張主席岳軍鄧主任錫侯向議長傳義省府秘書長各廳長及張校長凌高等數十人，社友到者三百餘人。主席致開會詞後（全文見五日成都中央日報及本社大會專刊），宣讀最高領袖訓詞後並報告各方賀電二十餘起。旋張主席岳軍先生致詞（全文見五日成都中央日報及本社大會專刊）鄧主任向議長張校長等亦各有演說，語多期勉演說完畢時已正午，由主席宣讀大會向　蔣主席及前方將士致敬電後，乃禮成散會。

二 省府公宴

是日中午，由四川省政府公宴全體社友，假華西大學食堂爲公宴地點。舉箸之前，社友孫朋園先生，以廣播電台自之臨時電台兼音樂指導，領導全體社友唱科學歌，其詞如下：

科學，科學，我們需要科學；
攀原子，摘星辰，造成完美的世界。
科學，科學，我們需要科學；
造成完美的世界要科學。

語聲迴揚，充滿科學空氣。歌畢後，復請音樂系某某女士領導，唱「來！來！來！大家一齊來！」之歌，唱畢後全體社友，幾乎忘倦。時餐菜已齊，主人張主席致歡迎詞大意，

本社三十週年紀念大會暨二十四屆年會記

一再以科學家勤學忘食故事為解，莊諧俱備，掌聲與笑聲相和，其樂融融。旋由社長任先生致答詞，眾乃飽餐而散。

三　社務會議

飯後二時，社友再集葺大禮堂，由任社長主席，社友張錫瑜及郭揆章記錄。其議程及結果如下：

甲、報告事項

一、盧總幹事于道社務報告（詞見社友之大會特刊號上）

二、錢會計理事崇澍會計報告（詞見社友之大會特刊號上，由盧于道代表作口頭說明）

三、錢所長崇澍生物研究的報告（詞見社友之大會特刊號上，由盧于道代表作口頭說明）

四、嚴社友濟慈，美國紐約分社報告（詞見社友之大會特刊號上）

五、何分社理事長文俊成都分社報告（詞見社友之大會特刊號上）

六、任社長口頭報告昆明分社與八科學團體，十月十四十五兩日舉行昆明區三十週年紀念會暨二十四年會；又湄潭社友會於十月二十日舉行湄潭區紀念大會，並有本社名譽社員英國生物化學家尼德漢博士參加；又北碚區定於十二月二十五日舉行紀念大會。

七、選舉報告

司選委員會委員章元善胡定安伍獻文先生來函報告本社理事選舉結果，由會社員會之代讀如下：

敬啟者同人等受命辦理選舉本社理事事宜當於本年八月間發出選票約計六百份截至今日（十月十九日）止共收到自各地寄回之選票共一百四十二張即於中央研究院動物研究所開票結果下列十三人得票最多當選為理事

盧于道（一一三票）　厲毓琇（九七票）　王家楫（九四票）　薩本棟（九三票）
茅以昇（八八票）　鄭秉文（七五票）　張洪元（七四票）　沈宗瀚（七三票）
紫翹（七三票）　郭任遠（七一票）　王璡（六四票）　歐陽翥（六三票）
李春昱（六二票）

原選票已檢交總社備查云云

上列新當選理事十三人，合原有理事十四人如下：

任鴻雋　楊孝述　錢崇澍　竺可楨　葉企孫　周仁　秉志
孫洪芬　劉咸　胡剛復　吳有訓　胡先驌　李四光　嚴濟慈

共為理事二十七人，其中總幹事楊孝述（現由盧于道代）為當然理事外，合計理事二十六人。(依照新章所定，見討論事項第一條。)

以上七項報告，均經全體接受。

乙　討論事項

一、修改總章案

總幹事盧于道說明修改本社總章如下：

根據本社總章第十四章第七十六條，本章修改草案，經年會出席人數三分之二通過，……即為有效。按去年(三十二年)年會(二十三屆)中曾提議下列之修改案：

1. 原來之董事會，應遵照社會部之規定，即改為監事會。
2. 本社理事名額，增為二十六人，合總幹事共為二十七人，監事名額為九人。
3. 本社理事會之常務理事名額，改為五人，理事長總幹事會計為當然常務理事，其餘二人由理事互選之。
4. 本社理事，任期三年，每年改選三分之一，連選得連任，但以一次為限。

上述本社社章修改案，是否有當，即請公決。

議決：全體通過。

二、總幹事處提議本社成立三十週年宣言案

全文由盧總幹事于道宣讀後，社友提出文字修改數起。

議決：請任社長修改後發表(全文見本社大會紀念專刊)

三、何社員文俊等提議籌募本社國幣千萬元基金案

議決：通過請監理事會商議辦法進行之

四、會社員省之等提議請政府撥款維持本社生物研究所並助其事業發展案

議決：通過，交理事會辦理

五、盧社員于道等提議本社籌設四川省永久辦事處案

議決：在和總章不相衝突之條件下，交理事會及成都分社辦理。

六、吳社員貽芳等提議，函美國社友黎富思致慰問案

議決：通過，由總辦事處會同吳貽芳劉恩蘭二社友辦理之。

七、戴社員述古等提議，函美國紐約分社及英美各國科學團體以資聯絡案

議決：交總幹事辦理

八、盧總幹事于道提議，請選舉下屆司選委員案

議決：請上屆司選委員連任。

以上各案討論完畢時鐘鳴四下

四　中華自然科學社成都分社招待茶點盛會

社務會議，既畢，衆社員乃赴華西壩青年館，中華自然科學社成都分社之茶點招待會。會中備有壽糕，簽名紀念及音樂等情意至為隆重。由該分社社長范謙忠教授致歡

本社三十週年紀念大會暨二十四屆年會記

迎詞，復有該社發起人之一鄭禮賓教授說明該社組織宗旨及希望與本社合作之意後，由本社任社長致答詞。答詞畢後，主人復請任社長燃燭，盧總幹事切糕，藉示祝壽之意。於是音樂開始。來賓等則一面食糕，一面題名於方綢之上（綢現存總辦事處）惟以時間忽促，各社員談笑未盡，即由何廳長兆衡主持科學與四川建設之專題討論。

五 專題討論之一——科學與四川建設

何廳長亦為本社舊社員之一，對於社務，向具熱誠；現主川省建設之事，求社員願提供意見作為參考者尤多。故主席略述川省水利已有建設及前途之展望後，起而發言者，有周太玄先生提出經濟調查資料搜集問題，陳志潛先生提出四川疾病問題，湯騰漢先生提出四川草藥之科學研究問題，彭家元先生提出川省之農業改進問題，鄭愈先生提出長期水力研究問題等。最後由主席提出結論兩點：一為擬請政府每年在國家預算中列入科學研究實驗費；二為國民科學教育應重質不重量。各社員盡興而散，時已七句鐘矣。

六 宣讀論文

五日為星期日，例當休息；惟大會因節目繁多，社友熱心，乃排有最重要之節目，即宣讀論文是也。

是日清晨，未及八時，各社員已踴躍薈集於華西壩之化學樓及生物館。全體論文，共一百五十二篇，分九組宣讀，計：

　一、普通組　　　　　　　九篇
　二、數理化組　　　　　　二十六篇
　三、地理學教育組　　　　十四篇
　四、動物學組　　　　　　四十三篇
　五、植物學組　　　　　　十六篇
　六、遺傳學組　　　　　　十二篇
　七、生理學組　　　　　　十篇
　八、牙醫學組　　　　　　五篇
　九、心理學組　　　　　　十七篇

宣讀論文之時，各組皆有人滿之患，尤以數理化為最；而討論熱烈，認真不苟，尤為特色。至十二時，有數組猶未能盡讀，乃因教署及市府之公宴午餐，不得不延至下午再繼續之焉。

七 教署及市府

中午十一時半，綏署公署鄧主任錫侯及市政府余市長中英，已連袂來華西壩。十二時，乃假華西大學飯堂，公宴全體社友。時樂山社友三人，同來賓朱光潛先生，正趕到參加大會，並業已參加論文宣讀，乃羣起歡迎。大會臨時廣播電台孫明霽先生，又甚活躍，活躍空氣，與飯菜香味共相和。周圍氣氛勃發，主人且參加盛飯工作，余市長復頻頻以社友用科學方法添飯語衆。食中鄧主任以有飯無酒申明抱歉；但對於今後科學工作之安全則申明願員全責。任社長，以今後建設應以科學爲參謀本部致答，詞畢後掌聲齊鳴，主客皆盡興而散。

八 五大學茶點招待和專題討論之二——科學與社會

午飯後二時起，聯合中國科學社共同舉行年會之十一學會，分別舉行會務會議。蓋此次年會，共同參加者，計十一單位，卽新中國數學會，中國物理學會，中國生理學會，中國心理學會，中國遺傳學會，中國營養學會，中國動物學會，中國植物學會，中國地理敎育學會，中國藥學會，及中國牙醫學會等各成都分會。

下午四時，各學會會務旣畢，乃有五大學之招待茶會。茶會舉行地點，爲華西大學大禮堂首由五大學代表齊魯大學校長湯吉禾先生致歡迎詞，旋由盧總幹事致答詞。四時半起，卽就地討論科學與社會問題焉。

討論科學與社會之事，由盧于道代任鴻雋先生主席。首由社會科學家柯象峯先生提出科學發展與社會之關係，繼而任鴻雋先生雖略感不適，仍起立申言國際科學合作之重要性。以後陸續發言者，有李曉舫先生等，會場電燈忽然停電，全場祇有紅燭兩支，燭光如豆，而社友討論不止，於七時許，方由主席作結論，其結論有二：一曰爲增進科學之效用起見，戰後應有科學爲國際組織；二曰爲策進科學效用起見，吾人應注意社會之需要。

九 全城科學講演

六日上午，會程上規定爲成都全城各大學中學科學講演。息項講演，由各大中學之邀約，共三十起，皆由本社社友擔任之。其講者及講題如下：

任鴻雋	華大	中國科學社之回顧及對於今後大學生之希望
戴運古	中大醫學院	中國牙醫科學之展望
馮漢驥	金女大	科學化與革命化
李方訓	燕大	我國科學問題
鄧愈	光大	科學與武器
周太玄	金大	科學與人生改造

本社三十週年紀念大會暨二十四屆年會記

戴時珍	川大	科學與道德
李騰劼	齊大	自然科學與社會建設
鄭集	川康農工學院	戰後中國之科學
盧于道	復旦	科學與人生
孫明經	南薰中學	電化與教育
范讓忠	樹德中學	科學之真諦
張鴻基	民新中學	數學在科學上之地位
江仲鈞	蜀澄中學	立志學習科學
潘廷光	立建中學	科學的基礎
魏景超	浙蓉中學	介紹巴斯德氏
何倬發	潛川中學	科學精神與科學方法
陳守洙	建國中學	物理學與現代戰爭
張奎	華西中學	科學名字溯會
劉碩甫	正陸中學	實驗與學習科學的關係
段天育	清華中學	科學與未來世界
倪尚達	市中	觀察與實驗
方文培	盛城中學	科學與抗戰建國關係
吳襄	益州中學	學術與女青年
曾省之	華陽中學	營養與健康
許國楨	石室中學	二十四紀之新物質與新能量
焦啓源	敬業中學	農業工業化
劉恩蘭	中華中學	科學精神與創作
陳尚義	協進中學	我為甚麼學科學
汪志馨	大同中學	科學方法之重要性

十　川大晏會

各社友在各大中學作科學講演畢，全體乃齊集望江樓午餐，蓋為國立四川大學四川省黨部及四川省臨時參議會的招待也。望江樓為蓉埠勝景之一，川大即在其側，復有薛濤井及薛濤墓，中午時社友借至，勝景與會相互輝映。主人黃校長李陸先生再三致詞，並建議成都設立科學館，衆皆贊同異常。

十一　專題討論之三——科學教育

是日下午二時，全體再集川大圖書館，參觀二樓省立實驗小學之兒童教育館科學儀器展覽會後，在三樓共同討論科學教育問題。討論時由黃校長李陞主席，報告投考川大理學院人數之稀少。主席致詞畢後，由盧于道略談科學化問題，鄭愈談大學科學教育問題，李方訓談中學科學教育問題，范謙忠談小學科學教育問題，段天育談民眾科學教育問題，李曉勵談大學教授生活及自身責任問題等。自二時以至五時，非但聽眾踴躍，且講者情緒高漲，得未曾有。五時後由主席及任鴻雋李曉勵李方訓賈建中等作結論，其結論為：

一、關於大學科學教育者
　(一)請政府寬導教育經費保障科學教員之生活並充實儀器設備
　(二)請各教授堅守崗位並切實負責教導工作
　(三)請各大學科學設備在可能範圍內互相通用
　(四)大學科學教育應維持適當標準
　(五)請政府對於理農學院學生全體給予公費並多設獎學金額

二、關於中學科學教育者
　(一)中學應注意充實理科設備
　(二)中學科學教育應注重實驗方法訓練
　(三)師範學校應注重科學學科以培養小學科學師資

三、關於小學科學教育者
應注意實驗和野外觀察以養成兒童之科學習慣

四、關於社會科學教育者
　(一)應多設公共科學實驗館
　(二)應盡量利用電化教育以推廣科學知識

以上結論，由盧于道在晚上閉幕聚餐時向眾宣讀。

十二　閉幕典禮

晚七時，全體社友，在城內臨英餐廳聚餐，同時舉行大會閉幕典禮，共到社員二百九十八人。在候餐之前，廣播電台孫明經先生，復大肆活躍，除大呼放下教授面孔之外，「科學」歌，「來！來！來！…」歌，以及詼諧笑話，大助餘興，和下午討論科學教育時之嚴肅空氣，迥然不同。後由社長任鴻雋先生致閉幕詞，並齊呼

中國萬歲！
中國科學萬歲！
中國科學社萬歲！

大會節目，乃告終結。

十三 參觀

大會既告結束，七日乃開始參觀，蓉埠各科學建設機關。惟因交通工具缺乏，祇能得卡車一輛，故祇能容納三十餘人。大會決定，除由外埠社員當然享受權利之外，本地社友，憑抽籤決定。因人多位少，多數本地社友，抽得空白紙一，徒呼負負。是日早晨八時，三十餘社友，共集華大大門口上車出發。惟沿途步行或乘自行車參加者，仍有十餘人之多。先至航空委員會之航空研究院，次達建國造紙廠，並由該廠招待午餐。午餐以後，車子一再拋錨，不得已而馳返華西壩，原定王建崇及中央製藥廠之行，卽作罷論。

十四 會後感

此次大會，其特點有足稱者。

一、政府社會期望之殷切，此次大會，政府與社會所予之助力甚多，自最高　領袖，以至於當地各界首長，言論機關，皆勖勉有加，對於本社，既極同情，復予指示，可知吾社三十年之努力，誠不虛也。

二、參加學會之踴躍　此次本社大會，共同參加者，有十一單位，卽數學物理、動物、植物、生理、心理、遺傳、地歆，營養、藥學、及牙醫等，故盛況空前。

三、宣讀論文之熱忱　此次論文，共一百五十二篇；宣讀之時，讀者，聽者，非但踴躍，並且認眞。

四、社友之合作　此次大會，事務繁冗，但諸事有條不紊，效率極高，是省社友熱心合作之結果。何文俊先生因事務過忙，往往不及午餐，其勞苦誠有足多。又如如日開幕時，成都九大報上共刊社友之科學文章達二十篇；六日科學講演，共達三十八；任社長除六日講演之外，復予公開講演，講認識科學，聽衆千餘人，尤爲大會生色。

五、討論熱烈　在專題討論之時，羣情激昂，熱烈緊張，可知羣社友生活雖苦，不忘所學。

以上諸端，皆爲此次大會之特色。惟吾人縈念時艱，科學之需要極爲殷切。本社矢志以科學報國，而實際工作以表現者，因未能自滿，是則有待於社友之加倍努力者也。

又失調攝，瘦骨支離，迄鮮奏效。蓋病勢自思茅轉劇，途經癮黑把邊通臨臨魯坪等地，有增無減，長路呻吟，竟於墨江道中氣絕。據同行者云，其病原初為惡性瘧，繼以筋骨疼，由腎臟炎轉腹膜炎。臨歿無遺言。君歿於民國二十四年四月二十七日午刻，吳君會同墨江縣長為之營殮，棺木用貴楠柏。噩耗傳至中大，全系震悼。除追悼讀恤外，電達省府為之徙葬於昆明圓通山，勒石誌之。君之採集植物也，於黃山發見松新種，曰 Pinus hwangshanensis Hsia，於雲南發見針葉樹二種，一曰 Taiwania Housiana Gaussen，一曰 Libocedrus macrolepis Benth. 其友人鄭萬鈞君則發表下列新種，一為大理產之菩提樹 Tilia Chenmoui Cheng，一為黃山松谷茌產之刺果絲棉木 Evonymous Chenmoui Cheng 以為君之紀念。足見君在樹木學史上有功。君有老親孀婦女三，姪克明，學農，費用悉由君資助，戚族稱為難能。其他為人方面之美德甚多，不具書。君婦趙蘭亭，蠶校畢業；君歿後，茹苦守節，恃恤金以卬事俯蓄。戰事起，恤金存所淪陷，遂失依據，今尤困難云。

李寅恭曰：死有輕於鴻毛，或重於泰山者，君服務盡瘁，殉其所學，貢獻本系已足多已；而早歲澈悟農村建設，須從農林研究入手，此種懍期，直睎破國困民窮之癥結，至今猶未稍變。然則君如未逝，吾道不孤；本系事業，其進展寧有既耶！

消 息

國內消息

◎中英庚欵委員會十年來概況——中英庚欵董事會成立於民國二十年四月，前年始有十年來概況之總述，由該會董事長朱家驊於去年四月八日在紀念會中報告，謂該會所有，僅是到期應付之七百萬鎊中一年數目，且以動用息金為準。此欵分教育文化事業為五類：甲類建設中央圖書館，中央博物館，并保存固有文化史蹟古物等，占25%；乙類補助高等教育及研究機關者，特別注重農工醫理四科，共占25%；丙類設置留英學額，占15%；丁類專門著作及中小學職業學校教科書獎勵金，占1%；戊類建設模範中小學，農工職業及助產學校與新農村教育，占24%。建設程序，側重僻遠內地，逐漸推廣至各重要區域。欵額有限，而需要至廣。從二十八年起，財部停付債賠各欵，兩年餘無欵可收，乃僅以已得之七百三十六萬九千餘鎊，先從事於生產方面之運用，以後乃轉重於教育文化事業。然戰時收息不易，物價尤高，力不從心，事與願違，茲將工作經過略述於後，(一)生產建設事業：重要投資於鐵道，次水利，再次基本工業與電氣工業，最後又及於航運及電訊交通事業，如招商局之購買元亨利貞四海輪及交通部之建築有無錫電訊網與國際無線電臺等。(二)教育文化事業：甲類，主要為整理影印燉煌經卷，至於中央博物館與中央圖書館，業已開建，皆以戰事而停頓，現在惟重慶有一分館而已；乙類為研究機關與高等教育之補助，凡主要機構，大半都已得到該會之補助；丙類考選留英公費生，先後已歷七屆，共148人，側重理農工醫學成回者亦已超過百人（按第八屆考試業於去年舉行）丁類教科書一項，應徵者既寡，成績最差；戊類事業較多，中小學教育偏重西北，尤以甘肅為最，助產學校與職業教育則比較普泛。抗戰以來，前述諸項，情形略有變動，甲類偏重於搶運古物，乙類則注意於對人補助，計有講座三十餘，科學工作人員一百餘，研究助理七十餘，略盡綿薄以造成學術界之安定環境，第三乃為自辦事業，計設地理，蠶桑兩研究所，一科學教育館(蘭州)，三

家常科學

卻塲孝元述編——

本書圖文並重，將家常所用之事物，加以淺顯解釋，使一般兒童能從他們身邊事物切實研究，一方面發生研究與趣，一方面到科學解釋複雜較遠大的科學書房、廚房、浴室、臥室、飯堂等內分章無系統，編制新穎。主婦印刷及兒童不僅能充十編，條理清楚。精美。一般人所定為兒童讀物，且可知識，增進生活。

精裝一冊 定價三千八百五十元

中國科學公司謹啟

中學，並曾派遣川康科學考察團。

以上爲該會前年報告，去年起，該會改稱爲中英文教會，其業務仍賡續從前情況，無所變動云。

◎中央氣象局近況——中央氣象局成立於三十年十月，直屬行政院，自成立以來，迄今三年，其工作略述於後：（1）接收過去氣象研究所所設之測候所與測候站，並向各省市推廣擴充；（2）預備天氣，繪製全國天氣圖以預告未來二十四小時之天氣概況；（3）整理氣候資料，按月按年編印簡報，整理舊案用費精索；（4）編行氣象叢書及論文，已成有關技術指導之叢書四種，另又完成論文十餘篇；（5）增添氣象設備；（6）訓練測候人才。

◎國立北平研究院三十二年度工作簡報——北平研究院成立於民國十八年九月九日，至卅一年爲十四週年。該所於七七事變以前，即向陝西雲南兩地分別遷移。二十七年四月，在昆明設立辦事處，於是物理，化學，生理，動物，史學各研究所皆陸續遷滇，其後鐳學與藥物兩所亦先後來滇，圖書儀器，次第到達，部署就緒，即行工作，除植物研究所在陝西外，餘均在昆。以抗戰之需要，全院工作人員一百餘人，皆努力注重於應用方面之研究。茲分別簡陳於後：

（1）物理學研究所 製成二百架爲專科以上學校用之顯微鏡，另造水準儀與石英振盪器，主持其事者爲嚴濟慈，錢臨照，林友苞，鍾盛森四人；顧功敘與王子昌即用電流法探測雲南礦藏，工作已完成者爲會澤礦山廠之鉛鋅礦，會澤迤碌之黃鐵礦，巧家縣落雪之銅礦與巧家湯丹之銅礦，其報告業已印行，爲該所探礦報告第七，八，九，十號。

（2）鐳學研究所 卅三年所完成者兩項，爲鍾盛標：在電場下之水晶腐蝕現象，與鍾盛標：紫外線對於水晶腐蝕圖之影響。

（3）化學研究所 已完成之工作有a.王序，胡娃：大黃素類新化合物之研究；b.王序，胡娃：射干之研究；c.朱汝華，段疆素：與維他命K有關化合物綜合之研究；d.王序，胡娃：4-7-dihydroxy-cumarin對於氫氧化鈉之化合反應；e.王序，胡娃，當山及白檜桿之研究；f.王序，紀紱容：木材乾餾產物之應用；G.飛機翼塗料之研究。

（4）藥物研究所 經常製造麻黃精，大楓子油，止血素等藥物以供醫藥界之用。近復集中研究鉤吻素及防己素之化學構造，以及男女性內泌素一類化合物之人工合成問題。

（5）動物研究所 該所與雲南建設廳水產試驗所合作，側重於雲南漁業及有經濟價值水生動物之研究，其已完成者爲a.張璽，成慶泰，滇池食用螺螄之研究；b.張璽，易伯魯：滇池之浮游動物；c.張璽，成慶泰：昆明附近爬行類記載；d.楊宗海青魚人工受精孵化試驗；e.三十二年度昆明湖水及西山養魚池水溫與大氣溫度測量報告。d.e.兩項爲該所通力合作之成績。

（6）植物研究所 在西北者爲西北植物調查所，前年與甘肅科學教育館合作至太白山及秦嶺中部採集標本，注意於下等植物與觀賞植物，另又派員在大理及滇西一帶採得標本二千餘號。研究工作之已經完成者有：a.劉慎諤，黃逢源：中國西北掃帚菌類之研究；b.劉慎諤，黃逢源：中國西北顎菌之研究；c.王振華：中國西北衛矛科植物。研究員郝景盛又致意於書籍之編製，去年已經寫成而在印刷中者有下列四書：中國木本植物屬誌，卷一（中華書局），裸子植物誌（建中出版社），造林學（商務印書館），中國林業建設（中國文化服務社）。

（7）史學研究所 寶鷄鬥鷄臺滿東區之古墓發掘報告已經整理完竣，後以戰時後方印刷設備欠缺，無從付印。此外已經完成之工作，彙印於該所史學集刊第四期（獨立出版社）中。研究員徐炳昶有單行本，中國古史的傳說時代，交中國文化服務社印行；徐君又繼續其中西文化思想的比較研究。蘇秉琦則編製陝西考古報告，何愛松研究王弼之思想與其影響。

◎經濟部中央地質調查所去年工作概況——去年一年來之工作可分：礦產調查地質研究，地圖測繪，地球物理研究，化驗工作及編纂出版六項言之。（甲）礦產調查以新疆甘肅貴州爲中心兼及寧夏四川，同時測製二十萬分之一地質圖，於石油產量尤爲注意，已經詳細查勘者有祁連山東段與西段，永登民和間，甘肅東部（兼及華亭安口鎭）之石油資源於甘肅，除油礦外，井注意煤鐵礦，新疆則詳查迪化附近之煤鐵，溫泉之鎢，精河之鉬，呼圖壁之金，塞哈之銅鐵烏蘇及焉耆之煤，輕來及沙淸之石油，和碩之銅，鐵，鉛，鋅，托克遜之銅，鉛，銀，鹽，寧夏方面，已完成賀蘭山之菱鎂礦研究及鹽夏，中衛一帶之煤田及硫碳礦之調查。四川省科學本身的真正是非，祇有依據客觀的事實，實驗的結果來下判斷。就佛維洛夫與頼生科的生物遺傳學這件事而論，與其以意氣與字句乃至以行動處分來爭勝，實不如拿出實驗證據來得更爲妥當切實，而且公平明白。在未經證實誰是誰非之先，靠政治力量或主義敎條來強辭奪理，不但無補於事實，而且貽笑於將來。在證明了一方是真理之後，則虛僞的一方將永遠被當作譏笑的對象，而早先所爭持的論辯，就永遠傳爲笑柄了。

當前的世界，政治上劃分湟溝，儼然敵國。但科學界還是混然一體，並不能將真理來遷就政治主義。一切物質組成於原子，原子爆裂可以放出大量的能來，這是無論你是資本家也好，勞動者也好，也不論你信仰的是資本主義，共產主義或是三民主義，都得承認這個真確的事實。這是科學的真理，不能以政治主張來歪曲，曲解。然而不幸佛維洛夫與頼生科的爭論，却糾纒到現在，而且明顯地這問題還牽連到政治方面。就科學而論，這是不幸的牽累。如果照這低趨勢下去，科學必定被牽到泥淖裏去，將真是非朦住了一般人民的眼光了。現在是人民世紀了，人民不會永遠被朦住的，正像科學的真理總於要被事實來證實一樣。白魯諾（G. Bruno）被處刑350年了，地球總於是太陽系的一個行星。然而對於科學的真理，在原子時代仍被科學糾纒於政治糾紛裏面。人類社會進步的遲緩，於此可見。個人於此所以特地提出這一件事來的緣故，並非趨趁熱鬧；祇是想借此提出一個願望，卽是還真理於科學，讓事實來證明是非，不要將政治主張或宗敎信仰以及其他人事糾紛塗抹上去。

38年1月20日

專　著

中國最近十年內(1937—1947)遷移蝗發生狀況及防治之結果

鄒　鍾　琳

自1937—1947年，中國因抗戰關係致蝗災在若干省異常猖獗，且纏續有八年之久，此爲中國歷史上空前遭遇之長時期蝗災。1938年秋暴日侵華未及一年，凡蝗蟲能發也之區域，如蘇北皖東魯南等地相繼淪陷，其他蝗蟲可能發生之地如豫冀兩省亦告陷敵。在此等廣大之淪陷區內，農民因戰爭關係，或避亂離鄉或遭砲火饑饉疫癘而死，致田園荒蕪，雜草叢生，大好良田，暫時變爲蝗蟲繁殖之區域，其面積極爲廣大。1938年7月，黃河在河南之花園口決口。河水向東南氾濫，以至豫東皖北一帶陸地被淹沒極多，計豫皖蘇三省受災區共達2900平方公里，內中有耕地17,760,000畝以上，盡成荒蕪，數十里雜草無人烟，致暫時又成蝗蟲滋生之地域。

蝗蟲在繁殖區內，發生密度之增減與當地歷年氣候有關係。但自1937年起，所有患蝗區域內之氣象台均西遷避敵，致氣象記載暫行中斷。直至1945年後漸次恢復，故自1937—1945年內有關蝗蟲發生與當地氣候之關係，本文無法報告。

國民政府因戰爭關係於1938年遷至重慶。是年起，有二十五省之政令無法行使。因此在淪陷區內蝗蟲發生，無人顧問，或因有敵軍駐守，農民亦不敢防治。遂致蝗蟲能繼年繁殖，由少而多，釀成大災。

在此十年內，中國蝗蟲之發生，槪由三個繁殖區而蔓延擴大。歷年之災情如下：

(甲)河北省之蝗患。

(1)由冀東之低濕地荒地繁殖；(2)由魯豫兩省飛入。該省最近八年內之患蝗情形如下表所錄。

年	患蝗縣數	年	患蝗縣數
1937	28	1944	2
40	70	45	2
41	15	46	1
42	98	47	1
43	65		

(乙)河南陕西山西湖北之蝗患。

由黃河泛濫區荒地繁殖而蔓延。四省最近七年內患蝗縣數如下表所示：

年	豫	陝	晉	鄂
1941	2			
1942	41			
1943	92	6		
1944	105	39	18	10
1945	38	20	31	2
1946	17			
1947	13			

(丙)江蘇安徽山東之蝗患。

由魯南蘇北皖東之低濕地湖灘海灘等地而繁殖。三省患蝗縣數如下。

年	皖	蘇	魯
1939	—	—	
1940	—	—	
41			
42			
43			32
44			44
45	12	20	
46	12	7	
47	3		

冀省之蝗先起於冀東沿海一帶，1939年天洋附近即有大量發生，後漸漸蔓延及於全省。黃河泛濫區域爲華中蝗蟲之新繁殖區。自1941年起略有發生，其後繼年蔓延，根據1938年前之考查，河南省之蝗蟲常由魯蘇兩省蔓延入境，故以豫東首先患蝗，由此而蔓延及於全省。自1942年起至1947年，該省歷年均有蝗災，其間以1943—44年最烈，幾於遍地皆蝗，並遷飛鄰省；因此鄂北於1944年亦有集生型蝗羣之降落，該省農民已有近二十年未見蝗蟲；西延及陝西省，且繼續蔓生有三年之久（1943—45年），此爲歷史上罕見之記載；北飛入晉南各縣。蝗蟲在中國如此猖獗，其災區如此廣大，爲最近卅年內所罕見。1946年起，國民政府即開始總藉治蝗，並用大量之氟矽酸鈉製成毒餌，效力極大，且爲農民所樂用。往昔所用之掘溝除蝻方法，農民仍繼續應用。1946年在蘇皖豫陝鄂及南京等地計殺蝻2,342,167.50斤，殺蝗2,059,652.25斤；同時，善後救濟總署撥給麵粉在蘇皖豫冀省獎收蝗卵3,542.70斤跳蝻1807,697.40斤蝗1857,639.65斤，其用去麵粉2,868,210.26斤。黃河決口處於1947春

修復，黃泛區荒土，將重行開墾，華中蝗蟲之新繁殖區次第消失，如政局安定，預計在1949年蝗蟲在中國可重回抗戰前之平靜狀況。

現時中國治蝗工作由農林部所屬之農業推廣委員會主持，常駐具經驗之昆蟲技術人員數人在患蝗各省縣，派駐治蝗指導員會同當地治蝗人員共同指導人民治蝗。關於蝗蟲之研究工作，由農林部中央農業實驗所植物病蟲害系主持之1947年該所試驗若干種殺蟲劑如DDT及六六六對於殺蝗之毒效。

收到書報彙記（十二月份）

Unesco and Adut Education, UNESCO 惠贈 Research I 12 & 13; Nature Index of Vol. 161; Vol. 162, Nos 4113,4114,4117,4119, 4120; Discovery Seytember. 1948; British Science News I, 2 & 12, 1948; Endeavour VII, 27, 以上英國文化委員會惠贈。中蘇文化，XIX, 9/10, 中蘇文化協會惠贈經濟週訊復刊第83—85，90—95期；時代第八年 Nos. 47—50；現代公路II, 4；中農月刊IX, 7,8；交通月刊II, 4；電世界 III, 4；公益工商通訊 IV, 5,；交大週刊 Nos. 44—47；醫潮II, 9；科學工作者No. 2；技協 Nos. 37—39；科學時代III, 7；科學畫報Vol. 14, Nos. 11,12；中建I, 10；中國地質學會誌XXVIII,1/2地質評論XIII, 1—4；地質彙報No. 37；現代鐵路IV, 5；Chimie & Industrie Vol. LX, No.3, 鏈黴素對於肺癆之効驗一二二三例實驗之初步報告；中華醫學雜誌Vol. 34, No. 10；中國棉訊第二年, Nos. 1—24；纖維工業IV, 4；重慶青年XVII, 11；土壤VII, 1；工業中心XII, 2；東方雜誌Vol. 44, No. 11；市政評論 X,11/12；四川科學農業I, 1；紡織建設II, 1；上海科協No. 10；新漁Nos 5/6；中國建設VII, 3；社友89/90；立信月刊VII, 11/12；醫藥學(復刊版)II, 7；工程界III, 9；國防科學簡報 II,18/19；海王第二十一年 No. 8；華美協進 I, 4；黃海IX, 4—6；X, 1,2；中國棉業I, 1,2；世界棉業概況及統計特刊第一號；中國棉業復興綱領；中華民國卅五年中國棉產統計，中華民國卅六年中國棉產統計；中國棉產副刊I, 1—4, II, 1；胡竟良先生棉業論文選集；一年來資源委員會所屬事業工作概況；水產月刊(復刊)III, 9/10。

專著

三十年來中藥之科學研究

張昌紹

國立上海醫學院藥理研究所，中央衞生實驗院藥理室

(1) 小 引

中醫與中藥*的存廢問題，曾論戰了許多年。雖然由於政治的關係迄未加以合理的解決，然科學的觀點是一致的。中醫是歷史的陳跡，在原子能時代更是古色古香到叫人難過，早應該送進博物舘請史學家和考古家去整理研究；中藥藥理雖爲中醫陰陽五行等玄說弄得面目全非，眞象不明，但草根樹皮本身却仍保其潛在的價值，僅待科學家加以研究。麻黃之一躍而爲中外廣用的藥物，充分說明中藥之潛在的價值有待科學家的發掘與宣揚。

外國科學家的研究中藥，已有一二百年的歷史。傳入日本的所謂漢藥和藥，在十八世紀後葉，已經開始爲荷蘭植物分類學家的研究對象，所以許多中藥的植物學名裏仍遺留著 Thunberg, Siebold 等荷蘭學者的名字。至十九世紀，吾國海禁旣開，俄德英法等國的學者與敎士漸多來華採集中藥的生藥和植物標本，或就地研究，或送回本國，再經專家鑑定。至十九世紀後期，中藥的科學研究更由化學家和藥理學家開始作成分的分析與藥性的闡明。最初主要是德國學者，後來日本學者也參加這項工作，並且不久便成爲研究中藥(日人所謂和漢藥)的主角。至於散在吾國內地的歐美敎會醫師，往往就地取材，利用中藥來代替西藥，作臨床試用，其結果偶在早年醫學雜誌中作片斷的報告。

到1920年左右，國內的學術機關和科學家也開始注意中藥，而從事於中藥的科學研究。從這個時候，到作者執筆寫此文時止，恰恰有三十年，本文所檢討的便是這三十年內有關中藥的科學文獻。限於作者的時間，文獻的來源和本刊的篇幅，除少數例外，暫以吾國科學家在國內研究的中藥報告爲範圍。最主要的文獻來源係中國生理學雜誌，其次爲中國化學會會誌，中華藥學雜誌，中英文中華醫學雜誌和主要研究機關的報告。至於其他雜誌的零星報告，因搜集困難，遺漏定多。所有遺漏與誤引之點，希望海內外學者隨時賜敎，俾將來刋行專册時得予修正，實爲萬幸。本文寫作期間，承國內科學家惠賜有關論文之抽印本，並承本所胡崇家醫師幫同搜集文獻，併此致謝。

(2) 三個年代

本文的寫作計劃，係按縱、横、點三方面來橫討。先按年代前後，作縱的一般檢討。然後再將有關中藥的一般文獻，植物學與生藥學，化學，醫藥學，作橫的檢討。最後再將科學研究比較精詳的重要中藥作爲重點，予以比較詳細的介紹和批判。將來有機會，除將點數增加外，並擬再就同類的藥物作較的比較檢討。

先從縱的方面檢討，這三十年恰巧可以分作三個十年，就是本世紀的二十年代，三十年代和四十年代。

二十年代——二十年代的初期，國內有兩個外國人辦的醫學校，設備人員俱臻上乘。一個是北平協和醫學院，一個是南滿醫科大學。協和得到美國洛氏基金團的資助，新近改組，充實設備，並聘歐美第一流敎授來華講學。藥理學科初有 C.F. Schmidt, B.E. Read 和新近自美返國的陳克恢氏。他們於1923年開始研究中藥，研究的最初對象

---

*中醫中藥二名完全從俗，雖有不妥之處，然大家明瞭，毋須註釋，圖其方便耳。

便是麻黃和當歸。他們三人合力研究的當歸，雖然藥理方面工作頗爲精詳，可是化學方面未能提得有效成分，所以在1924年發表的報告並未受人注意。麻黃初由 Schmidt 與陳氏二人合作，報告在美國發表，立刻引起注意。陳氏天才橫溢，工作努力，發揮其兼有化學與生物學訓練的特長，將麻黃自生藥學化學及藥理學三方面，作系統的精詳的研究，於三數年內陳氏單獨的或領銜的各發表有關麻黃及其有效成分——麻黃素的研究論文十數篇，在國際間陳氏和麻黃素同享盛名。由於麻黃素的特長的藥理性狀，各國學者紛起研究，全盛時期，全世界關於麻黃素之論文在一百篇以上。陳氏不久即離國去美，但仍繼續研究此藥，至1930年陳氏與 Schmidt 氏合著麻黃素專書"Ephedrine & Related Substances" 在美出版，引證文獻六百餘篇，乃有關麻黃素科學的權威著作，不僅作本年代的光榮結束，亦代表本年代的最高峯。麻黃素現已成爲各國重要藥物之一，且陳氏已有專書，故作者本文後部，不再對此藥作重點的檢討。

陳氏與 Schmidt 離協和後，Read 擔任藥理科主任，先後與趙承嘏，馮志東，朴柱秉等氏繼續研究麻黃素的各種問題，發表論文十多篇。至本年代末期，也開始研究少數其他中藥。

同時期內，滿洲醫科大學的久保田與山下等亦從事於中藥的研究。並且久保田氏於 1913—1917年也研究麻黃素的藥理，所得的結論，與十年後陳氏等所得的並無衝突，可是他們的論文多用日文發表，所以在歐美無人注意，連陳氏等當初也不知道有這回事。可是在二十年代，他們並沒有什麼重要的發表。至於吾國政府自辦的醫藥學校，當時在平吳杭三地各有一個醫專，設備簡陋，殊少研究可言，但因三校教員多係留日回來，所以對於日人用科學方法研究的中藥多少有一些文字的介紹。

從純史學的見地，這個二十年代也許可以稱作吾國科學研究中藥的草創或發軔期。但以當時協和的人力物力，研究的精到，成就的輝煌，則稱之爲草創或發軔，殊感不安。如以研究機關的背境而言，則不妨稱爲外力協助期，恰與以後自力更生的兩個年代作個對照。自研究的成就而言，則不僅空前，並且也可能絕後，吾不信任何其他中藥會像麻黃一樣的轟動世界。若依研究的中藥而言，這個年代也可直稱爲麻黃年代，這是最適當的名稱。並

且在這個時期，不僅研究的中藥集中在麻黃一種，便是研究的機關，也差不多可說只有協和一處，而成就最大的研究者也就是陳氏一人。這種"獨唱"的姿態，可說是二十年代的特徵。

三十年代——三十年代的初期，Read 與趙承嘏馮志東朴柱秉諸氏離開協和，繼任之 Van Dyke 氏乃內分泌學家，對於中藥不感興趣，從此協和藥理科對中藥洗手，脫離中藥研究的舞台。南滿醫大雖人事依舊，但與關內學術界仍少接觸，除出版一本和漢藥標本目錄及關於防已的論文數篇外，未見其他重要報告。同時國民黨北伐成功，銳意提倡學術研究，除先後成立中央研究院及北平研究院外，並於衛生部內成立衛生實驗處，各醫學校亦次第加以改組充實師資與設備，俾能於課餘從事研究工作。而二十年代麻黃研究的驚人成就，從事實上對當時黨政當局提倡的中國本位學術的理論予以有力的支持。因此中藥研究成爲三十年代朝野一致提倡的學術活動；而參加此種活動的，從一個外人辦的協和變成許多政府機關。

在三十年代裏，尤其在 1937 年蘆溝事變以前的四五年內由於政治的相當安定，政府的提倡，中藥研究頗有一番蓬勃氣象。協和本身雖停止中藥之研究，但其人才則散處國內新成立之各學術機關，獨當一面，繼續研究中藥的活動。趙承嘏氏主持北平研究院的藥物研究所，馮志東氏主持衛生實驗處的化學研究室，從事於中藥的化學研究；劉紹光氏主持衛生實驗處的藥理研究室，朱恒璧氏主持國立上海醫學院的藥理科，從事於中藥的藥理研究；Read 與朴柱秉氏等則參加新成立的雷士德醫學研究院，亦仍不時發表中藥研究的論文。此外尚有幾支生力軍加入這種學術活動。法國回來的生理學家經利彬氏主持北平研究院的生理學研究所，主要研究中藥的藥理；美國回來的化學家紀育灃氏先後在雷士德研究院中央研究院及上海醫學院從事於中藥的化學研究；在日本專攻生藥學的趙燏黃氏先後在中央研究院及北平研究院致力於中藥植物來源的調查和鑑定；湯騰漢許植方諸氏於中藥之化學方面貢獻亦多。以上所舉各學者及其同事，對於中藥的科學研究，均有重要的貢獻，但中最重要而足以代表本年代特色的，當推趙承嘏氏的化學研究。趙氏治學沉着堅定，事必躬親，頗有英人作風。研究中藥將達三十年，始終不

懈，發表論文，質量俱屬上乘；而三十年代尤為趙氏收穫最豐之十年，發表論文約有四十篇之多。從研究的中藥種類方面說，三十年代可說是防己與貝母的時代，在這十年裏發表的有關此二藥的論文約有二三十篇。可惜這二藥雖受學者如此青睞，其化學上和藥理學上的問題却還沒有大體解決，而在現代的藥物治療上，也還沒有獲得什麼地位。

四十年代——抗戰於1937年爆發，可是在珍珠港事變以前，平滬一帶未撤退學者大部份能於良好物質環境內繼續工作。所以到四十年代，才是真正的艱苦時期。1941年珍珠港事變突起，太平洋戰爭爆發後，留滬研究機關與人員因政府經濟來源斷絕，工作難於維持，紛紛與藥廠取得聯繫，做些有關實際生產的工作以維持生活。同時散處西南大後方，主要是重慶成都和昆明的學人，由於設備簡陋，生活艱苦，雖研究熱忱有增無減，其研究成績在質量上均不如前。但因西藥來源幾乎斷絕，藥物自給的呼聲甚囂塵上，因此研究中藥以供利用的準備却更有迫切的需要。同時，因瘧痢傳染病在西南各省頗為流行，特效藥需要的迫切遠甚於一般藥品，所以學者特別注意抗瘧與抗阿米巴痢的特效中藥研究，如常山鴉膽子等為四十年代的一大特色。關於特效中藥的研究，首先要提到的是劉紹光氏。抗戰爆發，劉氏與其研究室人員設備內遷昆明，因損失甚大，所以不久即開始中藥研究，並擴大機構，改為獨立之中央藥物研究所，直隸於衛生署與教育部。在三十年代末期，對於阿米巴痢的鴉膽子和抗瘧的"新靈""瘧靈"等的研究，已有相當結果發表。不久，由於人事關係，劉氏及其機關不能繼續其研究工作，於是中藥之研究中心逐移至重慶與成都兩地。化學家湯騰漢氏在成都主持華大藥學系的研究，領導其學生，對於中藥作廣泛的化學分析與研究。發表作品甚多，大多係初步報告性質。(事實上，當時內地論文，由於研究設備簡陋，大都如此，應加聲明。)重慶中央政治學校醫務所，自1941年試用常山代替奎寧治瘧獲得相當良果後，即擴充機構，先改稱國藥研究室，最後改稱今名——中國特效藥研究所，由政府專撥巨額經費，先後調聘各機關專家姜達衢，管光地，胡成儒，洪式閭，陳方之等專家，分別擔任常山之化學，生藥，藥理，寄生蟲和臨床方面的研究，並於1944年各刊行常山治瘧初步研究報告。同時作者擔任中央衛生實驗院藥理室工作，先後參加研究工作的同事有周廷冲，王進英，傅豐永，鄭文思，黃琪章，陸格諸氏，分任生藥學，化學和藥理的研究。因為該院原有藥理研究設備，為前任移往昆明，擺置不用，亦未退還，所有簡陋儀器與少量藥品，多係借自上海醫學院，故吾人均在萬分艱苦環境下進行研究工作。鑒於鴉膽子與常山兩特效藥，當時的臨床實驗多無嚴格對照，效果不能十分確定，乃採用較新較佳的實驗方法，重新研究之，自1943年起陸續發表實驗結果。其他國產藥材如夾竹桃，大蒜，使君子，桐油，冰子等亦均有研究報告。勝利後，各機關大多忙於復員，研究工作多自1947年初始能正式恢復，但又值內戰大規模爆發，通貨無限制膨脹，經費日細，生活日苦，雖有較好設備，研究工作仍難開展，誠為痛心。關於中藥研究，四十年代後期主要係發表前期的實驗結果，殊少新成績；唯一可資稱道的是常山有效成分的提純，對其化學作精詳的研究。此點容於後面的常山項下詳之。

(3) 分科研究

任何植物性藥物，特別是中藥的研究，必須自植物學與生藥學，化學，藥理學和臨床醫學各方面密切配合，加以集體研究，始能獲得其準確智識，而不致有一斑半段之誤。此種配合工作，即所謂集體工作(Team Work)，在二十年代與四十年代，多少能做到一點，可是在中藥研究最為蓬勃的全盛時期，三十年代，這種集體工作最為欠缺。蓋當時機關新增甚多，到處羅致專門人才，於是由原有之協和 Team 拆散，分任數機關主管。而新添生力軍，亦多各自為政，對於研究工作互不相謀。這種缺少合作更缺少計劃的情形，以北平研究院內為最明顯的例子。該院有兩個研究所，藥物研究所與生理研究所，均差不多專門研究中藥，可是從兩個機關的論文上面看不出這兩個機關間有什麼聯繫，與其他研究所如植物研究所與化學研究所，也許沒有什麼聯繫合作的徵象。因此藥物研究所研究的中藥，有時植物來源沒有弄清，而研究出來的有效成分，須老遠的寄到美國去請人研究藥理；而生理研究所則一貫的應用中藥粗製浸膏，包羅萬象的粗製浸膏，來作原始的藥理測驗(Screening)，却沒有進一步設法與藥物研究所或化學研究所配合研究，確定其有效成分。如果這幾個研究所相互間採用相當程度的合作，吾相信一定可以得到更好的成績。另一個例子，衛生實驗處的化學藥物系下分化學藥劑藥理三室，也是一樣的沒有合作，有時簡直互相水火。這自然主要由於人事關係，實驗室的研究人員尤多孤僻，這人事關係更不易弄好。可是原子時代的科學研究是集體工作時代，吾國人力物力兩缺，尤須採用這種最經濟最有效的研究方式，研究中藥尤其需要包羅人才的 Team，作者希望將來中央的研究機構能組織幾個研究中藥的 Team，作有計劃的高效率的研究。

文獻之整理 用科學方法整理中藥的文獻，很慚愧國人做得很少。二十年代早期，滿洲醫大的袁淑範氏在民國醫學雜誌上每期連載的介紹了六十六種中藥之科學研究，幾完全是日本學者的研究成績，可惜後來袁氏因留日深造而中止。三十年代，中醫陳存仁氏（1935）經著中國藥學大辭典兩大冊，另附中國藥物標本圖影，確係鉅著。惜科學氣氛太少，引用科學文獻錯誤亦多，其所謂新學理解釋藥性，更多牽強附會不倫不類之處，但仍不失為有價值的參考書。至其標本圖影則係實在材料，影印亦佳，其價值實在辭典之上。

對於這方面工作貢獻最大的當推英國學者伊博恩氏（B.E. Read）。伊氏初在協和，繼入雷士德研究院，數十年來，對於中藥文獻之整理，譯編註釋，始終不懈。對於中藥之科學研究，於 1928, 1938 及 1947 年曾三次為文檢討之。其最重要的作品是伊氏與植物學家劉汝強氏合作的本草新註 (Chinese Medicinal Plants From The Pen Ts'ao Kang Mu), 1936 年出增訂三版，對於植物性中藥的植物來源，成分與參考文獻，均有列述，共收中藥 898 種，實係研究中藥者必備之參考書。此外，伊氏又譯註本草綱目中的獸 (Animal drugs), 禽 (Avian drugs), 鱗 (Dragon & Snake drugs, Fish drugs), 介 (Insect drugs) 及金石類藥物 (Minerals & Stones), 出版英文本草叢刊。更於抗戰期內，譯註救荒本草，及經著中華國產藥物 (Indigenous drugs) 兩書，以供解決糧荒與藥荒問題的參考。南滿久保田岡西兩氏之和漢藥標本目錄，經著與伊氏本草新註相似，所收主係東三省藥材。湯騰漢武昭武兩氏（1944）則於化學之十週紀念刊中發表中國之藥化學一文中，列舉 124 種中藥之參考文獻，頗合藥科學生研究中藥時參考之用。

植物學與生藥學 "藥材之科學研究，鑑定為至難之第一個問題也；鑑定之步驟大別為二，第一步，必須追究藥材之母體，由何種植物而來，此非實地調查不為功；藥材之原植物，既經（植物分類學）考定矣，即用第二步生藥學的研究方法，識別藥材外部之形色性質及內部之組織構造，檢出其定型，以為準則。如是則藥材之基本始立，進而從事於藥化學及藥理學之研究，──則錯誤自少──國內研究國藥者兼矣，往往不重斯學，以致發生根本上之錯誤而不覺，此（中藥研究）上絕大之障礙也。"以上所引的趙燏黃氏語（括號內諸係作者所加），充分說明植物學與生藥學在中藥研究中的重要性。可惜過去許多研究中藥者不認識此點，大都自藥肆購得樣品，不究來源，不辨真偽，即加化學或藥理學試驗，發表時即自成書查得其植物學名而引用之。殊不知中藥一物數名，一名數物，更多假充攙雜，僅憑藥肆之名，殊不可靠。文獻中同一藥物，而報告所得結果各各不同，其主因即在於此。即同一研究者，研究同一藥物，因各次所用材料來源不同，往往不能得到同樣結果。所以植物學家和生藥學家，在中藥研究的 Team 中，不可或缺；而將來利用有效中藥時，對於標準之釐訂，品質之檢定，亦須生藥學的智識。論者每謂生藥學者在藥科學校中，乃一種垂斃的學科 (A dying science) 此對歐美之合成藥時代，不無相當理由；但在文化落後資源貧乏而主要是原始農業經濟的吾國，此學仍有其重要性。因將來中醫廢止後，農村醫療勢須合理的利用一部分中藥，以節省國力與外滙，而免中藥業全部破產失業。此時生藥學將大有用處。至於中藥研究中此學的重要，尚其餘事耳。

趙燏黃氏用植物學和生藥學智識以研究中藥，工作最久，貢獻亦最大。三十年初期在中央研究院時代，出版中國新本草圖誌第一卷第一冊（1931）和第二冊（1932）。第一冊詳述甘草與黃耆的植物學生藥學和組織學的研究。後入北平研究院生理學研究所，又出版祁州藥誌第一集及本草藥品實地之觀察（華北之部）二書。祁州藥誌專述祁州所採集的菊科與川續斷科藥物五十餘種，鑑定其植物來源，描述其植物和生藥形態，並附精細影像，摘述前人科學研究的結果，誠屬良著。在後書中，則對華北所採中藥七十餘種作生藥學的研究。上海自然科學研究所生藥科中尾木村兩氏合著之漢藥寫眞集成(1929,1930)，性質與趙氏祁州藥誠大致相仿。裴鑑氏(1939)之中國藥用植物誌第一册，收集中藥五十種，詳述其植物形態，並附極精細之繪圖，實乃藥用植物採集研究者的極佳參考書。以後各集因經費關係無法出版，眞是可惜。震旦大學之Roi氏亦於1942年出版收集較多敘述較簡的中國藥用植物誌，稱Atlas Plantes Medicinales Chinoises，全部銅版紙精印，共收集中藥201種。此外管光地氏對於貫衆常山，曼陀羅，莨菪，鬧羊花及佝險子等作考證和生藥學的研究，王進英氏則對常山，蚤漆，雪上一支蒿，大麻等加以研究。

化學 國人對於中藥之化學研究，成績頗爲可觀。從事於此項研究的化學家，有趙承嘏，紀育灃，曾廣方，黃鳴龍，湯騰漢，王序諸氏。其中研究最久而貢獻最大者，當推趙承嘏氏。趙氏及其同事研究之中藥有下列數種：麻黃(1926)，莽草，鬧楊花(1927)，延胡索 I(1928)，延胡索 II & III(1929)，鉤吻(1931)，浙貝母(1932)，川貝母，延胡索 IV，洋金花(1933)，延胡索 V，麻黃，除蟲菊(1934)，曼陀羅，細辛，木防已(1935)，大茶葉，延胡索 VI，雷公藤(1936)，三七 I，廣地龍 I(1937)，黃藤與茱蟲藥，廣地龍 II(1938)，石蟾蜍(1939)，大戟，番木鱉，鉤吻素甲 I，羊角藕(1940)，鉤吻素甲 II，三七 II，貝母素甲與乙 I(1941)，貝母素甲與乙 II，貝母中之微量贋鹼，遠志，常山 I(1947)，木防已素乙，常山(1948)。趙氏研究最精之成分爲贋鹼。協助趙氏研究者有朱子清，朱任宏，梅斌夫及高怡生等氏，現多離趙氏實驗室獨立研究，如朱任宏朱子清兩氏亦多貢獻。朱任宏氏曾先後研究三七，羊角藕，鬧喉箭等之鹼皂體，成績甚佳。

紀育灃氏及其同僚曾研究紫菀，前胡(1943)，紫胡(1935)，獨活，淫羊藿，貝母素甲(1936)，鉤吻(1938)及貝母素乙(1940)。紀氏工作精細，曾改正趙氏貝母素甲之分子式並精製趙氏之Kouminine與Kouminidine等，較爲重要。湯騰漢氏及其學生曾研究酸棗仁，半夏，蛇床子(1936)，蒼朮(1937)，益母草，威靈仙，治腎草(Orthosiphone stamineus)(1940)，石榴皮，甘松，使君子(1941)及紫草(1943)等。曾植方氏研究漢防已木防已之化學，發表論文多篇，此外並研究使君子，海人草，三七，益母草，常山等。曾廣方氏與中尾萬三氏研究芫花中所含黃鹼體之化學構造(1932,1935)，後又研究陳皮中之Hesperidine(1936)和黃鹼體陳皮素(1938)。黃鳴龍與莊長恭兩氏主要研究Steroid型化合物，間亦研究中藥，如黃氏之延胡索(1936)與三七(1938)，莊氏之防已贋鹼(1939)及其構造式(1947)，均有其精到之處。王序氏亦曾研究丹參中Steroid成分Tanshinon I & II 之化學構造(1940)，射干異素之構造(1947)及柴胡(1938)，土大黃(1947)之成分。吳榮熙氏則曾研究貝母素甲之構造(1944)，認係一種含氯的Steroid化合物。按黃莊王吳四氏均曾留學德國，深受該國化學家之影響，故對Steroid型化合物特感興趣。

抗戰期内，劉紹光等，藍天鶴，梁其奎及傅豐永諸氏之研究鴉胆子；姜達衢氏自常山中提得中性結品體一種(1944)，傅豐永氏自常山中提得中性結品體二種贋鹼二種(1946)，亦值得一提。

藥理學 二十年代陳克恢氏致力於麻黃素的藥理研究，發表論文二十三篇，並於1930年出版關於麻黃素的英文專書，已述於前。離國後陳氏除繼續麻黃素研究外，亦研究其他國藥，如蟾酥，漢防已，木防已，百部等。趙氏所提得的贋鹼，幾全部寄美請陳氏作藥理研究，如延胡索，貝母，鉤吻，木防已等的贋鹼和麻黃中的Ephedine 等。陳氏藥理報告，與趙氏的化學報告，大都發表於中國生理學雜誌。

朱恒璧氏及其同僚曾研究烏頭(1927)，鬧楊花(1931)及廣地龍(1937)等之藥理。伊博恩與朴柱秉兩氏曾發表一串之論文，報告麻黃鹼之藥理(1927—1935)，又報告中國蘭草之毒性及其毒性成分。

三十年代中葉及以後，劉紹光與張耀德，張發初諸氏於衛生實驗處的藥理研究室，經利彬與石原皋，李登榜諸氏於北平研究院的生理研究所，各致力於中藥的藥理研究，其報告多由該兩機關自印出版。劉氏等曾於1935，1936兩年中研究防已，當歸，黃芩，紅花，益母草，遠志，香附子，牛膝，貝母等中藥九種之藥理，其中對於防已貝母與當歸等提出其有效成分。抗戰後劉氏等與研究機關同遷昆明，繼續研究之中藥有萬年青，鴉胆子，新靈，瘴靈，金剛散，保險子等，對於前四種亦曾提出其有效成分。

經氏等的中藥藥理研究幾全部採用粗製浸膏，故其結果係初步性質，進一步工作自應與化學家配合以冀提出其有效成分。其研究的結果幾全部發表於北平研究院生理研究所中西文叢刊六卷內。前後研究的中藥有槐實(1931)，黨參(1934，1935)，川芎(1934，1935)，桑寄生(1934)，車前，常山與柴胡，牛夏，知母，浮萍，粉防己素，地黃(1935)，木解，澤瀉，瓦松，玄參，昨夜荷草(1936)，蒼朮，滇三七，懷牛膝(1937)等二十種。又按藥理作用，比較多種同類的中藥，有退熱藥，利尿藥，利胆藥及治消渴病藥等四類。

作者與周廷沖，黃琪章，王進英，陸格，易鴻匹，胡崇家諸氏，曾研究夾竹桃，大麻，使君子，苦楝子，雪上一支蒿，鴉胆子及常山等。

其他尚有吳雲瑞氏研究龍芽草及驅腸虫藥，鄭文思，張耀德，及全慈光三氏分別研究鴉胆子的毒性，有效成分的藥理及對阿米巴的作用。吳玨氏報告羊角藤和開喉箭成分的强心作用。

(4) 重要中藥的文獻檢討

中藥的科學研究，在中國差不多已有三十年的歷史，研究報告已有數百篇之多，再加國外學者，特別是日本學者的研究成績，簡直是浩如瀚海，非個人的力量能夠加以整理。業師朱恒璧氏(1939)曾發表"幾種國藥之成分及藥理"一文於中華醫學雜誌，已將延胡索，麻黃素，莽草，當歸，蘭草，大風子油，洋小蘗素，白豆蔻（縮砂密），細辛，鈎吻，鬧羊花，丹參，人參，洋金花及芫花等中藥十五種，詳加檢討，自無重述之必要。本文暫選貝母，防己，常山，鴉胆子，延胡索，鈎吻，當歸，益母草等八種，作重點的研討範圍。其中延胡索，鈎吻與當歸三藥，朱氏文中亦已述及，但本文內作者從不同角度加以檢討，並加入新材料與文獻來源，以利同道之參考。

貝 母

貝母乃百合科植物之鱗莖，日本貝母經鑑定為 *Fritillaria verticillata* Willd. var. *Thunbergii* Baker. 吾國貝母因產地之不同而有川貝（四川產）與浙貝（浙江產）之分。其原植物是否一種或一種之多種變種，或係兩種，迄未十分確定。據 Read (1936)[15]，浙貝為 *Fritillaria verticillaria* Willd. var. *Thunbergii* Baker，而川貝為 *Fritillaria roylei* Hook.

八木氏(1913)[17] 於日產貝母(*F. verticillata*)中提出質鹼兩種如下：

1. Fritilline, $C_{25}H_{41}O_3N \cdot H_2O$, 熔點 214° 結晶；
2. Fritillarine, 無晶形。

福田氏(1929)[1] 自日產貝母中提出質鹼三種如下：

1. Verticine, $C_{18}H_{38}O_2N (C_{19}H_{35}O_2N)$, 熔點224—224.5°，比旋度$[\alpha]_D^{10} -10.66°$(alcohol)；
2. Verticilline, $C_{19}H_{33}O_2N$, 130°軟化，148—150°熔融，157—159°凝固，212—213°再熔而分解；
3. Fritillarine, 無晶形，$C_{19}H_{33}O_2N$, 熔點130—131°。

吾國最早研究此藥者乃南滿醫大之袁淑範氏(18)，渠於1923年報告於貝母中提出一種質鹼粗製品，其鹽酸鹽之熔點為268°。趙承嘏氏(1932)[7] 於浙貝中提出兩種質鹼：Peimine 與 Peiminine。渠於1947年[6] 又報告浙貝中含量微少之質鹼四種：(1) Peimisine, $C_{27}H_{43}O_4N$, 熔點270°；(2) Peimiphine, $C_{27}H_{47}O_3N$, 熔點127°；(3) Peimidine, $C_{27}H_{45}O_2N$, 熔點222°；(4) Peimitidine, $C_{27}H_{45}O_3N$, 熔點188°。自川貝中，趙氏(1933)[8] 提出一種質鹼爲 Fritimine，其分子式為 $C_{38}H_{62}O_3N_2$，熔點167°（鹽酸鹽之熔點為230°），比旋度 $[\alpha]_D^{22} -50°$(alcohol)。

趙氏之 Peimine，分子式 $C_{19}H_{39}O_2N$，熔點223°，比旋度0°，與福田氏之 Verticine 雖略有出入，仍頗相似。紀育灃，高怡生與張國仁(1936)[3] 再取浙貝母加以化學研究，並認為 Peimine 卽係 Verticine，並修正趙氏之 Peimine 分子式為 $C_{26}H_{43}O_2N$。紀氏等(1940)[4] 又將趙氏之 Peiminine 分子式修改為 $C_{26}H_{43}O_3N$，並根據其性狀，認為 Peiminine 卽係福田氏之 Verticilline，趙承嘏與朱子清(1941)[9] 證實紀氏等對於 Peimine 之修正分子式，同時却根據 Peimine 與 Peiminine 間氧化還原性互變之性狀，再行修正紀氏等之 Peiminine 分子式而確定為 $C_{26}H_{41}O_3N$。Peimine, $C_{26}H_{43}O_2N$ 與 Peiminine, $C_{26}H_{41}O_3N$ 之此兩分子式，大概可視為確定。朱子清與趙承嘏(1947)[10] 報告 Peimine 與 Peiminine 間極易互相

轉變，Peimine 氧化卽成 Peiminine，而 Peiminine 還原卽成 Peimine：

$$\text{Peimine}(C_{26}H_{43}O_3N) \xrightarrow{-2H} \text{Peiminine}(C_{26}H_{41}O_3N)$$

$$\text{Peiminine}(C_{26}H_{41}O_3N) \xrightarrow{+2H} \text{Peimine}(C_{26}H_{43}O_3N)$$

至於李士毅氏(1940)[12]之 Peimurine 分子式(與趙氏 Peimine 之原定分子式相同)，吳榮熙氏(1944)[16]將 Peimine 與 Peiminine 之分子式分別改訂爲 $C_{27}H_{45}O_3N$ 與 $C_{25}H_{41}O_3N$，恐均不能成立。此外吳氏又自貝母中提得一種固醇類新成分，分子式 $C_{26}H_{44}O_5$ 或 $C_{27}H_{46}O_5$，稱爲 Propeimin，認係 Peimine 之前身。並將 Peimine 與 Propeimin 擬定構造式如第一圖。

第一圖　貝母成分之暫定構造

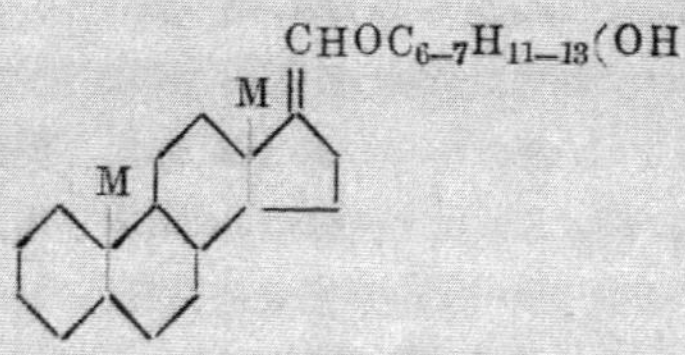

Propeimin

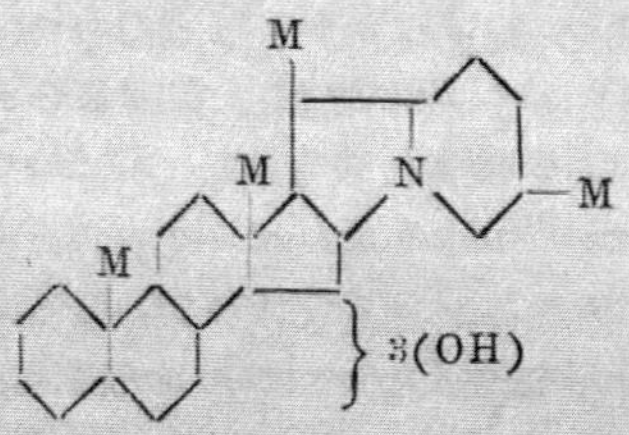

Peimine

近據吳氏之 Propeimin 已經朱任宏氏證實，而貝母質鹼之構造式正由朱子清氏積極研究中。茲將現已確定之貝母主要成分摘列成第一表。

第一表　貝母之主要成分

浙貝(*F. verticillata*)
Peimine, $C_{26}H_{43}O_3N$, 熔點 224°，與 Verticine 係同物；
Peiminine, $C_{26}H_{41}O_3N$, 第一次熔點 147-148°，第二次熔點 217-213°(分解)，與 Verticilline 係同物；
Propeimin，固醇類中性成分。

川貝(*F. rohlei*)
Fritimine, $C_{38}H_{62}O_3N_2$, 熔點 167°。

至於貝母鹼之藥理作用，在性質上相互間並無顯著之差異。據八木(1913)[17]之報告，Fritilline 能抑制哺乳動物之中樞神經，抑制心臟而使血壓下降，呼吸麻痺，對於神經肌肉裝置呈 Veratrine 樣作用。Narumi 氏(1935, 1936)[14]將福田氏之二質鹼作藥理試驗，發現其對蛙之作用，性質上與八木之 Fritilline 並無二致。其作用爲：呼吸麻痺，隨意與反射運動停止，心抑制，血管收縮，對於神經肌肉裝置呈 Veratrine 樣作用。對於家兔之作用亦如 Fritilline：小腦之各種共濟中樞麻痺。大劑量使呼吸緩慢血壓降低，小劑量之作用則適相反。腸之運動受抑制而子宮之緊張性增加。

陳克恢等(1932, 1933)[17]將趙氏之 Peimine 試於家犬，不能證實舊說之貝母鎭痙止咳作用。一般而論，Peimine 與 Peiminine 之藥理作用頗爲相似。(1)對於小鼠之最低致死量(靜脈注射)約爲 9m./Kg.，死前有強直性驚厥；(2) 5mg./Kg. 左右之劑量時，於家兔產生中度之血糖過多症；(3) 10mg. 左右之劑量，使醚麻醉之貓呈短時開之血壓下降及輕度之呼吸抑制；(4)蛙心灌注時 1:5000—1:1000 之濃度使心率減低，房室完全阻斷，及週期性變化。陳氏等(1933, 1935)[2,8]又試趙氏自川貝中提出之 Fritimine，其作用與 Peimine 大體粗似：(1)對於小鼠之 M.L.D. 爲 40mg./Kg.；(2) 7.5—16mg./Kg 亦於家兔產生血糖過高症，往往伴以驚厥及暫時性四肢麻痺；(3) 4mg./Kg 左右之劑量於貓產生持久之血壓下降，伴以短時間之呼吸抑制；(4)對於豚鼠之離體子宮，於 1:167,000—1:50,000 時收縮之；對於家兔之離體小腸，1:100,000 時抑持之。點眼時無散瞳作用。

劉紹光，張耀德及張䥱初三氏(1935)[12]將浙貝中提得之質鹼 Peiminine(恐與 Peimine 係同一物質)作詳細之藥理研究，並認爲貝母鹼之主要作用類似 Atropine，故舊說貝母鎭痙止咳作用由此得一解釋，劉氏等之結果與前人所得者頗有出入，亟需再加精密研究，以澄清之。茲將劉氏等之結果列舉於下，以供參考：

(1)毒性——家兔之 M.L.D. 爲 10-2 mg./Kg.(i.v.)，貓之 M.L.D. 爲 8-1 mg./Kg.(i.v.)中毒症狀爲震顫，牛難換，呼吸抑制，呼吸麻痺乃其死因。

(2)血壓與呼吸——熔劑量(1-4mg./Kg.) 能使犬貓兔之血壓下降，呼吸抑制，1mg./Kg. 以之下小劑量則往往使血壓與呼吸略略增加。

(3) 離體臟器——對於蛙與兔之心臟，高濃度(1:10,000)使之立刻停止，對於兔腸則興奮之。

(4) Atropine 樣作用——對於兔貓之離體肺灌注，1:1-5,000,000之稀液多能產生支氣管舒張現象，但較高之濃度(1:10,000)則多致輕度之支氣管收縮。用其1%溶液點眼，於犬貓兔等動物產生散瞳作用。於犬之實驗，1-3mg.之劑量能使其涎分泌減少乃至暫時停止。

1. Chen, K. K.; Chen, A. Ling. & Chou, T. Q. (1933) J. A. Ph. Ass. 22:638.
2. Chen, K. K.; Rose, C. L.; Anderson, R. C. & Chou, T. Q. (1935) Chin. J. Physiol., 9:21.
3. Chi, Y. F.; Kao, Y. S. & Chang, K. J, (1936) J.A.C.S. 58:1306.
4. Chi, Y. F.; Kao, Y. S. & Chang, K. J, (1940) J.A.C.S. 62:2896.
5. Chou, T. Q. (1947) J. A. Ph. Ass. 36:215.
6. Chou, T. Q. & Chen, K. K. (1932) Chin. J. Physiol. 6:265.
7. Chou, T. Q. & Chen, K. K. (1933) Chin. J. Physiol. 7:41.
8. Chou, T. Q. & Chu, T. T. (1941) J.A.C.S. 63:2936.
9. Chu, T. T. & Chou, T. Q. (1947) J,A.C.S. 69:1257.
10. Fukuda (1929) Sci. Rep. Tohoku Imp. Univ. 18:323.
11. Li, S. Y. (1940) J. C. Ph. Ass. 2:229.
12. Liu, S. K.; Chang, Y. T. & Chang, F. C. (1935) Rep. Pharmacol. Res. Health Exp. Station. 1:89; 2:165-206.
13. Narumi (1935, 1936) Tohoku J. Exp. Med. 26:325; 28:26.
14. Read, B. E. (1936) Chinese Medicinal Plants, 3rd. Ed. p. 220.
15. Wu, Y. H. (1944) J.A.C.S. 66:1778.
16. Yagi (1913) Arch. Int. Pharmacodyn. 23:277.
17. Yuan, S. W. (1923) Allgem. Med. Z. Chines. Reich. 1:5:12.

防 己

防已科藥物日人近藤(Kordo)等[18]自1920年左右開始，加以精詳之研究。在彼邦先後有Sinomenine 與 Cepharanthine 兩種防已植物質鹼，推薦於臨床治療。前者自日產漢防已 (Cinomenium acutum, Rehd. et Wils.)提出，據云對於風濕症(Rheumatism 僂麻質斯)有消炎止痛"特效"；後者自台產玉咲葛藤 (Stephania cepharanta, Hayata) 提出，據長川谷氏宣稱，對於各種結核病有"特效"。對於國產防已類藥物之研究，當以南滿醫科大學久保田(Kubota)[19]在1931年發表之報告為最早，厥後五六年中，吾國學者紛紛研究，如趙燏黃[1]，許植方[10-16]，趙承嘏[5-7]，陳克恢[2-5]，劉紹光[20-21]，繆利彬[17]，莊長恭[9]等及其同僚 或作化學之分析，或作藥理之研究，發表報告甚多。惜因所用防已材料均自各地藥肆購得，或稱漢防已，或稱粉防已，或稱木防已，既不明其植物外源，亦多未作精細生藥研究，因此研究對象之異同難於確定。而所得之質鹼亦各不相同，分別題名，有Hanchinin(趙燏黃), Hanfangchin A (許), Hanfangchin B (許), Fangchinin (劉), Fangchinolin (莊), Menisire (趙), Menisidine (趙), Mufangchine (陳), Thunbergin (陳), Mufangchin A (許), Mufangchin B (許)等，使讀者如墮五里霧中，不明其究竟。最近因朱[8], 許[1F,16]等氏之新報告發表，防已之紛亂局面漸趨明朗化。吾國之漢防已與日本之所謂漢防已，根本不同，此點早經確定。而吾國之漢防已，在華南亦稱粉已[1,10,17]其主要之植物外源恐係倒地拱(Stephania tetrandra S. Moore)[2,8,12,19] 或玉咲葛藤 (Stephania cepharantha, Hayata)[1]。而朱任宏氏(1939)研究石蟾蜍，經陳煥鏞氏鑑定為 Stephania tetrandra, S. Moore 而其主要化學成分則與許氏之所謂漢防已(粉防已)及趙氏之所謂木防已(恐即由漢防已植物之莖充之)相同，更為漢防已卽倒地拱之有力旁證據。Fanchinin, Hanfangchin A, Fangchinin, Menisire 等，恐卽 Tetrandrine, 至其熔點，比旋度及分子式之互有出入，實因純度與製備方法之不同。Hanfangchin B, Fangchinolin 及 Menisidine 三者亦恐係相同[15',6]其構造式至今尚未確定。趙燏黃[1]根據近藤之說，謂卽係 Cepharanthine, 而許植方[13]亦引近藤之函，謂恐係 Cepharanthine 之同質異構物，但據許氏本人所研究之化學構造，則顯係一種新質鹼；趙承嘏 Fangchinolin 與 Menisidine 二者係同質異構物，但許氏則用實驗證明此二物與彼之 Hanfangchin B 實係同物[15',16]。莊氏則謂 Fangchinoline 乃 Demethyltetrandrine, 似最可能。至於吾國藥肆中之木防已，顯亦與日本之木防已(Cocculus trilobus, D.C.)不同。劉紹光氏自木防已中提得之質鹼，與渠自漢防已中所得者相同[20], 故其所用材料恐係取自同一植物(倒地拱)。趙承嘏[6]氏自木防已中分出之 Menisine 與 Menisidine 兩種質鹼，據許氏之研究[16], 與渠自漢防已 (粉防已) 中所得之 Hanfangchin A, Hanfangchin B 並無不同 故其材料恐與劉氏者相同，與漢防已同一來源。據本草綱目所載，漢防己乃漢防己之根，而木防己則往往用該植物之莖充之。劉氏與趙氏之結果，當可由此得到解釋。華南木防己，因產地之不同，又有廣防己與滇防己之稱[13,16]其植物名尚未確定，有鑑定爲 Cocculus thunbergii, D.C. 者[4]陳氏[4]所得 Thunbergin 與 Mufangchine 二種非鹽鹼性成分中，後者與許氏[16]所得之 Mufangchin B 相同。許氏之 Mufangchin A 之性狀與 Thunbergin 頗爲相似，對鹽鹼試藥亦呈陰性反應，但分子式不同，且含氮。總之，吾國漢防己主要係倒地拱或其相近植物之根，其主要鹽鹼有二，即 Tetrandrine 與 Demethyltetrandrine 是也[9]。而藥肆中所謂木防己者至少有二種，一由倒地拱或其相近植物之莖充之，一係廣防己或滇防己。陳氏與許氏均在後者中提得二種非鹽鹼性結晶性物質，此兩對物質，性質頗爲相似，可能相同。至於藥理研究，則漢防己中之二鹽鹼具有相似之作用，與其他防己科植物之鹽鹼比較，亦無顯著之不同[3,5,17,19]。關於木防己中特殊成分之藥理研究，則尚未見報告。

茲將各種防己之主要成分列成第二表。

第二表 各種防己之主要成分

防己種類	主要成分	分子式	熔點
漢防己(粉己,石蟾蜍,倒地拱) *Stephania tetrandra*, S. Moore	1. Tetrandine (1) 2. Demethyl-tetrandrine (2)	$C_{38}H_{42}O_6N_2$ $C_{36}H_{38}O_6N_2$ $C_{37}H_{40}O_6N_2$	217° 241-242°
木防己(廣防己,滇防己) *Cocculus thunbergii*, D.C. (?)	1. Mufangchin A (Thunbergin?) 2. Mufangchin B (Mufangchine)	$C_{32}H_{24}O_{13}N_2$ ($C_{20}H_{14}O_9$?) $C_{14}H_{22}O_{11}N_{14}$ ($C_{14}H_{21}O_{11}N_{14}$)	278-280 (Dec.) 232-233°(Dec.)
日本漢防己 (3) *Sinomenium acutum*, Rehder et Wilson	1. Sinomenine 2. Disinomenine 3. Sinactine 4. Acutumine 5. Diversine 6. Tuduranine	$C_{19}H_{23}O_4N$ $(C_{19}H_{22}O_4N)_2 \cdot 2CH_3OH$ $C_{20}H_{21}O_4N$ $C_{20(21)}H_{27}O_8N$ $C_{20}H_{27}O_5N$ $C_{18}H_{19}O_3N$	162°,182° 222° 174° 240° 80-93° 125°
日本木防己 (3) *Cocculus trilobus*, D.C.	1. Trilobine 2. Isotrilobine	$C_{36}H_{36}O_3N_2$ $C_{36}H_{36}O_5N_2$	235° 215°

附註(1) 各家對此同一物質之定名：原名 Tetrandrine(久保田，陳克恢，莊長恭，朱任宏)；Hanfangchin A (許植方)；Fangchinin(劉紹光)；Fanchinin (趙燏黃)；Menisine(趙承嘏)。

附註(2) 各家對此同一物質之定名：Hanfangchin B (許植方)；Menisdine (趙承嘏，朱任宏)；Fangchinolin(莊長恭)。

附註(3) 材木根據成書：Henry's Plant Alkaloids

1. Chao, S. H. (1948) D. M. Med. J. 1:2:30.
2. Chen, K. K. & Chen, A. Ling (1935) J. Biol. Chem. 109:681.
3. Chen, K. K.; Chen, A. Ling; Anderson, R. C. & Rose, C. L. (1937) Chin. J. Physiol. 11:13.
4. Chen, K. K. & Chen, A. Ling (1937) Chin. J. Physiol. 11:25.
5. Chen, K. K. & Chou, T. Q. (1937) ditto 11:29.
6. Chou, T. Q. (1935) ditto 9:267.
7. Chou, T. Q.; Lu, T. W. & Wang, G. H. (1937) ditto 12:163.
8. Chu, J. H. (1939) ditto 14:315.
9. Chuang, C. H.; Hsing, C. Y.; Kao, Y. S. & Chang, K. J. (1939) Ber. 72:519.
10. Hsü, C. F. (1935) J.C.C.S. 3:260.
11. " (1935) ditto 3:365.
12. " (1936) J. C. Ph. Ass. 1:327.
13. " (1940) ditto 2:313.
14. " (1940) J.C.C.S. 7:123.
15. " (1948) D. H. Med. J. 1:10:29, 1:11:29, 1:12:27.
16. " (1948) ditto 2:3:27.
17. King, L. P. & Shih, Y. K. (1935) Bull. Nat'l Acad. Peiping. 6:13.
18. Kondo & Tomita (1936) Arch. Pharm. 274:65.
19. Kubota (1931) Folia Pharmacol. Japan. 12:328, 338.
20. Liu, S. K.; Ma, C. & Li, S. Y. (1934) Proc. Chin. Physiol. Soc. Nanking Meeting. p. 36.
21. Liu, S. K.; Chang, Y. T. & Chang, F. C. (1935) Rep. Pharmacol. Res. Health Exp. Station, No. 1, p. 1-50.

第二圖　主要防己實鹼之化學構造

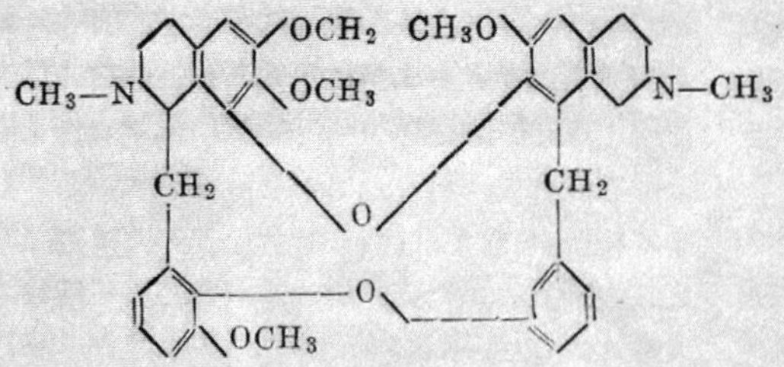

Tetrandrine (Kondo)

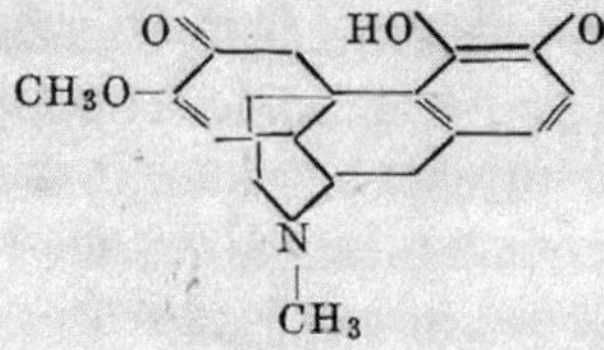

Sinomenine

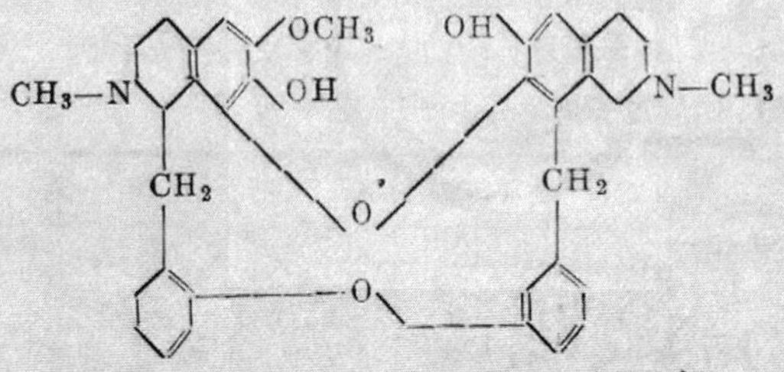

Demethyltetrandrine, enol-form (許植方)

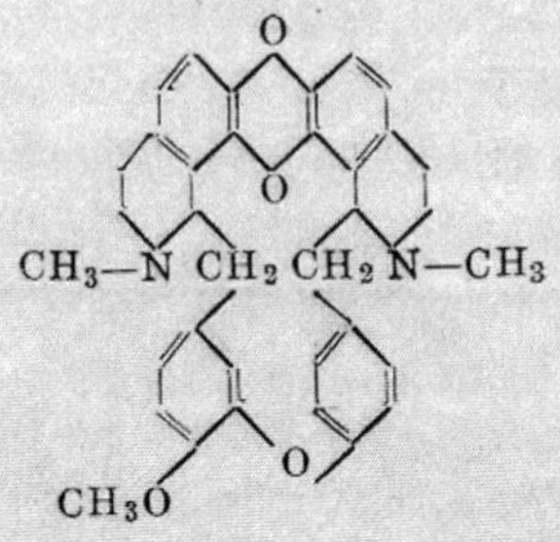

Trilobine

常山(Dichroa febrifuga, Lour.)

抗戰發生後，沿海人工遷癉瘧之區，瘧疾不斷流行，而抗瘧藥品甚感缺乏，吾國學者紛起研究抗瘧藥材，以謀抗瘧藥之自給。最早者當劉紹光張耀德全慈光譚世杰諸氏(1941)[20] 之新靈(Sinire)與瘧靈(Chunine)，前者係木犀科(Oleaceae)秦皮屬(Fraxinus)植物 Fraxinus mallacophylla (俗稱白槍桿，根根藥，對鴛母)之根皮中所含質鹼，後者係滇常山葉中之有效成分。據稱二藥對於瘧疾均有特效，瘧靈之效尤著。但作者(1944)[9] 之臨床實驗對於新靈不能證實其療效；對於瘧靈則於所試少數病例，似屬有效。同時瀘縣軍政部應用化學研究所外籍醫師 Schroeder 氏試用白蠟樹(Fraxinus chinensis)樹皮以治瘧疾，云有療效，並提得一種既知配糖體拂瘧清(Fraxin)，認為抗瘧有效成分。作者(1943)[10] 之臨床實驗，已證明其完全無效。當時軍中流行一治瘧藥方，其中成分有常山，檳榔，䐉甲，烏梅，紅棗等。重慶國立藥專及北碚曉莊研究所，也根據此方製成浸膏與丸劑，謂有抗瘧療效。重慶南溫泉中央政治學校醫務所程學銘等氏於1941年秋開始作常山之臨床實驗，獲得初步之良好結果，乃於翌年成立國藥研究室，聘請專家姜達衢，管光地，胡成儒及陳方之等氏共同研究，並於1945年印行"常山治瘧初步研究報告"一書。中央衛生實驗院藥理室自1942年起由作者開始研究常山，作臨床實驗，提出其有效成分，並於雞瘧確實證明其抗瘧療效。參加研究者有傅豐永，王進英，周廷冲，黃琪章及陸格諸氏，勝利後幸得北平研究院藥物研究所趙承嘏與高怡生兩氏之合作，將其化學分析工作圓滿完成。

常山乃舊醫治瘧之要藥，歷史甚久，神農本草經列常山為下品，"主治傷寒，寒熱，熱發溫瘧鬼毒，胸中痰結吐逆"。入藥用其根，苗葉稱蜀漆，功用相同，但有惡臭，更易致吐。據本草綱目所載，常山有茗葉楸葉之分：茗葉常山又稱雞骨常山，乃其正品；楸葉常山產海州，又名海州常山。

但考常山之植物來源，戰前文獻多襲用日人之錯誤鑑定，以 Orixa japonica Thumb. 為植物學名。經利彬等(1935)[16,23] 之報告中則稱常山為 Dichroa febrifuga Lour.，係稀有例外。考此名係法人 Loureiro 氏(1790)[21] 於安南給於當地土著稱作 Cham chan 或 Charg Shan 之植物，距今已將一百六十年矣。至1928年，經日人木村康一[15] 之研究，始知本草綱目中所載與吾國市場中常山正品，實乃 Loureiro 氏所定名之 Dichroa febrifuga, Lour.，與日本常山(Orixa japonica Thumb.)完全不同。此點現經裴鑑管光地等氏加以證實。裴氏[24] 並主張將本草綱目中所載之常山(正品)或雞骨常山稱為黃常山(Dichroa febrifuga, Lour)，以與白常山 (Mussaenda divaricata Hutchinson)，和常山(Orixa japonica

Thumb.)柤區別。此三種常山在植物分類上屬於三種不同科，黃常山屬虎耳草科(Saxifragaceae)白常山屬茜草科(Rubiaceae)，而和常山則屬芸香科(Rutaceae)。至於海州常山(*Clerodendron trichotomum* Thumb.)則屬馬鞭草科(Verbenaceae)。土常山種類甚多，其中數種係*Hydrangea*屬之植物與黃常山同屬虎耳草科。管光地氏(1945)[18]曾對常山，王進英氏(1948)[28]曾對常山(根)與蜀漆(葉)，作組織學的研究。

常山之化學研究，當以Hartwich(1897)[8]之報告爲最早，據稱其有效成分係一種配糖體，其純度與反應均甚可疑。日本文獻中所載常山之化學研究，均係指和常山而言。最近柳田昌一(1943)所研究之常山係在吾國市場購得，據稱無質鹼反應，提得結晶體三種：(1)結晶甲係白色棱片結晶，熔點310°，係鹼皂體基(Sapogenin)；(2)結晶乙，熔點125°，乃含酚基之化合物；(3)結晶丙，微黃色針狀，熔點228°，係鑑定爲Umbelliferon。但觀其插圖，所用常山試樣似係白常山，形態與常山(正品)不同。呂慶池吳家駒(1948)[22]亦自常山片中提得Umbelliferon，其材料恐亦係白常山。王進英傅豐永張昌紹三氏(1945)[27]報告常山化療研究之初步結果，第一次證明常山中含有質鹼多種，並得質鹼F,G,I三種，其中F硫酸鹽於130°熔化，後來之研究證明係純品，即α-Dichroine，其他兩種純度均差。此外並得結晶性中性物質E,H兩種，前者之熔點爲228—230°水溶液呈藍色螢光，純度亦佳，後經鑑定爲Umbelliferon。但此五種結晶性物質，在所用劑量時，對於雞瘧(P. gallinaceum 感染)並無抗瘧療效，但常山浸膏與常山全質鹼均有顯著之抗瘧療效，故信此五種成分均不能代表之主要有效成分。經繼續研究，張昌紹等乃於翌年報告又一質鹼稱Dichroine B，其雙鹽酸鹽之熔點爲237-8°。質鹼F現改稱Dichroine A，而中性物質E與H，分別稱爲Dichrin A與B。Dichroine B在2—4mg/Kg.之劑量時，對雞瘧有效。勝利後得趙承嘏氏之合作，進步更速，於1947年報告 Dichroine 之分子式爲 $C_{16}H_{19(21)}O_3N_3$[4]，趙承嘏德豐永高怡生(1948)[5]報告常山化學研究結果，傅豐永張昌紹(1948)[6]則將歷年來對於常山之化學與藥理研究成結作一綜述，並檢討過去之文獻。同時，美國方面 Koepfli et a (1947)[17]及 Kuehl et al (1948)[19]亦報告相似之結果。吾人自常山中共得結晶性質鹼五種，另有極易潮解質鹼一種，結晶性中性成分二種(見第三表)。

第三表 常山中之主要成分

成分	分子式	熔點	溶解度
α-Dichroine (1)	$C_{16}H_{21}O_3N_3$	136°	溶於熱水，醇，氯仿及乙酮；不溶於醚。
β-Dichroine (2)	$C_{16}H_{21}O_3N_3$	146°	溶於熱水，醇；略溶於氯仿；不溶於醚。
γ-Dichroine	$C_{16}H_{21}O_3N_3$	161°	同上。
Dichroidine	$C_{18}H_{25}O_3N_3$	213°	溶於熱水，醇，氯仿及乙酮；略溶於醚。
4-Quinazolone	$C_{18}H_6N_2O$	212°	溶於熱水，醇；略溶於醚氯仿。
Hygroscopic Alkaloid			極易溶於水，醇，氯仿；不溶於醚。
Dichrin A (Umbelliferon)	$C_9H_6O_3$	228°	溶於醇，氯仿；略溶於水，醚。
Dichrin B		180°	易溶於醇，醚。

附註(1) α-Dichroine(原稱 Dichroine A)，即 Koepfi 等之 Isofebrifugine，Kuehl 等之 Base I，但美國學者之分子式爲 $C_{16}H_{19}O_3N_3$，與吾人(1947)最早之分子式相同。

附註(2) β-Dichroine(原稱 Dichroine B)，即 Koepfli 等之 Febrifugine，Kuehl 等之 Base II。

α-Dichroine 與 β-Dichroine 即1946年報告之 Dichroine A(Sulphate) 與 Dichroine B (dihydrochloride)，亦即 Koepfli 等(1947)之 Isofebrifugine 與 Febrifugine，Kuehl 等(1948)之Base I 與 Base II。此二質鹼與 γ-Dichroine 之分子式相同，係同質異構體，在熱，酸，鹼及溶劑之影響下，相互間極易轉變。在紫外線及紅內線中，α-與β-Dichroine 之吸收光譜完全相同。常山中之總質鹼量約在0.1%左右，但印度常山中之質鹼量僅約國產品之十分之一。自其水解產物及氧化產物觀之，三種 Dichroine 顯係 Quinazoline 衍化物，關於此點，各方意見一致。姜達衢氏(1945)[14]在常山中提得之微黃色針狀結晶，熔點218—9°，呈螢光，觀其性狀，顯與吾人所得之中性成分 Dichrin A 相似，但熔點較低而呈微黃色，恐係不純之 Umbelliferon。據聞姜氏於1948年又提得結晶多種，惜尚未見報告，無法加以比較討論。

關於常山之藥理研究，馬聞天(1935)[23]，經利彬李登榜(1936)[16]於人工發熱之家兔證明其退熱作用。胡成怡李汊猷(1945)[9]除證明其退熱作用外，亦作其他藥理研究，發現常山對蛙心與兔心均有興奮作用，對於呼吸無影響，對離體兔腸與子宮及灌注蟾蜍腿血管亦無作用。以上實驗皆採用常山粗製浸膏。王進英傅豐永張昌紹(1945)[27]用常山流浸膏試於麻醉之家犬，見有血壓下降及呼吸興奮之現象。又於犬作毒性試驗，無論灌胃或肌內注射，常山 4—20gm/Kg 之劑量多呈多少胃腸刺激症狀，劑量愈大，其刺激症狀愈劇烈；一犬死於 20Gm/Kg. 之劑量，死後剖驗見全部胃腸粘膜均呈充血，小腸部並有瀰漫性出血。此種流浸膏對於小雞小鴨之一半死亡量 (LD$_{50}$)，分別為 10 Gm/Kg.(肌內注射)與 22Gm/Kg.(口服)。

常山中有效成分三種實鹼 (α-, β-, γ-Dichroine)之藥理性狀，與其粗製浸膏頗有不同。張昌紹黃琪章等(1947[12], 1948[6])測定其毒性(第四表)，並研究藥理作用。

三種 Dichroine 之其他藥理作用頗為粗似。對於循環呈抑制作用，血壓低降由於心臟抑制與內臟血管舒張。對於離體蛙心與兔心亦呈顯著之抑制作用，小劑量時偶呈興奮。對於兔與豚鼠之離體小腸與子宮，多呈抑制。

至於常山之抗瘧作用，王進英張昌紹(1945[27], 1948[6])於雞瘧作治療實驗，確實證明常山(水浸膏)在 1gm/Kg. 之劑量時呈顯著抗瘧療效；蜀漆(葉)之抗瘧效力更大，約為常山(根)之五倍。常山全實鹼在 1mg/Kg. 之劑量時，即能奏效，其效力約為奎寧 25—50 之倍。三種 D.chroine 均有抗瘧療效。其中 α 之效力為最大，約為奎寧百餘倍以上；β 次之，約為五十倍左右；γ 最小，約與奎寧相埒。Dichroine 亦效，但其效力未作定量測定。其他成分究竟有無效力，尚未能十分確定，在所作之少數實驗中未能發現其療效。陳克恢(1943)[24]在美，Tonkin & Work(1945)[26] 在英及吾國史敏言氏(1948)[25]分別於鴨瘧(P. lophurae)及雞瘧證明常山浸膏之抗瘧效力。兩種實鹼之效力亦經美國學者測定其奎寧倍數。

臨床實驗，有周廷冲張昌紹(1943)[10]，程學銘張伯簫(1945)[1]陳方之熊俊菼朱祖慈(1945[2], 1947[3])等之報告，證明粗製常山浸膏製劑對良性及惡性瘧疾均有療效。與奎寧相較，並無遜色。但常山實鹼，因產量不多，迄未試諸瘧疾病人。

1. Cheng, H. M. (1945) Report on Ch'ang Shan p. 41.
2. Cheng, F. J. (1945) Ditto p. 47.
3. Cheng, F. J. (1947) J. Trop. Med. & Hyg. 50:75.
4. Chou, T. Q.; Jang, C. S.; Fu, F. Y.; Kao, Y. S. & Huang, K. O. (1947) C.N.J. 65: 189.
5. Chou, T. Q.; Fu, F. Y. & Kao, Y. S. (1948) J.A.C.S. 70:1765.
6. Fu, F. Y. & Jang, C. S. (1948) Sci. Tech. China 1:56.
7. Hartwich (1897) Neue Arzneidrog p. 127 (From Wehmer's Die Pflanzenstoffe 1: 428).
8. Hu, C. J. (1945) Report on Ch'ang Shan p. 30.
9. Jang, C. S. (1944) C.M.J. 63A:126. Chengtu Ed.

第四表 常山中三種主要實鹼之毒性

實鹼	動物	動物數	體重(公分)	注射方法	LD$_{50}$,mg./Kg.
常山全實鹼	小雞	20	49—70	肌內	20
β-Dichroine	小雞	24	46—97	肌內	7.5
α-Dichaoine	小鼠	30	10—12	靜脈內	18.5
α-Dichroine sulfate	小鼠	32	11—16	肌肉	>200
β-Dichroine	小鼠	53	10—15	靜脈內	6.5
	小鼠	20	10—13	肌內	20
γ-Dichroine	小鼠	35	10—12	靜脈內	5
	小鼠	20	10—14	肌內	25

10. Jang, C. S. & Chou, T. C. (1943) Nat. Med. J. China 29:137. Chungking Ed.
11. Jang, C. S. et al (1946) Science 103:59.
12. Jang, C. S. & Huang, K. C. (1947) Nat. Med. J. China 33:177.
13. Jang, C. S. et al (1948) Nature.
14. Kiang, T. C. (1945) Report on Ch'ang Shan p. 23.
15. Kimura (1928) J. Pharm. Soc. Jap. 48:884.
16. King, L. P. & Li, T. P. (1936).
17. Koepfli, J. B. et al (1947) J.A.C.S. 69:1837.
18. Kuan K. T. (1945) Report on Ch'ang Shan p. 7.
19. Kuel, F. A. et al (1948) J.A.C.S. 20:2091.
20. Liu, S. K. et al (1941) Nat. Med. J. China 27:327.
21. Loureiro (1790) Flora Cochinchinensis p. 361.
22. Lü, C. T. & Wu, C. C. (1948) D. H. Med. J. 1:3.
23. Ma, W. T. (1935).
24. Pei, C. (1945) Scientific Youth 2:85.
25. Shih, M. H. (1948) 學術叢刊11面.
26. Tonkin & Work (1945) Nature 156:630.
27. Wang, C. Y.; Fu, F. Y. & Jang, C. S. (1945) Nat. Med. J. China 31:159.
28. Wang, C. Y. (1948) Transactions Science Society of China. p.
29. Wiselogle (1946) Surrey of Antimalarial Drugs. 2:1603.

鴉膽子

苦木科(Simarubaceae)植物廣佈於熱帶國家。其中至少有三種，當地土著早用其果實或樹皮以治療各種痢疾。在吾國兩廣及南洋各國（爪哇，蘇門答臘及安南等）者爲 Brucea javnica (Linne) Merri（又稱爲 B. sumatrana Roxb 或 B. amarissima Desv.），在阿比西尼亞者爲 Brucea antidysenterica，在墨西哥者爲 Castela nicholsoni Hook.(墨語: Charpario amarogosa)。本世紀初年，科學文獻中頗有數篇有關現類植物之化學研究，及其臨床實驗於阿米巴痢之結果。但不久卽爲人遺忘，而不復引起科學家之興趣，當因普遍應用更有效之抗阿米巴藥如吐根鹼與藥特靈等而對此不復需要所致。

鴉膽子乃 B. javanica (Linne) Merri. 之果實，亦稱苦參子，西文文獻中稱爲 Kosam 或 Khosam seeds，顯係苦參之粵音，蓋此藥最早引起爪哇及安南等地西人之注意，而該地華僑通用粵話，由此足證此藥之用於痢疾，係由吾國華僑傳佈至南洋國家者。但苦參子亦係荳科植物 Sophora flavescens 種子之名，在吾國文獻中二者頗有相混者，不可不注意。

趙學敏(1765)[3]在本草拾遺中有鴉膽子治痢疾之記載云有神效。最近劉效良(1937,1941)[14,15]加以研究並作臨床實驗，試治阿米巴痢疾五十餘例，云其治愈率在 75% 以上，較諸吐根鹼(Emetine)並無遜色。是時適抗戰爆發，西藥來源被阻，朝野亟謀藥物自給，此藥遂引起各方注意，羣起研究，獲得相當結果。

化學報告之最早者乃荷人 Eyken(1891)[8]，據稱鴉膽子中含有一種含氮之苦質稱 Brucamarin，熔點在 215° 左右，溶於醇，氯仿，苯及鹼中，不溶於水與醚，無醛鹼反應，遇濃硫酸作紫色。其後 Heckel & Schlagdenhauffen(1900)[10]對此亦作化學研究，提出一種不純物質，因其味苦，而認係苦木素(Quassin)。Dybowski, Bertrand & Phisalix(1900)[7]在其中提得一種不純苦質，稱爲 Kosamin，不溶於多數有機溶劑，易溶於水及稀酒精，氏等認此物質爲醣糖體。Power & Lee (1903)[17]報告鴉膽子中並無醛鹼，亦無苦木素，僅得二不純之苦質，一易溶於氯仿而難溶於醚，一不溶於氯仿。Salaway & Thomas (1907)[18]又研究 B. antidysenterica 與 B. sumatrana 之樹皮，亦未能提得任何可能有效成份。抗戰期內，成都藍天鶴氏(1940)[12]報告在鴉膽子中提得五種結晶性成分，但其性質不明，亦未見藥理試驗之報告。劉紹光張耀德與全慈光三氏(1941)[16]報告自鴉膽子中提得醛鹼一種，稱 Yatanire，認爲其有效成分，但其物理化學性狀迄未見報告，且其後他人較精細之化學研究亦未能證實云。據黃琪章氏(1942)[11]，劉氏實驗室之陳德倫氏，除醛鹼外，又提得鹼皂體一種，黃氏曾就此二成分加以藥理研究。梁其奎氏(1947)[13]在鴉膽子中提得結晶性一種，確定係醣糖體，稱爲 Yatanoside，分子式爲 $C_{20}H_{28}O_9$，此乃本世紀來中外研究鴉膽子所得第一個具分子式之純粹物質。其熔點爲 253—4°。在水與乙酸乙酯中略溶，易溶於甲醇乙醇戊醇乙酮與吡啶，不溶於醚氯仿二硫化碳及石油醚中。與濃硫酸遇呈紫色反應，此反應極爲敏銳，一微公分(gamma)之試樣已能呈顯之。味極苦，百萬份稀釋後仍有苦味。作者實驗室內之傅豐永氏[9]於抗戰期內亦自鴉膽子中提得結晶性成分三種，惜所得爲量不多，幾全部消耗於治療實驗，故勝利後未能測定其分子式。其性質見第五表。

第五表　鴉膽子中所得結晶性成分（傅豐永）

物質	結晶性質	熔點	溶解度	可能性質
甲(A)	細針形，叢集如松葉。	62–3	溶於醇,醚,氯仿及稀鹼；不溶於水與稀酸	有機酸
乙(B)	長方形片狀結晶。	273–4	溶於醇,氯仿與鹼；不溶於水與醚	酚基化合物
丙(C)	針狀	264–5	溶於水,醇,乙酸,乙醇與乙醚；不溶於醚與氯仿	配糖體

自物理性狀而言，傅氏之鴉膽子素丙與梁氏之 Yatanoside 甚為相似，但二者之藥理作用則顯然不同。據張耀德氏(1945)[1]報告，Yatanoside 毒性極大，對於貓犬之最低致死量僅為 0.5—1mg/Kg，但周廷冲張昌紹兩氏(1948)[5]將傅氏之鴉膽子素丙試於感染阿米巴病之幼犬，每日劑量用至 12mg/Kg 仍不呈顯著之中毒現象。故此二物是否相同，尚待繼續研究。

藥理研究亦有報告數篇。在玻皿內，劉效良氏(1937)[14]，全慈光(1944)[16]及 Smyly(1948)[19]均曾觀察鴉膽子水浸液對於溶組織阿米巴（E. histolytica）之作用，其有效濃度多在千倍以上。全氏認為鴉膽子之玻皿內阿米巴殺滅作用，不足以說明其臨床療效，故主張其治療作用並非特殊性。據 Smyly 氏報告，醇浸液則無此種玻皿內抗阿米巴作用，難於置信；蓋梁氏之 Yatanoside 與傅氏之三種結晶均能溶於醇中，事實上除樹脂外大多數有機物能溶於醇，而傅氏之乙素與梁之配糖體於動物實驗時則均有抗阿米巴之療效。鄭文思等(1944)[4]研究鴉膽子生藥之毒性，其結果如下：(1)去油鴉膽子對貓之M.L.D.為0.1Gm./Kg.；(2)無論口服或注射，其中毒現象並無二致，均呈劇烈之胃腸刺激症狀與病變，此外並有肝臟脂肪變性，腎充血及濁腫及腦充血；(3)毒性物質能溶於醇與氯仿。黃琪章氏(1942)[11]於小鼠皮下注射，測定劉氏 Yatanine 之M.L.D.為1Gm/Kg.，鹼皂體之M.L.D.為4Gm/Kg.張耀德氏(1945)[1]曾詳細研究梁氏 Yatanoside 之藥理作用如下：毒性(L.D.50):-20-30mg./Kg.(蛙),5mg/Kg(鴿),6—8mg./Kg.(兔), 0.5—1mg./Kg.(貓,犬)；(2)急性中毒症狀——嘔吐,中樞神經抑制,呼吸緩而困難,微熱,下行性麻痺,驚厥,昏睡,最後呼吸麻痺而死；(3)病理變化——全部內臟之急性充血，胃腸道尤甚，注射局部亦呈刺激現象；(4)血像——白血球顯著增加，主為多形核型；(5)治療作用——最近張氏[2]在美證明 Yatanoside 對於動物之實驗性阿米巴病，確有強效。周廷冲張昌紹兩氏(1948)[5]於抗戰期內將鴉膽子及傅氏提得甲乙丙三結晶成分，試於幼犬之實驗性阿米巴病，證明鴉膽子確能使大便中之阿米巴迅速消失，乙素似係其有效成分。

臨床報告，除劉效良氏[14,15]之二次報告外，吳執中(1943)[20]及 Smyly(1948)[19] 之報告亦稱其有相當療效，但顯不似現代標準抗阿米巴藥物（如 Emetine, Yatren, Carbarsone 等）之奏效迅速與確實。

1. Chang, Y. J. (1945) C.M.J. 63A:217.
2. Chang, Y. J. (1948) Private communication.
3. Chao, H. M. (1765) Pen Tsao Kang Mu, Book 27, Addenum, 5:92 (Commercial Press).
4. Cheng, W. S.; Liu, Y. P. & Tan, S. C. (1944) C.M.J. 62A:133.
5. Chou, T. C. & Jang, C. S. (1948) C.M.J. 66:359.
6. Ch'uan, T. K. (1944) C.M.J. 63:89.
7. Dybowski, Bertrand & Philsalix (1900) Revue des cultures 6:196 (From 17).
8. Eyken (1891) Nederl. Tijdschr. Pharm. 3:273 (From Weisner: Die Kohlestoffe des Pflanzenreiches).
9. Fu, F. Y. (1943) Private communication.
10. Heckel & Schlagdenhauffen (1900) Revue des cultures coloniales 6:97 (From 17).
11. Huang, K. C. (1942) Private communication.
12. Lan, T. H. (1940) J.C.C.S. 7:144.
13. Liang, C. K. (1948) Report at The 7th General Conference, C.M.A., Nanking.
14. Liu, H. L. (1937) C.M.J. 52:89.
15. Liu, H. L. (1941) ditto 59:263.
16. Liu, S. K.; Chang, Y. T. & Ch'uan, T. K. (1941) C.M.J. 60:229.
17. Power & Lee (1903) Yearbook of Pharmacy p. 503.
18. Salaway & Thomas (1907) ditto p. 447.
19. Smyly (1948) C.M.J. 66:362.
20. Wu, C. C. (1943) C.M.J. 61A:74.

延 胡 索

吾醫延胡索，經 Matsumura 與 Stuart 之鑑定，係罌粟科植物 Corydalis ambigua, Cham. et Sch. 之球形塊根。日人 Makoshi(1908)最早研究其成分，提得(1)Corydaline, (2)Dehydro-Corydaline, (3)Corybulbine, (4)Protopine, (5)分子式 $C_{20}H_{17}O_4N$ 之一種第四種鹼，(6)熔點 197—199° 之結晶性質鹼，與 Bulbocapnine 相似，但不相同。

趙承嘏氏(1928)[2], 1929(3,4), 1933[5], 1934[6], 1936[7] 自1928年起將國產延胡索作詳細之化學

研究，陸續提出贊鹼十三種，稱延胡索素甲，乙，丙，丁，戊，已，庚，辛，壬，癸，子，丑，寅。其中甲，丙，丁及庚，經趙氏分別鑑定為 Corydaline[2], Protopine[2], l-Tetrahydrocoptisine[7] 及 Corybulbine[4], 並經黃鳴龍氏(1936)[8]加以證實。此外，趙氏又鑑定已為 l-Corypalmine[4], 寅為 β-Homochelidonine[7], 黃氏鑑定 B 為 dl-Tetrahydropalmatine, 戊為 dl-Tetrahydrocoptisine。其餘五種贊鹼究係已知贊鹼或新贊鹼，尚未確定，有待繼續研究。黃氏除證實趙氏之六種贊鹼外，又提得Coptisine 與 Dehydrocorydaline 兩種既知贊鹼。由此觀之，延胡索中所含之既知贊鹼共有十種，再加五種未鑑定贊鹼，全部全計共有十五種之多（見第六表）。

至於延胡索各種贊鹼之藥理作用，除歐產延胡索(C. cava 等)中所含之 Bulbocapnine 外，尚未詳細研究。據 Peters 氏(1903,1905)[10,11]之報告，亦見於國產延胡索之Corydaline(甲), Tetrahydropalmatine(乙), Corypalmine(已)及 Corybulbine(庚)，對於蛙之作用頗為相似，均產生嗎啡樣之麻醉作用及有髓之麻痺，但對哺乳動物則麻醉作用甚微或完全缺乏，對心臟與循環則抑制之。Bulbocapnine 能於各種動物產生特殊之強直性昏厥(Catatonia), 與人類之Catalepsy病症幾完全相同。此種作用業經 De Jong(1922,1929,1934)及其他學者加以證實與推廣研究。吾國延胡索中雖無 Bulbocapnine, 但據汪敬熙魯子惠(1933)[12]之報告，延胡索素乙 (dl-Tetrahydropalmatine)與延胡索素子均有 Bulbocapnine 樣之作用，於各種動物(小鼠，狗，貓及猴)產生典型之強直性昏厥。據朱恒璧氏(1928)[2]之報告，在小劑量時，乙有麻醉作用，使動物安靜，於麻醉之貓乙有興奮心臟之作用，局部應用時略呈局部麻醉作用。丙(Protopine)則有中樞神經興奮作用(朴秉柱,1928)[2]。壬與癸，亦能使動物安靜不動，致死量時則安靜後隨以癲癇樣驚厥而死（汪敬熙,1933）[5]。陳克恢等(1937)[1]亦將乙，癸，丑，寅等素再加較詳之研究，證實汪氏之結果，即乙丑於多種哺乳動物能產生典型之強直性昏厥。乙，癸，丑，寅四素對於小鼠之M.L.D.(靜脈注射)，經測定為103,42,150,41mg/Kg. 對於離體蛙心，四素均能抑制之。於醚麻醉之貓, 10-30mg. 之劑量時，均使血壓降低，低濃度時均興奮家兔之離體小腸，高濃度時則抑制之。但對豚鼠之離體子宮則一律興奮之。

1. Chen, K. K.; Anderson, R. C. & Chou, T. Q. (1937) Chin. J. Physiol. 11:7.
2. Chou, T. Q. (1928) ditto 2:203.
3.   ,,   (1929) ditto 3:69.
4.   ,,   (1929) ditto 3:301.
5.   ,,   (1933) ditto 7:35.
6.   ,,   (1934) ditto 8:155.
7.   ,,   (1936) ditto 10:507.
8. Huang, M. L. (1936) Berichte 69:1737.
9. Makoshi (1908) Arch. Pharm. 246:381-402.
10. Peters (1903) Arch. exp. Path. Pharm. 51:130.
11. Peters (1905) Arch. Pharm. 243:113.

第六表 延胡索中之贊鹼

名稱		分子式	熔點	比旋度	鑑定
1. 延胡索素甲 Corydalis	A	$C_{22}H_{27}O_4N$	135°	+295°	Corydaline(趙,黃)
2. 乙	B	$C_{20}H_{25}O_5N$(黃)	148-9°	0°	dl-Tetrahydropalmatine(黃)
3. 丙	C	$C_{20}H_{19}O_5N$	201°	0°	Protopine(趙,黃)
4. 丁	D	$C_{19}H_{17}O_4N$	204°	−295°	l-Tetrahydrocoptisine(趙,黃)
5. 戊	E	......	219°	......	dl-Tetrahydrocoptisine(趙)
6. 已	F	$C_{20}H_{23}O_4N$	237°	−250°	l-Corypalmine(黃)
7. 庚	G	$C_{21}H_{25}O_4N$	237°	+300°	Corybulbine(趙,黃)
8. 辛	H		235°	0°	......
9. 壬	I		140°	+112.5°	
10. 癸	J	$C_{30}H_{36}O_5N_2$	118°	+125°	
11. 子	K	$C_{21}H_{25}O_4N$	225°	−250°	
12. 丑	L	$C_{19}H_{21}O_4N$	236°	−325°	
13. 寅	M	$C_{21}H_{23}O_5N$	160°	0°	β-Homochelidonine(趙)
14.					Coptisine(黃)
15.					Dehydrocorydaline(黃)

Corydaline　　Tetrahydropalmatine　　Bulbocapnine　　β-Homochelidonine

12. Wang, G. H. & Lu, T. W. (1933) Chin. J. Physiol. 7:13.

鉤　　吻

北美鉤吻乃 *Gelsemium sempervirens* Ait. (又稱 *Gelsemium nitidum* Mich.) 之根莖與根，有劇毒。Gerrard 氏於1883年提得之鉤吻素甲 (Gelsemine)，毒性不高，不能代表其有效成分。其後 Thompson 氏 (1887) 又得 Gelseminine，有劇毒，但係無晶形，後知非純品。Sayre (1915) 所得之 Sempervirine 係結晶性贋鹼。趙承嘏氏 (1931)[5]於北美鉤吻中提出贋鹼四種如第七表。

其中鉤吻素甲係既知贋鹼，鉤吻素丙與Sayre氏之Sempervirine極為相似，恐係純度較高之同物。但鉤吻素乙則係新贋鹼，性極毒，實乃北美鉤吻之有效成分。

侯祥川氏(1931,1932)[8-12]對於鉤吻素乙作詳細之藥理研究。鉤吻素乙之毒性極高，對哺乳動物尤然，對於家兔，靜脈注射 $0.05\sim0.06$ mg./Kg. 之微量，已能致動物於死。據陳克恢氏(1931)[5]之報告，鉤吻素甲對於家兔之最低致死量則有 180 mg./

第七表　北美鉤吻之贋鹼

贋　　鹼	分子式	熔　點	比　旋　度
鉤吻素甲(Gelsemine)	$C_{20}H_{22}O_2N_2$	178°	$[\alpha]_D^{24}+10°(CHCl_3)$
鉤吻素乙(Gelsemicine)	$C_{20}H_{25}O_4N_2$	171°	$[\alpha]_D^{24}-140°(alcohol)$
鉤吻素丙(Sempervine)		223°(1)	
鉤吻素丁(無晶形)		25.°(2)	

附註：(1)自氯仿結晶之鉤吻素丙熔點　(2)自醇結晶之鉤吻素丙熔點

Kg. 之多。其各種動物之最低致死量(M.L.D.)見第八表。

第八表　鉤吻素乙之毒性

動物	給藥方法	M.L.D. mg./Kg.
蛙	腹部淋巴囊內注射	20—30
大白鼠	皮下或腹腔內注射	0.1—0.12
家兔	靜脈內注射	0.05—0.05
犬	靜脈內注射	0.5—1.0

哺乳動物之中毒現象為呼吸抑制，震顫，共濟失調，四肢癴攣，驚厥，大小便失禁，流涎，乾嘔等。呼吸中樞之麻痺乃其死因。若及時施以人工呼吸，雖受致死之量，亦可冀其復活，蓋此藥對於循環系殊少影響也。小劑量時，呼吸在抑制前，往往呈短期之興奮。據陳克恢氏(1939)[3]之精細研究，認為此素能抑制中樞神經系之運動神經單位，而中毒動物之呼吸麻痺亦因脊髓內呼吸肌神經單位之抑制所致，無呼吸中樞無涉。陳氏等(1939)又報告此素能致酸中毒，由呼吸抑制所致。

對於家兔，丙與丁之毒性亦大，但遠較乙為低。丙之M.L.D約在 6mg./Kg. 左右，丁之M.L.D約在 0.7g./Kg. 左右。

關於鉤吻素乙之高毒性，陳克恢與趙承嘏兩氏(1937)[2]亦作詳細之報告。陳氏及其同僚(1938)[1]又於小白鼠，大白鼠，豚鼠及紐西蘭紅兔，將鉤吻素乙，烏頭鹼及假性烏頭鹼(Pseudoaconitine)三種高毒贋鹼之毒力加以比較，發現三者之比較毒力視動物之種類而不同。小鼠：*Gelsemicine > Aconitine > Pseudoaconitine*；大鼠：*Gelsemicine > Pseudoaconitine > Aconitine*；豚鼠：*Pseudoaconitine > Aconitine > Gelsemicine*；紅兔：*Pseudoaconitine > Aconitine > Gelsemicine*。

國產之鉤吻及大茶葉分別經劉汝強(1931)[6]

及鄭萬鈞(1936)[7]鑑定，均係 Gelsemium elegans, Benth.據本草綱目所載，鈎吻亦稱黃藤，但據侯祥川氏(1932)[12]在汕頭購得之一種黃藤(該地亦產鈎吻)，並非鈎吻，經 H.H.Hu 氏鑑定爲 Clerodendron commersonii, Spreng.，侯氏將其浸膏作藥理研究，並未發現任何毒性或顯著藥理作用。趙承嘏氏於1931年[6]及1936年[7]，分別報告鈎吻(根)及大茶葉(枝葉)之質鹼成分，不僅與北美鈎吻頗有不同，且相互間亦略有出入，其結果見第九表。

紀育灃，高怡生及黃耀曾(1938)[4]將國產鈎

第九表　鈎吻之質鹼

鈎吻之質鹼	大茶葉之質鹼
1. 鈎吻素子(Koumine), $C_{20}H_{22}N_2O$, 熔點 170°	1. 鈎吻素子
2. 鈎吻素丑(Kouminine), 無晶形	2. 鈎吻素丑，鹽酸鹽結晶之熔點 318°
3. 鈎吻素寅(Kouminicine), 無晶形	3. 鈎吻素甲 (Gelsemine)
4. 鈎吻素卯(Kouminidine), 結晶，熔點 200°	4. 鈎吻素(Kounidine), $C_{21}H_{24}O_5N_2$, 熔點 315°

吻之根與枝葉再加化學研究，亦獲得Koumine，熔點168°，並證實趙氏之分子式。並發現趙氏之無晶形質鹼Kouminine，實係不純品，自其中分出Gelsemine。又將趙氏之Kouminidine再加提純，而得熔點299°之質鹼，分子式爲 $C_{19}H_{25}O_4N_2$。

除 Gelsemine 外，國產鈎吻及大茶葉中之質鹼均係新物質。其藥理作用，經侯祥川與朴秉柱(1931)[6]及汪敬熙(1936)[7]分別加以研究，大體與北美鈎吻中之成分相似。Koumine 與 Kouminine 之毒力不大，與 Gelsemine 相仿。但 Kouminine 與 Gelsemicine 之溶液滴眼時，有放大瞳孔之作用，而此二者則無之。Kouminicine 之毒力甚大，但較 Gelsemicine 爲遜，對於家兔之 M.L.D. 約在 0.7 mg./Kg. 左右。Kounidine 之毒力與 Gelsemine 相若，小鼠中毒後發生肌軟弱及呼吸麻痺而死。

1. Chen, K. K.; Anderson, R. C. & Robbins, B. (1938) Q. J. Pharmacy 11:84.
2. Chen, K. K. & Chou, T. Q. (1937) A. J. Physiol. 119:287.
3. Chen, K. K. & Chou, T. Q. (1939) Chin. J. Physiol. 14:319.
4. Chi, Y. F.; Kao, Y. S. & Huang, Y. T. (1938), J.A.C.S. 60:1723.
5. Chou, T. Q.; Chen, K. K.; Pak, C. & Hou, H. C. (1931) Chin. J. Physiol. 5:131.
6. Chou, T. Q.; Pak, C.; Hou, H. C. & Liu, J. C. (1931) ditto 5:345.
7. Chou, T. Q.; Wang, G. H. & Cheng, W. C. (1936) ditto 10:79.
8. Hou, H. C. (1931) ditto 5:181.
9. 　 ″ 　 (1931) ditto 5:279.
10. 　 ″ 　 (1932) ditto 6:41.
11. 　 ″ 　 (1932) ditto 6:281.
12. 　 ″ 　 (1932) ditto 6:353.
13. Lee, H. M. & Chen, K. K. (1939) ditto 14:489.

當　　歸

當歸乃舊醫所用之婦科要藥。德國 E. Merck 廠於1899年起，將當歸流浸膏稱作 Eumenol 而推薦於該國醫界，用於婦科，據云相當有效。但其植物鑑定，有效成分及作用性質 迄未能完全解決。

當歸爲繖形科植物(Umbelliferae)。據 Sakai(1917)之報告，日本當歸之學名爲 Ligusticum acutilobum S. et Z. 吾國當歸據德人鑑定爲 Angelica anomala sinensis，而英人鑑定爲 Angelica polymorpha var. sinensis。入藥用根。

吾國對於當歸最早亦最完備之研究，當推1924年協和醫學校藥理科 Schmidt, Read & Chen 之報告，氏等用其粗製浸膏靜脈注射於家犬與家兔，發現當歸能使血壓先降後昇，產生利尿作用，並能興奮種種平滑肌臟器(包括子宮，小腸，膀胱及動脈管)。血壓之降低乃由心臟抑制所致。中毒量靜脈注射時可致腎臟變性。經口灌入時，則致腸戟刺現象。

據其化學研究，當歸含有大量糖分(一試樣中含糖量達40%之多)及多量揮發油。其利尿作用主由於糖分。而口服時之腸戟刺作用則由於揮發油，腎變性亦由於此。抑制心臟之成分可用氯化高汞($HgCl_2$)自其水浸膏中沉澱除去之。至於興奮子宮及其他平滑肌臟器之作用，則由於另一物質，此物質一度製成結晶，中性，易溶於水，不溶於氯仿，醚及苯，熔點 52—55°。惜以後採用同樣方法，再行提煉，屢試屢敗，迄未能確定其有效成分。

至於當歸中之揮發油成分，Sakai(1917)於日本當歸，劉紹光，張發初與張耀德(1935)於國產當歸，均曾加以研究。劉氏等且認之爲當歸有效成分，稱之爲當歸素。此種揮發油之藥理作用，在性質上似與其他揮發油並無不同。對於離體子宮能直接抑制之，劉氏等認此直接抑制作用代表當歸

之治療作用，實屬不安。蓋卽假定當歸之有效成分卽係揮發油，恰如歐美民間習用爲通經藥之富含揮發油性植物藥，如 Apiol, Savin, Arbor vitae (Thuja) 及 Tansy 等，但此等揮發油性藥物口服後刺激粘膜，因而反射的產生骨盆內臟器（包括子宮）充血，達其所謂"通經"之作用。Schmidt, Read & Chen 等之實驗，充分證明棗等之當歸浸膏，靜脈注射後之興奮子宮及其他平滑肌作用與其揮發性成分無涉，因將浸膏內之揮發性成分完全除去後仍能產生同樣作用。所謂"通經"與"調經"之作用，除內分泌素而外，其他藥物恐難達到生理目的，揮發油性藥物所產生之反射性骨盆內充血實乃病理現象，現代婦科學者當不以爲合理之治療。當歸之作用究屬如何，實有再加研究之必要。

1. Liu, S. K.; Chang, Y. T. & Chang, F. C. (1935) Rep. Pharmacol. Res. Health Exp. Station. No. 1, p. 51-66.
2. Sakai (1917) Mitt. Med. Facult. Kais. Univ. Tokyo 18:377.
3. Schmidt, C. F.; Read, B. E. & Chen, K. K. (1942) China M. J. 38:363.

益母草

益母草又稱茺蔚，學名 Leonurus sibiricus L.，屬唇形科。民間廣用於產後調理，故有益母之稱。滿洲醫大之日人久保田與中島兩氏(1930)自全草中提得少量(0.05%)之結晶性質鹼，稱 Leonurine，分子式爲 $C_{12}H_{16}O_4N_4$，熔點 238°。此質鹼對於動物子宮有增加其緊張性與節律性之作用。劉紹光，張發初與張燿德(1934)採用益母草之水煎膏，試驗於犬兔及豚鼠之離體子宮，不論其受孕或未孕，在1:400至1:800之濃度時，均有直接興奮之作用。按多數植物之水浸膏中往往含相當量之無機鹽（鉀鈣）或揮發油，故試於離體臟器，殊難證明其有何特殊成分。

許植方(1934)於益母草子中提得一種質鹼，分子式 $C_{10}H_{14}O_3N_2$，熔點262—263°，稱 Leonurinine。湯騰漢與徐植琬(1940)則將全草（藍花之一種）作系統的化學分析，提得另一種質鹼稱 Leonuridine，分子式 $C_6H_{12}O_3H_2$，熔點 221.5—222°。此兩種質鹼與久保田氏之 Leonurine 不同。其藥理性狀如何，未見報告。

最近蘇俄 Verlakov 氏(1944)報告，與益母草同屬之 Leonurus lanatus，西伯利亞產，亦含一種質鹼，草中含量 0.03—0.06%。在 1:50,000—100,000 濃度時，此質鹼對於灌注臟器有血管舒張作用，且於離體臟器及活體動物均有對抗副腎鹼之作用。臨床上用於血管硬化性高血壓症，獲得降壓與利尿之療效云。此外，韃靼茺蔚 (L. tataricus) 在西藏民間作鎮靜與鎮痛之用。

1. Hsü, C. F. (1934) J.C.C.S. 2:337.
2. Kubota & Nakashima (1930) Folia Pharmacol. Jap. 11:2:20.
3. Liu, S. K.; Chang, Y. T. & Chang, F. C. (1936) Rep. Pharmacol. Res., Health Exp. Station No. 1, p. 103.
4. Tang, T. H. & Hsü, C. W. (1940) J.C.C.S. 7:105.
5. Verlakov, M. N. (1944) Farmatsiya No. 1.

專載

卅八年二月份全國天氣概況

程純樞
上海氣象台

陰潤溫和江南雨水豐多

1日弱高壓(1)在華中，東海及東南海岸尙在新舊高壓間之弱面中，有微雨；其他各區陰曇，黔省毛雨。2日強高壓(2)，1044mb，前鋒在華北合併高壓(1)，天氣尙良好。

5日西南高原暖空氣始活躍，低槽初生，6日低槽向東北伸，雨區在黔，至9日，延及長江下游，並有弱氣旋波入東海。至12日高壓勢頹，中心至華北(1032mb)，江南天氣始見轉好，此期中華中雨雪凡七日，量達50至70mm之多，華東雨雪三四日，雨量不及20mm，華西雨雪三四日，量不及10mm，西北華北有雪一日，量1至10mm華南及東南達五日，量70至100mm，末期有氣旋波在台灣以東生成，台灣四日之間獲雨亦達100mm，此氣旋向日本前進，大爲發展，深達1002mb。

13—19日強高壓第(3)(4)陸續自北來緊接入東海，暖空氣流不強，天氣多良好。

21日高壓(4)在太平洋，弱高壓(5a)自華北伸入朝鮮，不入華中，致長江以南生成大低壓槽，引入西南暖流，江南雨區擴大，並有低氣壓生於浙皖邊境，繼入東海及日本之南。24日高壓(5b)南下華中，隨卽入海，其後江南又生低壓槽，並亦在皖東南生一氣旋波。此波因高壓(5)在海上躑躅，故改入黃海發展，山東因得雨15mm。20—25日雨量華東10至30mm，華中30至100mm，華西20mm，東南山地100—120mm，華南30—40mm，西北及台灣雨量微。

27, 28日在黃河中游高壓(6)之下，全國天氣轉好，僅華西及華南尙有暖氣流活動，仍陰雨。

《科学》杂志选编(1950年第32卷)

Vol. XXXII, No. 1 SCIENCE January, 1950

On The Love of Science, by Prof. H. C. Zen.
Natural Sciences and Dialectics (A Conference), by D. Feng, E. S. Wu, T. Y. Sun, S. S. Kiang, P. M. Tsai, Y. T. Loo, Y. S. Lu & C.
Public Health in China during The Last 30 Years, by Prof. C. C. Nien.
Iron and Steel Industries in North Eastern Provinces, by Jew Chow.
Abstracts of Papers Read before The 35th Anniversary Meeting of The Association, Shanghai Chapter:
 The *Ranunculaceae* of China, by Dr. Chien Pei.
 The Economic Plants of Eastern China, by Dr. Chien Pei.
 The Old World Species of *Sanicula* with Reference to The New World Species, by Ren-Hwa Shan.
 The *Moraceae* of Eastern China, by Y. H. Liu.
 A New Substitute Culture Medium for Bacterial Vaccine Production, by M. S. Wang & K. P. Tsong.
 The *In Vitrio* Effect of Sodium p-Aminosalicylate on The Growth of *Mycobacteria*, by William T. F. Pan.
News.   Books & Periodicals Received (November, 1949).

第三十二卷   第一期

科學通論

說「愛科學」

任鴻雋

在此次政治協商會議，通過的人民政府施政共同綱領中，規定了如下的一條：

> 提倡愛祖國，愛人民，愛勞物，愛科學，愛護公共財物，爲中華人民共和國全體國民的公德。（共同綱領第五章第四十二條）

這條條文的規定，一方面固然是在提倡國民應有的道德，一方面也是針對國民道德所缺乏的，要提倡起來加以補救。它所列舉的幾件事，不消說都是絕對必要。不過我們覺得，如祖國，人民，勞動，公共財物，都是意義明白，我們要愛它的理由也極其明顯。獨有科學這一件東西，在許多人的心目中還不免多少是陌生的。天下沒有對於不認識的東西發生愛情的理由。因此，我們覺得有提出說明一下的必要。

首先，我們要說明的，愛是屬情感範疇的活動。屬於知識範疇的活動，我們可以用外鑠的方法來增進；如有所不知，我們可以教育方法使之知；有所不能，我們可以強迫方法使之能。屬於情感範疇的活動，其發生與增進必是由於內發。所謂"你能牽馬到水邊，不能強迫它吃水"，因爲在它的心中沒有吃水的感覺故。所以我們要人民愛科學，必先使他們知道科學的可愛。要知道科學的可愛，須經過兩個步驟：一、知道科學是甚麼，二、由科學與生活的關係上發生出愛的情感來。

從理論上說，要知道科學是甚麼，是比較艱難的事體。它需要有高深的科學研究與修養。但從生活關係上說，則凡號稱現代文明的國民，無不與科學發生或多或少的關係。因此，對於科學也應該有或深或淺的認識。現在我們試舉幾個粗淺的例子來說明。

與一個人的生活上關係最重要的東西，還有過於糧食的嗎？但如用了科學方法，卽改良種子配合適宜土壤與化學肥料等方法來改進農作，可以增加生產到若干倍。據溫斐爾（Gerald F. Winfield）的統計，一個中國農人每年的平均生產爲3,080磅穀米，而一個美國農人的平均生產量爲44,000磅穀米。（見1949年1月9日紐約時報週刊）。這個十倍以上的差異，當然不是因爲中國農民的工作能力不及美國人，而是因爲美國農民用了科學方法與機器力量來增加生產，中國農民還不知道應用這些的原故。所以華萊士（Henry A. Wallace）在他的"Soviet Asia Mission"書中也說："在中國，須要四五家農家在鄉間生產以養活他們自己與在城裏的一家人口，在美國只要一家農民在鄉間工作便可養活他們自己與在城裏的四五家人口"。根據這些統計，我們可以說，只要能充分利用科學的方法來增加農業生產，則免除饑饉的恐慌並非難事。這是科學與生活關係最重要的一點。

其次科學能免除人類的疾病，也是與生活關係的另一點。這兩次世界大戰以來，治療醫藥的發明，如磺胺藥類與青黴素等，已經減少了軍隊中的死亡率（在第一次大戰中軍隊的死亡率爲每1000人14.1，第二次大戰爲每1000人0.6）。但科學醫藥的貢獻，不但在它的治療而尤在它的預防與衛生。我們知道，爲人類最大仇敵的傳染病，如黑死病，黃熱病，鼠疫，瘧疾，在現今文明社會中已告絕跡了；而蔓延最廣的肺病，傷寒病，腦膜炎，小兒痲痺症等，現在亦可以用防制病毒菌的方法，漸漸歸於消除。所以在科學發達的國家中，人類的平均歲數，近四十年來已由49歲增至65歲，而印度人民的平均歲數仍不過35歲。（中國尚未見有此種統計，但大約與印度不相上下。）我們試想，每一小兒出世時卽具有65歲年齡的希望，與只有35歲希望的人相比較，其一生事業的計畫當與人生樂趣的感覺，相差有多少呢？所以我以爲只要從這兩方面着想，科學對人生的重要關係，已經够明顯了。此外如交通，工業，製造，享樂，無處不有科學發明的影響，亦無處不與生活有關。但比較以上兩事而言，沒有其重要與普通性，我們在此不細說了。

但是，人不能專靠麵包而生活。當初步的物質生活需要滿足之後，跟着來的是精神生活。精神生活最顯著的一例，是智識的愛好，而科學實爲新智識與正確智識的來源。因此，旣愛智識，卽不得不愛科學了。科學智識所以可貴，第一因爲它是根據事實用邏輯方法推理所得的結果；第二這個推理的結果，還可以實驗方法或新的事實加以證明。所以這種智識，不但確實可靠，遠非玄想虛構或古人留傳的意見所能比擬，而且本身具有內在的發展性，向未知的秘奧上逐漸發展，以期得到最後的眞理。要說明此點，我們試舉兩事爲例。如中世紀的天動地靜說，在托勒密（Ptolemy）的體系中不失爲一種智識。但它不是科學的智識，在當時天文的測算上不免發生困難。後來經過可白尼，蓋理略等的觀測與證明，確定地球爲八大行星之一，而後地球與諸天體的關係纔得正確的說明，更引導我們向天空無限制的發展。現今帕洛瑪山（Mt. Palomar）天文台二百英寸望遠鏡發見在幾億萬光年遼遠距離的星雲，這豈是中世紀持天動地靜說的人們所意想得到的？又如物質由原子構成的學說，在希臘的德謨克理達（Democritus）已經發明了。但它缺乏科學的根據，所以兩千多年以來不曾有甚麼發展。直到十九世紀開始以後，多爾頓（John Dalton）成立了化學的原子說，物質由原子構造的理論，方纔得到事實的證明。這個理論的發展，一直可推到現今的原子構造學，原子能研究，以及原子彈的製造。科學智識的演進無已，不是很顯然的嗎？所以要滿足人類愛好智識的慾望，科學是絕對不可少的。

再有一層，不管玄學家如何解說，科學是從原因求結果的學問。這種方法運用純熟而成爲一種習慣時，自然能影響我們思想的路徑與處事的態度。如社會進化與經濟組織，從前以爲是玄秘渺茫不可捉摸的，現在也可以科學的方法加以解釋與推測。在早的馬爾薩斯人口論是一個例，近今的馬克思社會唯物史觀又是一例。所以科學對於人類前途的影響，可以說是澈頭澈尾，方興未艾。我們提倡"愛科學"是有最大理由的。

不過，話又得說回來。科學旣是可愛，又應當愛，眼前的問題，便是如何使人知道愛。這需要科學的利用與科學的研究。我們希望政府於揭櫫"愛科學"以後，更注意科學本身的發展，方不是徒託空言。　　　　　　　　　　（一九四九，十二，四。）

Vol. XXXII, No.2　SCIENCE　Febuary, 1950

Glory to The Union of Scintific & Technical Societies in Shanghai, by Dr. Y. T. Loo.
Construction Project on The Medical Field Under New Democracy (A Conference).
The Development of Botany in China & Its Future, by Prof. T. L. Loo.
Suggestion on The Science Research Plan in New China, by Dr. C. S. Shen.
Fisheries in China's North-East, by Dr. H. W. Wu.
Research Notes.
　　The Conjugate Primitive Roots of Primes, by K. M. Jiu.
　　About The Conjugate Primitive Roots, by Au Tien-Chiu.
Opinions on The Pharmacological Education, by S. C. Chen.
The First Agricultural Exhibition of Eastern China, by M. C. Wang.
Formal Logic & Materialistic Dialectics (Resumé).

第三十二卷　　　　　　　　　　　　　　　　　　　　第二期

科學通論

上海科聯的光榮

盧于道

上海科學技術團體聯合會（簡稱上海科聯）就要宣告結束，我們聽到這個消息，非常興奮。這是上海科聯的光榮，亦是整個上海各科學技術團體的光榮！

上海科聯成立於1949年6月5日，在上海解放後還不到十天。這當然不是十天之內所能籌備起來的。據事後所知，張孟聞，吳覺農，陸禹言，胡永暢，黃宗甄，宋名適諸位先生在解放以前就做了很多秘密團結的工作，最後一次解放前的會議是在永利公司假董事會的名義就候德榜先生辦公室裏舉行的。在爭取科技工作人員的團結上，收到了很大的效果。因爲有了這樣事前的準備工作，所以能在這麼短短十天之內就開起成立會來。在成立的那一天，參加者有26個單位，出席代表有七十餘人；並且就在成立那一天，還有三個團體被通過作會員（見本刊卷8期217面）。成立以後，繼續有新會員加入，結果發展到最近，會員共有37個團體。當上海初解放的時候，科技團體以熱烈的情緒，共同迎接這麼一個新時代，有如該聯合會成立宣言所云，是爲了"加强各方面的聯繫，達成時代的使命!"當時有沒有這個需要呢？那是絕對需要的！

自從上海科聯成立以後，上海的科技界，以整齊的步伐，組織的形式，高度的政治覺悟，協助了革命事業。譬如去年八月裏響應了勞軍運動,譬如向毛主席朱總司令及三野隊司令員饒政委致敬,譬如響應上海的反封鎖及六大任務等,這些工作,人民是看見的,並且亦永遠記住的。

上海科聯的光榮,不祗表現在這些功績上面;尤其光榮的還有在作風,和態度方面,完全是嶄新的。自從籌備那一天開始起,宣言裏就說過:

……我們科學技術工作者,就必須揚棄舊日的個人主義作風,而緊密地與工農大眾靠攏在一起,把我們的工作和工農大眾的利益緊密地結合起來。我們應當有新的工作態度,我們更應當進行學習,瞭解建設的原則,瞭解社會進化的規律,使得科學與社會結合起來,並使得我們工作能夠眞正配合着時代的需要,而加速歷史的進程!……我們科學技術工作者必須聯合起來,團結起來,讓我們同心協力地去担任時代所要求於我們的工作。鑒於這點,我們號召上海的科學技術工作者,以及各科學團體統一聯合在建設新民主中國的旗幟下,勇敢地合作地去接受並完成我們的神聖建國使命。

在這裏很清楚地說明了,在剛從反動統治下解放出來的上海科技工作者,他們立即勇敢地要丟掉個人主義宗派主義的包裹,虛心地要學習社會科學,並號召上海科技界的聯合與團結,以便担負建國的責任,担任人民要求的應盡義務,在新民主主義旗幟下,好好地為人民服務。這種態度和作風是科學的,是值得表揚的!

革命形勢發展得這麼快,在上海解放之後,不久,那個時候集中在北京的全國民主黨派民主人士所籌備的人民政治協商會議,在中國共產黨領導之下,其籌備會就正式成立。在人民政治協商會議籌備會閉幕的那一天,許多科技界人士亦從全國各地集中在北京,成立了中華全國自然科學工作者代表大會的籌備會。這個號召,是號召着全國科技界工作者的聯合與團結。在這個全國性團結號召之下,許多上海科聯領導人士,如茅以昇、侯德榜、張孟聞、吳學周、張昌紹、吳覺農、胡永暢、趙祖康、黃宗甄等等,皆熱烈地擁護參加,於是全國科代就這麼勝利地告成。雖然這些籌備委員(總共三百多人)不曾經過普選而產生,但是其為代表性人士是從來沒有人懷疑過。這是一個偉大的成就,因為這是代表着全國各地科技界民主人士的大會師。亦由於這個緣故,獲得了中共及其他民主黨派人士的重視,獲得了人民政協籌備會的重視,在人民政協正式大會裏,科技界亦舉出了代表,很光榮地參加了產生中央人民政府的任務。

自從全國科代在北京成立之後,全國各地就跟着成立科代分會,上海科代亦就在去年9月4日成立。從此以後,上海科技界熱烈地從事於科代工作,原來的上海科聯,亦熱烈地參加,如協助科技工作者登記工作等,都是具體行動的表示。在這樣的形勢之下,今天科聯的代表們,由於重視科界的團結組織,準備集中精力,將全國科技界代表大會開好,所以毅然決然結束了自己,有如在他們成立宣言裏已經說過:

……在我們這次成立大會中,已開始了上海市科學及技術工作者的大團結,以後全國各地必能有同樣的組織產生,進而組織全國性的機構,努力為人民服務。

像這樣的偉大目標,今天自動結束了自己組織,這是上海科技工作者大團結工作前進了一步,亦就是為了進一步團結及組織全國性科技工作者的機構造成順利的條件。

現在上海科技工作者有了大團結的組織形式沒有呢?除了工會裏的組織之外,還不曾正式成立學術性的統一組織。全國性科技工作者學術性統一組織什麼時候可以產生呢?要等待着代表大會裏討論。代表大會裏的討論將根據於什麼方案呢?這還有待於全國代表提出方案。全國代表將根據於誰的意見擬成方案呢?這就要根據於各地科技工作者大眾提出意見。為了這個緣故,我們就希望上海(以及各地)科技界合同協力,擬就方案,交給將來選出的代表,攜到北京的代表大會去,作為討論的一個依據。

上海科技界是會擬就這麼一個全國性聯合組織方案的,是會團結起來將全國科技工作者代表大會籌備得好的,並且全國科技工作者亦會團結起來組織起來的——這一切都是為了人民需要着科技工作。

為了這麼偉大的目標,上海科聯光榮地結束了自己,要集中精力把上海科代搞好,充分表現了籌備宣言裏所說的新作風和新態度,這是上海科聯的光榮,亦是上海各科技團體的光榮!

新民主主義的醫藥衛生建設

座談會記錄

一九四九年十二月十八日下午二時在中國科學社演講廳
主席：戈紹龍。記錄者：謝毓晉，胡永暢，張孟聞。整理者：張孟聞。

張孟聞 今天是中國科工協會上海分會與中國科學社合辦的座談會，是解放後第二次座談會，醫組的。除邀請了幾位專家外，特別邀請了戈紹龍先生主持，這個會就請他做主席。現在就請戈先生說話。

戈紹龍 中國科學社與中國科學工作者協會上海分會聯合舉辦的座談會，今天是醫藥方面的座談會，題目是新民主主義的醫藥衛生建設。我們很高興有崔義田局長出席本會來說明中央政府關於醫藥衛生的來年度政策。現在就請崔局長說話。

崔義田 中國科學社與科工協會合辦的座談會今天談醫藥問題，要我來報告中央關於這一方面的設施與政策。在今天的集會裏，醫藥界與自然科學界都聚在一起，將這個問題提出來，可見大家對這一方面的關切。本人在這方面沒有多少研究，也祇是將問題提出來，供大家研究討論。

明年夏季（按這是指今年1950年），也許可以早一些，中央政府擬召開全國醫藥衛生代表會議，來擬訂全國衛生設施的方針。當政協會議開始，中央政府還未成立的時候，前軍政委員會的衛生部門就有召開四個野戰軍區的醫藥衛生服務同志共同開會的意思，使老解放區與解放軍的負責衛生工作同志有個瞭解與商討的機會。

從人民解放戰爭起始，部隊裏就有醫藥衛生服務的專門負責人員。過去因人力物力的環境條件極端困難，人才尤感缺乏，所以不能大量發展。雖然有這等困難，却能保持老解放區人民大衆一般衛生醫藥的解決，軍隊中有長期的衛生人員，——這是十年內戰，八年抗日戰爭，三年解放戰爭，一連串二十多年的戰爭。將過去的工作，做一個初步的檢討，交換意見，交流經驗，做一個初步的總結。這是軍委會衛生部門擬召開大會的意思。

中國的科學醫史有五十年左右了，也可以說已有一百年了，這五十年或一百年的醫藥衛生建設，無法作一個總結。因為過去的醫衛事業是改朝換代的辦法，從來沒有確定的方案，人事上一派一派的換上換下，其計劃也就一派跟一派地變動。這種辦法，有時也有可以說是進步的，但時局一變，支持人馬上又下來，就又變卦了。這好像是走路，走到半路忽然斷下來了。或是你走一段，我走一段，各走各的路，走了許多彎曲路，冤枉路，就無從得一個明確的方針。學科學的人，也同樣受政治的影響。在國民黨反動統治下，從來沒有一個明確的方案。做研究的人，辦行政的人，專家學者，埋頭苦幹，儘有努力的人士，但因沒有明確的方針，所以雖然有些微進步而效果不大；尤其是沒有統一的領導和方針，連工作的方向都沒有清楚。今天我們來檢討過去，可以說，其缺點：

第一是派系問題。學醫學的人都知道有許多派別，英、美、德、日、法……等。從科學的基本精神來看，眞理不應該有什麼派系的分別。這可以說是反動政治的影響。科學的醫學受了這個影響就各成派系，從不同的國家回來就是不同的派別，其意見卽不相同。原本同是人類，應是有一定同樣的生理病理，不能有兩樣。然而以政治的影響，既無統一意志，又無合作辦法。現在就想將各方力量統一集中起來。從前的政府，甚至是培養不團結的根源，要有派系的排擠，彼此相持較好。醫藥衛生事業對於人民康健的關係極大，因為政府在這方面沒有加以照應，於是敎育行政，設施都不一致，譬如學制就有四年到八年的不同，各醫學院的分科也不相同；學制不統一，然而都有分科，也還兼有附屬醫院與護士學校……等，而一例都算是醫學院。北京的協和醫學院是辦得最有名的了。——PUMC並不錯，但就醫生對人民服務的精神來說，就不行，因為一離開美國設備就沒有辦法做服務的工作了。協和的訓練固然不錯，對學術來說也有很大的成就，而對廣大人民的服務，（科學的技術應是為人民大衆的），這方面來說，就不夠。這是因為沒有脫離帝國主義侵略的影響，也沒有脫離殖民地文化的方式之故。不僅是醫學教育如此，各方面都是一樣。從那一國回來，就爲那一國來推銷出品，——中國做他們的市場，並不曾爲中國來着想。其實，醫生中也有很好研究的人，政府却沒有什麼去支持他們，以是英雄無用武之地，也就祇好遷就現實，同樣接受洋化教育，受帝國主義的剝削，而不與實際的人民大衆需要相結合。

檢討到這裏，試問中國的科學醫生究有幾多呢？——大槪是二萬五千到三萬人，加上其他藥劑師，護士⋯⋯等，一共也不到十萬人；加上老解放區和軍部十幾年來所培養的醫務人員（大多數是助理人員，祇具備了一般預防常識及醫務常識），——因爲受了人力物力的限制，也祇有八九萬人，都加立一起，也不會超過二十萬人。過去中國醫學教育的貧乏狀況，以此可見。

當前的中國情形就不同了，在毛主席與中共領導之下，工農大衆都得到了解放。中國社會需要整個改造，改變自己的工作方向。就衛生方面看來，地方病，傳染病都很多，人口雖然不少，而死亡的百分率很大，產兒的死亡百分率尤其高。不要說追不上社會主義的國家，就是帝國主義的國家，沒有爲大多數人服務的打算，也比不上。現在就要有專家，學者們來共同商量爲生產建設方針來配合文化教育科學的建設方策，要大衆的，民族的，科學的。人民政協共同綱領四十八條就是這樣地提出來規定了的方策。我們此後的任務就是怎樣去照着這個方案走，不再往斜路岔開去。現在就說些個人的簡單意見請教。

一、培養人才　我們醫藥衛生的整個方案與方向已經明確了，衛生事業的發展就首先要注意到培養人才上。過去的毛病祇注意於消極治療上，沒有顧到預防與公共衛生；所培養的人才也祇注重於消極治療，沒有公共衛生方面的大批工作人員。現在公共衛生與預防應與治療兩方面互相配合，互相聯繫。以華東爲例，地方病如黑熱病，日本血絲蟲病，鈎形蟲病，瘧疾⋯⋯以及傷寒，霍亂，痢疾等，都應以預防爲主，醫療爲副。在總的方針下走羣衆路線。譬如中國之大，人口之衆，靠前述20萬人來做醫藥衛生工作，大大的不够。很要團結一致，再動員一切力量來搞，集中人力物力來按步消滅各種疾病，比方在全國範圍內要在三——五年內消滅一種傳染病，例如天花，就得要醫藥衛生工作人員，聯合城鄉工，農，教育界與中醫⋯⋯一起搞，也許幾可以將天花在全國消滅。五個大行政區域的人力物力，都要依照着這個方式來做，那末醫藥衛生的情形就可以逐漸好轉。

二、消除派系　這工作裏最主要的是將過去不合理的派系不團結毛病消除了。從前反動政治與帝國主義要大家不團結纔能存在。這毛病現在應該除去了。現在政府領導各黨各派團結合作，處理大事都採取協商方式來定決策，醫學界也不應落在最後。今後醫藥衛生工作做不做得好，就看合作方面做得好不好，——合作是最主要的工作方式了。

三、統一領導　中央人民政府成立時，衛生部就正式成立了。軍隊中原有衛生醫療部隊，現在軍隊中這一批人員與衛生行政教育人員都屬於衛生部了，就祇有大學裏的醫學院，其行政系統還沒有決定，但是各別獨立的醫學院已經決定歸屬於衛生部。醫學院這樣地分別歸屬教育部與衛生部，就是要看一看誰領導得更好，那樣方式更合理。領導方面統一了，計劃、方針與學制將來都要統一起來。中國醫學教育方針要改變，改變到以普及爲主，要大量訓練中級的醫務衛生人才，要在十年之內在全國2300以上的縣內，各地都有人，以後也許改到3000縣，要每縣有衛生院，大的縣有分科的醫院，中級人才就在這些地方工作服務，要在普及中求提高。

醫學教育可以分爲三級：1. 高級　這是訓練師資，保持醫學科學水準的機構。譬如醫學院，醫科大學都是。四年上課，每年三學期，再加上實習一年。課程也要重新考慮過。從前是每科都有，要求平均，但以後是否也學習普通一般課程，而在分科上加以重點的注意。高級醫學院出來的學生，應該就五個地區裏的特殊地方病各有專長，就能就地解決一些問題。這就是我所說的重點發展。2. 中級　二年學完，一年實習，這批三年畢業生也應於預防治療兩皆注意。3. 初級　一年或半年，八個月就畢業，有了兩三個月的實習，就要分派到鄉村去服務，這是適應廣大人民生活習慣的工作人員，不要花太多時間，也不要太多專門學問，——因爲要急於配合廣大需要，分派到各地鄉村去。

在實施醫學教育上最困難的是師資問題。學生還可以找到，設備也可儘量設法購置或製造，但

新民主義的醫藥衛生建設

師資就很難找到。在各大城市開業的醫師,都有一技之長,這些開業的醫師都沒有到政府裏來做事,應該請他們大家都集中在政府機關裏擔任教課或研究;凡是醫學院畢業的就請他們擔任中級初級的教課。這樣時,大量人數集合擁來,可以為廣大人民造就不少服務醫藥衛生工作的人員,作一個初步的解決。

問題是這樣辦時,水準是否會降低?作這樣想法的人不少,以為原本七八年纔能學完的改變到五年,就勢必降低了。但是對課程與教法都仔細地想一通,是否這些課程都需要?可不可以精簡縮緊?暑假可否改變,將一學年作三學期?如果教法也加以改進,免去重複細碎的材料,那末四五年的課程可以相等於七八年的。所降低的是中初級,而中初級的訓練需要大量舉辦——否則祇有提高而沒有羣衆,就是沒有基礎,有如房子祇築在上層一般地不合理。我們應該為廣大人民的實際需要着想。

藥料方面也應該統一,而且連藥物的供給也應統一起來。軍隊,公教人員,一般居民都得先調查有多少人,然後再計算可以照顧到各方面的供給量多少。這個計劃的確立,要注重到防治方面,不要專做到補品,像魚肝油的分配之類。有的人,維他命打得不少,葡萄糖也注射了不少,可是這些人並非營養不好,這是醫生的普通情形,覺得有人來問診了,不開藥方不好,所以就開些補品給病人。但在老解放區就沒有這樣的情形,一般地不開補藥針,凡不必要的就不開,除非有必要,那當然也得開出來。從前為生活,不得不如此做,因為政府不留心於照顧一般人民的生活,——就說辦公共衛生事業,也祇能在標語與口號上耗心機,實際的事情可不動手。現在可不同了,可以辦了。從前不合理的情形,今天都可以改過,政府有確定的方針,逐步改善。並不是說,全中國解放了,整個兒就翻身了,一天就改好。我相信,困難還是有的,而是應該研究困難所在,在困難中打出路來,可以做到那裏就做到那裏。

本人今天先來發言,祇是提出問題來做個提示。今天同濟,上醫……各處都有人到,人數雖不多,而專家卻不少,希望大家多多提出意見來,以供明年全國衛生會議的參考。而且應該多提反面的意見,那末正面的意見就更正確,更好了。

戈紹龍 崔局長很勞苦,很認真。看他所主持的衛生醫治工作在上海解放後的努力方針,就是很明白的提示。他請大家提反面意見,也就是集思廣益,求得更正確的方案。他已經說了不少關於醫學教育問題,傳染病問題。對於科代託辦的自然科學工作的登記事情,他做出最好的成績。現在請我們醫學界老前輩顏福慶先生講。

顏福慶 今天到會的人雖不十分踴躍,但各方面的代表不少,有醫學院,也有研究院,而且醫學與藥學兩方面都有。剛纔崔局長說了他的意見,知道中央衛生部的使命與以後的工作方針,並有種種方法來推行。

張孟聞先生要我談醫學教育方面的意見,我現在就這方面來提問題。崔局長方纔也說到醫學教育的統一領導與訓練各級人才,又說起了科代登記的事。兄弟擔負上海科代計劃委員會醫學教育小組,也正在這一方面收集意見來擬具計劃。綜合的報告還沒有總結出來,但就各方交換意見所得,也許可以供給明年全國衛生大會參考。此時作一個初步綜合報告,也希望可以得到各方意見,更為充備。

這一次科代醫組對於新中國醫學教育的主張,以為應該配合新民主主義。毛主席對新民主主義的解釋是要科學化,大衆化,民族化。現在的醫學教育當然要配合上這三點:

第一,科學化。自然科學在最近一二百年內更有發展。為什麼有更好的發展呢?因為走上了科學化的路之故。辦教育更應該走到這條路上去。所有的醫學院,就譬如是北京協和醫學院(PUMC),其教育方針與教育方法也還沒有科學化。怎麼樣纔是科學化呢?這是要每一個學生並不單獨地在教室裏聽講,實驗室寫筆記,有如PUMC的學生那樣,而是要自動地去研討明白,在實驗室裏自發地要考究透徹瞭解。現在各醫學院之沒有搞得好,有的因為是設備不夠,或是教員人數不夠,有的醫學院可以說有一半達到了,譬如解剖學,斷不能使每個學生都有屍體供其解剖,祇是教師做個實驗示範;甚至於連一半也沒有達到,這就更說不上科學化了。有的醫學院,雖然在課程上樣色俱備,却是有名無實。最近曾去參觀某一學校,正在上細菌學課的實驗,不但每一個學生不能有一架顯微鏡,事實上一共也祇有一二架顯微鏡,而且是低倍的鏡子，還叫學生過去看。這種教法是假的，因為學生在這樣顯微鏡下根本看不到細菌。醫學教育今天的情形是這樣不行，毛主席說要科學化，那末學校的教學方法，首先就要從這裏科學化入手。換一句話說，要科學化必須先從教育中做起。

第二，民族化。醫學各國都有，蘇聯、美國、英、德、日、法，……等，可是在我國，科學的醫師，儘管已經輸入了這種醫術一百年以上了，一般人還是叫做西醫，並未中國化。即是醫界中服務的人士，也還有如此自傲的，以未曾中國化為驕傲。醫學應該科學化，先是科學化，接着就要轉到中國化，要使它配合於中國人民大衆的生活習慣。醫學要民族化了，適合於中國人民社會的各種情況，纔能成為中國的醫學。

第三，民主化。科學的醫師，現在祗是在大城市裏，不到鄉村去；而且在大城市裏也祗照顧了有錢人，不管貧困無錢的病人。今後的醫學院，應訓練其學生使其有為民衆服務的熱情。從前的醫生屬於那一階級呢？那是看服務的對象——如果不屬於資產階級，就必然屬於無產階級。解放後的今天醫生不是屬於那一個階級，而是應該並屬於兩個階級，——這就醫治對象來說：當工作的對象是資產階級，就屬於資產階級；如果對象是一般人民，靠薪給過活的人民大衆，這就屬於無產階級了。這是從服務的對象來決定的。以上是說醫學教育的原則方針。

第二點是要統一領導。要將醫學教育與衛生事業，歸屬於衛生部來統一管理。這一點很值得注意。因為辦教育的倘使沒有統一計劃，那末辦教育的非但不能一致實行，而且也有不能實行之處。從前醫學教育像醫學院之類歸屬於教育部的高等教育司。一個高等教育司司長是不是各種各類的事情都知道瞭解呢？——這是不可能的。現在很有希望了，而且希望可以成功，因為已經劃歸於衛生部來統一領導了。獨立的醫學院已經辦到了，那末大學裏的醫學院，亦勢必逐漸歸到衛生部來統一領導的。

第三點是說此後的訓練方針。衛生的要務，預防尤應注意，與疾病治療並重，或更甚於治療。醫學教育應從這一方面改正過來，至少要做到預防治療並重的地步。

在上述三點原則下，科代計劃委員會醫組同人，有步驟地來擬訂一個五年計劃，而撇開了即將到來的1950年，將這一年算做籌備工作年。籌備的工作是：1. 調查，對各醫學院作比較詳細的調查，各醫學院裏的設備，師生人數；有了這個調查，纔可以作建設方案。醫務事業機關，也要有這樣的調查，使實習上的需要可以明瞭。中央衛生部在這方面已有一部分材料，我們是要更詳細些的一個調查。2. 整理調查後，就現有的各校先整理一下，不足者補充之。中級初級人員的教育設備應該儘量增強。有了上面所說一年時間的準備，1951年以始，我們擬有一個五年計劃。依照順序建設起來：

第一年先就現有的醫學院來增加學生人數與設備。現在全中國有38個醫學院：19個中央政府設立的，7個省立的，12個私立的。每校平均有300個學生，六年制，即是各校每班有50人，共有12 000學生。1950年應使其每班100人，每校就可以收到600人，總共就有24,000學生了。問題就在於增添設備，使每個學校可以收容加倍的學生。根據了這條辦法，打1951年起，每年增加二成，即20%，五年後，即到1955年時，就成為1950年的200%，就有45,600學生了。(按計算為48,000人。) 以每班200人計(按應為100人)每年畢業的是3,800人。以外，每年還可以添設新的醫學院；即使不算新的學院，每年添20%，四年以後，又是加倍，就是說，每年每班要增加到200個畢業生，十年以後，可以有現在在學而那時畢業了的四萬個醫生。依人口計算，現在大概是每三萬人有一個醫生，這是不夠的，所以應該加到這個數目，即每萬人可以有一個醫生。(按照所設計算，十年後的醫生數遠較四萬為多，比例數也要更改小。)

醫生數目增加了，其他與醫務有關的人也應依比例增加。以一個醫生為單位，每一個醫生與之配合着幾多醫務人員。暫時我們假定了一個數目，這數目合理否，適合實際否，我們都不敢說。假定的數目是：藥劑師1/5，即每5個醫生有一個藥劑師；牙醫師1/20；護士4人，即每一醫生要有4個護士，——這一個數字比中央的規定為高，因為以後的護士，不僅是在醫院內服務，還得兼顧到一般衛生事項；助產士1/2；技術人員1/15；其他技術人員1人；中初級人員，即助理員20人。以這個數量來準備增添其他醫校。

統一學制方面，照剛纔崔先生所說，中央已經規定高、中、初三級的人才訓練，高級是培殖師資與研究人才的地方，中級擬大量增添高中程度的職業學校，大批培植中級幹部，養成大批護士，助產士，初級則是臨時也好，相當於初中程度，訓練幾個月都好，是要養成助理員。初級不列在教育系統中，祇是應付目前的需要，隨地隨時的需要可以暫時應付就好，而高小畢業就可以充任助理員了，所以可以即在本地便宜召集。

高級的培植地方是醫學院，專科大學，——這應該是一級制而不是兩級制了，就是說，不應再將高級分為醫專與大學，而應是一律為五年制，或是五年教課，一年實習。現在的醫專也分做兩級職業學校的性質，有醫專，也有初中程度的專修科。高級的教育，經討論的結果，認為應該是一級制，可是時間上則縮短定為四年。這四年的訓練是普通一般的醫學智識，要普遍到各方面的智識，用以應付鄉村的一般社會，有如家庭醫藥顧問（family doctor），所以基本課程不主張減少，如果時間不足，寧可減少臨床功課，以造就通才為目標，不是為養成專家。因為分科太早，大家覺得不十分很好，不妥當。在服務了幾年之後，可以進修，再入專科，再成專家。這四年一級制的醫學院可以養成有相當好的質，可以大批造就。其他方面像藥科，牙科……等，也像醫學院一樣的可以一級制，但年數不能確定，因為大家主張不同。有的人主張藥科也是四年，可是分兩期，第一期三年，就出去服務；服務了以後再回來，這是要作領導事業的人才，於是再來專修一年，彷彿醫學院的一般。助產士與護士的教育也是這樣，——當然並不全個相同，而是另立譬如護理學院，護士學院，或在醫學院裏另立助產系等用以造就師資。現在最缺乏的是護士學校的師資，隨便拉人教書，並無專家來任課。這情形很嚴重，在助產方面尤其重要，所以有人主張辦學院或成立學系來作補救。但對這個問題並無決議。

衛生教育方面，因為過去沒有什麼系統，所以要定一個決定的方針很難。有人主張辦一個衛生醫學院，但是要辦這樣一個學院很困難。除了過去沒有這等學院，無所依遵之外，而且要理、工、醫三方齊全，又因為各方的需要不同，不易應付各方的需求。從前的衛生署試辦過一次，失敗了。所以現在有人主張高級的衛生人員應該在研究院裏來辦，就譬如現在的中國科學院。那裏面各項俱全，研究生可收醫學生，也可以招收其他學院的學生，——譬如衛生工程就收工學院的學生，衛生統計則收理學院或商學院的統計系學生，衛生教育就收教育學院或師範學院的學生。但同時也應辦中級的學校，養成中級幹部以應付當前的迫切需要。

對於三級人才如何分拆開來辦怎樣辦，或是併合起來辦，也沒有定議。大致是：併合起來辦理成醫科大學，則是各方共同的希望，尤其希望就辦起來，而由中央來辦理；甚或是在這個大學校裏設立了各科系的研究院系以產生高級人才。獨立的學院，則各省可辦。中級教育的重心在省，初級教育的重心在縣，乃至各鄉村，各個地方都可以分別擔任起來辦理。

末後，說到經費，以醫務佔着社會事業中的重要地位，衛生經費應該寬大一些，應以全國預算中10%，甚至15%為衛生預算。這數目比蘇聯的要小，蘇聯在1940年的衛生用費佔23.1%。希望中國在建設完成後，也能辦得到這一個標的。

今天順便在這裏可以報告一個好消息：上海市第二次人民代表大會的財政報告，在支出方面，對衛生事業有很好的數字。照該報告，市政府總支出在過去五個月中，凡323.84億，在這個數目中的支出項目，公安局佔第一位是60.84億，衛生局佔第二位是47.41億，教育佔第三位是4.65億，可見市府注意衛生與教育的重要，而工務局與公用局的支付，還在這兩項之後。還有一點也應注意，就是我們上面所說的經費支出，非但沒有按月減少，而且是按月加多，譬如在十月裏，衛生局的佔上了第一位，其數字是15.21億，教育15.20億，公安局15.14億。就百分比來說，全五個月的預算，衛生佔14.6%，而十月份就佔上16.09%，很顯明的增加上去了。這是一個好趨勢，在中央的預算裏與地方的預算裏，以及他們所推行的政策，都可以看出好來。

最後，我們主張全國應該分區有醫學中心區，在各地設立醫科大學。我們希望在1950年先有五個中心區的醫科大學，那是：瀋陽、北京、南京、上海、長沙；1951年，添設廣州、濟南、台北；1952年，長春、大連、蘭州；1953年，杭州、重慶、武漢；1954年貴陽、昆明、桂林，總共有15個（按有17個）中心區。今天最需要，也是最困難的是師資，要用種種方法培養，譬如準備好研究院，以後最好都有配合，每一教授應有二副教授，四講師，八助教。這也是一個辦法。

希望諸位大家發表意見，使醫組同人得有很好的收穫資料。

崔義田（戈先生因事暫假，由崔先生暫代主席）現在我們請劉永純先生說話。劉先生是巴斯德研究院副院長，肺癆苗方面的專家，對公共衛生事業極熱心，而且是極有研究的專家。

劉永純 前兩天張先生來邀兄弟參加這個座談會，曾經預備了一些文件。但今天在這裏聽了諸位說話，覺得自己預擬的是太專門的計劃，不適合於今天提出來 剛纔崔局長與顏先生的說話，有些順便想到的感想，對於醫學教育的一點意見，即是民族化一點來說一說。我覺得教科書要用中文來寫，中文來敎。這件事，我想最近應該可以辦到。不曉得在這一方面醫組同人已經提有具體辦法沒有。附帶地想問一下，書籍印刷方面，做得好否。中文書，現在市上已經有了一些，多是用人家的材料，用中文寫出來。據本人所看到的幾本專門書，其中錯誤頗多；有的是大書局出版，也有大的錯誤。別的專門學者，我們便中談起，也有看到，也有同樣的感觸。這在將來，師資俱備了，而且有很好的師資，當然可以解決。但就現在已經出版的書來說，怎麼樣來解決呢？因為書籍出版者都儘量在推廣書的銷略，已經是大衆化了，已經有許多人在看，尤其是通俗的書，錯得很多，這一點就很重要。因此，不是本人專門的書，本人卽不敢看，恐怕中有錯誤，自己不懂而誤從了它。將來有什麼方法可以將它辦好呢？——審查工作似乎可以做的。我想起來，其他科學的書，恐怕也是這個樣子。那末對於未出版的書，也得有個預防纔好。一般的書，出版前多請名家寫序，序文裏總說書的好處，而實際上並不如此的好。這實是很重要的一點。

許邦憲 崔先生今天報告中央衛生部的設施方案，又說到了醫學中的派別問題。崔先生說派別是反動政府要造成分裂，所以有派別之分。兄弟還要補充說一句，國民黨的後面是帝國主義，而帝國主義在中國不祇是一個，他們都要爭奪中國市場，而對醫藥市場的爭取尤其嚴密強烈，因為大家都有藥品，大家都要推銷，因而各別造成了勢力範圍以推銷商品。一切商品，都要有賣辦階級，中間人，因為語言人情，中外不同，總要依靠了中間人

纔好推銷。藥品的推銷，也得要有中間人，換句話說，就是賣辦階級。因為有了這樣的思想，所以有這樣的分化現象，這是賣辦政策，於是有英美派，德日派，法比派，……等等。我們學醫的人是學科學，但無形之中却被利用了，其表現得明顯的，就是這個派系的分別。

這裏舉了一個標準的實例。當國民黨統治時代，蘇北黑熱病傳延得很厲害時候，陳果夫，那時的江蘇省主席，請了德國專家去考察，衛生署劉瑞恒主持，請了一個美國籍的專家去考察，於是省政府與衛生署就有了爭執。江蘇省政府說這事情發生在江蘇，所以應由省政府所派的德國專家來調查，來管理；衛生署說這是衛生事業應由衛生署所派的美國人去籌劃。這看起來是省政府與衛生署的爭持，實際上却是背後主人，德國與美國兩個帝國主義者的爭執。那場爭持的結果是衛生署勝利，因為美帝國主義有錢，出得來手之故。這可見派別之爭，其後面有帝國主義的勢力劃分問題存在着。第一次世界大戰前，德醫在中國很有勢力，大戰之後德醫的勢力就衰弱了，因為大戰打敗了，所以其勢力就減弱了，德醫在中國就不行了。淪陷時期，日醫在上海盛行；第二次戰後，是留美的醫生盛行了，有的人就再去美國一次，因為祇有美國的纔吃得開，國民黨政府受了美國帝國主義的支配之故。現在全國解放了，這等現象不應再有存在，——這在客觀上多少已經做到了，環境不容許再有這等現象存在了。

第二是講中文寫作的事情。中華醫學會有兩種刊物，一是中文，一是英文。何以中國出的刊物要用英文？而且大多數有價值的文字都放在英文刊物裏。這就是在實質上偏重於英文，因為研究結果都放在那邊；甚至於有成績的本國學人，外國人曉得他的英文名字，而中國人反而不知道他的中文名字怎樣寫法。兄弟希望這種現象以後能夠消除，逐漸走到用中國語文來寫記科學研究的成果。——這點牽涉到譯名問題。術語的翻譯，本不容易。從前國立編譯館做過一些工作，但未能廣事羅致人才，祇是點綴門面，所以成就很少。民間所做的又不免有錯誤百出的毛病。這也希望從現在起，能够改進。譬如現在時常有病人問，他生的是什麼病。醫生却祇能回答英文或是法文，德文的病名，病人就無從懂得。這與大衆相去很遠。新民主主義

下的中國，應不許有這樣的現象存在，要好好改正過來。從事醫學工作者尤其應該注意，要下功夫搞好。余雲岫醫師在這方面很用了一番功夫。舉一個反面的例是林可勝，他的中文很差，甚至是不通，在國際學術上他地位很高，而替本國服務就有困難，因而不能為全中國服務。現在應該從主觀上入手來努力改進，凡是本國的論文發表，應用國文發表，而外國文字則可以發表其摘要。中央也應該辦起編譯館的工作來，將這個術語的翻譯工作搞好。

馬玉汝 我在這裏祗想提出兩個問題來：第一是搞通思想，第二是培養人才。過去在資本主義制度下的社會，病人與醫生的關係就是賣買行為，祗要病人有錢，賣方就可給予，賣方在得錢之後，就在私人享受方面去耗用。因此，即使是公家醫務人員，後來也常常做到私人開業；跟着師長的開業，學生也以學醫作投資看，為將來開業而去學醫，並無為大眾服務的思想。私人開業之後，以得錢為第一，所以祗對少數有錢人服務。今後的學醫者，先得從這裏入手，就是先要使學醫的人以服務於人民為要務。因為祗以錢為事，學公共衛生的人就很少了，醫學院學公共衛生的學生從來就不多。據中美醫院統計，今年學醫的人祗有一個人學公共衛生，而且這一個人後來看到兒科有缺額可補，就轉過去入兒科，根本就沒有意思去學公共衛生。這裏就要注意，預防衛生的事項要與治療並重，纔好使學醫的與一般的社會大家注重到公共衛生來，不致偏畸了。

第二點就培養人才來說，遠景很可樂觀。但現在就得發掘礦苗。礦苗，青年學生們固然是礦苗，但現在私人開業的醫生也是。因為開業的醫生都有其所長，最有用，所以能夠發展其私人事業，祗是為私人發展可惜了；現在要爭取他們的才能為公眾來用就好了。又 甄訓醫生，從前在國民政府內政部裏得到證書的有五萬人以上，這批人在鄉村中的很多，假使將這批甄訓醫生給予訓練機會，因為這批甄訓醫生原本已有普通常識，就可以大量引用了。第三，中醫也可以用，將他們當作初級幹部，配合到廣大民眾間去服務，也有大批人可用。從前都是關門主義，不科學的就不要他，覺得也很可惜。第四則鄉村間的產婆也是可以用的人才。窮鄉僻壤中，這一批人却到處存在，是很可以用的，祗要我們給她們的消毒的知識，那末凡是科學醫師走不到的地方，就可由她們來擔任，所以我以為也可以用。

總結起來我的意思就是上述的兩種：第一是搞通思想，當然是技術與思想並重；第二是培養人才，尤其是發掘人才礦苗——在新的人才沒有培養出來時的一個救急辦法，這就不要虛度五年的時光像五年計劃所提出的。如我私見所及，現在就立刻可以有解決的辦法了。

宋大仁 中醫的人數，我們估計有20萬人，而西醫祗有2萬，人數佔得這麼多，如何改造他們，實是很重要的一件事。我們曾經為此舉行了一次座談會，有現成印成的小冊子，專記錄那次座談會的談話，今天在這裏散發，請諸位參攷（改造中醫基本方案小冊）。科代醫組最近也曾討論到這一方面，其方案由原來主持那次座談會的人在草擬中。

中醫之應該再教育，是不成問題的。但怎樣改造，怎樣再教育，與以後是否不再產生中醫，我都不知道。至於再教育的方案，也須以後再來詳細討論，現在還沒有具體方案。

葉勁秋 一向對中醫改造問題很注意，我也覺得這個問題很重大。人數多，歷史久。我自己也混在這個圈子裏。現在成問題的是人數既多而文化程度太差，又帶上了封建思想，反科學的。譬如發行小冊子也是一法，因為小冊子的影響極大。這班人，口內常說要科學化，要向科學方面改變過去，然而實際上行動則是相反的。譬如他們不承認有細菌，這對再教育就很成問題。我倒很希望中央對此有精密的計劃，專門來處理這一個問題。

唐 哲 我也在科代醫組中，另有幾點想在這裏提一提。搞通思想問題，醫學院中正在做，第一，醫學院中有政治功課。我以為醫學中的系分派別與政治有關係，如果政治搞好了，派別也就可以沒有了。第二，有的學生學醫已經學了三五年，可是有時生起病來還要找中醫看，現在不但在政治上要學，而且在業務上也得好好地學；又譬如有幾個學生，我發現他們存在着問題，他們以為不讀外科，何以要他們學解剖。這也是思想上沒有搞通。另外，在搞通思想方面，還須要他們準別方向，即是畢業後向那一個方面工作服務。

關於中醫的問題，我也常常想起；但怎樣去處理這一個問題，也還沒有什麼意見。連帶，我想到每條街上還掛有祝由科的巫醫，用符咒來治病，這比之中醫還要糟的一件大事，却還沒有受到各方應有的注意。中醫呢，可以再教育，那末這一批旁門神道的醫士們怎樣辦呢？

倪章祺 我祇想補充馬玉汝先生的話來說幾句，就是眼前存在着的矛盾現象。一方面需要人才，一方面師資不多，到處找人來教還無法找得到人。現在少數學校已經無法應付了，如果大量開辦起醫學校來，不是更無辦法嗎？這是百年樹人大計，應該怎樣來解決它呢？——當然，不能叫病人等待了百年之後再說，眼前應有救急辦法，我底意思就是重點問題，重點在預防與治疫上。凡治病，預防是比治療更有效；少數人做好了預防工作，可以免除了許多人的疾病，比後來發動了許多人來忙於治病更爲有效。——人數少而效力大。譬如預防天花，一縣祇要幾十個人就可以預防了好幾千人，要是好幾千人都發了天花，那就再多上幾多人也手忙脚亂而無法。就眼前人少事多的情形而論，預防要特別偏重；即重點教育應該在預防上面，而不是平均發展。這也許是矯枉過正了，但也還是不失爲一個解決的辦法。

張昌紹 聽了諸位所發表的意見，於醫學教育所說的尤其多，近月來這一方面已經討論得很多，大要可以分爲兩派：一派主張分科，一派主張不分科。在北京，在東北，這一個問題也都談過。我們在上海的醫組同人是主張不分科的。我們主張畢業後再分科系，將分科的時間往後通移。因爲原來學醫的畢業要7—8年，現在縮短爲6—4年了，精簡了，反而要在這短時間內來分科，事實上比較困難。但是需要是一件事，辦法又是一件事。我說，專科的需要，祇有在大城市的大病院裏纔有；要是尋常的小醫院或是小城市裏，就沒有這需要。那地方，專科醫生無法執行業務；假使樣樣都需要專科醫生，那地方的財力就不能供應得起，它祇能供應得起一個人，不能派好多專科醫生去。這就說明了職務的分派要看地方的實際需要；倘使分科，並不一定符合於眼前的中國情形。掉一句話說，現在中國需要的是萬能醫生，即是通才。東北的情形與這裏不同；因爲東北的醫學方針，過去是殖民地式的，專科醫生很多，而是日本人，普通差遣的是中國人。日本人在戰敗後走開了，中國醫生不能補充日本人所遺留下來專門醫生的位子，因爲已有普通訓練的醫生很多，而專科醫生缺乏，所以

東北需要分科的醫生。蘇聯當初很需要普通醫生，在後纔轉到專科醫生，這是從量轉到質。可見社會化的初步需要也是普通通才，在後纔是分科專門。

其次從訓練效果看，也應有這樣的考慮。開業很好的醫生，其診斷時也犯了錯誤；要經過八九年，乃至十來年，纔能摸索得到一些正路。可見正規訓練出來的，經過了多年訓練的，困難已經很多；要是年限縮短，早期分科，那困難當然更多。臨床診斷在最後一年學習，親自診療的學習機會很少，根底也就差了，這一定要在病人身上診治過了，纔能做到一些，親自在病房中負責診療纔能得到。從實例的困惑中再去翻書，纔是眞正活的智識，而且這纔是眞正可靠的智識。然則要學醫的在畢業前四年之內來學好分科的學習，其困難與其難以學有成效可知。又臨床材料也很困難，因爲在短期中無法得到所有的臨床診斷實例，要依教法來排好實例的單子，來搞好實習，事實上辦不到。而且專門是要在普通中提高，這在短期間內也很難做得好。所以祇希望能夠造就好普通基礎，這個需要，照現在中國看，是更其急迫，更其要緊。

至於重點教育，這一點，我很同意倪章祺先生的話。譬如在南方，就有寄生蟲學，內科學，熱帶病等課程要特別留意。當前的上海，血吸蟲病與瘧疾就很重要。北方的地方性病就不同了。這是就重點而言，就連帶上教本問題了。翻譯外國書，或直接用外國書，或外國留學生剛回國來的，都不見得合用；甚至在有些學校裏，有外國人自己來教的，也不能達到重點教育的效果。眼前也還有迷信外國人的風氣，雖然很少了，但仍有保留着的。

出版物方面，翻譯不是基本解決的方法。醫學這一門科學，是國際的，但病例却並非國際的。同一病，在診療上也並不各國都一樣。所以教本要用本國材料來寫，這要儘可能做來。這裏，我們說到出版物方面也有畸形現象。譬如教科書論，大家都搶翻一本書，即如 Cecil 的 Medicine，國防醫學院翻譯了，龍門也譯，醫學會也譯，不見得這本書好在那裏，還不如中國自己寫的來得好。而且這樣地搶譯搶印，實是浪費人力物力。我強調這一點：教本用翻譯，不是辦法。

醫學書的出版，我贊同劉永純先生的意見，政府應該予以管理。藥可以誤人，書尤其可以誤人。譬如一本書有200人的看來計算，學醫的兩萬人，

其爲害就及到200萬人,一錯就錯到了那末多的人,很厲害的呀!老的書照舊出版,舊的錯依然保留,就這樣來傳佈舊的錯法。我知道有一個新興書局,老板原來是做錫箔生意的,看市場情形改變,改業來開書店,收購日本同仁會的書來翻版,都是二三十年前的老書了,——而且即使不老,也不是好書,他可是用生意眼來看,放了別人名字在封面上做了校對人在出版,這眞是一椿危險得很的害人事業。

宋大仁 第一個五年計劃裏有成立醫學研究所的提議,這似乎還嫌太早一些,可以將這筆錢拿去充實醫學院,作爲敎授的研究補助費,使專科敎授有很好的研究室,大家都可以充實,大家都可以到研究室裏進行研究。因爲醫學研究所祇有一個,而醫學院的敎授却有不少。以少量同樣的欵子用在充實醫學院的各個敎授的研究室上,其效果可以更好。

袁善徵 中醫要廢除,我覺得並不十分妥當。中醫的人多,鄉村都需要他們。爲民族大衆着想,中醫的需要更爲迫切,但他們的科學智識太少,我因爲也研究生物學,所以有時也答覆別人的疑問。這一方面,希望科學家來領導做改進的工作。我知道中藥治病也有很好的,譬如强心劑就很早應用了;常山治瘧,也很靈;抽取水臌,也可以用藥,腎臟炎也可用藥治療。中國從古至今,多少年來有史有事,都可找到證據。但是後人不加細心研究,程度差了,用藥無效。這應當求其改進,而不是消極地取消了他們就算完事。我以爲醫無中西的界限,總得要先福通思想。在這個過渡期間,應該幫助別人,共同發展。雖然中醫有失之於偏到經驗論一方面去,但如益母草之類,連小姑娘也知道它的功用,實在也值得注意研究的問題,希望能有一個中醫或中藥研究的專科。我自己在這方面看書,也祇有二十年功夫。

黃蘊才(上海市助產士聯合會代表 對於醫藥問題的商討,尤其是顧老先生所提出的老娘(舊式產婆)問題,我們做助產士的很有些感想。助產士在中國的歷史太短,但也已經有了二三十年了,祇是社會上不夠認識它的重要。產婦的死亡率,在全世界上看來,中國的最高。人民政協的共同綱領上規定了要好好保護母親與嬰兒等。關於婦嬰衛生的工作,過去卽使有所作爲也祇是局部的,而且是試驗性的,並無整個計劃與普通實行的决心。要挽救婦嬰死亡率的過高,補救之道,就在助產士的敎育上要注意,這點很重要。

在這一方面,婦嬰衛生祇是一部分。公共衛生如要做起來,婦嬰衛生就先要推行得好,這就要有5—6年的訓練,而且還要推廣到婚前健康。我們助產士是幹部,地位不高,然而責任很重,在助產時要負母子兩個人的安全責任。所以助產士對减低死亡率,保護嬰兒,實在担負了基礎工作。可是在這一方面要將工作展開來,對老娘也不可抹殺。譬如消毒智識之傳授,將她們再敎育過,這一項工作,恐怕不是眼前就可以做得好。改造老娘的工作,我們助產士做過,這不是醫師們能做的,還是我們能幹得更好。

上面說過,公共衛生要幹得好,先要將婦嬰衛生做好;一定要婦嬰衛生幹得好了,那末公共衛生纔始能跟着做得好。可是不但對公共衛生學的人很少,而對婦嬰衛生,也很少有人專門學習的。現在就沒有專門婦嬰衛生的醫生,一切事情都是助產士去做。這樣,一個助產士就有兩項大事要趕緊做的:1.改造老娘;2.婦嬰衛生。而這些人都是從助產學校培養出來。

在上海的助產學校,一共有九個:私立的八校,市立的一校。就全國來說,助產學校與助產學生是最多的一個地方;一多了,就不免有些地方不好的,學生的思想不行,因而有許多畢業的助產士過剩,而且從前的市衛生局,不要上海畢業的助產士。在實際上不是助產士本身不行,要緊是注意學校的辦理好壞。助產學校的設立,應該歸衛生局管理,請以後留意那些學校的辦理究竟對不對,那些主持的人對助產事業有沒有興趣,還是另有目標?學校的本身健全與否,而且一定要夠得上格,畢業生能夠參加助產學會的纔算是正式學校。因此,對於一個學校的辦學方向,訓練課程——各方面都要給予留意。理論與實踐,也千萬不可讓它脫節,就是考查那學校裏有沒有實習;倘使沒有實習,那末這樣訓練出來的助產士就沒有什麼用處。因此,對於顧先生創立助產學院的建議,很有同感。感覺到這種學院的迫切需要,希望能有我們助產士自身本行的專科師資。就醫學來看,無論那方面都有專門老師來敎,祇有我們助產士,沒有專門的老師。

這些以後的事，且待以後再說；我們尤希望能將我們的工作，配合當前的需要。上海的郊區與工廠裏的婦女，尤其切需於婦嬰衛生的工作，來照應產婦與嬰兒。在最近的婦女代表大會中，看到郊區工廠尤其迫切需要於婦嬰衛生工作人員的下鄉。依照顧先生的醫師配合的比例，助產士祇佔$\frac{1}{8}$，這比例太少，要增大纔好。

最後，說一說上海的助產教育實況。助產教育在上海一地的情況，其學制與程度也參差不齊，有一學期，一學年，也有二學年的，也有早就實習，也有在後纔實習的，也竟有沒什麼實習的。但一般說來，對公共衛生的實習，特別缺乏，因為連婦嬰衛生的實習都還有缺乏的。我們希望立時就能辦起一個進修班來，但是似乎這一方面的條件還沒有成熟到許可成立的時候。曾經將這個意思報告過衛生局，今天特地在衆人前面，再對衛生局長來個請求，希望能夠辦起來，讓我們有機會進修。

又，助產學校向來是，現在也是由教育局主持，祇是市立助產學校，現在由衛生局來照顧。我們希望衛生局不要祇在市立學校留心，也要分神到各私立學校，不要將上海的助產教育成兩橛纔好。

唐光福（市立第一傳染病院院長）個人對於今天座談會的一點貢獻意見，以為公共衛生的事情，要公共大衆共同來注意。所以不僅醫學教育上在這方面要特別注意；在一般學校的教育裏，也要對公共衛生，予以應有的注意。

徐迎亭 我不是學醫的，但對今天座談會，我想提出三個問題來：1. 在新的制度下，私立的，像教會學校的醫學院或醫科學校，是否也一體予以管制？2. 中文譯名，現在因為譯名的困難，時常在字旁加上口旁，金旁或其他東西來製出新字，是不是允許漢字的半改革，將拉丁文直接移入中文，不再翻譯呢？就將它算作中文，是原文的一批新字，不更便使嗎？3. 剛纔有人提到礦苗問題，說不妨引用甄訓醫師。個人以為引用甄訓醫師的毛病，可能弊害很大，應該特別重視，還是小心謹慎，在這方面多多考慮為是。

戈紹龍（戈先生又從別的會場裏趕回來當主席了）現在已經六點鐘了，倘使諸位別無意見，這個座談會就此結束。本會的紀錄，決定在科學雜誌上發表。

〔附〕我國的醫學教育
崔義田

A 過去醫學教育的一般情況

醫學教育就是培養醫務工作各種技術人員的事業。他的好壞，影響着整個衛生事業的進展。

中國醫學教育有以下特點，因為中國科學醫學工作，是在大約一百年前由西洋傳佈來的，中國社會醫務工作，始終受着歐美資本主義國家影響，所以醫學教育也是如此。資本主義社會醫務工作是商業化，國家的衛生事業是不夠照顧廣大人民的利益，無統一的組織領導，管理是官僚行政，根本與人民大衆的健康事業脫節。因此這一特點也反映在中國醫學教育衛生事業上。

一、直到最近以前，中國醫科學校極大部份是由教會，私人團體所辦的。以致各自為政，各有一套，水準不一，互相歧視。

二、教育方法，辦學方針，是存在着抄襲外國的，因此不僅在教育方法方式上不切合中國廣大羣衆的需要，即使培養出來的醫生及其它醫務人員，除極少數人外，一般也不可能有全心全意為人民服務的精神的。在實際方面，如醫學生由於在學校學的都是外國的課本或教材，與本國常發生的傳染病，和本國的人民生活環境聯系自亦不會密切。

三、醫學教育事業極端貧乏，這是由於過去國民黨統制時期的罪過。它不但不提倡和扶持，反而多方加以摧殘，學校經費扣發，教員待遇過苛，又加人事關係，鬧派系之爭，不團結，力量不能發揮，以致使全國找不出幾個健全的醫學校。一般的醫學教育機關，醫校、藥校、護士、助產等學校，多是設備簡陋，師資缺乏，學生程度不齊。致各種技術人員缺乏。因此過去中國醫學教育，就是半封建半殖民地的教育，它根本和毛主席指示的文教方針即民族的、科學的、大衆的精神相違背。

B 目前我國衛生醫藥事業的情況

照目前我們衛生醫藥事業的設施，人才，物力的情形，論質論量，都不能應付客觀的需要，若不加以深刻檢討，提出改進的辦法，明確規定衛生醫藥事業的工作方向，實難擔負建設新中國文化教育衛生事業的任務。目前衛生醫藥界的情況：表現在衛生醫藥人才的貧乏，各種教育訓練機關為數寥寥，尤其是缺乏各種衛生技術的師資人才，以全國範圍估計：受過科學訓練的各種衛生技術人員，包括醫生、護士、助產士、藥劑師以及各種技術人員，總數不過拾幾萬。

而我國目前人口死亡率和嬰兒死亡率之高，各種疾病的病患率之大，以這為數有限和設備貧乏的醫學教育機關和為數不多的衛生人員，來解決這些問題，無論在數量或質量上都是不夠的。再加之戰爭創傷未恢復，生產建設方才開始進行，在人才、物力、財政經濟方面等，都有各種不同程度的困難。人民的生活水平，文化水平不是一下子就能提高的。在這種情況下，我們衛生醫藥的工作如何來配合生產建設任務的完成，戰勝疾病的痛苦，減低死亡率，實在是非常值得我們重視的。

中國人民政協共同綱領第四十八條規定衛生工作方面的政策，是：『提倡國民體育，推廣衛生醫藥事業，並注意保護母親，嬰兒和兒童的健康』。

毛主席在新民主主義論中亦指示：新民主主義的文化教育政策是：民族的，科學的，大眾的。這就是醫學教育的方針和衛生醫藥的方向。亦就是新民主主義建設中衛生醫藥事業的方向。

C 今後的醫學教育方針和衛生工作的方向

醫學教育方針——根據新民主主義的文教總方針，應是民族的、大眾的、科學的。同時根據中國社會具體需要，醫學教育的特點，應採取重點教育方針。培養出的醫務人員，必須是為社會消滅疾病，為人民提倡健康的公僕。高級醫學教育可以攷慮定為分科重點；醫學院畢業的學生，除有一般醫學的理論水平和實際工作經驗外，對某一科則有更較深刻的理論研究和實際工作經驗。不但能處理一般的預防，醫療、衛生醫藥的知識，而且還應以多注意中國常見的，多發的地方性病和傳染病的預防，治療為主的教育方針。

醫學教育為三級制的教育。高級醫學教育屬中央人民政府衛生部或委託大行政區衛生部，中級則屬於省的衛生部門，初級則屬於縣內的衛生科。全國要有統一的領導及統一的步調和計劃，在統一的領導下分配任務，按級負責，分工辦理。學制問題，可以攷慮將課程適當的精減緊縮，每年分三個學期，縮短寒暑假期。高級四年授課，一年實習，實際在第三年就開始實習。中級二年授課，半年到一年實習。初級半年到八個月授課，二至三個月實習。這種教育是以普及訓練中級衛生醫藥人員及各種技術人員為主，在普及的基礎上提高。也就是說，大量培養中級醫務衛生人員，求得在十年內普遍建立預防治療單位，深入廣大勞動人民群眾中間去，解決人民的實際需要。高級醫學教育保持醫學水平不致降低，教育和培養較有相當的理論基礎和實際工作經驗的人才，便能解決比較複雜的問題。除此以外，應有衛生研究院的設備，作為專科人員的培養和學術研究機關。

今後衛生建設方向，應改變過去消極治療的辦法，轉變為積極預防的方面，同時建立兩者互相依存與互相聯系的關係，以防治疾病的發生與流行。減少疾病死亡率，促進人民健康，提高生產力。

藥工方面也應配合總的方針，製造大眾的、科學的普通常用的藥品和特效藥，以及預防醫學用的血清、疫苗，藉資配合積極預防為主的衛生建設方針。

師資人員的問題在設備比較完備醫學院的各科各系增加培養的人數，和擴大各科各系的組織，以求多訓練師資人才。散居各地城市的有專長知識的醫生應考慮回到醫學教育機關來服務擔任授課，增加教育機關的力量。對散居全國廣大城市鄉村的中醫，和未經受過正式訓練的衛生人員，可以考慮如何加以訓練教育，補助醫藥衛生人員之不足。因為這些人員為數不在少數，且散佈廣大人民中間，他們有接近廣大人民的條件。差的方面，是缺乏科學的理論業務技術的修養。因此對於這不在少數的中醫，如果採取有組織，有步驟，有計劃進行團結，教育改造，接受一般的衛生醫藥的知識，和簡易預防治療的知識，對開展公共衛生是有幫助的。同時也需要注意改造舊式接生婆的工作。婦嬰死亡之高，與舊式不合理的辦法接生有關，但是目前一下不可能培養訓練足夠的助產士，對舊式接生婆進行教育改造，教會一般的接生消毒滅菌的辦法也是極必要的。而且能夠減少婦嬰的死亡率。對中醫舊式接生婆的團結教育改造不僅是推進人民的健康，同時也是受科學醫學教育的人員所應盡的義務與責任。

編者附記：崔先生在座談會時原有書面意見提出，後收回重改，於1月21日交下，而本文已經排好，所以祗好將這一來文附排在本文之後。排來校讀時，看到上海科代第一期也已印出了崔先生的文字了，謹此向崔先生及讀者致歉。

特載

對於新的藥學教育所提的原則意見

陳新謙

下面提出我個人對於新的藥學教育的幾點原則意見，寫出來就教於領導藥教工作的同志們，在民族的、科學的、大衆的文化教育的光輝大旗之下，四五十年來受盡壓迫和虐待的藥學教育今天要翻身了！

一、在現階級，藥學教育重點在普及，但在普及的前提下亦不應忽略提高；特別在條件優越之地區，應注意提高工作。

二、為着普及，可辦下述幾事：

（一）各地區各省可酌辦藥科學校（或稱藥劑學校），為該區省有計劃地培植中級藥劑人員，除輪訓老幹部外，並招收初中畢業及高中肄業學生，施以一至三年之專業訓練（分科）。

（二）藥校畢業生於工作一定時期以後，如感覺需要，可經過考試升入藥學院進修。入院後課程可自由選習，肄業年限亦不一定，經過申請批准後即可參加畢業檢定；若檢定合格，即具有藥學院畢業生（藥師）之資格。

（三）鼓勵或規定各地公私藥業機關（藥廠、藥廬、大醫院之藥局、藥業公會等）及藥學機關（藥校、藥學會等）的辦藥訓班、補習班、講習會、夜校等。

（四）擇首都或藥學中心城市，設立"藥學教育普及促進所"，該所可主辦函授藥校或主編藥學學習刊物，規定全國各地中下級公私藥業人員必須訂閱學習。

（五）非由正式藥校院出身之藥業人員，可參加定期舉行之"公考"，以取得與藥校畢業生（藥劑生）或藥學院畢業生（藥師）相等之資格。

三、為着提高可舉辦下面幾事：

（一）擇首都或藥學條件特優之地，量力設立藥學院一或二所，為全國有計劃地培養高級藥學人才，除輪訓在職高級幹部外，可招收高中畢業程度以上之學生，施以二至四年之大學教育（分科）。

（二）藥學院之設立，重在提高，固不可缺，亦不宜濫。設備方面，須有全國規模之圖書館、資料室、實驗藥廠、藥圃、標本陳列館、研究室等；人才方面，須羅致專家，集中第一流學者。為此，必須集全國之力，先辦好一二所，俟後條件轉佳，陸續再辦。

（三）藥學院數目既少，為配合需要，顧到普及，勢非大量培植不可。故於開辦之始，即須注意規模之宏大。實驗室、藥廠、教室等必須規模宏大，固不待言，而教學方式（如上大課、分組學習討論、助教多人輔導各組實習等）；教材（如電化教材、圖書模型教材、實事實物教材等）及課程內容（如以理論配合實際，由解決具體問題引出理論，各課之間尋求連繫、一致、並整個地要求精簡、配合等）亦須與之配合。

（四）首都或中心之藥學院，至少須與國立藥學研究院（所）及藥學教育普及促進所集中合作，以收互相配合，人才集中之效。

研究院（所）之任務在：（1）藥學之專門性研究；（2）供大學畢業生及藥師之進修與研究，並培養高等師資；（3）修訂藥典，整理國藥文獻，編譯專書，介紹世界藥學新知，編校大學教育（藥學院）之標準教本（與藥學教育普及促進所合作）；（4）為全國藥學之最高顧問，備公私一切疑難之諮詢。

至藥學教育普及促進所之任務則為：（1）主辦函授藥校或主編藥學學習刊物；（2）計劃並施行藥學教育普及方案；（3）主編各級教育之標準教本參考用書；（4）配合各地文化館衛生教育機關通俗科學工作機關對民衆進行家常藥物知識的教育。

（五）為求普遍提高，應儘量劃一各地學習標準（規定標準課程、教本），嚴格考試（採公考制，藥劑生與藥師之檢定考試，大體上要與藥校或藥學院之畢業檢定相一致）。

（六）欲勤員第一流學者回到藥學教育崗位，並能安心工作，必須：（1）安善照顧其生活；（2）學院設備應儘量作到本節第二項之要求；（3）最好藥業藥學機關（如藥廠、藥學出版機關、研究機關、試驗所）能與藥學院集中一地，方可各方配合，人才薈萃，收集中合作之功（如政府能按具體情形，在國內擬定幾個藥學中心區，使以後新設藥學機關，顧及集中合作之要求；而舊有機關，亦能設法逐步集中，則對藥學教育之發展，當更多裨益）。

四、對於全國及各地區實際所需（及將需）之高中級藥劑人員之數目，應該先作一翔實的統計調查。根據此項結果，制訂教育大計，決定各校院培養學生之數目。

一九四九、九、十八、濟南

新中國的科學研究

沈 嘉 瑞

科學是一切建設的泉源,今後科學家將要負起建設新中國的歷史任務。要配合新中國的建設政策,必需發展科學的基本與技術的研究,利用科學人力,科學技術,去發揮科學的效能,增加工農的生產,改善人民的生活。惟有如此,才能使新民主主義的政策,因科學研究的發展,而得到順利的推進。科學在今日,已被公認為國家的一種重要產業,蘊藏着無窮的潛力,無限的財富。一個民主國家的科學事業,政府與人民,應負共同責任,一方面要鼓勵研究,一方面要加緊工作,大家都要爭取,為人民服務的機會。

科學與生活,具有不可分離的密切關係。今後中國的科學研究,必需針對人民生活的實際需要,必需用事實來證明科學的力量,使羣眾對科學發生濃厚的興趣和瞭解。因而引起人民熱烈的同情與協助,共同為人民的科學而服務。要之,今日的科學不能離開社會,正如今日的社會,不能離開科學。現在,科學工作者面臨着偉大的建設任務,應該組織起來,進行有計劃,有步驟,有聯繫的工作。還當團結起來,把科學的人力物力,作適當的調配與集中,使工作發生更大的效果。科學家,在此勝利解放,無限光明的今日,應該高瞻遠矚,羣策羣力,以人民的利益為利益,以國家的進步為進步,貢獻一切智能,為建設新中國而努力。

政府要積極執行新民主主義國家的建設政策,無疑的將在科學研究方面,要實施同樣積極的平衡的政策。要執行政府對科學事業的廣遠政策,必需有個全國性領導科學研究的中心組織。以期藉此集中領導新中國的科學研究,合理調配全國的科學人力與物力,使整個的科學力量,產生輝煌的效果。我們現有的科學力量之必需取得協調,已經公認為正確的要求。我們從各方面所得的教訓與經驗,建議在政府的行政機構中,設立這個協調科學研究的中心組織,實有迫切的需要。渴望這個建議,在最近的將來,能夠實現。使這個中心組織,負起領導全國科學研究的責任,使新中國的一切建設,日趨進步。

這個中心的領導組織,暫時定名為中央科學辦公處,應該設立在聯合政府的行政院或行政委員會裏,相當於秘書處的地位,是院長或委員會主席辦公室的一部分。

中央科學辦公處的主要任務,可分下列各點:

(一)協調全國的科學研究與政府的經濟政策: 在政府各部會的研究機構,各大學,各研究院,各工業機關的研究之間,負領導與聯絡的責任,政府行政機構之下的各部會,都負有復興和發展國家經濟的責任,所以各部會所辦的研究機構,大都要注重與國家經濟直接有關的研究工作。在各部會之間應設立部際聯絡委員會,遇有共同有關的問題,或有不能解決的實際問題,或是屬於科學的基本研究問題,當由辦公處交與研究院或大學研究所處理之。研究院與大學方面當以人民生活上的實際問題,作為科學基本研究的對象。發展科學的新技術。

今後要計劃集體研究還當鼓勵自由研究。每個研究機構,要從多方面徵求意見,去計劃研究工作而且要使每個科學工作者,都有機會去參加民主的計劃工作。

(二)預算全國科學研究的補助費與發展費。要發展科學研究,必需準備大量的經費與合理的分配,使各部門的科學,都能展開工作。經費的總數量,當視科學內部發展的程度,以及社會的需要而定。為了解決社會急需解決的問題,在分配方面,應該攷慮優先權,或則暫時加強特種的研究,以期早收效果。

各國的科學研究經費,都由政府,實業機關,或其他團體與個人所資助。各國為科學事業所担負的經費,為科學而設的稅源,以及促進和協調科學工作的各種機構的形式,各不相同。按1938年,蘇、英、美三國的科學研究費,佔國家的總收入的百分數推算起來,英國占千分之一,美國占千分之六,蘇聯占千分之八。經費充裕,可以加速科學的

49

進步。如果一國的科學研究費，不能和其他國家按比例的增加起來，那麼在十年，十五年之後，不但科學落後，國際地位亦將隨之而降落，英國科學家有鑒於此，在戰後要求政府增加科學研究費到國家總收入的百分之一，其中大部分充作國立研究機關的發展費，還有一部分資助各大學的研究經費。1946年4月的預算，各大學的科學研究費已經增加到九百五十四萬鎊，比之前一年度增加了三百八十萬鎊，此外還有地方政府的津貼，總數約有一百萬鎊，私人方面的捐歇，爲數諒亦不少。

英國在戰前，每年各大學理工學院的畢業生，總數約有三千七百人。在戰後他們要積極培養科學人力，希望在最近十五年內，要增加一倍。教員與學生，要成一與五之比。所以要請政府每年資助大學的科學經費，逐漸增加，要求到1950年，達到一千萬鎊，1955年，到二千萬鎊，1960年，必需增加到二千五百萬至三千萬鎊之數（建築費不在內）。蘇聯近年來的科學，有長足的進步，生產技術，突飛猛進，是政府鼓勵人民努力的結果。

(三) 設立各種委員會：要發展全國科學事業，必需按照科學門類，工作性質，分設若干委員會，去執行特種任務：

甲、科學研究委員會 在蘇聯的國家科學院裏共分八個科學研究委員會。英國除去政府各部直屬的研究機關之外，所有其他的國立研究機關，在樞密院設立三個研究委員會(Department of Science and Industrial Research, Medical Re earch Council, Agricultural Research Council) 來領導全國的科學研究工作，

我們認爲凡是性質相近的科學，或一種科學爲數方面所需要的，應該組成一個委員會。每個委員會所包括的科學門類應該較廣，這樣可以使彼此取得聯繫，理論與應用，易於配合。譬如生物學爲農學及醫學所共需的，數學爲物理、化學、天文學、所共需的，所以我們至少可以設立三個研究委員會，也許可以包括所有的科學研究部門：

(一) 理工研究委員會 處理數學、物理、化學、天文、氣象、地質、工程、機械、以及各種產業製造等等研究工作。

(二) 生物科學研究委員會 處理植物、動物、農、林、漁、牧、醫藥、衛生、等等研究工作。

(三) 社會科學研究委員會 處理歷史、地理、語言、人口、政治、經濟、法律、統計等等研究工作。

這三個研究委員會，需要集中有關的科學人員，分別組成之。如屬需要，每個委員會，還可以分成若干小組，討論有關問題。

這三個委員會差不多是中央科學辦公處的執行委員會。一方面要對政府的政務委員會負責。一方面要領導全國科學研究工作，還當以顧問的地位，將旣定政策，交予各私立研究機構，各工業研究聯合會去施行，以期全國的科學工作，在統一戰線上，有同樣發展的趨向。

在政府各部會之間，應該成立一個部際研究委員會，擔負各部會研究工作的協調與聯絡的責任，而且需要和其它的三個研究委員會，召開聯席會議，以便解決共同問題。這個委員會的委員，當包含政府各部的高級科學家，和三個科學研究委員會的秘書，並推中央科學辦公處的主席爲主席。

這三個科學研究委員會的任務大綱如下：

1. 要配合政府的經濟政策，集中領導全國專門科學的研究工作，對有關的研究機構，有直接管理與顧問之權。

2. 每年按預算接受政府的科學研究發展費，作適當的管理與分配，發展所轄各研究所的工作。建築房屋，添置設備，補助全國公私立院校研究所，及各企業聯合會的研究所。

3. 接受建議，設置新的研究所，聘請專門人才，以期學以致用，發揮其特長。

4. 負責協調各處的研究工作，調配科學專家於適當場所，予以一切方便，發揮其特長。

5. 選聘長期專任研究員，設置養老金。

6. 設置若干科學研究獎金名額，給予個別高級科學工作者，進行特種研究，再設置若干特種獎金名額，給予助教、教員、講師等人員，進行特種研究，還當設置若干小額獎金名額，給予大學畢業生或研究生，作爲生活維持費，在大學或研究院中進行研究工作。設置獎金的目的，在鼓勵研究，培養人才。

7. 設置若干國外獎學金名額，選送科學專家在學術上已有相當貢獻者，赴國外作定期之研究或訪問。

8. 設置旅行及生活補助金，用以資助國內外

旅行研究者。

9. 領導各研究機構的工作，展覽研究成績與科學技術，使科學與羣衆結合，並可藉此反映羣衆意見，作更進一步之研究，解決新的問題。

10. 領導公私企業，組織具有合作性的研究聯合會，進行有共同興趣的研究，這種聯合會的研究經費，當由同業各單位資助，再由有關的研究委員會，予以相等的補助。

各種企業聯合會的研究工作，對於某種生產事業，以及國家經濟的發展，都有很大的利益，現在國內遠缺少此種組織，不能不加以說明如下，如某種企業聯合會的研究所發明了一種有管制性的儀器，或設計了一種新的有效的生產方法，因此每年可以使同業節省許多材料，或增加許多收入，其總數也許可以超過他們研究所每年所支出的經費。如有這樣的成績，一定可以使企業家，信服科學研究的價值，而願意捐助巨大的經費去展開與同業有關的研究工作，改進同業的生產技術。

現在英國的各種大工業，除去他們自己已有的實驗室或研究室之外，又在同業之間，聯合起來設立具有合作性的研究聯合會（Research Association），現在已經成立的，約有三十個左右，如鋼鐵工業、輕金屬工業、電氣工業、汽車工業、棉紡工業、纖維紡織工業、染色工業、油漆、橡膠、皮革、食物、玻璃、磚瓦、水泥像具等等的製造工業的研究聯合會。此外，就是在學術團體方面，也有研究聯合會的組織，如英國的海洋生物學聯合會，在潑烈茅資創辦一個海洋生物學實驗室，對於英國海洋漁業的發展，有很大的貢獻。

中央科學辦公處的理工研究委員會，應該採取活潑的步驟，運用生動的宣傳，使企業家注意到投資於科學研究的效果。聯合會的研究計劃，當由全體會員商討決定，至於研究經費的來源，必需繼續不斷，然後可以長期進行研究工作。要保證研究經費不會減少或中斷，最好每年向各會員徵收一定的欵項，再向研究委員會申請等量的補助費。

為維持研究聯合會會員的捐欵起見，聯合會的研究工作，必需對全體會員有共同興趣的，不該偏重於捐欵較多的會員或僅僅與某會員特別有關的問題。如個別的會員，要解決急迫的問題，不妨在他們自己的實驗室裏去進行，不必為了一個公司或工廠事業的發展，去耗費國家的公欵，或其他同業所捐獻的欵項。所以每個會員除去參加研究聯合會之外，還當設置自己的研究機構，以便解決急迫的問題。

除去上面的三個研究委員會之外，還當設置下列各委員會：

乙、國際科學聯絡委員會 現在科學的國際關係，日趨重要，在中央科學辦公處，還當設立一個國際科學聯絡委員會。牠的地位，好像蘇聯的對外文化協會，英國的文化委員會，或則像聯合國教科文組織駐在盟國的科學合作館。所以它的主要任務如下：

（一）與國際科學研究機構或個別科學專家，取得聯繫，（二）與國際科學研究機構，交換科學刊物。（三）與國際科學研究機構或大學，交換教授與研究生，進行特種研究，（四）選送各院校的研教人員，赴國外進行高深研究或訪問，（五）選送專家或行政人員，赴國外進特種攷察，（六）聘請國際著名科學家，來國內各地有關機構參觀、訪問、或作特種研究計劃顧問，或合作者，予以生活及行旅方面一切之便利。（七）凡駐外的大使館或領事館內的新聞處，當負報導駐在國的科學新聞的責任。

國際間的科學家需有相互接觸的機會，是非常重要的。1946年倫敦皇家學會所召開的全國科學會議，對此問題，極為關注。我們要實行這個計劃，必需攷慮下列各條件：

（1）各學術機關的研究人員可向中央科學辦公處的有關研究委員會申請獎金，赴國外作定期性的研究或訪問。（2）得獎者之原機關，當提補職員到足夠的名額，使出國者有充分時間在國外研究，而同時不致於加重其他同事的職務。（3）準備適量經費，作為研究員赴國內外各地之旅行及生活補助費。生活補助費是來免除研究員在不同區域或國境內，因生活費用的不同而遭受的損失。此種補助金，可以在申請獎學金時，一併聲請。（4）凡得到獎學金及補助金者，無論在國內外進行工作，應免除其所得稅。

我們很希望聯合國教科文組織，明瞭這種需要，而對此特別努力設法，使國際科學家有互相訪問的辦法，以及各種應有的便利。我們更希望各研究機構的領導者，願意參加或鼓勵此種科學活動，對於自己機構裏的研教人員，請假出國訪問的時候，應該加以善意的攷慮，而且要供應必需的便利,維持其薪給。這種開支,並不浪費,將來訪問歸來,除去獲得科學方面的新消息之外,從各方面所得的新刺激,新動力,即足以償補所失而有餘了。

丙、編輯委員會 中央科學辦公處,應設置編輯委員會,統籌科學刊物之編輯工作,下列第一二三項工作,當聘請專員分任之,第四項工作,當由各學會自行編輯,然後交給編委會付印。

(一)科學文獻目錄的編輯 科學出版物大量的繼續增加,個別科學家要在工作範圍之內搜集全部參攷文獻,極為困難。我們應該盡力設法,使科學家減少這種困難,幫助科學家傳播科學消息。

現在世界上有四萬種以上的科學雜誌,恐怕任何國家無法搜集這樣多的雜誌,即使擁有最多的,還不過是整數中的一小部分吧了。1946年夏季英國的國際目錄學學會主席斐納爾敎授,在全國科學會議中宣稱:在這樣大批的科學出版物中,選取一萬五千種雜誌,平均每年約有七十五萬篇具有創作性的論文,其中祇有三分之一的論文,在三百種著名的雜誌中曾經有過「提要」,還有大部分的論文,需要參攷時,就會發生困難。

在中國今天要想編輯世界科學論文目錄,是極不可能的。但是至少可以編印本國科學家每年出版的文獻的目錄,可供國際目錄學編輯者的參攷,又可供本國科學家的參攷。至於材料之如何徵集,如何編輯,當由編輯委員會商定之。

(二)科學文獻的提要與槪論的編輯:凡是完善而有用的「科學提要」雜誌,科學工作者都認為非常需要。現有的「科學提要」雜誌,比較完備的要算美國化學學會出版的化學提要(Chemical Abstracts)了,內容豐富,範圍廣大,成為化學研究者不可缺少的重要參攷書。

我們如其要進行第一流的「提要」編輯工作,當由編委會專聘專員辦理之,凡是國內科學工作者新近完成的科學論文,當由著者備一提要,連同論文原稿,送交自己學會的編委會,以期減少中央科學辦公處的編委會的時間與精力。

還有一件工作值得做的,就是需要編輯每種科學某一部門的槪論(Review),當由編委會聘請科學專家撰稿,這種「槪論」,是專家及一般讀者都感需要的,而且可以作為「提要」的補充品。

(三)科學新聞的編輯與報導 我們還需要一種報導國內外科學新聞的刊物,內容當以個人的科學論文的要點作為科學消息的基礎。其他的一切,屬於科學活動,科學建設者,都在採訪和宣傳之列,科學新書,儀器之廣告,亦可登載。

(四)科學雜誌的編輯 各個學會或研究所所出版的雜誌,無非要把創作性的研究,變成文化的一部分,而貢獻於社會。當初此種雜誌所發表的論文範圍,往往包括得很廣,原因也極簡單,(一)限於人力,(二)新的研究園地還沒有達對成熟的地步,譬如英國化學會所出版的雜誌(Journal of Chemical Society),已有相當歷史,原來是種有機化學的雜誌,但有時也發表許多其他的論文。其他的科學雜誌,也有同樣的情形。

這種混合出版物,常使讀者浪費時間與經濟,雖則可使讀者獲取廣泛的知識,同時也可以讀到他自己研究範圍裏的文章。但是為了參攷其中特種文獻,而必需買整册的雜誌,在斐敎授看來,很不經濟,不是節約的辦法。

現在科學工作者增加了,各種科學已經發展了許多新的研究園地,譬如化學方面,有了理論化學,電氣化學,生物化學。已由專家組織新的學會,出版了新的專門雜誌。美國韋斯塔學院,關於生物學方面的論文,也分別出了多種雜誌。每種雜誌最好發表同樣性質的論文。這並不是種硬性的規定,也不是趨向專門的要求,主要的目的,要使科學工作者更容易找到參攷材料和適當的雜誌去發表論文,而且可以使他們更容易定閱雜誌,和準備參攷書的索引。結果可以節省許多精力和時間。好在今天許多外國科學雜誌已經實行這種進步的合理的辦法。

如果我們也需要有種統一的辦法,我們今後科學論文的編輯工作,最好先由各個學會自行組織編輯委員會(是中央科學辦公處編輯委員會的一部分),委員會收到已經宣言的研究論文之後,按內容性質,加以分類,然後送交中央科學辦公處的出版委員會,在適當的雜誌中去發表,雜誌名稱,可由各學會商定。論文的提要,交中央辦公處的編委會的提要組編印。

編輯委員會如果認為這篇論文不適於在某種雜誌中發表者,應該通知或勸告著者轉送其他較為適合的雜誌去發表。如果每個學會或學社的編委會都能採取這種辦法,結果可以使種科學雜誌的內容整齊而單純，可以博得預期的好評。

果能如是，今後每個科學工作者祇須定閱一二種專門雜誌，就可以得到最新的參攷材料。如能再購取專門的參攷文獻的單行本，那麼不但使科學家得到確實的便利，而且可能使某種科學的進步更加快速。

丁、出版委員會 現在國內許多學會，有了文稿却沒有經費來印刷，使科學工作者無法傳佈科學消息，覺得十分苦悶，中央科學辦公處，應該設置出版委員會，接受編委會的稿件，統籌全國科學刊物的出版事宜，召集各學會的負責人，開會商定每種科學雜誌的大小，式樣，印刷材料，需印册數，單行本的式樣和需印數量。

關於單行本的印行，在學術交流的意義上，很就價值。不但使個別科學工作者易於搜集專門文獻，作為參攷資料，而且可以節省費用，不必購買整套雜誌。所以科學論文，文獻目錄，文獻提要等等，都需要印出單行本，以廣流傳。

科學雜誌中的每篇論文，都該印出一定數目的單行本，並當贈予著者若干冊。如著者需要額外的數目，須預先聲明添印數量，超額的費用由著者負担。

每種科學雜誌及單行本出版後，當時預定冊數，交與有關學會，由學會分送於會員（交納雜誌費者）及著者（單行本）並保留一部分雜誌作為該學會合訂成卷之用，還有一部分，當交託國際科學聯絡委員會的刊物交換組，用學會名義，與國際有關學術機構交換刊物。

出版委員會所出版的一切科學刊物（單行本在內），當公告出售，或委託著名書店銷售之。

還有一件事，出版委員會可以致慮辦理的，就是現在有許多重要參攷書，都已絕版而無從購取。如有可能，當設法翻印，以應國內各大圖書館及學者之需求。

（四）召開全國科學會議 聽取全國科學家的意見，作為決定國家學研究計劃的參攷。

（五）召開科學團體聯合年會 為促進科學研究，擴大科學興趣，我們每年應該繼續舉行全國科學團體聯合年會，大會任務，除去科學的與社交的活動之外，還當商討科學研究的重要問題，向政府建議。至於年會地點，當在全國各地輪流舉行為原則，可由大會選擇決定之。

（六）徵集政府行政機構各部會的計劃調查和統計等報告 作為決定研究計劃的參攷資料。

（七）調查全國科學研究的進展情形 報告於行政委員會及全國科學界。

（八）探訪國際科學新聞 報告於行政委員會及全國科學界。

（九）其他應辦事項 為科學家的研究工作順利進行起見，中央科學辦公處應有種種設施使科學工作者在工作上，有一切應有的便利。

(a.) 特種儀器與技術運用 科學家要增加工作效率，迅速解決問題，有時必需運用精密的儀器與進步的技術。近年來科學技術有長足的進步，可以藉此解決許多研究問題。祇因為那種儀器的昂貴，技術的複雜，在國內不是每個研究機構都能齊備的，而且祇有那種設備完善的實驗室和運用有經驗的科學，才能運用自如。這種國寶式的儀器，國家已經付出鉅量的經費，凡是科學工作者到了需用的時候，應該予以介紹和利用的機會。

(b.) 一切設備要標準化 實驗室裏的一般設備，在品質和式樣方面，都需要改進．特別要求標準化，使物品的儲藏簡便，補充容易，結果可以加速工作的進行，否則常因某種補充品的缺少，而使工作停頓起來。儀器製造者與科學工作者，應該取得密切連繫。一切商品目錄或價目單，信紙信封等等的大小，也該標準化，以便順序保存和參攷。

(c.) 科學工作者應有訪問與調動的機會 各研究機構無論是屬於政府的或私營企業機關，都應該互相取得聯絡，放棄孤立或莫不相關的態度。個別科學工作者，要切實認識其他實驗室裏的工作，與技術的發展．計劃與經驗，或需到他處實地觀察，搜集研究材料等等．應有互相訪問，商討，交換工作地點的機會。因為互相觀摩，互相切磋，而產生新的激勵，對於個別工作的進展，有顯著的價值。

學術機關的研教人員和工業方面的研究員之間，尤當取得密切聯繫，對於雙方都有利益。學術機關的研教人員應有機會到工廠去工作若干時日，一旦與羣衆結合，馬上就會消失了他們在象牙塔裏的虛驕氣，同時也會壯大了他們教學的經驗，而且可以真正認識了他們的學生，將來在工業界服務時將要面臨的環境與困難。在內心方面，也許可以得到若干新的刺激，因實際的經歷 也許可以引起他們對學制及課程作合理的改進。還有一點值得寶貴的，就是可以使他們明瞭科學的生長點，往往在工廠裏發展起來的。我們要重視工業研究所潛伏的科學的發動力，我們尤當隨時注意工廠裏急迫需求的技術。因爲有這種急迫的需求，常常使許多最進步的研究心得，被正在生長的工業所發展。

我們又常常發見初畢業的大學生，到工廠或農場開始工作的時候，還要補習若干在大學裏沒受到的特種訓練。這也許因爲當初沒有時間來學習，所以在課程方面，當視輕重緩急，加以調整，教員人數也當隨生產事業的發展而增加起來，使人人有充分時間去教學。設備也該加以補充，或增加起來，才能使技術訓練達到最高的標準。各院校或研究機關，在假期內，應該舉辦若干回期的課程或討論會，使有關的工作者都能來聽講，領受新的工作經驗與知識，從各處實習回來的畢業生，一定帶有許多實際問題，可以作爲大家討論的材料，也許可能引起新的研究對象。如能因此而解決問題，那麽這種刺激，是很有價值的。

(d.)領導組織各種科學社會　科學研究園地，隨着科學進步而逐漸增多，專家們各自組織學會或學社，以便加緊聯繫，共謀工作的進展。在國內的科學團體，已經組成十餘個，將來還會增加。凡已組成的科學會社，要便於統一領導，應向中央科學辦公處登記，中央科學辦公處，當予以便利及指導。

學會的重要任務：(一)舉行會議，並與政府的科學行政，取得聯繫；(二)宣讀及討論創作性的研究工作；(三)徵集論文，按類編輯，交中央科學辦公處的出版委員會印行專刊；(四)徵求合格的會員入會。

過去各學會在會務方面，最感困難的，是經費問題。我們要發展團體事業，每個會員都要負起責任，表現民主的基本精神。每個學會的會員，都有按期繳納會費的義務，同時有享受出版物的權利。

會費和雜誌費，最好分開。因爲有的科學工作者，願意加入一個以上的學會，以期在開會時，有機會和多數科學家見面。如果會費不包括雜誌費，那麽所需會費，可以較低，而便於加入幾個學會爲會員。

(e.)創辦科學博物館和科學圖書館　中央科學辦公處當會同教育部在中國首都及各大城市創設科學博物館及科學圖書館，使科學大衆化。前者使人民認識科學的發展史，科學與生活的關係。科學技術的進步，以及科學的奇蹟。後者當搜羅一切科學文獻，以供大衆及科學工作者之參攷。國內任何地區的科學工作者，如欲申請代爲抄錄科學參攷文獻，或攝製顯微影片，圖書館當有專人代爲辦理此項事務，幷可徵收一部分材料費用。

(f.)攝製科學新聞及其他有關科學工作的電影　中央科學辦公處當與電影攝製廠會同辦理，以便向廣大民衆宣傳科學之用。

特載　華東區第一次農業展覽會

王名才

華東區第一次農業展覽會於1950年元旦開幕，1月15日閉幕，會期半月。會場是上海的跑馬廳。

這一個盛大的展出任務，是動員了華東區102個有關農業科學技術的社團、機關、學校，經過了四千多個工作人員，匯集着廣大勞動農民的生產經驗和千百個科工的農業科學知識，在一個月積極籌備和半個月展出工作的努力下完成的。

展出的內容共分十個部門，包括中國農業科學途徑組、農藝組、病蟲與藥械組、園藝組、土壤肥料組、紡織纖維組、農業工程組、水產組、林牧組和蘇聯農業介紹組。據大會統計：展出的圖表計292張，統計表84張，文字說明343張，照片1078幅，標本2659種，實物1172件，器械508套，模型262座，解釋圖623張，解釋表51張。場地面積約153畝，展覽棚全長達3華里。

展出期一共15天，原先預定10天，後來依觀衆的要求，延長5天。在這15天中，不管陰晴風雨，場內總是擁塞着形形色色的觀衆。包括勞動英模、農民、工人學生、解放軍、公務員、工程師、專家以及一般市民。觀衆有的是上海市內及市郊的，有的來自滬寧杭沿線城市和鄉村，更有的來自蘇北皖北以及浙南、福建、山東等地方；又有的是個別來參觀的，有的是集體來參觀的。總共觀衆數字的統計在42萬人以上。

Vol. XXXII, No.3　SCIENCE　March, 1950

The United Front of Scientific Workers, by Dr. Mangven L. Y. Chang.
Michurin Theory & Morgan Theory (A Conference)
Chemical Industry in China's North-East, by Director H. C. Wu.
Centennial Celebration of Pavlov, by Dr. T. P. Feng.
Iwanowski & Virus, by Prof. S. Y. Kao.
Abstracts of Papers Read before The 35th Anniversary Meeting of The Association, Shanghai Chapter:
　　Studies on The Intestinal Flagellates of The Cockroach, by Dashu Nie & C. L. Chen.
　　The Structure of The Intestinal Flagellate, *Trichomonns augusta*, from Toad, by C. L. Chen.
　　Studies on The Intestinal Flagellates of The Larva of *Holotrichia* sp., Coleoptera, with Remarks on The Relationship between The Genera *Polymastix* & *Monocercomonoides* by Dashu Nie & C. S. Chen.
　　The Fibrillar System of *Trichodina pedicules* Ehrt. & *T. bulbosa* Davis, by K. T. Pai
　　A Preliminrry Investigation into The *Lernaea* sp. Endemic among Pond Fishes: Their Life History & Tendencies to Become Serious Epidemicf, by Yung-Tsu Hu.
　　A New Species & A New Genus of Parasitic Copepods (Ergasilidae) from Chinese Pond Fishes, by War-Ying Yin.
　　Stages in The Normal Development of *Rana Nigromaculata*, by N. S. Chu & C. K. Liu.
　　Morphological Changes in The Gonad of Monopterus during Sex Reversal, by C. K. Liu & K. N. Ku.
　　Cellular Composition of The Islets in *Mastecembelus*, by L. Wu.
　　Records of Chinese *Trigoraloidae*, by S. S. Chen.
　　A Preliminary Survey of The Plankton of The Chu-San Region, by Nora Stroston.
　　A New Genus of Parasitic Nematodes, *Ichthyascaris*, & Its Systematic Position, by H.W. Wu.
Proclamation Made by The Annual Meeting of 12 Scientific Societies in Peking.
Resolution Passed by Shanghai Chapter of C. A. Sc. W.
　News.　　Books & Periodicals Recieved (January)

第三十二卷　　　　　　　　　　　　　　　　　　　　第三期

科學通論

科學工作者的聯合陣線

張孟聞

　　中國科工協會上海分會在今年1月22日舉行年會中通過了一個議案，建議該會北京總會，於今年8月在北京舉行世界科工大會時，號召全世界的科學工作者不為戰爭販子服務，而應該為增進人類福利而努力。因為認識了科學工作者的本身道義責任，當所有科學工作者都離開了以慘殺人類為業務的戰爭機構時，現代戰爭就打不起來了。倘使所有科學工作者都為了增進人生福利而努力，地球上就可以很快地建立起一個人間天堂來了。自然科學與其技術的應用所造福於人間的物質享受，生活在二十世紀的現代城市人們是身受其惠，不必費辭就盡人通曉的了。要是平日起居生活能够儘量舒適，不受空間地域的限制，水，火，冷暖，運動，娛樂以及一切美妙的音樂光彩，全世界的事物，都可以在一舉手，一按鈕之頃而坐享現成，即使是佛經裏的極樂世界，大概也不見得會勝過於這個可現實的世界罷。社會革命的最後標的就在於人人能安富尊榮，儘量享受生活中的滿足快樂（不是建築在別人痛苦上面的快樂），絕不是要普天下人都來熬苦受難。所以上海科協的這個議案是值得我們珍重推許的。

這個議案通過了以後的十天，中華人民共和國外交部收到了蘇聯大使館送來的蘇聯政府照會，通知1949年12月25—29日伯力濱海區軍事法庭的公審，證實了日軍曾在這次大戰中使用了細菌武器，因此建議會同中美英三國組織特別法庭，將裕仁天皇，石井四郎，北野政藏，若松次郎，笠原行雄等交給這個國際法庭處理。這個照會所說：

"根據日本裕仁天皇的命令及日本陸軍省和參謀本部的任務所專門組織的日本軍隊的細菌機關中，大量孵育了鼠疫，霍亂，傷寒，炭疽熱病的致命細菌及其他危險的傳染病菌，製造了散佈細菌的砲彈和工具，訓練了特種部隊，以便大量傳染居民，貯水池，住宅，播種田地和牲畜"，"來消滅軍隊及和平居民，包括老人，婦女，兒童在內。"

"在審判中證實，這些部隊由五個處組成"，"駐紮在距哈爾濱市20公里，在平房車站地區專門建築起來的小城裏，整個小城宣佈爲軍事禁區。該部隊計有三千科學與技術工作人員，並擁有多數的實驗所和強有力的大量製造細菌的裝備，用以保證進行大規模細菌戰爭的可能性"。

"在法庭上證實，除了以上指出的在北滿的兩個部隊（731號與100號）外，日本人在華中和華南也組織了兩個類似的祕密機關，名爲「榮部隊」和「波部隊」。"（2月6日上海解放日報）

在同一照會裏，聲明了駐北滿的兩個細菌部隊，"曾用成千成萬的人來作此種大批毀滅的工具的實驗而死亡，（屠殺蘇聯的，中國的，蒙古人民共和國的人民和美國的軍隊，）主要的是中國人和蘇聯人。僅僅在「731號部隊」因進行非人性的罪惡的實驗弄死了三千多人。"

這些部隊主要主持人是日本中將醫官石井四郎，他"直接地研究出一種使用跳蚤傳染鼠疫的方法，設計了一種特別的陶瓷炸彈，名爲「石井炸彈」，利用空軍用跳蚤來傳染鼠疫"。"又親自研究出一種大量孵育細菌的方法（特別是設計了一種所謂「石井孵育器」）"。"在1940—43當中，親自帶領部隊使用了各種細菌武器，引起鼠疫，傷寒，副傷寒和其他疫病的蔓延，使成千的中國和平居民遭到死亡"。

細菌武器在1925年6月17日的日內瓦議定書中已經明白規定禁止使用，視爲違背民族正義和天良的最嚴重的罪行，爲舉世各文明國所斥責。然而日本自天皇至軍部却曾在這次大戰中大規模地以活人作實驗，以後又在中國戰場上大量使用過。這由近來常德，寧波，金華，北京，黑龍江各地的報告也可以證實。這樣慘無人道的獸性戰犯，在美帝保護之下，裕仁仍然是高高在上的天皇，石井在蘇軍審訊細菌戰犯時「失蹤」，笠原現在是東京西南36公里的瀧堂「櫻花」化妝品商店的店主。

不但包庇了戰犯，美帝國主義者而且還大量地幫助苟延在台灣的蔣匪幫來對中國的和平人民施行轟炸。2月6日，美製匪機B24型12架，P51型2架，B25型2架，P38型1架，共17架，自午12時25分至1時53分，分4批在上海市區投彈六七十枚，楊樹浦，嵩山區，盧家灣區，吳淞鎭等地被毀民房千餘間，死傷人民逾千，美商上海電力公司遭受損失，使上海動力與照明大受影響。在這前後，南京，杭州，都遭受了美製匪機的轟炸。寧波與汕頭在前些時所遭受的損害尤大。現在的華東華南兩區，因爲台灣的不曾解放，有美帝的飛機與炸彈的不斷供應匪幫，兩億左右的和平人民與其財產可以說是每天遭受轟炸的威脅。這幾天，上海天天受匪機的騷擾。當執筆寫到這幾個字時，匪機正在市區上空飛行盤旋，當天報紙又記載了匪機掃射廣九客車。從這裏可以看出法西斯們是永遠對和平人民懷着惡意的，——可以保護細菌戰犯，可以接濟獨裁匪幫，而且幫同施虐作惡。

對這些匪幫與法西斯們是應該斷念的，對他們不必再存有絲毫幻想，以爲他們還會折節改行，悔過遷善。我們祇能寄希望於那些略有智識，不泯良心的科學工作者們，他們應該"建立起職業上的公約，宣誓不助紂爲虐以殘殺人類，不作傷天害理之事"，正如去年年初本刊上所說的一樣："要有勇氣能够在某種條件下拒絕工作"（31卷1期，頁2）。觀照了細菌戰犯與匪機轟炸兩事，沒有科學工作者的策助很顯然地是無法執行這些瘋狂滅絕人性的罪惡的。科學工作者應該有勇氣來拒絕作這些滔天罪行的幫兇！看到日本赤旗報揭露東京若松町前軍醫學校防疫實驗所為細菌戰中心的情報，我們相信腦力勞動工人的科學工作者也會義憤填膺不惜艱苦而撤離這些殘害殺人的戰爭機構內的工作。因此，對於上海科協這個建議案的提出，覺得有其適應時代的意義存在。

緊跟着這些不快的事件後面，在2月15日公佈了中蘇友好同盟互助條約的簽訂。條約是2月14日在莫斯科簽訂的，第一條條文就明白宣告：

"締約國雙方保證，共同盡力採取一切必要的措施，以期制止日本或其他直接間接在侵略行為上與日本相勾結的任何國家之重新侵略與破壞和平。一旦締約國任何一方受到日本或與日本同盟的國家之侵襲因而處於戰爭狀態時，締約國另一方即盡其全力給予軍事及其他援助。

"雙方並宣佈，願以忠誠的合作精神，參加所有以確保世界和平與安全為目的之國際活動，並為此目的之迅速實現充分貢獻其力量。"

保衛和平與打擊侵略戰爭的隊伍，在這個七億人以上占全世界人口三分之一以上的兩大國家簽訂了同盟條約以後，無疑地壯大了。這是一個向世界和平進程中豐隆矗立的巨大里程碑，中國科學工作者已經不是孤軍作戰了。前不久，蘇聯公佈了蘇聯科學家已握有了原子彈秘密，而且已經利用原子能來開山闢河，改造沙漠。這正是符合着上海科協建議案的願望，而且已經提前示範給世界的科學工作者們了。處在匪機威脅下的上海科學工作者們，於提出了那個建議案之後，顧到了眼前的形勢，考量了自己應貢獻的工作，最近又成立了上海科技界反轟炸工作委員會；在同一時間(2月22日的夜晚)同一會場上，慶祝中蘇友好同盟互助條約的簽訂，也成立了上海市人民勝利折實公債推銷委員會科技界直屬支會。這是以行動來答覆敵人的殘暴獸行。認清了誰是友人，誰是敵人；也認清了什麼是應該做的，什麼是不應該做的。對於以增進人生福利，反對侵略戰爭的人們，伸出友誼的手來緊握在一起，為人類和平陣營的增強擴大而高聲歡呼。對於以殘殺人羣，進行或幫助侵略戰爭的人們，應認為是世界和平的公共敵人，是人類的公敵，也就應拿出自己的力量，聯合起來，共同給予以無惜的打擊，而且是不論那敵人走到那裏，也就追擊到那裏，即使走遍天涯海角也不能放鬆。

上海的科技工作者，從1月22日的建議到2月22日的總合大會，是從言論走向行動；將慶祝中蘇同盟互助條約簽訂大會與另外兩個委員會成立大會的併合舉行，是認清了敵友，爭取勝利的總聯合。這過去的一個月是值得記取的。所以，在這裏，特稱之為科學界的聯合陣線。就憑這陣線來爭取世界和平的勝利，來擊潰那企圖引起侵略戰爭的敵人，連細菌戰犯和包庇那批戰犯的帝國主義者法西斯們在內。　　　　　　　　2月24日

文獻集萃　北京區自然科學十二學會聯合年會宣言

我們十二個科學學會聯合年會，在興奮，愉快的氣氛中，勝利的完成了。經過了兩日來熱烈的討論，一致認識到我們自然科學工作者，在新民主主義的新中國應負擔起來的任務是光榮的，是偉大的，同時也是艱巨的。但是我們有足夠的信心來克服困難，完成國家人民給我們的任務。為了完成這些任務，我們認為需要加強組織，發揮集體的力量，以克服目前嚴重的困難。我們要放棄以往為研究而研究，為個人名譽地位而研究的想法；我們所有的自然科學工作者要同心一意面對國家建設的需要，使我們的科學為生產服務，為人民服務。

各學會要很好的把會員組織起來，充分發揮民主精神，密切會與會員間的關係，組織會員進行研究；同時各學會與各學會間要經常加強聯繫，加強我們研究的計劃性。

我們的自然科學雖然比較落後，但有着優良的政治條件，只要發揮我們每個會員的創造精神，定能建立符合我們國家實際需要的科學，民族的科學。

我們認識到科學不是超階級的，不是超政治的，是應當為人民服務的，所以我們應該加強政治學習，學習應用馬列主義的理論，觀點，方法來從事科學的研究。

提高全國人民科學水平，也是我們應該負的任務。我們要用多種多樣的方式宣傳科學的理論，協助政府推行科學普及的工作；同時要培養廣大的青年一代，使他們也成為優秀的科學工作者，成為我們強大的生力軍。

我們要學習先進的社會主義國家蘇聯的經驗，要加強與蘇聯及其他人民民主國家自然科學團體聯繫，共同為世界永久和平而奮鬥。

我們認為這次的大會是成功的，收穫是偉大的。我們保證以後要按照大會的精神推行我們的工作，完成我們的任務。

　　　　　　　　　　　　　一九五〇年二月十二日

科學通論

中國科學的新方向

竺可楨

中國之有近代科學,不過近四十年來的事。最早成立的科學研究機關,要算北京實業部的地質調查所,創始於1916年。六年以後中國科學社在南京建立了生物研究所。此時正值五四時代,北京大學號召全國提倡科學,科學研究才慢慢地在各大學裏有了立足點。從此各專門學會如地質學會、物理學會等逐一成立。到了1928年創設了國立的研究院,卽是中央研究院和北平研究院。從五四時代到現在卅多年間,中國在科學上雖亦造成了少數傑出人才,對科學做了個別的貢獻。但一般而論,對於國計民生有多少補益,對於科學本身有多少建樹,檢討起來,仍然不免失望的。

過去中國科學界貢獻之不能更爲美滿,一部份固由於外在的原因,卽是政府不能把握正確方針,把科學作爲裝飾品,使經費僅足維持工作人員的生活,科學研究,徒有其名;加以日本帝國主義的實行侵略,使大學與研究中心遷移跋涉,不能安居,甚至轟炸焚燒,寶貴的儀器書籍因之而淪亡遺失。但內在的原因,卽中國科學界本身存在的矛盾和缺點,亦有其重要性。最顯著者爲各單位的本位主義和科學工作人員的「爲科學而科學」的錯誤見解。在我國科學界中本位主義的存在,甚爲普遍。過去中央研究院和北平研究院之所以不能分工合作,卽是一例。科學工作人員由於過去訓練,多崇拜資本主義國家的個人主義。以爲科學家的本分,在於尋求眞理,只要本其所學,自由的選擇一個題目,竭其能力來研究,便是盡了責任。殊不知科學研究的經費來源,是取自農工階級勞力所獲得的生產,本諸取之於人民用之於人民的原則,科學研究自不能不與農業工業與保健發生聯系。過去科學工作人員各自爲政,閉門造車的習慣,自有革除的必要。

爲糾正過去的錯誤觀念起見,爲謀達到給人民謀福利起見,我們新中國發展科學的道路將朝那方向走呢?

第一我們必得使理論與實際配合,使科學眞能爲農工大衆服務。第二我們必須羣策羣力用集體的力量來解決眼前最迫切而最重大的問題。第三大量培植科學人才以預備建設未來的新中國。

爲要達到上述目的,就非要有計劃地來做不可。計劃科學的發展和普及,世界各國中祇有在蘇聯已收到極大的成效。這一個事實就是英美科學家也承認的。

英國倫敦大學物理學教授裴納爾(J.D. Bernal,)在1949年出版「需要的自由」("Freedom of Necessity" Kegan Paul, London 1949)這書裏曾經明白指出。他說:

「將來的科學要用整個社會的觀點來計劃,是絕對必需的一件事。這種計劃在蘇聯已見其端倪。祇有忠實地遵行馬克思主義的理論,才能把帝俄時代本來淺薄科學基礎,變成了偉大的,互相聯系的,和勃勃有生氣的眼前蘇聯科學。在短短卅年當中,蘇聯已經從一個文盲遍地的國家,變成了隨處統是科學工作者的國家。問題的重要性,並不僅僅去培養幾個少數有天才的科學家,在科學的商哨上做點衝鋒陷陣的工作;而是建立起來一個普遍通行的習慣,把一切關於工業、農業、衞生和國防所需要科學來解決的問題,從有計劃的實驗,和以統計數字為依據的基礎上來解決。」

我國現階段的科學基礎比十月革命以前帝俄時代的科學基礎還要薄弱得多。在這時候就來講計劃科學,這是談何容易的事。蘇聯科學院院長瓦維洛夫在他所著三十年來的蘇聯科學這篇文章裏,曾經說:「把我們的科學完全貢獻給人民和國家來服務這一事,使科學的計劃性變成絕對的需要。這是社會主義國家科學所具有的一個主要特點。不僅是科學的規模,如機構,人選,和設備應有計劃性的,甚至內容卽是科學研究的問題也應有計劃性的。」但瓦維洛夫同時也曾指出蘇聯科學向着計劃這條路上走,到了蘇聯科學發展的第二個時期,卽是蘇維埃統治的第二個十年,才確定的。在十月革命後的第一個十年內,蘇聯科學的發展還是不平均的,無系統的。在最初幾年蘇聯和外界的交通被資本主義國家封鎖所隔絕,國外新的科學文獻和設備統不能輸入。蘇聯科學雖在這艱難困苦時期,却也有相當的成就。在蘇聯科學發展的第一個階段,其計劃性雖尚未十分顯著,但已有了新的方向。值得我們注意的計有三點:

第一是蘇聯科學從最初卽具有實用性,確定了科學為人民而服務的方針。

第二是利用集體工作的方法,來解決問題。這種方法使得以前看起來極為複雜而費力的研究,得以進行。

第三是科學的普及工作,大規模的推動着。十月革命後十年之內,蘇聯科學工作人員,卽是積極參加科學研究的人員,和革命前相比至少增加了十倍。

蘇聯科學近卅年來的寶貴經驗,很值得作為我們發展科學新方向的參攷。

目前中國和革命以前的蘇聯一樣是個農業國家,而生產技術比較起來更要落後。要建設一個新中國,使生產逐漸增加,工業向前邁進,是非常艱鉅困難的一樁事。人民政府已具決心將努力發展自然科學,以服務於工業、農業和國防的建設。一九五〇年度,雖在台灣尚未解放,經費十分困難的時候,科學研究經費已超出過去國民黨當政承平時代的預算。中國科學院之建立,正所以配合時代,發揮科學工作為人民服務的積極功能,掃除過去中國科學工作者主觀上的弱點。它將以自然科學為重點,在原有機構,卽中央研究院與北平研究院之基礎上,加以充實。以後工作將與政府農工文教各部門,取得密切聯繫,庶幾可以達到利用厚生之道。

有人以為注重科學的實用性就可把基本理論科學研究完全放棄,使每個科學家統去做直接與生產有關的工作。這是錯誤的觀念。若是計劃科學的人們要每個物理學家,化學家到工廠去服務,要所有地質學家統去探礦,所有生物學家統去改良種子和牲畜,而把基本理論科學拋在一邊,則不但科學將永無進步,卽為生產着想,把眼光放遠一點亦得不償失。所謂理論去配合實際,科學去配合經濟建設,決不是那麼簡單一回事。每門基本科學的範圍至為廣汎,譬如物理學,它和旁的基本科學,如化學,生物,地質統有關係;它和工業、農業、醫藥亦均有關係。物理學上一種重要發明,如同五十年前電子的發現,不但已經應用到旁的科學上去,也已應用到工農醫藥各種事業上去。反過來講,一種工業之建設,如同鋼鐵事業,不但需要機械、電機、地質、礦冶的人才,而也需要物理學家,化學家,古生物學,和心理學家的設計和幫助。從科學和建設事業這樣錯雜紛紜的關係看來,基本科學的研究仍是不可忽視的。

蘇聯科學院的基本研究工作,在近卅年來不但沒有停止,反而大大發展,卽是一個好的榜樣。但是基本科學的研究決不能像過去各單位分道揚鑣各行其是地那麼去做。中央科學研究機構將與各大學、理、工、醫、農學院,以及各專門學會的科學家互助商討,成立各科專門委員會,檢討目前每一科目急需要解決,而可以解決的問題。凡一個研究機構所不能單獨解決的問題,將與其他研究機構或大學合力解決之。要如此,方能一掃過去本位主義之弊。

在中國現階段,要謀科學的發展,尚有最迫切最重要的一件事,卽是科學人才的培養。東北全部解放,不過一年有半,建設初興,卽感人材不足。無論工廠、礦山、學校、中級和高級技術人員,均極度缺乏,普通工人與技術人員之比例均在百分之一以下。雖在關內到處羅致，人材仍患不足。將來台灣解放以後，全國各處建設同時並致，則所需科學技術人才自必更多。因此大量地建立新的大學，與專科學校，爲最近的將來必須舉辦之事。但以訓練人才又必需師資，勢必在大學多設研究所，方能使日後高等學校的教師不致缺乏。同時廣汎地推行科學普及教育亦要着手。中央文教委員會已擬定計劃，推行普遍的識字運動，以掃除文盲。大量地設立農工子弟速成學校，給農工子弟以科學技術的常識。人民政協共同綱領文化教育政策中規定愛科學爲人民共和國全體國民的公德之一。所謂愛科學就是要人人本科學的眼光去做事，無論處理個人日常生活，或是承辦國家大事，如同最近人民政府的趕修鐵路，發行公債，或搶救災民，統要從科學的角度上去看，用科學的方法去做。科學在中國好像一株被移植的菓樹，過去因沒有適當的環境，所以滋生得不十分茂盛；現在已有了良好的氣候，肥沃的土壤，在不久的將來，它必會樹立起堅固的根，開燦爛的花，而結肥美的菓實。

科學與政治鬥爭

盧于道

(中國科協上海分會第三次年會開幕詞)

今天在上海解放了八個月以後，在此舉行第二屆年會，這是非常有意義的。

處在今天我們要走上新民主主義偉大時代的時期，這是我們幾千年來歷史上所未有的，因此我們不能不：(1)回想當初中國科協之成立，(2)解放前的上海科協，(3)解放後的上海科協，和(4)今後的上海科協。

1. 中國科協之成立　回想當初中國科協在重慶沙坪壩中央大學成立的時候，那時正在抗戰期中。在抗戰期中，大家遇到很大的矛盾，那就是抗戰需要民主，偏偏當時蔣政權那麼不民主。在這樣矛盾之下，於是大家就想到，如果科學工作者不從政治上作民主鬥爭，還有什麼出路呢？

由於當時這種矛盾的發展，於是科學界民主人士，就聚在一起商談科學工作者協會的組織了。

當時發起這個組織的時候，大家對於這麼一個新組織的性質，曾提出了：(1)本會是職業性爲重，亦就是科學工作者本身福利性爲重；(2)加入本會者都稱爲是"工作者"，是與工人站在一起，而不陶醉在"科學家"的頭銜裏。這兩種性質是含有民主鬥爭內容的。因爲有這種性質，同時亦希望將科學與民主結合起來，所以與其他科學團體不同。亦由於這樣的性質，不久便在國內獲得了許多進步青年的熱烈擁護，在國外獲得了各資產階級所統治的國家裏科工協會的聯盟。

2. 解放前的上海科協　抗戰勝利以後，許多會員紛紛由四川回到江浙一帶，科協總會由重慶移到南京，上海亦就成立了分會。抗戰是勝利了，但是反動統治的惡劣，較之抗戰期間爲尤甚！在這樣反動統治之下，會務工作的危險性亦隨之而增，所以會務進行差不多祇有四分之一的公開程度。在這樣鬥爭情況之下，團結了一百多位會員，並獲得了少數產業界人士的同情，這已經是不容易了。回想起來在解放前半年期中，每月舉行一次理事會，大家都是戰戰兢兢躲躲藏藏，眞感覺到今天解放的快樂！

當時大家行止雖然是躲躲藏藏，可是民主鬥爭工作是勇敢地進行，如"上海科協"刊物是按期出版的，對於壓迫科學界的事如美國不許居里先生登岸，那是提出抗議的；解放前保衞工廠阻礙移廠(赴台灣)是發動了的，結果於是會友中像鍾泉周先生就被反動派所謀害了！今天我們回想起來，心有餘慟，同時亦使我們感覺到上海科協的光榮！我們要永遠紀念鍾泉周會友，並且要向他致敬！

3. 解放後的上海科協　在上海將解放前夕，我們科協總會由南京遷到解放了的北京，並且完成了兩項任務：其一是派代表參加中國保衞和平代表團，1949年4月20日赴捷京布拉格作和平鬥爭，這個任務是和其他人民團體學術文化團體代表們共同勝利地完成了；其二是在北京和東北自然科學研究會、中華自然科學社、中國科學社在1949年6月共同促進了"科代"(即中華全國自然科學工作者第一次代表大會籌備會)的成立,這個任務亦光榮地完成了。

在完成了上述兩項任務之外,全國各地,在新解放之後,如武漢、杭州、南京等地,由於進步科學界人士的熱烈參加和贊助,有如雨後春筍,紛紛成立分會,會員增加了,會務發達了。我們要感謝人民領袖毛主席,我們要感謝中共,我們要感謝解放軍,沒有他們把我們從反動統治下解放出來,這些發展是不可能的。

在這樣一個解放高潮之下,我們上海科協亦得到空前的發展,例如會員人數從解放前一百多人而增加到一千五百人,上海各區成立的支會有二十三個之多。

我們非但會員人數增加了,並且每個支會每個會員的工作情緒亦高漲,就如這次年會的籌備,就有一百五十位會員熱烈參加工作。上海科協有這樣的發展,這是給我們一個很大的振奮和鼓勵。

4. 今後的上海科協 我們飲水思源,上海自然科學工作者有這樣振奮的情緒,上海科協有這樣的發展,完全是由於人民革命的勝利。可是正因為如此,我們不能不思索一下,在目前形勢之下,我們應當擔負起什麼任務?我們怎樣才能擔負起新的任務?

我們科協組織,當然不是為科協而科協,亦不是為組織而組織;我們是應當擔負起適當任務的。這就令我們再回想當初發起這個組織的任務了。

我們當初發起這個組織的時候,以及幾年來的工作方向,已如上面說過,是科學工作者的民主鬥爭。這種鬥爭的對象是反動統治。在反動統治已被摧毀以後,我們工作的方向,除了徹底消滅反動殘餘之外,是不是有新的方向呢?我想應當是有的!

人民革命的形勢,使我們每個人在國內已起了一個基本變化,那就是由被統治而轉到了統治地位,這是表現在人民民主政府的成立。在這樣形勢之下,我們科協的工作,亦由四分之三地下而沒有地下,由四分之一公開而全部公開,這亦是我們工作環境的一個轉變。

在這樣工作環境轉變之下,我們深深感覺到過去的理論基礎是不夠了。

過去當我們科協初發起的時候,那時自然科學界瀰漫着為科學而科學為真理而真理的想法,覺得純粹理論科學研究是超脫塵世,超脫社會的。科協會員們就針對着這種錯誤的看法,說明科學工作不是超脫社會,而是和現實社會分不開的。這種鬥爭無疑地現在是勝利了。

在解放後的今天,我們已經看到馬列主義科學所告訴我們的社會發展規律,我們要在這個宇宙觀的觀點之下,將我們的工作作為社會鬥爭的一部分;這亦就是說,是革命工作的一部分。這樣的理論,是過去科學不超社會理論的進一步發展,亦是今後工作的基礎和指針。

為了這個緣故,我們要武裝我們的思想,要加強馬列主義的學習,要加強政治的學習,要加強思想的改造;祇有在這樣學習之下,我們全體會員緊密地團結起來,我們科學工作的前途才是光明偉大的。

這是就國內而言。

同時我們不能不看到國際科協的情形。

就國際科協的情形而言,除了蘇聯沒有科協組織,捷克對內無科協組織,對外有科協秘書處機構之外,在資本主義國家裏,還有成萬進步的優秀科學工作者,他們為科學真理而鬥爭,為和平民主而鬥爭。他們所組織的科協,以及這些科協所組織的國際聯盟,他們聽到中國革命的勝利,都是異常興奮。由於這個緣故,他們已決定今年八月來北京舉行國際科協年會。

這表示什麼呢?這表示我們非但有國際朋友,並且這些國際朋友非常重視我們,羨慕我們;同時他們亦給我們以極大的鼓勵!我們當如何熱烈地歡迎這些國際朋友,來到新中國來舉行盛大的年會。

在相反一方面,我們今天在此地舉行着年會,而在港九的會友們卻被港九政府所壓迫迫害!對於港九的科協會友,我們要予以慰問,要向他們勇敢的鬥爭致敬。

這些事實很清楚地告訴我們,我們科學界的民主和平鬥爭,在國際方面有同業的友人,亦有政治的敵人!為了真理,我們還需要鬥爭;為了鬥爭,我們是還要加強團結與加強學習!

在這樣形勢之下,我們年會是有重大意義的!在這麼重大意義之下,我們大家是要把年會開好的。

第三十二卷　第五期

科學通論

科學的新生

周谷城

科學的產生，在奴隸社會時代。奴隸社會以前的氏族社會，是沒有科學的。不過氏族社會雖沒有科學，自然界的邏輯却是被人類利用着的，尤其氏族社會的末期，新石器時代是如此。不過當時還沒有文字，未能把自然界的邏輯寫成原理原則而已。到了奴隸社會，情形就不同了。因着生產的進步，私有財產的發達，買賣的盛行，貴族的奴隸主與資本的奴隸主都爭着驅使奴隸大量生產。在生產的過程之中，常有技術問題迫使人類尋求解答；於是站在奴隸主一方面的有閒階級，爲着奴隸主的利益，改進技術，解答問題；結果便有與科學相類似的東西出現。

中國自公元前十五世紀左右到公元左右，大約殷代初年到西漢末年，正相當於奴隸社會之成長，全盛及沒落的時代。這一千餘年中，生產的進步使農耕與畜牧漸漸分開了，也使農耕畜牧與手工業漸漸分開了。春秋戰國及秦漢時代，更有商人階級，非常活躍，「勢傾人主」；換句話說，更有資本奴隸主，其勢力常能壓倒貴族奴隸主而有餘。他們爲着私利，發展生產，常驅使着成千成萬的奴隸爲他們工作，爲他們生產。在生產過程之中，技術問題源源湧出；於是有閒階級騎在奴隸勞動者背上，尋求解答；結果便創造出一些與科學相類似的東西。先秦諸子有談科學者，墨家學說中與科學有關的論者更多。秦漢時代，五行相生相尅之理，雖說得不甚完全，然已足證智識分子正爲着要解釋自然現象在努力尋找可以爲說明之根據的基本元素。印度奴隸經濟在吠陀時代已很盛行。吠陀經典約成於公元前十五世紀到五世紀之間；這一千年左右的時間中，印度的科學知識也正爲實際的需要所推動而成長，而發達。印度的科學知識叫做「明」，明的種類很多，有所謂四明，五明，十四明，十八明，三十二明等等。其中理論科學如數學如邏輯等都有專科，實用科學如畜牧，如農耕，如醫藥等也都有研究。希臘自公元前八世紀左右及以後的六七百年當中，是奴隸經濟盛行的時代，尤其公元前四世紀末葉到一世紀末葉的幾百年中所謂「希臘化」時代，學術空前發達，凡地理學、天文學、生物學、解剖學、數理學、物理學等，均已開端。晏拉多辛尼兹(Eratosthenes)幾已悟到地爲圓形，愛力泰古兹（Aristarchus）幾已尋出地球與太陽自轉與公轉的道理；亞力山大市有希羅斐魯兹(Herophilus)早在公元前三世紀時，已知血液循環之理，已知感覺緣於神經；同此時代，歐克里(Euclid)的數理學，亞幾默德(Archimedes)的物理學亦早已獨立成科。此外如埃及、如波斯、如巴比倫、在奴隸經濟時代，無不有與科學相當的東西出現。勞動過程中湧出問題，有閒階級爲之解答，並組成條理；奴隸主則享受其成果，並完全掌握之。因此，奴隸社會時代的科學完全爲奴隸主服務。

羅馬時代仍盛行奴隸經濟，但科學的發達，在希臘時代卽已達到了極限；再要發達，必須經濟上有較高一級的發展。因此羅馬時代，除與統治術直接有關的法律以外，科學沒有什麼進步。五世紀以後，日爾曼蠻族南下，基督主義盛行，則與科學有極大影響。前者把若干科學家驅往東羅馬；後者則孕育若干經院派學者，抱殘守缺於莊堂生活中。阿剌伯帝國興起以後，尤其公元十世紀前後，其商業勢力，東抵太平洋，西抵大西洋，北達波羅的海，南達波斯灣，其時代頗與奴隸時代情形相似。首都報達方面，富商大賈經常雲集。貴族奴隸主與資產奴隸主爲着自身利益常把東西學者吸引於其間，一時天數史地等科學頗爲發達，然亦祇爲奴隸主服務而已。

十五世紀左右，因着幾百年封建秩序的穩定，農工商各業復興，尤其商業，已從領主與領主間的小買賣，隨着所謂民族國家的成長，擴大到了全國的範圍。十六十七十九世紀，富商大賈活躍於海外，更形成所謂重商主義。重商主義時代，富商大賈以海外貿易獲利，求過於供，常自備原料工具等，請國內農民在家內爲之生產。一時生產的要求極大，便逼出一大批的技術發明。如英國的打麻機、淨棉機、紡紗機、織布機、以及印花紋於布上的印花機，都是顯著的實例。生產的要求旣大，引起了技術的發明；技術的用途旣寬，又推動了科學的發展。於是十六十七十八世紀科學便隨經濟的進步而發達起來。首有培根與笛卡兒做了先導，打了頭陣。培根是1561—1626年間的人，據羅素氏說，他是第一個有科學頭腦的哲學家。他以爲中世紀的哲學家，忙於研究神學，都沒有觸及眞知；於是首先反對被神學家利用了的亞里士多德的演繹法，自著「新機關」一書，闡明歸納法，以爲求得眞知的手段。自是便有霍布士及休謨一系列的經驗派哲學家，與工商階級的時代相適應。笛卡兒是1596—1650年間的人，據羅素氏說，他是柏拉圖以後第一個談得上「新」這個字的哲學家。柏拉圖以後的哲學家，都祇是好好的敎師，都祇能在敎職上高人一等。祇有笛卡兒，不是一個敎師，而是一個有新發見，有新理解的學者；他能以自己的新發見吿訴世人，不獨敎敎學生而已。自是便有斯賓諾沙及萊布尼玆一系列的理性派哲學家，與工商階級的時代相適應。哲學做了先鋒，科學便接踵而起。十七十八世紀的時代，凡物理學、生物學、化學等都極有可觀。如英人牛頓之於引力，德人萊布尼玆之於數理，意大利人高爾文尼（Galvani）與窩爾太（Volta）等之於物理，都是有名的科學家。英人哈威（Harvey）與瑞士人郝萊（Albrecht von Haller）等之於生理，法人蒲豐（Buffon）與瑞典人林納（Linnaeus）等之於動植物，英人眞納（Jenner）之於病理，也都是有名的科學家。至於英人布理特勒（Priestley）與法人拉那希爾（Lavoisier）等更奠定了十八世紀化學的基礎。自然科學一方面係經濟進步的條件所促成，另一方面却又成了推進資本主義生產的武器。其成果則爲富商大賈及資本家所享受，在這時期，科學完全是爲剝削階級服務的。

中國漢唐宋明時代，亦卽公元前後到十五世紀左右的一千餘年間，在封建地主的高度剝削之下，生產技術一直沒有什麼改進。明清時代，情形稍稍變了，頗與西方重商主義時代情形相當。尤其自十五世紀初期，鄭和出使海外，招來朝貢通商者凡三十餘國，宜若可以促成重商主義爲產業革命造出一個先行條件，從而可以發展科學。但事實不然，中國終以海外需要不大，刺激不起國內生產；同時西方重商主義國家如葡、西、荷、法、英等又相繼東來，給我們以打擊；於是中國的重商主義終無所成。不過隨着西方商人之後而東來的，却有一種附產，卽天主敎徒等帶來的科學，如天文、數學、地理、邏輯等卽其實例。不幸東來的科學，祇供宮庭玩好——例如清康熙帝，卽是玩好科學的一人，於科學的發展推進，終無所補。直到近五十餘年，國人又大談科學，首有官僚地主張之洞輩主張西學爲用中學爲體。然主張自主張，西學之「用」，終戰不過中學之「體」。

近五十年來，雖有人提倡科學，而科學總不能發展，蓋有原因。這原因總括說來，祇有一個，卽半封建半殖民地社會條件的拘束。分開來說，可以列成三項：一曰封建的勢力阻礙着科學。封建勢力所需要的東西，有特別的一套。言必稱堯舜，學問則講經史百家，文章則推左孟莊騷或學詩詞歌賦，書法則主顏柳歐蘇，凡此都是封建統治級所必需。實則張之洞所謂中學爲體之體，也不外這些。我們可稱之爲封建的學問。貴族用此以作統治方術，封建地主憑此以擠入統治集團。這是最足以阻礙科學之發展的。近幾十年以來，地主子弟投考大學偏重文法兩科,還是這種心理的表理。以崇拜封建統治勢力的心理,打入封建統治集團的慾望來學科學,如何能夠有成!文法等科的學生常曰「我的天性不近數學」,其實祇是留戀封建勢力的心理在作祟而已。學生以此種心理讀書,父兄以此種心理送子弟入學,混文憑而已,混資格而已,科學云乎哉!二曰落後的產業用不着科學。留戀封建勢力是阻礙科學發展的一面。另一方面,產業落後,生產事業不發達,也是阻礙科學之發展的。我們的中等學校,除普通科以外,原有農工商等職業科;我們的大學校,除文法等學院外,也有工農醫等學院;我們留學外國歸來的學生,除學文法等科而外,也不少科學技術專家。但因新式生產事業被封建勢力拖住,被帝國主義壓迫,未能發達;因之需要專門科學技術人材的地方很少。與帝國主義直接有關的事業又情願到帝國主義國家去找學者,不相信自己的專家。這樣一來,專門的科學技術人材因沒有出路,對科學便失去了信心;何況更有封建勢力在旁邊引誘!於是已經學會了科學的,祇好放棄;原來沒有學會科學的,便趁早不學。幾十年來,許多專家往官場中擠,許多專科技術學校開不起來,便由於此。三曰反動的統治摧殘着科學。對科學教育不予提倡,讓一般充滿封建思想,擁護封建勢力的腐化官僚主持科學教育。對科學研究予以打擊。科學研究設備應有的經費移作他用,或予以削減,或根本不給一個錢;對科學人材加以壓迫,近幾十年來,有好多專門人材完全浪費,如要找到作事的機會則以任意奴役為條件。奴役的方法,往往被反動的統治階級濫用,加到不屈不撓的學者頭上:或要他們當花瓶,或要他們撐場面,尊重科學其名,摧毀科學其實。

在半封建半殖民地的社會,方在萌芽的科學固然沒有發展的可能;但反轉來看,在資本主義進到了帝國主義階段的國家,已經成就了的科學,也沒有繼續發展的希望了。前者以封建勢力的阻礙,生產事業的落後,使科學不能發展;後者則以私有制度的阻礙,生產物品的過剩,使科學不能發展。因為私有制度的存在,社會上儘管有廣大的勞動人羣是貧窮的,而商品的生產卻已過剩了。生產過剩,就是資本主義世界的經濟恐慌,就是資本家不能賺錢的厄運。資本家發覺自己的商品太多了,常常一船一船傾到海裏,或用火來燒掉。這樣時,還有改良技術的需要嗎?還用得着科學嗎?所以資本主義社會一入帝國主義階段,過去有用的必需的科學,竟可轉變而為無用的奢侈的東西。

資本主義國家,如希望科學「繼續」發展,非採行社會主義的生產制不可。半封建半殖民地的國家,如希望科學「開始」發展,則唯有實行新民主主義才有可能。新民主主義的革命給予科學以新生。在實行新民主主義的今天,我們從事科學的人有其不能不擔當的任務。這任負擇要講來,約可舉出下三項:一曰轉移科學的掌握。幾千年來,科學掌握在剝削階級手裏,一直在替他們服務:奴隸社會時代,科學是替奴隸主服務的;封建社會時代,科學是替地主階級服務的;資本主義時代,科學是替資本家服務的;半封建半殖民地社會裏,科學也遭人濫用,好好的科學竟成了為封建地主官僚買辦及帝國主義者服務的東西。這必須科學工作者努力,把科學的使用權轉移到人民手裏,由人民掌握,為人民服務。二曰改造科學的內容。過去科學既掌握在剝削階級手裏,則其內容便不能與他們的利益相違反。人文科學,社會科學固然如此;即自然科學亦莫不然。過去支配整個自然科學界的,有一個基本觀念,即永恒不變是也。這「不變」的觀念是剝削階級依據自己的既得利益而創造出來的。他們認定自己的既得利益不能變,階級地位不能變,於是可以創出「天不變道亦不變」,「道統即政統」的理論來。階級利益不能變,說是由於政統不能變;政統不能變,說是由於道統不能變;道統不能變,說是由於天或自然的不能變。以「不變」的基本觀念壓在自然科學頭上,於是自然科學的發展前途便阻塞了。這必須科學工作者努力,把「不變」的觀念從自然科學界移開,莫讓他阻塞着前路。三曰發展科學的教育。過去科學既是為剝削階級服務的,則廣大的勞動人羣既不能享受科學的利益,也不能接觸科學的生活。今後科學將為人民服務,則必須使人民有享受科學生活的能力。以科學生活供給廣大的勞動人羣,同時更讓他們具備過科學生活的能力,這都是科學工作者的任務。在半封建半殖民地的社會裏,廣大勞動人羣,過的是極貧苦半生活,今後必須以科學生活供給他們。必如是,科學才是為人民服務的。必如是,科學才有無限的前途。剝削階級怕科學,愛好和平民主的人民不怕科學。生產技術的無限改進,對剝削階級是不利的;對愛好和平民主的人民卻是絕對必要。

歐美自然科學界向的現狀

四月十二日下午三時在上海中國科學院演講辭

李四光

今天在座的，可以說，差不多有一半以上是老朋友。別開了這麼久，忽然間都看到了許多老朋友，心裏有說不出來的喜歡，感情上很興奮，因此說起來恐怕不夠有系統，這是要請諸位原諒的。

我在昨晚上纔得到通知，要我來報告這麼一個題目：歐美自然科學界的現狀。這題目好大！把我嚇了一跳。而且我祇是在歐洲走動，沒有到美國去；而且在歐洲所走動的地方也很有限，因為身體不好。現在祇有就個人與很少數友人接觸所得與少數出版物所見到的來說一說，當然很不完備，而講的時間又短，——不完備處也請諸位原諒。

這個題目，就個人所見聞來說，應該從背景說起，就是科學的政治經濟的社會背景。先要說明了這個背景，纔能將這個題目說得扼要一點。就背景來說，再簡明一些，那是經濟。現在的經濟情形與以前的，這一次大戰以前的不同了，——這次戰爭的範圍大，牽涉的時間也久長，就科學工作者看來也很顯明地感到了一個問題的迫促需要解答。這個問題是什麼呢？我個人與歐洲的友人都有同樣的看法，就是從事實上證明了科學工作不能離開社會的經濟政治背景。這一個發見，並不是從理論上來說，而是由事實來證明，是事實。即使是事實，也不是每個科學工作者都能接受這個意見。因此，更覺得這個發見的重要。

過去，大家都知道科學是客觀性的工作，科學知識是客觀的知識，說不上什麼社會經濟背景。可是要緊的就是在這一點，就是科學知識有其背景，而且與其背景有密切的關係，實際上這關係還牽涉到理論，哲學上面去。這說起來牽連得太多，但是不能不做到這一點，來證明知識是社會的。這個問題我先來介紹兩篇文章：一篇是1926年德國人曼哈姆寫的，題目 Die Wissenforme und die Gesellschaft（知識形態與社會），理論太深了一些；還有一篇是1949年秋季，現代季刊四卷四期 (Modern Quartery, IV, 4) 倫敦大學考古史學敎授戈爾登且埃(Prof. Goldenchair) 所發表的 Sociology of Knowledge（知識之社會學）。這篇文字我也不能在這裏詳細解說，說來很長，而且自己也不夠瞭解。還是請大家去看那兩篇文章，好在兩篇文章都說得很明顯暢達。

在這樣瞭解的情況下，如果承認一切知識都是社會的產物，那末科學的知識當然也帶有社會性。這一問題，就比較嚴重地提出在科學工作者的當前，即是科學工作者對人類社會變化的責任有相當重大。從前，有退步的地方，說我們科學工作是超脫了一切的工作，其目標與結果，完全與社會無關，是超然的；倘使所得的結果，很坦然地說是工具罷，則是社會工作者去做的事了，好的好，壞的壞，與科學工作者無關。這種態度，今天在座的人大家都很清楚，我們都是從這樣的環境中走來的。這樣的情況，在歐洲，恐怕在美國也一樣，抱着這樣看法的仍然盛行於科學界，認爲科學祇爲發見眞理，此外都與它無關。但是我要反轉來說，這是不對的。因為科學是社會的產物，是有社會性的；不但是科學的知識是社會性的，就是我們的思想觀念，都有社會的影響。儘管你自豪爲超過，或是超脫了一切，關閉在實驗室裏，然而實際上可做不到的。

舉一個例來說：我們少年時寫中國文字，做出來的文章，人家也看得懂。就文章說來，那內容，思想，以及裏邊的一段，一節，一句話，一句成語，都是經過了歷史考驗，現成做好了的。我們祇是接受了現成的，拼合起來就成了文章。譬如 "知難而退"，"知己知彼"……等，連字句，帶動作行爲也一起接受過來，而這些都是社會的，現成的。舊文章裏有無數的斷片觀念，每一個都代表過去的或現代的社會現成觀念。做文章如此，在實驗室中做實驗也是如此地兜合起來的，一點一滴都是社會現成的產物。也許有人說,這些一點一滴都是自然科學的。然而進一步說起來,不止於此——因為我們的想法,思想方法的構造與其內容(Structure and Content of Thought)都是社會供給的材料。倘使有了新的材料,那就是很大的發明。這點已經顯明地放在我們面前了,無須多說。

要說的是:究竟所謂社會的環境以什麼形式與我們科學發生關係呢?這在應付社會一點來說,也很重要。所謂社會問題,政治問點,經濟問題——等,試問離開自然科學,還有什麼因素在起作用?當然還有些別的因素,——但從歷史上事實來看,每當政治經濟,即是社會有大的變動時,科學也隨同着伴有了很大的變動;事實上不但科學某一部分有問題,而是大的原理與原則上也都要有變動了。

第一次工業革命時,當十九世紀末葉,在歐洲正是封建制度走向資本制度的時期,舊的封建帝王公侯想法妨礙新興資本主義的發展;同時也看到手工業的工作方式還是停留在奴隸制範圍內,在自給自足的環境裏。而資本主義呢,就是要衝破這些舊範圍擴展開去,就是要創造新的自由市場。工廠利用機械方式與自然力來製造大批貨品,生產力大大增加,將手工業的生產方式整個改觀,發展開來很快,就向國外,乃至世界上發展獨佔的勢力,大部分在歐洲大陸上發展,世界也跟著受有影響。同時,從封建制度走向資本制度,科學家也從那時長成起來,就很衆多地產生出來,英法德意都有大量的科學家產生,從牛頓到浦豐,而科學也跟著發展了。這就是說,在封建社會走向資本制度社會的期間,科學也跟同着(Coinside)發展了。

第二次的工業革命,即是近三四十年來的事,從前的機器與工廠的組織都不好了,不適合了,無論是發電機與電工廠都要求更大規模與更準確進行。增加進步的情形發展得很快,即如在第一次到第二次大戰中來看,生產的數目與變化,在歐美都很清楚。每次大戰發生之前,製造量都增加得很大,生產力擴展了。例如1911—13年,鋼鐵類在歐洲的年產量是四千萬噸;第二次戰爭時,1939—45年,歐洲的鋼鐵年產量是五千萬噸,而1946年,美國的產量是一億一千萬噸。鋼鐵是重工業的原料品,其增加老是在大戰前夕,就可見戰爭未開始前,已有大量的增加。這看來似乎沒有什麼大關係;但自然科學的發展與這個却很有關係。

現在舉自然科學中的兩大門類來說,即是生物科學與非生物科學(Biological & Non-biological Sciences)。非生物科學方面的事例很多,而且清楚,從古典傳統的物理學到機械學,電力學與原子核物理學都有新發展,有些地方好像接不起頭來,從牛頓到愛因斯坦,總是更向核心走,更簡單化;此外,Heisenberg, Delac,……等也都有所貢獻。當這些人有所表現時候,愛因斯坦就說過,他不懂這些年青人搞些什麼。這並不是愛因斯坦不懂物理學,而是這些年青人所搞的,所想的就與他的不同,所以不容易瞭解了。英國有一個年青人叫做Christopher O——*寫了一本書叫做Crisis of Physics,可以譯爲"物理學的危機",這書包括了許多問題,內容廣博。這個青年人去參加了西班牙內戰,不幸死了,陣亡了。這書最好請專家批評。在這本書裏,他專將物理學說彼此衝突的地方,不瞭解的地方來敘說,——就是說他往前走一步,找出問題來提起大家注意,像這次大戰裏一樣也發見了許多問題,而設法解決了它。

另外一方面的生物科學也有了問題,就如大衆所知道的賴森柯所提出來的問題。過去總覺得魏斯曼,孟德爾,摩爾根的說法一定不錯,如果找得實例與所規定的不合,就找理由去說明它,一定說得合拍纔好。西歐與美國的生物學界都根據這一派這一路下來,在過去可說是毫無問題,從細胞核,核裏的染色體去找遺傳性的機構。問題的本身並沒有什麼岔頭,問題是在習得性(Acquired Characters)上面。即是說,後天的習得性不會遺傳,祇有祖宗傳下來的特徵可以一輩子傳下去,是命定了的,命運註定了的。而宓丘林與賴森柯一派人討論的結果,以爲不盡如此。他們的結論並不祇是從實驗室裏得來,而是從廣泛的田野裏得來。從集體農場與辦了以後,賴森柯可以從農場田地裏得到許多實例,這些事例如果依照孟德爾或是摩爾根的說法,無法解決;但是改用了另一條路,用人工方法,使後天性傳下去,就能戰勝自然,使農民的生活整個改動。所以這方面的爭論,在蘇聯爭論得很激烈,場面也很大,而成功了。在過去的遺傳學裏,說後天性是不能遺傳的。當然,在眼前還不

———————
* 記錄時漏下姓氏。

敢說賴森柯的處處都對;但至少,可以說,他們的說法有許多有加以慎重考慮的必要,而且依我個人的估價,也不在愛因更坦,浦倫克,海森伯(Plank, Heisenberg)之下。

與這有關的生理,心理各方面,多少都受有影響,它們的基本問題也跟着起了動搖。所以做科學工作者就有了問題,不論他們是關在實驗室或在田野裏的,都不能不各方留意。而這些變化恰當大戰時期,與第二次工業革命的變動同時。

倘使說,第一次工業革命與科學發展恰巧同時,是偶然巧合,而第二次的科學變動,發展,何以又偶然與第二次工業革命同時呢?何以又是偶然相合呢?這一點,倘使認爲不是偶然,那就是密切相關;兩者之間,密切有關。科學工作者應該反省了,超然態度對不對呢?我們工作就祇知做工作,而不問善惡,——這態度與現實不相符合,而且甚至要與困難及悲慘相結合。因爲科學既然與世事有關,工作者就不能不關心,要使其工作成果對社會的影響不往壞的方面,崩潰一方面走,而是往好的方面走。世界各方在衰頹,科學就要它不向衰頹方面拖延過去,而是往新的興發起來的路走去。

歐洲還沒有一定的情況可說,但往後發展的路向也已經很明顯了。許多年青人已經覺得單是在實驗室裏工作,以純客觀的地位來研究自然科學,已經不夠,也不能夠了。因爲自由發展,有如前面所說,也並不自由,已經由其背景,就是社會的政治經濟背景,替我們代爲決定了。我們工作的結果與思想的方法都被包裹在裏面,而我們自己不覺得。猶之"坐井觀天"天祇有井口那麼大小,從井裏看,天祇能像井口那樣的大。

社會有沒有供給我們以不好的材料呢?另外一方面,我們所做的科學工作是不是同樣不但沒有做好事,反而也幫同做壞事呢?在資本主義發展下的社會,要科學工作竭力增加生產;生產一多,過剩了,自由市場就不夠;科學發展了,力量加大,生產手段更快,生產量更多,過剩的產品也越多,於是輸出國家裏的壟斷資本家祇有寄希望於戰爭;戰爭發生後,這些資本主義國家更非要科學家幫忙不可,不但要他們製造武器,而且要他們組織起來,也組織一切力量,要他們用科學方面組織起來以克服敵人。這就已經很顯明了,科學是不能超越甚至脫離社會背景的。又譬如原子彈,這是能够

大量毁滅的武器,這與其他一切新式武器,也都要科學家合作纔行。科學工作者至少應該想一想,訓練成自己這麼樣的一批人,是應該爲人類謀幸福的,不應是爲毁滅而工作的。倘使爲了生活關係而不得不做,自己還躲開來說是超脫了一切,資本家們也樂於這樣地就來對科學家說話:原子彈大量殺人與科學家無關,因爲科學家祇管研究原子物理,爲利爲害,百凡不管,由政府廠家做去。直到現在,歐美還有許多人抱這樣態度。

據1948年的估計,科學工作者在英國有二千八百人以上在做戰爭方面的工作,而用作科學研究的預算,其中80%用之於戰爭科學。美國在這方面的規模更大。科學工作者倘將眼光放大一些來看,就可以了然,對於人類前途高深一些的理想,放到那裏去了。這麼想時,對着這樣的現實,當然心裏不好受。倘使明白了科學與社會的政治經濟有密切關係,那就不能再取超然態度,自以爲高尚,不能逃避責任了。那末人家要利用科學來做殘殺人類的工作,即爲不可能。去年,在美國就有30%的工作人員離開原子彈工廠。在英國,就儘找些年青人去做,利用他們的懵懂不解事,祇要稍爲清楚一些的人就不肯進去做這些殺人幫凶的勾當。所以,必須說明了科學與社會有這等密切的關係,科學工作者就可以有許多人不幹那些殘害人類的工作。這是消極方面的功效。

而另一方面,可以從積極的去做。這不但在歐洲有,在美國也一樣有的,即是凡與國防軍事有關的,一般都要他們保守秘密。科學,從來就不受政治干涉,不要秘密;然而一到軍部工作,就得問你家庭狀況,出身的階級,來往朋友的身份與你平素喜歡的讀物。然後再要你隔離地祇做一小部份的工作,與其他部門毫不相關。這祇有極小部份人在做上面的總合工作,而這些人却要忍受更嚴密的防範。即使是這樣,那所得的研究成果還是不許公布,而秘密起來。於是,連星在大空中的地位,地球的重量,食物所含的熱量,都要保守秘密起來,因爲可以從星的地位與地球的重量計算飛箭所走的路向,而食物的熱量又爲軍糧所要計算的成分。所以,稍爲有些腦子的人就不再到那裏去做;青年人已經落到那個部門裏去的,也祇是混飯吃,不想好好地搞了。這在法國,尤其如此。邵立歐·居里主持原子能研究,要他去做原子彈,自是更困難。這

真是有如中國老話所說,「又要馬兒好,又要馬兒不吃草。」做得好,也不許多問,而且要秘密。如此而要科學好,發展起來,真是困難;要像從前那樣地發展,更其不易了。

美國內主持大政的,大概有八個團體,他們以為一切都可以有辦法,什麼都可以用錢買到。愛因斯坦,海森伯……等,都可以用錢聘來美國,蘇聯人也照樣可以用錢買來,用金元可以買盡世界一切精華,以為這樣以後美國就安全了,一如英國在戰前的歐洲,因為是孤島與大陸分開,所以安全了。現在的美國,自以為遠隔大洋,又用錢及別的各種方法,威迫利誘,將科學家邀請了過去,替他們研究營養,製造武器。今天杜魯門已經覺得殖民地不夠廣大了,歐洲市場已經狹小,人也太多,祇有用大力燒它一下纔好。有人以為更後的世界將有人滿為患,不要誤認為那是政治問題或是什麼經濟問題,而是人口問題。這樣來看問題時,好了,英國就在聯合國裏就人口問題鬧將起來。另外,也有人說祇要消滅許多人口就好了,借用了達爾文學說的名義,推到盡頭,說優勝劣敗,消滅了它,那些劣種的人,世界就會好轉,——消滅有色人種在先,然後再在白種人裏面選種,這就是優種學(Eugenics)的大原則。把達爾文理論這樣地來運用,造出這麼一個大的反動理論來毀壞世界,殘殺人類。美國人可以說那樣的話,世界打完了後可以再興起來,將西歐炸完了又可以重建……等等一類話。因為心裏祇有這等想頭,所以一天到晚祇想戰爭。戰爭必需要科學,所以又得為科學造出一套理論來。大名鼎鼎的羅素就也照樣變到如此地步了。他居然這樣說過,世界上最壞的就是蘇聯的存在,要世界好,就得先炸了它。這要是小孩子或瘋子說的,可以;然而這是 B. Russel,以文字流利,思想漂亮著名的大科學哲學家說出來的。這人,根本已經擺出來這樣一副樣子了。在英國看來,羅素是哲學家,科學家,思想進步的人,而居然有這等識論,這是什麼緣故呢?——這是資本主義發展以後的變態,使他發痴了,或者說,是他年老糊塗了。此外又有神秘主義,悲觀主義,……說是祇要以後上帝復臨世界就可以好轉了。這樣地以上帝,神秘,命運等等來糊粲人,在西歐還相當普遍。

幸而這普遍的想頭,在現在的中國已經隔離開了。一般老百姓向來是在被人蒙糊之中,"民可使由之,不可使知之",再加上西歐的反動思想,社會環境當然不好;現在中國被封鎖了,很好,——不但經濟被隔絕了,連思想也隔斷了。這樣,應該能夠造出一個新的路來,新的環境了。

從前科學工作者,說起來是科學家,而現在說工作者,即是說我們是工人,這是一個新的想法。第二,歐洲看中國是共產的國家;就蘇聯來比較,蘇聯纔真正是共產的國家。共產主義 Communism 這個字是從 Commun 這個而來,那意義是「共同」,至於共產,這是從物質方面說過來的。但是從行為上來說,「共同」與「門戶」不同。過去,歐洲與中國,門戶主義很厲害,而 Communism 則主張共同,——共同,就可以達到和諧;和諧,這是惟一的出路。要是依照西歐資本主義的想法,惟一可行的前途是戰爭,可怕,無望。我們現在有很好的機會,是以全面的,整個的,不是某個人,或是一部分人,而是公共,Commun, 共同協力,大眾一起努力來做好它,建設好中國的科學,與新的中國。

(林文記)

(本講稿未經李先生審閱,文責由記錄者負之。)

本 刊 啓 事:

努日金教授的演講辭及座談會記錄,據中蘇友協通知,要在北京審閱後統一發表,因此本刊不好單獨發刊,特此聲明,並對讀者道歉!

專 著

第三十二卷　　　　　　　　　　　　第六期

科學通論

讀了「歐美自然科學界向的現狀」講詞記錄以後

李四光

這一段講詞的記錄是刊在"科學"第三十二卷第五期上，勉強看了一遍，不能不令人懷疑是否值得爲它費了兩頁多紙張。題目的錯誤，姑且不說，其他顯而易見的錯誤，想大家也很容易看得出來，最可怪的是那一些話爲什麼那樣說？用意在那裏？捉摸起來，實在太費勁了。可能記錄有錯誤，有遺漏，應該錄入的，沒有錄；更可能應該說的話，根本就沒有說出或者說的太不清楚。爲了避免誤會，還是索性再費一點紙張，把它大致的搞個明白。現在追想起來，開始一段話的用意：是要想用普通所謂科學的見解，來說明：

科學的知識，也和其他人類的知識一樣，少不了社會的背景，尤其要受生產方式的控制，雖然不完全受生產方式的限制。說話的時候，隨便的引了兩篇著作（卽Mannheim 和 GordonChilde 的貢獻），而且 Mannheim 的理論並非沒有牽強之處，說他的理論太深了，實際上只是一種客氣的說法罷了。從人類學，攷古學，知識起源學，民族學，兒童心理學，語言學，比較玄學等等學科的立場出發而達到的結論（在西歐方面，Gordon Childe, Durkheim, Malinowski, Scheler 等人貢獻最多），總括起來，可說知識的工具——各種邏輯上的鬥類——雖然一部分有客觀性，例如空間時間，但是這些經過幾千百年的冶煉而得來的人類思想的產物，還是起源於社會，因爲人和人成羣，所以就想到物和

物分類。而所謂客觀性價值，仍然要靠在人羣生活上的效用作保證的。有了這一些共通的工具，人羣共通的生活才可能了。有了共通的生活，很粗的知識的工具，才可以進化到今天科學上許多更精密的工具了，例如那各種化學的元素，原子，量子等等。科學家所走的路，並不指明是依靠辯證唯物主義，然而却和唯物辯證法恰恰相合。

跟着想從近代歷史上找出一些重要的政治，社會，生產方面和科學方面的發展，在時間上的聯係；並且想從第一次工業革命的時代（這當然還在十九世紀末葉以前，這裏顯然記錄有錯誤）說起，如何機械代替了手工，資本制度打破了封建制度，開闢自由市場，依着自由企業，自由競爭的方式，各資本主義者在世界上自由行動，同時在學術上也是以自由主義爲最崇高的理想，大家認爲有了自由主義，才可以保障人羣的進化，強淩弱成了必不可少的手段。在那樣自由企業，自由競爭的風氣下，當然每個資本家都想得到最新的方法，增加生產。機器和自然力的利用，恰合這種要求。因爲這樣操縱科學和技術的運用，不獨可以搞出新花樣來在自由市場上角逐，而且更重要的是箝制工人階級，用最小的工資得到最大的生產，以獲得更高的利潤。所以當時在自由主義旗幟之下，科學和技術確

161

實有了長足的進步，唯有自由主義才可以保證帝國主義用盡慘酷方法，來開闢殖民地。唯有自由主義，才可以給所謂"知識階級"——包括科學家——的保障，尤其用來對付統治階級。在這種共同觀點和共同利益的條件之下，當然所謂"知識階級"者，所謂科學家者，大部分都和資本家結合起來了。自由主義變成了他們共同的護符。——在科學和技術的初步發展史上，符咒往往佔重要的成分，Durkheim, Gordon Childe 等，對於這一問題追求得很澈底——從這樣看來，我們很容易明瞭第一次工業革命以後，許多科學家突起的緣故，同時也可以明瞭布爾喬科學發展的條件。

從第一次世界大戰將要爆發的時期，直到現在，資本主義世界走進了第二次工業革命，不獨電工業、化工業、機械工業普遍的科學化，而且應用科學方面解決組織上和大量生產上的一切問題。因爲生產的效率大大的提高(例如鋼鐵生產量)，再加以盲目的生產，便不能不發生生產過剩的現象；又因爲剝削工人，一般生活程度增高，工資實際降低，國內購買力衰退，國際自由市場上的競爭愈加激烈，壟斷資本漸漸形成，同時殖民地及半殖民地的人民逐漸醒覺起來，尤其在俄國十月革命以後，資本主義本身的種種矛盾愈加暴露，資本世界的混亂愈加顯著。就在這個時期，科學上向來執信不疑的若干基本原則，都根本動搖。自從放射現象，同位元素和量子力學等等發展以來，尤其明朗化了。到了今天布爾喬科學的基本觀點——主觀客觀絕對對立——也就無法保持了。Christopher Caudwell 的遺著物理學上的恐慌(The Crisis in Physics)一書，指出了不少這一類的問題。以前奉爲金科玉律的曼德爾——摩爾根的遺傳學說漸漸露出破綻，米邱林李森科一班人發現的新方向，在生物科學上所造成的學術革命的趨勢，決不遜於"不定律的定律"在一般物理科學上所發生的影響。

其次說到在這種工業革命和學術思想革命的空氣之下，便發生了兩種相反的趨向：(一)是反動的，混亂的，保守的，盲目的，反社會的，主觀的，孤立的，自誇的，迷信的，任意妄爲，憑藉强權，利已欺人，增加內在的矛盾，假自由而實受束縛，執着個體本位彼此互相傾軋，企圖向側面發展，其結果：在學術思想方面重主觀，主權感，走死路，終流於神秘主義，悲觀主義；而在實際生活方式上，處處遇着矛盾，現出種種衝突，依附着垂危的資本主義，帝國主義，在混亂中討生活，用一切慘毒的手段壓迫進步的"知識階級"和工人階級以及殖民地或半殖民地的人民，時時刻刻利用一切科學的成果，準備發動戰爭，用戰爭來掩蔽他本身的矛盾並乘機奪取利益。(二)是進步的，有規律的，開明的，理智的，有計劃的，互助的，自省的，聯合的，謙遜的，破除迷信的，顧全公共利益，反抗强權，解除一切束縛，爭取眞正自由，根據集體要求，從社會主義的觀點解決一切問題，向上發展，其自然的趨向：在學術思想方面，不重權威而重理智，着重主——客和物——物的聯繫以及不斷的變化，是活動的，進展的，樂觀的，前途遠大的，而其實際生活方式，常常用理智和社會主義的觀點，站在工人階級和一切被壓迫的人民的立場來克服一切矛盾；反對本位主義，部落主義，資本主義和帝國主義；反對戰爭。

前一趨向所指的前途，顯然是黑暗的，不通的，終究趨於死亡；而後一趨向是由"共通主義"達到無階級的社會，共同向上發展，前途光明，永遠是生氣勃勃的。

我們看清了這兩種趨向，選擇了康莊大道，認清了前途必須經過的過程，我們知道資本主義世界是些什麼，可是他們並不明瞭(故意或無意)我們幹些什麼。比如我們現在所皈依的明明是新民主主義，而他們偏要糊裏糊塗的說我們在實施共產主義。其實要實現這一個最高理想的社會主義談何容易，不要說在東西兩面新民主主義國家的人民現在還不能完全享受，就是我們的先進國家蘇聯離共產主義的完全實現也還有相當距離。從這一點說，也就可以想像到西方那些資本主義社會的冥頑不靈，知識的淺薄到何等程度。

編者附記：李四光先生的演講詞在上一期沒有經過李先生審閱就刊印出來，雖然聲明了由記錄者負責，但錯了的地方究竟對不起李先生。現在由李先生在病中口述，經張文佑先生筆錄，從北京掛號寄來，卽在本期發表。我們感謝李先生對本刊的愛護，也感謝張先生的照拂。以後應格外努力於編排出一本更好的刊物來以答謝各方的珍愛。題目上及文字內的錯文，校對的與排字的也要從此更努力於改免了這等粗枝大葉的作風。

建設與科學的人力

劉 咸

為了迎接即將到來的經濟建設和文化建設底高潮，我們需要大批的科學人才。現有的我國科學工作人員，無論在質量方面，或數量方面，無疑地是不夠用的。為着配合實際需要，爭取時間，我們要高瞻遠矚，有計劃，有步驟，大規模而迅速地展開培植科學人才底工作。「十年樹木，百年樹人」，培植科學人才是需要長時期的。為國家百年大計，不揣謭陋，提供幾點不成熟的意見，和大家商榷。

培植科學人才，首先要配合今後建設計劃。也就是說，必須和實際的需要結合起來。已經脫離了帝國主義底桎梏的我國當前形勢，在全國勝利解放後，獲得了空前統一的局面，因而就有了最好的建設機會。掌握這有利的形勢，進一步，就可以走上工業化的康莊大道。為了配合這樣的整個建設計劃，分門別類地大規模地培植各種科學人才就有其必要。

不過人才底培植要分成若干階段，並且應該顧到因時因地的需要，作成有系統，有時限的計劃。我們知道蘇聯在實施多次五年計劃中，也因需要而培植了大批科學技術人才，像大學畢業水平的科學人才，每年數以萬計；高深的專門人才，在各大學，各研究所，也分別培植出來。經時既久，年有增加，人才不可勝用。蘇聯的這些經驗，是值得我們學習的！

其次，培植科學人才，需要分別先後，緩急，種類，部門，數量，由各方面詳慎研討，製成方案，次第實施，然後知道某項或某一部門的建設需要多少人才；建設計劃發展到某一階段，需要那些人才，基本工作上的技術人員要多少，高級研究計劃的專家要多少。根據這些正確的統計數字，分別科目，統籌釐訂，規定年限，嚴格致選，或予以短期訓練，或須得長期培植。那末五年之後即有一批基本幹部科學人才，可應當前亟需；十年大成，就有若干高級科學專家人才，足以擔當建設重任。

現今科學進步，一日千里，推陳出新，發明無窮，理論研究和實際應用，實一物之二面，本相輔而相成。研究是應用的前奏，理論是實踐的指針，互相聯繫，不容偏差。我國清季講求西學，也未嘗不措意於造就科學人才，無如當時風氣，只知着重火輪大炮底製造，急於近功，却忽略了科學建設上的研究基礎，結果浮淺無根，不能自力更生，獨立發明時移勢遷，前功盡棄。今後建設，最好能懲前毖後，學習蘇聯經驗，從根本着手，研究和應用並重，實踐和理論兼顧，培植科學人才，也要循此途徑，本此精神，切忌於求速成，大量訓練暫時應用人才而忘却了培植深造精湛的專家人才，來擔負更重大的建設任務。這後一批的專家人才，而且在現時就得注意培植，因為他們須得長期修養，絕非一蹴可幾，不能等到要用時還是無才可用。

從這個角度看來，我國教育制度此時亟須改革，大學組織需要重新釐訂，誠然是當務之急。就自然科學言，理學院，無疑地是現代科學知識底總滙，物質文化底源泉，科學理論底中樞，研究底廣場，發明底搖籃，尤其是農工醫礦等應用科學底基本。在一個完善的綜合大學組織系統上，實佔重要的核心地位，研究工作上起帶頭作用，改造自然，有開荒精神。研究科學底學生，都是些意志堅強，不怕困難，不急功利耐勞實幹的優秀份子，這樣才能傳遞科學文化底火炬，發揚為廣大人民服務的精神。這個培植科學人才底光榮任務，當然要由理學院切實地擔負起來。

就科學發展的現階段和我國的實際需要言，一個完善的理學院，它的系別組織，應該是應有盡有，無所不包的，合起來就成為科學知識底府庫。應設的系別該有：(1)數學，(2)天文學，(3)物理學，(4)化學，(5)動物學，(6)植物學，(7)人類學(8)心理學，(9)地理學，(10)地質學，(11)氣象學，(12)科學理論，方法，歷史等十二個基本學系，必要時再設各系分組，附設研究所，實驗室，標本室，陳列館觀測台或特種講座，優予經費，充實設備，廣置圖書，蔚為名符其實，培養科學人才底最高學府。

我國幅員廣大，地跨寒溫熱三帶，各地需要容有不同，許多工業上，農業上，或其他建設上的特殊問題，需要特種技術人才，最好能因地制宜，廣設專業學校，程度高低也視需要而定，像各種工業，農業，礦業，陶業，畜牧，水產等專門學校之類，都可造就許多應用的技術人才；但是更高深的問題需要解決時，就得和各綜合性大學的理、工、農、醫各學院取得聯繫，共謀解決。

設的，我們這個老大的，半封建、半殖民地的國家，正需要澈底改革，加速工業化，現代化。政府當局，科學界人士，智珠在握，定有綿密的建設計劃，完善方案，高瞻遠矚，照顧到四面八方，本不待拾遺補闕；不過本於愛祖國，愛人民，愛科學的熱忱，略貢所見，以供參詳，希望能得各方面的指教。

總之，我們深信我國當前形勢是極有利於建

研究簡報 本欄稿件，儘先刊載，文長以1000—2500字爲度，不論爲中文或西文也。西文需有中文提要，中文需有西文標題。作者自負文責，兼須連署研究所在之機構名稱，以便學人間之往復商討。（編者）

福建海產動物含銅量初步檢查

甘景鑣　官希吉

Preliminary Notes on Copper Content of Sea Foods in Fukien

私立福建協和大學化學系

銅是人體代謝作用的要素，根據前人文獻，成人每日需銅量是20—25mg。海產動物——魚類和貝殼類是福建沿海居民的日常食品。所以海產食物含銅量的調查，對於研究閩人膳食問題，確是一個重要的數據。因為季節的關係，我們曾經作了一個冬季海產食物含銅量的檢查：

海 產 名 稱		含 銅 量* mg./1000gm.
牡蠣	Ostreidue ostrea	283.5
蟳	Neptumus pelagians	283.0
蚶	Arca influta	433.7
蟶	Solcurtus constricta	560.7
蚶蛾	Meretix meretrix	119.7
關公蟹	Dorippe granulata	201.6
黃螺	Sp.	289.8
蟳	Sylla serrata	428.4
珠蚶	Ar:a influta	1423.8

* 乾燥物中含量

分析的方法，是用 Liflian W. Corn 法 (Ind Eng. Ch m , anal. Ed., 7, 15,(1935)。

收到書報彙記（四月份）

科學畫報XVI,3；生產與技術V,3；展望V,11—14；杭州科協28；世界知識XXI.13—15；科學普及通訊 2；戰友47,48；紡協通訊21；時代327；生活知識1；蘇聯介紹3月號；化學世界V,3；東北工業19；大衆農業III,2；鶴岡通訊19；自然科學通訊4；工業通訊18；人民電信I,1；中國茶訊I,2—3；東北醫學雜誌I,1—3；進步青年222；淄博青年；新中國婦女9；察哈爾教育II,1；紡織建設III,4；纖維工業VI,3；大衆天文II,2；汽車與公路II,1；土壤通訊5；科學技術通訊7；中蘇團結創刊號；染化VI,3；富饒壯麗的蘇聯；Voks 59；怎樣整理荒廢的茶園；新建設II,4,5；東北工業19；上海科協（解）14；人民世界I,1；電世界IV,4；紡織染IV,4；醫藥世界III,5/6；友誼VI,6,7；新華月報I,6；紡協通訊23；林業通訊II,7；中國科學與建設II,3—5；電信建設I,4 紡織染工程XII,8；科學大衆VII,3 大衆醫學III, 6；防空手冊。

出版 科學通報 中國科學院編印的"科學通報"第一卷第一期已出版。該刊的重心為報導與介紹。第一期內容有科學院近況，及所屬各研究機構概況；各學術團體的工作報導，專載2篇"斯大林時代的勞動和科學的聯盟"，"美國科學為壟斷勢力與軍國主義者服務"。科學簡訊，科學界動態。

土地改革與農村建設

第 6 次座談會

中國科工協會上海分會與中國科學社聯合舉辦　　1950年5月7日下午時在中國科學社

記錄者：　張孟聞，茅左本　　　整理者：　張孟聞

何尚平：（主席）今天出席座談會的人很多，可見大家對這個問題的興趣很高。這個題目"土地改革與農村建設"座談會原本由陸禹言先生主持的，因爲他血壓高，臨時告了病假，所以由我來代理。一個月前，我們就提起過，科學界應該舉行一些對當前很切要的座談會。我當時建議，因爲春耕到了，我是學農的，看見農村中的一切都和土改有關；土地改革可以推進農業的生產，而江南又就要實行土改了，於是就這樣決定了以土改與農業建設作爲這次座談會的題目。

前週華東軍政委員會曾召集過一次土改問題座談會，由劉瑞龍先生主持，各界都有人出席，而且很多，科技界到了陳聘丞、顏福慶、趙祖康與兄弟四人，而且都發言了。那天談了很久，從下午二時談起，直到晚上八時半，主持人劉瑞龍先生認爲應該由各方面發動大家組織起座談會來討論研究，我們也正好在籌備這個座談會，今天如果由劉瑞龍先生來主持是最適當的。我本來邀約過他，他說如果抽得出空，一定到會。（編者按：劉先生因事不及趕來出席）。

土改的確與農業生產有關。土改的原則也是新民主主義的政策。今天我們在原則上不必再談，而要請大家在辦法上多多發表意見。今天這個座談會是中國科工協會上海分會與中國科學社聯合舉辦的，因此，第一、可以討論農業方面的科學技術，怎麼樣做才能配合土改政策。換句話說，就是技術如何與政治配合，促進生產而不妨害生產。第二、農村土改的問題，主要在地主、富農、中農身上。今後土改進行的時候，有調查地主、中農、富農等分級工作的必要。做得好，一切順利地進行；做得不好，就妨礙重重。如果把中農分進了富農這一級，結果就不好了，所謂中間不動兩頭平，中農就要吃虧。所以，倘使調查工作沒有做好，做得不得當，農業生產就受影響。那次我在軍政委員會的座談會上曾提起過，農業是有時間性的，現在是立夏了，正是農產在一年中最重要的時候，假使農民不明瞭土改，以爲秋收後就要土改，誤會是一切沒收，於是把牛也殺了，雞也殺了，這樣就會妨害生產；還有一種多年生的東西，如藕、桑樹，也會在土改前把它挖掉。以爲這以後這裹不是我的了，就分也不見得分到我的份上，於是就挖了賣去。這種破壞當然是不好的。就是不破壞，但是只以爲要土改了，左右明年不是我的了，今年就不再施肥。或者土地應該是輪栽的，如這塊地今年種了棉花，明年就該種豆子來彌補。但是現在這方地不但非我所有，連耕也不是我耕的了，就可能不顧到輪栽與施肥上頭了。甚而至於把地力拔光了再說。這一類就是農業科學與生產有關，與土改有關的地方了。我認爲以上所說的也是今天座談會的內容，我不過是拋磚引玉　希望大家多發表意見。現在先請徐崙先生來講。

徐崙（華東文教會秘書長）：今天，我只談兩點意見，一個是讀了劉少奇副主席在五一勞動節幹部大會上的演說——今後的土地改革這一段，認爲很重要，對於土地改革政策與工作步驟均有新的啓示。

1. 劉副主席說：「在今年秋後，在那些業已準備好了的新解放區，應該實行土地改革，但這種地區不應該太廣」。這就是說，土地改革必須準備好了才能實行，什麼條件才算是準備好了呢？第一、各級農會組織健全了。第二、地方區鄉政權已經過民主改造，而不是舊保甲制了。第三、地方社會秩序平定，經過減租與生產救災，做到維持農業生產水平。第四、經過調查研究，了解農村情況，並獲得典型試驗成功。第五、廣大人民羣衆經過宣傳解釋，擁護土地改革的正義性。因此，這些準備工作都是很繁重而不可缺少的步驟。所謂「不應該太廣」，就是不能無條件的普遍的實行土地改革，只在準備好了的地區首先實行。

2. 劉副主席說：「在戰爭已經基本上勝利的情況下，我們認爲在今後的土地改革中，應該只沒收地主的土地和許多公地，分配給無地少地的農民，

同樣也分給地主一份，而不動富農的土地和財產。除開農民必需的一部份生產資料外，也不予沒收分配，關於這些問題，新的土地法令將要加以規定」。在新的土地法令尚未公佈前，已經宣布，過去的土地法由於政治形勢的變化，應當修改了，因爲情況與過去不同，解放戰爭基本上已勝利，在和平環境下應當根據新地區情況提出新的法令。劉副主席已指出「不動富農的土地和財產」。對於這個原則如何具體解釋，還要繼續研究。因富農有半封建經濟剝削的部分，如出租的土地；也有資本主義剝削的部分，如僱工勞動。還有佃種地主土地的富農。毛主席論中國革命與中國共產黨中會經指出：「中國的富農大多帶有半封建性，並與城市資產階級聯繫着。但革命政府不應把富農看成與地主無分別的階層，不應過早採取打擊富農經濟的政策，因爲富農的生產在一定時期中是不可缺少的」。我認爲「不動富農」的原則已經很清楚，主要是從生產來看這個問題。劉副主席又指出「沒收分配」的範圍，只限於「農民必需的生產資料」。因爲無地少地的農民要有地權，要有經營土地的農業工具、種籽、肥料、食糧、牲畜等才能繼續生產。但比過去「沒收」的範圍已經有了限制。

3. 劉副主席說：「我們認爲在今後實行土地改革 應該完全是有領導的，有準備的，有秩序的，不能容許混亂現象的發生」。這是非常必要的一件大事。饒主席從華東軍政委員會報告中會經指出：「必須堅決克服亂打、亂殺、亂抓、亂鬪的錯誤偏向」等六項原則，都是爲了「防止發生混亂現象」。因爲農民長期受封建壓迫，呻吟痛苦，一旦解放運動起來，必須克服報復情緒。所以要加強領導，加強政策教育，加強準備工作，才能收到效果。

4. 劉副主席說：「因此，我們就不能急於要求完成一切新解放區的土地改革，而必須分爲幾個步驟，分期分區去完成土地改革。如果能夠在今後三年內基本上完成全國的土地改革，那就算是很快的了，就是一個很大的勝利」。我認爲不能「急於求成」，正是爲了把準備工作做好。因爲土地改革是中國三萬萬農民的一件空前規程巨大的歷史任務，也是廢除封建土地所有制的一件很大的勝利，不僅需要廣大農民本身的努力，社會各階層，各界人士，均應支援農民正義的要求。只有土地改革實現以後，新民主主義的經濟才可以開闢一條繁榮的出路，建設一個工業國家的理想才有物質條件去實現。

第二個意見是科學技術如何爲人民服務的問題。

土地改革以後，農民不再受剝削，要求改良生產工具與購買力提高，就必然促進工商業的發展，並提高農業的生產水平。

在抗日戰爭時期，減租以後的農民已經提高了生產，據陳伯達教授所引證：「陝甘寧提高生產百分之五十，晉察冀提高百分之三十三，其他地區提高百分二十至三十」。至於土地改革以後，農村生產雖然遭受蔣匪的破壞與摧殘，仍然不斷的提高，劉少奇副主席指出：「一九四七年在東北銷售的布疋是八十萬疋，一九四八年是一百二十萬疋，一九四九年是三百二十萬疋，一九五〇年預計可達九百萬疋」。四年之間農民購買力提高了十倍，其他農民所需的生產工具等也是逐日增加。所以農民購買力的提高是「刺激工業發展的最根本最重要的條件」。在全國實行土地改革以後，提高農業生產，因而對工業發展的要求就更加鉅大了。

希望科學技術界明瞭這個趨勢，獻身於生產建設事業，有步驟有計劃的配合人民生產建設事業所必需的科學技術，必須與人民羣衆結合，科學技術才有發展的廣闊道路。特別是提高農業生產技術，很需要科學技術家着手研究與設計。

現在會經實行土地改革的地區，已經需要科學技術的幫助了。主要的是「個體勞動」所需的生產工具和生產技術，還不完全是集體勞動的集體農場，一般使用的機械還是一種手工業或機器的工具，某些集體農場只能有重點建設；將來，個體勞動向集體勞動發展，使用近代化電力機械，又將需要集體農場的機械，科學技術家能夠配合目前生產，逐步地提高，並準備將來的發展，對於指導工業生產是有好處的。

隨着農業生產的提高，必然是使工業高度的發展，城市工業更需要農業供給原料和勞動力，以及食糧供給，農業也更需要工業能供給農民生活日用品及生產工具，科學技術在這個基礎上必然會發展起來，成爲人民所必需而不可缺少的生產知識。

所以，在未經土地改革區空談發展農業是不可能的，在已經準備實行土地改革的地區，早日準備實行土地改革以後提高農業生產的技術，已經是十分迫切需要解決的問題了，希望科學技術界從這方面着想，配合實行土地改革並為提高農業生產貢獻力量。

何尚平：對於徐先生所說的富農不動，我再具體地補充一個實際例子。我看到河南省土改的文件，1950年1月2日所公佈的土改辦法是與1947年9月13日中共所通過，10月裏所公佈的土地法大綱其內容就大不相同。最顯明的例子是1947年的土地法大綱第9條規定菓園是在分配之列的，因此曾發生了山東等地的菓園主人因為準備被分掉而把蘋果、梨子等菓樹砍去，這種把十多年才長成的菓樹砍掉，對於生產的影響是很大的。所以1950年1月河南省所頒佈的辦法第9條甲、乙二項內規定了菓園是不分的。將來華東區土改時，菓園的條例如何規定，當然還不知道；但大塊的許多桑園，都是科學經營專為飼養蠶用的，希望可以不分。我想這個意見是可以貢獻給政府的，人民政府會考慮各方專家所提出來的意見，所以更希望今天的座談會對於這種問題多加研究，以備政府重訂土改法規時採納修改。

黃逸峯（華東交通部長）：我對於土改沒有很多研究，祇發表一點淺見以供參考。中國地主對農民的剝削是比較殘酷而多樣的，加以過去帝國主義者對中國的侵略，蔣介石匪幫長期的黑暗統治，以致農村經濟澈底破產，農民生活陷於痛苦的深淵：過去農民因為受了重重剝削和壓迫，生產情緒非常低落，沒有力量來選種、施肥、改進耕作技術，因而農業生產無法提高，農民的購買力普遍衰弱，民族工業也就不能發展，各大通商口岸的輕工業實際上也成為帝國主義的加工廠，加深了整個經濟的殖民地性。帝國主義，官僚資本主義與封建主義結成三位一體，其集中剝削壓迫的主要對象就是廣大的農民。現在帝國主義者趕走了，官僚資本主義也基本消滅了，剩下來的就是新區的封建剝削制度。關於老區土改的經驗有很多可供參考。但在江南地區以及其他的新區封建剝削的形式其深度與廣度是各有不同的。其中有各式各樣的地主：有經營地主，也有公司組織而實行封建剝削的地主。現在進行土改的對象，就要看他們的主要收入和生活資料是靠出賣勞力或剝削來決定。土地的關係是非常複雜的。過去進行土改中，曾發生過若干偏向，階級關係不易分清，便是其中原因之一。因此在進行土改中必須很好的分清階級，一不小心，就要侵犯到中農的利益。必須多加研究，充分了解政策，要有準備、有組織、有步驟，有適當的幹部，不斷的糾正偏向，來完成這件偉大的歷史任務。我們應認識：惟有土改的順利完成，纔能保證農業生產力的提高，並為工業發展創造必要的條件。進一步大大地提高生活水準，實現全體人民的真正福利。以上是我對土改的一些意見，請諸位指教。

潘震亞（檢察總署副署長）：現在有兩個問題：第一，為什麼土地要改革，第二，怎樣纔能將土呢？辦得好？新民主主義和社會主義的不同在那裏改——社會主義是消滅人剝削人的關係，新民主主義也是消滅人剝削人的關係，但是附有條件。土改就是首先要消滅封建剝削制度，即土地剝削制度。消滅了土地的剝削，才能發展農業；發展了農業，才能發展工業；工業化了，纔可以更改進農業；發展了工業農業，才能達到社會主義。反過來說，要改進工業，須先改進農業；要改進農業，須先改革土地制度。一切必須從土改做起，否則農產不發達，農民無購買力，就不會有工業發展的基礎。東北在土改後，購買力就加強，毛巾，衣服，……日用品都增加了銷路。布正銷路就增加了10倍，華東也將是一樣的，一經土改，中國現有的紗廠就不夠供給所需。所以非要土改不可。這是保護民族資本的先決條件，使工業有繁榮的基礎。而且土改了以後，實際上兩者有利，既有利於農產，也有利於工業。第二個問題是要談怎麼樣把土改搞好的問題。現在的土改已和過去的土地法不同，因為那時候許多地方沒有解放，蔣介石還沒有倒。現在全國基本上解放了，大陸上消滅了敵人的武力，所以眼前的土改其情況不同於從前，第一是要不妨礙生產。今年所頒布的河南省土改條例就與以前的不同了。第一是富農問題，以前是超過了中農的就要分。現在則富農可以與中農一樣不動，而且還可以超過中農所有的仍可不動。這次華東軍政委員會的土改座談會就討論過這個問題，對富農的限額是不是更放寬呢？現在劉少奇副主席的報告中說富農不動。富農有兩種：一種是自己田，自己種；一種是田多了，還雇用長工來耕種；又一種是自己種田以外另有田出租給佃戶。那末現在所謂不動者是否這兩種情況都不動,是否一種了田就可以不動呢?這就沒有決定。如果自己有200畝地,自己種5畝,其餘195畝都租出,那怎麼辦呢?昨天我們在復旦大學討論的結果,有人主張動,有人主張不動,也有人主張動一半。當時認爲雇用長工是屬於資本主義的剝削,不沒收其土地;而分出佃給別人則是封建剝削,就應該動,應該沒收。這個說法是不是對呢?也要請大家討論。昨天饒主席在文教會議中也說到五一口號"不動富農,"希望各方多多發表意見,由軍政委員會彙取,制定,再交給中央來決定這三種不同的狀況,究竟怎樣纔是不動。

其次,關於江南三角地帶的地主也和北方不同。北方的地主總是住在家裏,拿着長烟桿,錢收來就埋在地下,農民恨死了他們。江南地主是不在家的,佃戶不認識地主,地主不認識佃戶;地主收了穀子也不是放在倉庫裏的,而是將穀子賣了變錢,在上海放利息吃飯,這就是在上海有許多資產階級,其實也兼是地主的緣故。又,在上海有許多文化人也有幾畝田也兼是地主了,如袁雪芬,周信芳他們唱了幾年戲賺了些錢去買了幾畝田,也兼做了地主;還有許多工人,也是賺了錢去買地的。這些都是辛苦掙來,好容易積攢下來的幾個錢,買到了十來二十畝田的。河南省則把這種小土地所有者不作地主論,還是不沒收的。祇要在經濟上不超過當地人民一般土地所有的150%者,不沒收土地,譬如每人可分地三畝,他們有四畝半,就不去動它。昨天我們在復旦討論的結果,爲此加上了一條,認爲不住在鄉下而超過150%者要分,住在鄉下者可以不分。這樣似乎更可以團結雇農與貧農。這是我們的意見,希望大家討論。

第三是學田及其他公益田的問題,河南省對這些田是"動"的,學校經費應該另外設法,我們認爲這與私人所有的土地不同,學田應認爲國有,其收入由村政府經管,可以辦理本村的公共事業,爲本村所共有,故不分。又有永佃權的問題,江南一般存在有大小田或田面田甚的分有權,甚至田面價比田甚更高,地主祇有⅓,佃戶有⅔,我們主張取消它,凡是佃戶所有權超過富農的部份應予沒收,而地主自己開耕的就應該補足地面權給他。還有,地主的土地被沒收後,子弟的讀書費用怎麼辦?我們想想,以爲有這樣的三個辦法,即是採取人民助學金,工讀,和獎學金三種辦法。我們主張採用

獎學金的辦法,因爲助學金容易使地主的子弟產生依賴性。最後一點就是土地的買賣,如聽任其自由買賣,仍易使土地集中,豈不是打倒了地主又要產生新地主嗎?我們主張耕者有其田,自己種田的人可以買;原有佃戶者,原佃戶有購買的優先權;而自己不種田的人就沒有承買權。這是補充的意見,希望各方都發表意見。但是今天所提出來的佃富農問題,我們那天漏了沒有討論到。

我們希望大家對以上的問題加以討論,使土改政策執行得很好。現在政權在我們人民的手中,要我們大家來談,大家來搞好它。我們要有計劃有步驟地去執行這個問題。大家有意見就提出來,集中起來,像今天座談會一般,集中了交給中央核定公佈。而現在則可以從容地討論,一面要使土改不致妨害生產,一面要有步驟地去幹。各位如果知道有特別的情況,像何尙平先生所說的果園桑園等,也請講出來。

漆琪生(復旦大學教授):很幸運,今天來參加這個座談會,剛才聽到了各位先生的意見,特別是科學界的諸位領導先生們有關技術方面的意見。由我來談這個問題,眞是班門弄斧。個人對這個問題很注意,但沒有多少研究。我再重複一下各位先生的意見,若干地方再加上些我個人的意見,請各位指教。

土改的形勢發展到今天各界已經一致贊同了,所以問題不是要不要土改,現在要說的是在今天形勢下的土改要在什麼樣的方式下來進行纔好。方纔各位先生說土改的客觀形勢已經不同,1947年土地法大綱頒佈時的形勢和今天的形勢已經起了變化,所以舊的土地法,在今天,有重新考慮的必要。那時候是爭取全國解放,中心的目標是奪取政權,所以當時的土改,乃是通過土地改革爭取廣大的貧農、中農、來支持解放戰爭。所以除沒收土地外,也是徵收富農的土地。當時的富農也是鬥爭的對象。當時土改的程序是希望迅速而簡單,因爲解放運動正在急速的發展,也祇有這樣纔能發揚積極性。這是土地法大綱的基本精神。

今天來看是形勢不同了,現在大陸全部解放,已經獲得了基本的勝利。這種情況所造成的土改新形勢有三點不同:第一,現在全國統一了,軍事,政治,經濟都統一了,在統一的狀況下來進行土改,這和1947年時祇能照顧各地區的特別情況所

土地改革與農村建設

進行者不同，而是在統一的局勢下考慮問題，所以其對象也就不同了。第二，目前不但是在統一的情況下進行土改，而且是在發展生產和從事建設的前提下進行土改。過去是爲了戰爭，現在是爲了建設，所以情況是不同的。同時發展生產和從事建設是建設新民主主義的，以至達到社會主義的社會，把農業中國發展爲工業中國。因此我們與其說土改的重心在農村，不如說是在工業，在城市工業的建設。過去的土改是爲了消滅封建性的剝削，今天雖然還是有消滅封建剝削的要點，然而重點却是爲了發展工業生產而土改。因爲1947年在老解放區沒有重大工業城市，是以發展農村生產爲主體；今天有了許多重大的工業城市，則是以發展工業生產爲主體，迎接土改運動必須與工業生產相結合，其任務是通過土改來結合工業增產。第三點的不同是中央人民政府已成立了半年，由全國擁護的中央政府來領導土改的進行，是合法的，合理的來做，就要採取合法的合理的鬥爭，在統一的領導下進行土改。不是像過去那樣地要採取急速而過火的方法。

以上三點是講形勢的不同，形勢不同，土改的目標與方式，也就有不同。論目標，簡單地說來祇有兩句話，就是"鞏固政權，發展生產"。這兩點，也可以說是整個中國現在一切政策設施的基本總路線，土改也是如此。爲了達到這個目的，要以工農聯盟爲基礎，而以無產階級來領導，就要團結農民；不僅是以貧雇農爲中心，而且要擴大團結，使農民的範圍放寬，過去"依靠貧農，團結中農，孤立富農，鬥爭地主，"現在前二者不變，"後二者"應修改爲照顧富農，乃至於開明地主。這樣團結的基礎就更廣大了，鞏固政權也就做得更好。團結的人要多，土改的對象就要縮小，除了聯繫方面要廣大外，阻礙政權的作用就要縮小。今天的地主也未必甘心，也許要做些什麼設施，作出些阻礙來，但已經不能發揮反對的作用了；即使或多或少的地主仍是要來阻礙，而我們爲了鞏固政權更高一步成就起見，要儘量縮小障礙面，這就是要照顧富農爭取富農。因此，土地法大綱中的富農問題已重作考慮。

鞏固政權要建築在廣大民衆身上，尤其是農民，而在江南則在依靠中農和貧農之外，富農也起了相當的作用。因爲富農在北方是沒有這麼多，江南的富農人數在比例上就要比江北的富農來得大。因此，對於這樣一個數量的富農的存在與前途應予考慮。第二，富農的經濟關係很複雜，有工商業的關係，還有副業生產，現在爲了發展生產，而在國民黨22年的統治下，農民既窮，生產工具也少，所以對於他們的資本和工具的來源是應該考慮的。如果照顧不到富農，考慮不周，就可能影響到生產的發展。今天土改的總路線是"鞏固政權，發展生產"，問題就在富農身上。怎麼樣去處理這個問題，希望大家加以注意，相互交換意見。

如果說江南的土改，富農是一個問題，那末怎麼樣來考慮這一個問題呢？剛纔有人報告過，劉少奇副主席的五一報告中已經說出了富農不動。在這江南要實行土改時候提出這一個號召來是有意義的，而且是反映了客觀需要所發出來的號召。根據這一個號召，江南土改的方針已經有了指標。這一個正確的號召符合目前需要，就可以解決富農問題。至於新法令頒布時有了這個富農不動一條是不是和舊土地法有了矛盾呢？並不。因爲發展到目前的情勢下，須要有新的改變，新的修正，依照了新的發展就要有新的土地法，這而且也正是依照了舊的土地法，根據了客觀情勢的發展而來的，這是辯證發展的確實例證。

至於新法或者祇是華東區的土改條例，如果規定了富農不動，是否就是承認了富農的半封建剝削性是對的呢？可以長存的呢？個人以爲不動富農是一回事，承認他的剝削性又是一回事；富農不動並不等於承認其剝削性。目前的土改是以消滅地主的土地所有權爲中心，所以消滅半封建剝削性的富農既非中心所在，不必在目前提出，暫時不動，這是因爲這個土改的階段還沒有到來，目前客觀需要尚未到這個階段。同時，富農的剝削有半封建性，也有資本性的剝削，在新民主主義的政策下對資本性的剝削是承認了的。所以富農是被容許可以暫時存在的。因爲假使否定了半封建性，勢必牽連到資本性，但是這個階段還沒有到，將來對於資本性是一定要消滅的。假使說，半封建性的剝削也是不合法，要消滅的，那末消滅它的方法也不同於今天的消滅地主（即沒收土地），將來可以採取從分散到集體的方式，自然發展轉變過去，不必用鬥爭的形式，而是將農業生產方式的改變，從個體的發展到集體的生產方式，富農的個別生產必定會沒落的，基本上原則上就已經消滅了它，就會得顺利地解决了。

照上面说来，今天土改的对象是地主的土地所有关系。对于这个事情我提出三点意见：第一，统一性：今后的土改，华东的，乃至华中的，西南的土改一定是统一的，法规由中央统一颁佈，对於各地区的特殊情况，可能稍有技术上的补充，但不会再像过去那样地各自为政。基本上的原则，必定是统一的。第二，合法性：今后的土改是合法合理的鬥争，讲理讲法，决不是无原则、无计劃、无步骤的。第三，秩序性：今后的土改方式是有秩序的有步骤的，不但不混乱而且不急躁。因为从前要支援战争，急不及待，有些地方不得不急；就有点乱了。今后的土改一定在穩定状况下进行，最须要照顾的就是不混乱。不但不会乱打乱抓，而且要逐步逐步做来，要照顾了各方面的情况，慢慢地做来；在时间上，不急於一时，好好进行，这样才可达到目的。这是今后进行土改的基本方式。

以上是个人对这次土改的三点看法。今天江南土改的形势、方法、目的，都与从前不同，所以必需要有新的政策出来；虽然新政策还没有公佈，但是从刘少奇副主席的报告可以看出方向来。又，河南的土改条例也可以看出一些来。上述的原则，中央一定都会注意到。但将来的土改条例，当然谁都不知，要看公佈後，纔能明暁。江南将要土改了，我們希望各界人士，尽量根据客观的形势，多注意，多提意見，給政府参考。连兄弟所看到的一起在內。今天，我在这裏就个人所見提出这些不成熟的粗浅意見，請各位指教。

何尚平　漆琪生先生所提出来的几点与我們科学工作者很有关係。他說今后的土改是从增进生產着想，这就是技术工作。政府之所以有这样的看法，这是从客观环境情况的变动而来，这等政策的演变是进步的演变，新的与舊的不同，江南的与东北的，河南的也可以不同，因为空間时間的不同而土改的法规就有些变动了。現在大家都說华东地主的副业关係复杂，不如华北那样地简单，这就是很切要的话。我們要大家貢献意見讓政府留意採择。

（在諸位先生說好了话以后，在座的人纷纷提出許多问题来，发言极为踴躍热烈而且列擧了許多实际的例子。可是另星散乱，沒有系統，所以省略不記了。——编者附記。）

全國土壤會議　中央人民政府农业部於4月11—24日在京召开全國土壤肥料会議。参加会議的共80餘人，其中有农业行政干部，土壤学专家和教授，並有中央人民政府水利部和林墾部的代表。这次会議擬定改良土壤的几项具体实施的计劃：1. 土壤的調查研究：决定在3、5年內完成大片荒地的調查工作，由中央农业部組織4个調查團，分赴渤海、蘇北两鹽碱区、黄泛区和东北等地先行調查渡繪，然后再往江西、湖南、福建、广东、广西等地红壤区进行調查。2. 荒地的合理利用：计劃今年在渤海和蘇北两鹽碱区开墾荒地100百万畝；黄泛区的荒地须在土改前完成规劃工作，並将建立森林防护带、种植牧草、实行輪栽；红壤区的土地合理利用首先在广东雷州半岛做起盡量种植牧草和豆科植物，实行輪栽，同时施用豆灰調剂土壤酸度。3. 水土保持：计劃在华北、东北、华东、黄泛区和四川盆地建立水土保持的实验区，成立示范农塲，以吸取並推广天水草木犀与小麦相輪作的经驗。4. 肥料：决定以增施肥料、改善管理方法和使用方法为主。

蘇北設國營农場　为了改进农业生产技术，与创造农业机械化经驗，蘇北行署农林局遵照华东军政委員会农林部指示，将原淮陰专区灌雲县东辛农塲，改为國营蘇北东辛机械农塲。該位於淮陰专区灌雲县南城区，全塲面积有27万市畝，4月份着手籌备，現招集工人400百餘人；已有5部拖拉机及收割机、播种机各1部運至該塲，試驗耕作，另尚有蘇联式拖拉机20部正機續運来，不日即可全面动工。

該塲开办经费现归华东及蘇北行署撥发，业務上直属华东农林部领导，行政上属蘇北行署领导。（解）

[漁业] 华东水產会議　华东军政委員会水產管理局於3月25日——4月2日在滬舉行华东区第1次水產会議，到各省、区代表和各水產公司等代表共80餘人。会議根据全國漁业会議的决議製定了1950年华东区水產工作计劃、水產法令、各級水產行政組織通則、培養魚源、保护魚苗指示等草案。华东水產管理局副局长方原在会上总結时指出：今年华东区全年捕鱼234,700吨，生產魚肝油21吨、白棕繩75万磅、製冰机250,50吨、养殖1億3000万尾淡水魚的生產任务。（解）

魯漁產计劃　山东省人民政府农业廳计劃今年漁业生產恢复至战前生產水平的91%强。农业廳製订的今年漁业生產计劃规定全年產鱼1,630,800担，較去年增產百32%强。在恢复工作中将以全國三大漁塲之一的膠东为重点。（解）

科學通論

新中國科學發展的途徑

鄭 集

關於中國科學的新方向，竺可楨先生已在本誌將原則指示了我們，本篇就目前中國科學發展的幾點比較具體的意見，提供參考。

科學在中國已經提倡了幾十年，但一直到今天，我國的科學，仍然是外國搬來的花朵，並未在我們的國土上生根。不能生根的主要原因有二：一是受外國帝國主義的侵略，二是受國內半封建勢力的影響。因為這兩種惡勢力的相互作祟，遂致國內政治紊亂，工業不振，而造成對科學研究的不利環境。客觀的條件不良，當然科學不能得到正常的發展。現在國內的封建反動勢力已經消滅，帝國主義已完全從我們國境內被趕出去，我們的科學面臨着新的環境，應當檢討過去的錯誤，確定未來的方針，逐步實施，使我們國土上的科學今後能根深葉茂，獨立地成長起來為全國人民服務。為要使得我們的科學能真實的獨立繁榮，作者願提供下列具體意見以供參考。

（一）今後科學的總方向應為理論與實際結合，研究與普及並重。這就是說我們科學的研究應與農、工、醫實際配合，以達到發展生產、保持健康、解決人民大眾生活上的實際問題為主。同時，我們的科學必須大眾化，使人民大眾都能分享科學的成果。目前中國的農業、工業及醫藥衛生上有許多問題急待解決，我們的科學研究必須與農、工、醫部門加強聯繫，解決他們的實際問題，然後農業、工業、醫藥衛生才能發達；工業發展好了，特別是重工業要有了好基礎，我們的科學才能生根，才能切實為人民服務。

主張科學研究加強與農、工、醫實際結合，並不是偏重應用而拋棄理論。理論的研究還是要提倡的，因為理論是應用的根據，沒有好的理論，就得不到好的應用，而且理論研究的成果，往往是引導科學及農業、工業和醫學前進的嚮導。

（二）有計劃的分工合作，進行研究。中國今後科學與工業的建設和研究應在有統一計劃的方式中進展，我們的人力財力均極有限，所以更應當有重點的集中現有人力財力來研究我們整個國家急需解決的問題；科學院應負責會同各專家和生產機關在廣徵各方意見後，妥為擬定整個國家在某一段時間內的研究計劃，並就國內人才設備實際情況，分工合作，按步進行，互相協助，解決問題。科學院不僅要負責計劃，同時還要負責聯繫和推動科學院以外的各大學及工廠醫院的研究單位，並應協助這些研究單位解決經濟及器材的供應問題。在這樣有計劃，有聯繫推動的組織之下進行研究，一定會有很好的收穫。

（三）自己訓練人才。我國的科學人才，從詹天佑、嚴復起一直到現在，絕大多數是在外國訓練出來的，因此我們的科學始終是舶來品，是折來的花，不會生根結實的。這種留學政策，造成了過去

193

國內科學界的宗派思想，造成了國內科學的半殖民式狀態，和政治上、經濟上、教育上許許多多削足適履，畫虎類狗的怪現象。爲了要使科學在中國生根，獨立繁榮，切實爲廣大人民服務，我們必須根本改變過去的留學政策。我們應當有重點的充實各大學校院的科學師資人才，圖書設備、凡有適當師資設備的科系，均得招收研究生，並給研究生津貼，改善助教服務制度，使各系科助教有從事學習研究的時間，並得同時註冊爲研究生，研究生修業完結時，得由院校授以高級學位。

派遣人員到外國學習考察，並不完全取消，但必須是在解決某項問題有特別需要時才能派遣，而被派的人又必須是對該項問題有相當根基和經驗；被派遣的人員，回國後必須負責解決某些要解決的問題。

能够這樣辦去，我們各大學校院的人才與研究設備必逐漸充實，而新興人才亦必日益增多。

（四）自製科學器材。我國的科學研究及實習器材，在解放前，十九仰給於國外。不僅費時誤事，而且使我國科學工作長久陷於半殖民地狀態中。抗日戰爭期中，後方各地雖有許多小型藥品儀器工廠，自行製造一部份的藥品儀器；但日本投降後，外貨來源通暢，本國各科學器材工廠因無法競爭，又多倒閉。目前國內尙有之公私營科學儀器製造廠，類多規模甚小，技術水準不高；雖能製造若干普通實驗用儀器藥品，但對於較精細的儀器及純度較高的藥品尙無出品，特別是比較繁複的儀器和芳香族有機藥品。此種情況，實予科學研究以極大的阻礙。今後要使我國科學在國內樹立堅固基礎，我們必需急需提倡科學器材及醫療器具的製造，使國內能自己修理和製造精細儀器和藥品。提倡的具體辦法，約有數端：

（1）設立公營規模較大的科學藥品儀器製造廠；（2）擴充已有公營科學儀器藥品製造廠；（3）獎勵及資助名校院和已具相當規模的私營科學儀器廠；（4）獎勵提倡與科學儀器製造有關工業部門，並促其儘量供應科學儀器藥品製造用的原料；（5）各科學儀器藥品廠的製品種類應各有重點，各有專精，切不可犯種種能做，樣樣不精的毛病。

（五）供給重要文獻雜誌。科學研究必須參考世界學人已發表的文獻乃能吸取他人的經驗長自己知識，故各種重要專門期刊，爲從事科學研究人員必不可少之工具。國內各大學科學期刊較完整者爲數極少，又無充足外滙作適當補充，更加帝國主義目前之技術封鎖，科學研究人員對於求得參攷資料極度困難，我們必須克服困難，使研究順利。克服方法，約有數點：

（1）由中央科學院聯絡各大學，各研究機關，各圖書館，編印全國科學期刊總目錄，並訂立全國科學文獻交流辦法（如照像、抄打、電印等辦法），使全國各機關的期刊圖書可互相利用；（2）由中央編譯局設法翻印各國遠年的重要科學期刊以低價出售與各大學和研究機關，使大學及研究機關皆有必需的成套雜誌；（3）設法使現行刊物繞道香港或蘇聯運進國內，勿使已有期刊中斷；（4）儘量介紹蘇聯及近東各民主國家出版的科學刊物，並用中文做成摘要介紹與各大學及研究機關。這幾點辦法均極重要，而且應快辦才好。

（六）研究論文的集中發表。國內專門期刊種類雖不少，但除中華醫學雜誌，中國化學會誌及中國生理學雜誌等幾種外，餘多歷史短淺，且多不能按期發行，甚或中途停頓。這些刊物的停頓，和不能按期刊行的主要原因，不外乎經濟困難和稿件缺乏兩點。今後應鼓勵各種科學研究報告就其不同性質分別在各專門雜誌發表，政府的出版機構如出版總署應設法給與各專門雜誌的資助和印刷發行的便利，使各專門科學雜誌能順利刊行。流通國內外，使我們的科學研究成果不僅能在國內有很好的交流，解決我們自身的生產問題，而且亦可供世界學人的參攷。

（七）科學社團應密切合作及聯繫。過去我國的科學社團差不多應有盡有，不免有使人才和力量分散的毛病，不但不能好好的使每個團體發展，而且還構成了或多或少的宗派關係。今後各性質相同的科學社團，應自動的合併起來，協同努力，共赴事功。全國的綜合性科學社團應聯合改組，成爲一個偉大的綜合性科學團體。至於如何改組則應由下次的科代會議與各科學社團協商決定，各專門學會應任其個別發展而成爲這個綜合性團體社員。這樣分工合作，以推動科學的普及和研究，使我們的科學能如毛主席的指示：『在普及的基礎上提高，在提高的指導下普及』，則我們的科學就眞的能够在我們國土上生根，開花，結實，爲人民服務了。

怎樣做好科學普及工作

座談會紀錄

一九五〇年六月四日下午二時　在中國科學社演講廳

記錄者：張孟聞，茅左本。　　整理者：張孟聞

胡永暢（主席）：在政權已經被掌握在勞動人民手中的今天，生產技術就有提高的絕對必要；而生產技術的提高，必須將科學也掌握在勞動人民的手中才行，也只有在政權，科學與生產技術都提高了，生產才能發展。所以將科學知識傳達到大衆勞動人民，是個很急要的事情。現在全國建設高潮就將到臨，這個高潮到臨時，無論科學工作者或文教工作者，對於如何提高工農兵的思想和技術的問題，不但重要而且是很急迫的。今天在座的有總工會、農民協會、勞動局、教育局、科學館的代表，也有科學工作者，尤其是刊物的寫作者與編輯者，想借今天這個座談會的機會，彼此交換意見，也交流些已經做過了的經驗，初步的打好一個基礎，然後再來一起努力。做好這個科學普及工作。現在先請上海市科學館館長趙元先生說話。

趙元（上海科學館館長）：各位先生：今天我來開會是想來聽取各位先生的意見的，沒有準備講話。要我講，實在也沒有什麼好講。上海科學館對科學普及工作做得很少，雖然很少，也總算是些經驗；我現在將很少的經驗說出來，給大家一個參考。

我覺得科學普及工作在中國，很急迫需要，因爲還有許多人不明瞭科學是什麼的。如以識字運動來作譬仿，我國四萬萬七千萬人民都知道識字是應該的，但識字運動搞得這麼久了，其成效並不怎麼好。這樣看來，可見普及並不是容易的，尤其是科學普及更難，因爲什麼是科學，大家還不曾弄清楚。不過卽使很難，只要路線對，一定就有成就，而且可以有驚人的成就。科學普及必須要大家的力量來做，旣不是少數幾個人所能做，也不是祇要學科學的人來做就行，而是要由不搞科學的人大家來做，全體的人民共同來做，成就是可能出於意料之外的。

科學館所做過的祇是曾經舉辦了幾次科學通俗演講，也是微乎其微，每星期一次，或幾個星期一次也不一定。這要是就上海來說，以聽演講人以及與科學館有接觸的人來講比之於全上海人口差得很遠，太遠了。所以我覺得最要緊的是科學先要讓大家接觸，因此先得想法展覽；也就因此，先想辦一個展覽部。最近與教育局商量，準備先辦起一個展覽會來，房子也有些眉目了，上海居住的民衆將與科學有結合的機會，看見了展覽着的許多東西才會有問題發生，引起興趣。光是喊科學，天天叫喊需要科學或是科學重要啦，嗓子喊破了也未必有什麼好成就的。所以使大衆與科學接觸，發生了興趣，有了問題，然後發動羣衆的力量大家來解決，普及纔可以做到一些，那成就才可能大。

第二科學要面向工農兵，所以科學館所選的地方是在工廠區域，附近有百餘家工廠，交通方便，而且是在滬西靠近郊區，是滬西區農民進入市區的必由之路，所以對工人也好，對農民也好，對工農兩方都容易結合。我想這也許可以使科學館的工作有多一些的成績。科學館工作人員一共祇有18人，本來還要少，因爲靠了別的單位精簡下來，改送過來，科學館的人員反而因此增加到18個人了。現在這18人大部分是將時間都放在做中等學校科學實驗的輔導上面。現在我們設有實驗站7個，總站1個，18個人分配到這8個實驗站，已經感覺到不易應付，很少能照顧到做普及工作。但我們還是努力注意，一有了空，必設法做些普及工作。近來每星期六下午必定舉行一次通俗演講，而且都加帶上儀器表演，使大衆對之有興趣。通俗演講曾因實驗站工作的忙碌而停止了兩週，經市民大衆的要求而恢復，所以直到現在沒有再中斷過。

我們所做的普及工作就祇如此，很少，而且很不行，又因爲全靠自己想法，無可參攷，所以這方面的工作，還在摸索中。去年在北京，文化部科學普及局也正在努力科學普及，以爲上海科學館有

了幾年歷史,會問及上海科學館的經驗。我們實在很少經驗。因爲在中學實驗輔導工作上還忙不過來。就上海情形論,再設上7個實驗站,增加到14個站,也還是不夠的。這一方面的工作忙了,就已經不夠應付,所以就沒有多餘的時間再搞別的工作了。就大衆化方面來說,實在是以少量時力在摸索,實在困難,也沒有什麼可說。希望大家指敎。

王青(勞働出版社):今天本來是王若望同志來出席的,因爲他沒有空,所以要我來了。我代表勞働出版社來向今天在座的諸位提出一個請求。各位一致認爲普及科學應該面向工農兵,上海工人就很迫切的希望得到科學家的協助。我們知道工人掌握了科學技術後,生產必可大大發展。在剛過去的一段時間裏,即是工人於解放後,我們文敎方面的工作,其重心,放在政治上,如幹部政治學習班,再進一步是一般文化的提高了。原來上海的工人有半數以上是文盲,現在要從肅清文盲而政治學習班,而引到文化提高,然而工人不會以此滿足的。因爲要求學文化,這學習是爲了有政治認識;政治認識提高了,就要求技術的提高了。工人學文化的最後目的是生產,還是爲了技術;技術最重要,掌握了技術才可以提高生產,所以今後工人的技術敎育最重要。上海總工會所交給勞働出版社的任務是編課本,現在祗編了政治的和文化的課本,而技術的課本,因爲能力差,人又少,還是整個空白。我們這方面的能力旣差,而工人在這一方面的需要却特別迫切,我們就無法應付。現在的生產工廠裏有技術班,祗由工程師來敎,和老師父帶徒弟一樣,就祗將他們原來會的一套硬施出來。但是都沒有課本,因此工人技術訓練班還沒有成立,所以很希望各位能編一些技術課本和科學讀物,如大公報的科學廣場裏所刋載的形式,快報、快板、活報、對口相聲一類最好,非常受歡迎。謹以一百萬以上的工人的要求,請諸位給我們幫助!

董俊明(近郊農協):農民對於科學知識的要求也很迫切。解放前,農民不懂科學的,當然我們也不存奢望,要他們在那時已經懂得科學了。解放後,學校設立起來,並通過了各種運動,提高了覺悟,也連帶提高了文化水平,就需要於科學知識了。剛過去的一陣子,農民協會所注意的也是政治敎育方面較多,現在已經不滿足,更要提高了。郊區現在正閙蟲災,就希望有科學方法來一個突擊工作,消滅了蟲害。所以迫切的需要在科學上提高。從前是迷信,沒有覺悟;現在政治覺悟提高,所要求的也提高了。而且農民對文化的提高也有迫切的要求,但過去在這方面的注意不夠。直到現在還祗有工人課本或是工農課本,而沒有農民課本,工農課本也是有關工人的多,農民的幾乎沒有什麼了。農民就問:爲什麼我們農民要讀工人課本呢?他們向農協宣傳部提出過很多次。現在而且還要提高一步,不但向會員要求通俗讀物,而且需要生產知識。由此可見他們要求的迫切。而這個,正是我們要求科學工作者來幫忙的地方,要求給他們以科學通俗讀本與生產知識有關的刋物。在農代大會以後,我們創辦了滬郊農民報,5日刋,五月二十八日創刋,反映了近郊農民的情況與要求。但稿子不多,尤其科學方面的特別缺乏。他們對科學工作者很有好感,關於殺蟲和衞生等各方面的知識希望能通過農民報,使郊區農民都可以看到,上海的大報像解放報、大公報,他們還不能看,因爲程度還太高,對他們不適合。所以農民報出版後 他們很興奮,但是覺得農民報上的科學知識介紹得太少,同時也希望今天在座的同志們爲我們農民編出課本及一般科學生產的通俗讀物來。譬如,就破除迷信來說,捉蟲罷,他們還有認爲是天意的人,以爲這是神意示罰,越打越多,有蟲害病災都不肯報告 認爲天養活人,人不能養活人,天要使收成不好,要懲罰我們,只有聽其不好。在上海近郊,還有這樣落後迷信的農民,所以很希望各位多寫些科學知識讀物給我們農民。

張志昂(勞働局):我簡單的說一點。科學普及有前途,必須與勞動人民結合,尤其必須與勞動人民的實際生活結合。在上海,勞動人民主要的是工人,科學怎樣普及,即是向工人怎樣普及的問題。必須與他們的實際生活結合,普及工作纔能做得好。勞動局也舉辦工廠安全衞生工作 如機器設備和衞生。據反映,有的廠裏的工友,雖然廠房裏的灰塵不得了的多,如中紡第一蔴織廠,廠方給每人發了一個口罩,但工人都不願意,因爲從來沒有這樣習慣,用了幾天就丢了。像這一類的事情很多,工人不注意,何以不習慣。何以不注意呢?因爲沒有經過敎育。所以科學普及須針對工人所存在着的不科學的思想與習慣。將產業工人中間那些不科學的思想與習慣及時地進行敎育。倘使光談些道理或理論，他們不會聽，就與實際無助。所以理論必須與實際結合，纔會發生效力。譬如通過廣播、工廠巡迴展覽，局部地逐步地在工人思想中建立起第一步科學知識的根源，然後可以達到在勞動人民思想中生根，那才可以使科學普及的工作有更大的前途。

周左嚴（教育局）：剛才聽了各位先生的意見，都認為科學不論對工農都是重要的。前幾天教育工作者開會，到有部隊中的同志，據部隊同志的報告，部隊中非凡需要科學，希望教育工作者幫忙。我聽了之後很感動，科學教育實在很重要。解放一年來的教育工作，主要的是在政治文化改造思想中進行，針對着實際的需要。其他社會教育，尤其是科學普及工作做得很少。但此後的情形已有進展，改造思想仍為重心，要繼續去做，而此外要做的事情很多，一為業餘教育，即識字運動；一為技術教育，即生產教育，將努力開展。而科學普及必然是一個重要的環節，而且要與識字運動實際結合。旅大的識字運動做了二三年，乃至四五年纔能做好。倘使識字運動與科學普及內容結合，這在做普及教育工作者是相當重要的工作。如何結合，要從事科學普及教育工作者仔細研究。如剛才那位同志所說的農民沒有農民課本，通常科學課本並非不可能編，而是教育工作者與科學工作者還沒有注意到，或者是雖然注意到了而能力有所不及。

至於技術教育，是為了提高技術與生產，所以是以產業工人為主要對象。這一方面雖然已經有了工人夜校，但光是工人夜校是不夠的，必須由所有的工人階級自動地各方配合起來做纔好。教育工作者應將這件事當作重心做，同時科學工作者也應該注意，如何去下廠，去了解實際需要，使理論與實際結合起來，這是一點。

個人想到，科學普及的工作過去也有做過的，而且也還做了許多，例如科學刊物就做得很有貢獻，效果當然也有，但都跟不上實際的需要，尤其是農民方面。農民間的迷信仍然這麼深，如何打破這些迷信就很重要。現在科學要面向工農兵，但一般通俗刊物的讀者仍是知識份子。這是現實的情況，無可奈何。因為目前廣大民眾，尤其是農民還不識字，所以主要的是與識字運動結合。目前所面對的實際上是幹部，科學普及首先就更要從培養幹部做起；由幹部接受了，然後把知識分傳到工農兵廣大群眾中去。所以內容與形式也要與文化水平較低的配合起來。而且幹部的文化水準，尤其是科學水準也不高，所以刊物文字一定要做到通俗合用，通俗合用了即發生力量。這在工作努力時值得注意的。

嚴家顯（大眾農業編輯）：我就自己底工作來說一些感想。說到科學普及，要達到圓滿的目的，就要看工農兵能否接受；要是不能接受，就是沒有達到普及目的。我在我的工作中，於解放前後寫了一些通俗的東西。本人從事農業科學，又是農業教育工作者，又曾在農村中工作過六七年，在農村中接觸了許多人，教育界與農工兵都有，在接觸中常覺得他們不能接受，所以我覺得普及兩個字是很難的，第一便是普及工作者在思想上是否有準備。我提出三點：

1. 態度：過去因為工作者自己書讀得多一些，總是怪農民們水準太低，又怪他們為什麼不來靠攏，而不想自己應該去靠攏他們。其實，說起接近也並非不容易，祇因為你的談吐，穿的衣服，都是和他們不接近的。我們去調查的時候，身上穿着洋裝，掛着徽章，他們一看就以為是政府機關的，是"外鄉的"，就不願接近。如果談起話來，對年紀大的叫聲老伯伯，他就很高興，不過不能開門見山的談什麼工作，或是調查蟲害的，這樣他會誤會到別的方面去的；所以先要和他親熟一番，談談家常，兜了一個大圈子引到那個問題，讓他們先開口問你，再作答問，等你已經取得了他們信任，他們就會滔滔不絕地告訴你許多，這樣才能把科學知識灌輸給他。

2. 理論與實際結合：我們的理論常與實際情況脫離。現在水稻將要插秧，但蟲害很烈，我們1949年調查江灣農田548稻根中祇有20個健全的，6000根中有1110根以上死亡，病害劇烈到60%；今年調查結果，蟲害根株不多。那末今年蟲害不烈嗎？——不然，事實不是如此。江灣今年增加水稻面積很多，大家種，2/3的面積是直接用穀子播的，不是移苗，過去帶營工商業的也來改種水稻，因而根株害蟲就難以計算了。倘使祇講理論，以為廣大面積中蟲害甚少，用不到除蟲，劃蛻塊了，實際上卻不是如此。

3. 眼手並用：祇寫文字，不去實做，當然隔膜了。眼手並用是在寫以外，還得去看看，看了實況，就多得些實際經驗。我曾作了些通俗演講,總覺得格格不入,因爲說話不夠通俗。譬如我昨天對農民講到地老虎,有大的與小的兩種,大的一種三至四月成熟,成熟了後,不吃不動,就要"夏眠"。說到"夏眠",他們就不懂了,什麼是夏眠呢?於是告訴他們,和蠶的一眠二眠一樣,蠶寶寶上山做繭以前,也要"眠"的。這地老虎的夏眠,要一直眠到九、十月,度過了一整夏,所以叫做夏眠。這樣就懂了。"普及"兩字要做到就不容易。必須從實踐中去得到,纔可以做到普及。

毛啓爽(電世界編輯):我對科學普及很外行。今天,科學普及的需要是無疑的,過去做過了沒有呢,——做過的。但眞的做到了嗎?這就值得檢討,譬如辦通俗科學刊物,這普及工作過去也做,祇是從前辦刊物都以知識份子爲對象,而今天與以後的對象是工農兵了。但一下子就要將刊物轉變了面對工農兵却有許多困難。仍以科學刊物來說,第一就是文字來源,作者還不能寫作爲工農兵看得懂接受得下去的文章。這一點很關重要,因爲作家還是繼續解放前所熟悉的詞彙來寫作,要立刻來改變,就極困難,比方說,電機工程師學會辦了技工訓練班,寫好教材,主觀上自以爲已很通俗,但是給工人去讀讀看,就有了問題。一定要經過幾次修正,然後纔可到班上來用,就可爲他們所了解。可是辦一刊物必須有文字,文字先有作家,作家必先要瞭解大衆所能接受的程度,這就不易。剛才教育局的一位同志說,現在要普及科學,仍以知識分子爲對象,祇是這對象應是知識幹部,譬如以生產技術來說,工人固然需要,而幹部所需要的也不下於產業工人。所以得先把刊物降低一步,適合幹部讀,幹部可懂,再傳達到工農兵大衆中去。這是第一個步驟,這個步驟是需要的。這普及將幹部作基礎,內容,形式,辭彙都要降低一步適合幹部看,免去敎導的方式,這是第一點。第二,文化建設高潮,將跟着眼前經濟建設高潮到來,那就是科學生產技術的普遍需要。這樣時,各方面都需要科學普及,祇有科學工作者能應付這個需要,而人數太少,我向今天這個座談會建議,先將科學知識分類,將切要的與可緩的分工,有輕重緩急之分;同時,過去科學團體是孤軍奮鬥的,現在可由政府輔導,就上海的科學工作者,各就所長,分別各任一事。現在華東文化部有科學普及處,可以通過政府與團體的分工合作,分爲工人的和農人的、技術的、衛生的、依照客觀條件分別輕重緩急的去辦理,以免偏枯偏榮。第三,迎接經濟建設高潮,要提高生產技術,就得將增產知識灌輸給工人,工人當然很需要;可是反過來說,製造出來的成品給誰享受呢?當然是消費者,也就是生產工人以外的廣大人民,而從生產到消費者手中要經過販賣,這是三個環節:生產、販賣、消費,這三環必須靠緊。光是向生產工人灌輸科學也不夠。如前些時限制用電,燈泡就成了問題這也是一個普及問題。上海所能做的最小的燈泡是15Wt 但一般人民不懂,而且也只知道蠟燭光枝,這本是初有電燈時所用的名詞,說這燈泡是幾枝光,外國已於30年前就不用這個標準了,而上海人還祇說幾枝光。反轟炸時爲了省電都用小燈泡,譬如說5枝光,商人爲了迎合市面甚至造出2枝光3枝光的燈泡。這在外國也不曾造好而中國的技術是否突然有此奇跡呢?其實是造不出來的。所謂2枝光3枝光,全無標準。中國能做的最小的是15Wt.外國也祇能做到10Wt.商人亂喊,完全借用了科學術語做幌子來騙騙無科學常識的人,實際上用15伏特的還有標準,至於2枝光3枝光,或少於15Wt.的,是毫無標準,瞎亂騙人,小光燈泡甚至其用電可以等於40Wt.的。後來工業部定了標準,刊登廣告,不許廠家商家騙人,纔將這事弄發脚。當時有的上海廠家的確很規矩,向來能做15—25Wt.的,例如奇異,但爲了投當時的好尙,在燈泡上也印了5CP(15Wt.)這是說明5枝光卽是15Wt.也有廠家在15Wt.之後印上了一個5字,別無稱號,任商家去解說。但有的小廠却拼命做2枝與5枝光的燈泡,而且當時也竟得到了工業部的批准,大量製造,上面註明是5枝光,有的還在括號內說是15Wt.這種事歸根結蒂是一般人對這方面的內情不了解。後來,廠家覺悟了,在報上連續登了聯合廣告,過些時候,大家才知道,從前所謂2枝光5枝光,都是不科學的。這買小光燈泡的風氣才壓不了。這件事過後,上海人多半明瞭了,但外埠仍有人來買,而且指定要小枝光燈泡。工業部說沒有,却又能在小舖子裏竟買到了,反而問工業部爲何不做。由此可知,這都是普及工作做得不夠。消費者沒有科學基礎。所以要做科學普及工作一直要做到一般人民大衆,就是三個環節,不可忘了一環節。因此我想,工農的科學知識很需要，但對上述這種情況卽一般人民的普及工作也很重要。

潘際坰（科學廣場編輯）：剛才有人提到大公報上科學廣場裏的科學快報，我得聲明，快報並非都是我寫的。在這裏我要提出兩個問題：第一，對科學普及的認識；第二是如何搞好這個普及工作的問題。今天有些科學工作者對普及總覺得有點勉强遷就。因爲做普及工作者，從前受過較高深的教育，其知識水平較高，他們來做普及工作總以爲不如做研究更好，做普及就是遷就了。這種思想必須澄清。抱了這樣想頭來做科學普及工作，其信心就很成問題，其成就自然大受影響。我們必須明確認淸，工農一定要創造出本階級的技術人才與專家來。斯大林非常强調這一點。這一點，現在已證明爲很有道理。今天如果科普工作者認爲祇是給工農兵一點知識，以爲工農兵不能提得和他們一樣的高，這在思想上是一個很大的錯誤。現在提高了工農兵的科學知識，在科學知識普及提高了以後，工農兵可以得到自己的科學家，這些工農兵科學家的量與質將是我們今日所不能想像得到的。假使有人以爲不能抛下自己的研究工作，認爲自己抛下了研究工作，可能造成了難於補償的損失。我們卽使認定了這一點，那所損失的也祇是一個人，損失有限；倘使來做科普工作，因而造就了大批的工農兵科學家。那末，這所獲得，就國家看，就民族看，都是有益的。所以態度上，給工農兵灌輸科學知識，如果以爲這是一種賞賜，這是錯誤的。第二，如何搞好科普工作。這有如剛才敎育局的同志所說的普及應與識字敎育結合，同時並進，這話很對。這固然不錯，但在另一方面，我提出一個意見，就是儘可能應用各種形式去發展科普及敎育，使其發生影響；也儘可能發動各方共同進行，如中央文化部有科學普及局，這裏華東行政區有科學普及處，此外還有許多團體組織，像美術、文藝……等局處和協會，這種機構可以儘量利用有利的條件，對科普及大有幫忙，譬如通過同部的各處，戲劇、美術等部份，這是一個很好的安排，各部份共同來從事工作，這樣做時，科普工作的後效一定很大。北京的情形很好，有一批作家搞民間文藝，老舍卽會寫過一篇科學普及關於宣傳雜他命的相聲非常好，當然他是一個名作家。現在報上所看到的這方面作品不多，華東，或小而言之上海，一般通俗科學作品沒有什麼開展。這樣看來，普及工作不但要與識字運動同時展開，而且除了課本以外，還要利用電影、快報、戲劇、美術、幻燈等各種方式來做。

今天聽到工會農會代表們的報告，工農大衆對科學的迫切需要，科學普及的工作同志算來也相當多，但說來眞是應該惶恐的，因爲如果要搞好科學普及，首先在科學上要深刻專業化，不能犯錯誤；這還不够，同時，在不錯以外，還有更高的要求，就是還要好好地利用普及形式，我特別强調要大胆地有勇氣創造新形式。初次試用時不一定成功，但在試用中發現錯誤可以改正，重做，而再向前進，這樣來做科普工作，必有光芒萬丈的前進。

王天一（科學大衆編輯）：從前我們辦一本刋物，幾個人談談，搞了起來，能銷到幾千份，獲得了幾千個讀者，就已經覺得滿意，沾沾自喜了。刋物裏的文字，大都是幾個人關在門內，翻翻書，自己寫自己的。所以像我今天也提不出經驗來說。解放以後，形勢變了，普及工作已經由政府擔任起領導來了，這樣子，舊的態度就得改變過來，要眞正做到科學普及，而且要認眞地配合着實際情況來做，不能再關起門來寫文章了。現在就我在解放後所聽到看到的作一些報告。1. 科學普及要與實際生活結合。正如剛才一位先生講的，要現實，農民是最現實不過的，與實際生活不結合的東西，他們是不需要的，不感興趣，也就聽不進去。所以先要實地調查硏究，要調查生活上眞正需要的，就立刻可以做到有興趣的了。如這一次科普處宣傳滅蟲，就是與實際結合而爲農民們所深切關心的。2. 科學普及是羣衆性的工作。這工作，光靠科學工作者做是不够的，同時科學工作者也不要在知識份子中間兜圈子，要跳出自己的小圈子來；如果一時跳不出來，也總要用力試跳一跳看。聽說像老解放區做衛生工作，就是不單靠少數醫生，還要靠中小學師生，又要團結改造當地的中西醫，接生婆來做，積極培養新式助產婦，團結衛生工作的幹部，建立組織，如中西醫硏究會，醫藥合作社，而在鄉、區、縣都設衛生委員會。這樣將衛生運動放到大衆自己身上，大衆來做，纔搞得好。3. 科學普及是長期性的工作。如巡迴車，那是短期的工作，車子到了一地放一下電影，擧行了一個大會，當時轟轟烈烈，熱鬧了一場；車子走了以後又是烟消雲散，就此完結了。但是普及工作却要長期的做，應該在當地生根。4.配合經濟生活條件。做科普工作要能掌握時間，結合生活方式，運用羣衆語言，考慮到工作的效果問題。同時又需了解到一般羣衆痛苦與困難，工作時就是同打他們成一片，而不是恩賜了。

以下說些個人在編輯通俗刊物中所經驗到的一些問題和感想：1.脫離實際。以前最大的缺點就是脫離實際，與實際上的羣衆脫節。現在要科學面對工農兵了，實際上的客觀情況也是如此，即幹部都已需要於科學了，而且各地方還有讀報小組。最近三野向我們定閱刊物600份，祇是一個部隊就需要那麼多。這是很顯然羣衆需要於科學，正是科學工作者被迫要攤牌的形勢，我們必須認清這個形勢。困難的是能夠適合這個形勢的作家還不多。一般的作家所寫的既不能通俗，也不能接受羣衆意見；羣衆也不易接受他們作品。他們還是喜歡寫專門論文；現在要他們來寫通俗文字，極不容易。記得袁翰青先生說過，"一篇深入民間的故事或詩歌，其功績不在一篇專精的原子論文之下。"所以眼前重要的是在發動更多的科學工作者大家來做這個科學普及工作。寫通俗科學文字，有頂起碼的兩個要求：第一是看得懂，聽得懂；第二是採取民間形式。北京曾將防鼠疫的一件科普工作編成秧歌劇演出，效果很好，是成功的嘗試。此外，還有兩個問題，不是科學工作者力所能及，但也一樣要予以注意：1.名詞問題，實在難懂；不僅羣衆看不懂，有的名詞連科學工作者也是看不懂的，應該設法如何使這些名詞通俗化。2.單位問題，如Cubic centimeter，譯名有立方厘米，有公撮，有西西，還有竟是用c.c.的，一個名詞，一下子就有四種叫法，這對讀者說來，負擔未免太大。這些都是問題，要設法統一起來纔好。

吳宗濟（幻燈片工作者）：主席要我報告製作幻燈片的經驗，實在很慚愧，因爲並不是專門做幻燈片工作的人。過去，自己也做過些科學普及工作，但是孤立地做了一些，沒有可說的。以後想好好地在這方面努力。普及科學的形式很多，幻燈片不過也可以使用的一個形式，但它是比較好的工具。普及的工具，一般運用的有：快報、詩歌、圖畫、秧歌……以及圖書刊物，或是老解放區裏所常用的黑板報、壁報、油印報。上海的物質條件較好，幻燈片就很值得採取了。它的優點是：第一，可以代替拉洋片，許多人看，一個人說明，有聲有色；第二，代替土電影，土電影太重，而且一來就得要成百人——500人罷，來共同工作，幻燈片十幾個人就可以搞一組了，而功用相同；第三，目前最值得提倡。幻燈片的片子35 mm闊，1.5吋高，1呎可以成16幅圖，5呎就有80圖，所以6—7呎就可以成功了一個完整的節目。成本便宜，複製容易，比起電影來相去很遠。一本電影，通常要膠片七千至萬呎，而萬呎可做成幻燈片一千部；而且電影一個人導演，要許多人表演，實做時又要隔音的地方，條件繁苛，又未必保險成功；幻燈片可以慢慢地一步一步做去，事省費少而保證成功；又一部電影的成本，估計要2—4億元，而幻燈片一千部也無須像2億那麼一個大數，祇要花上幾萬元儘够了。但是其功效當然也因費錢省事而受有限制：不能如電影那樣地活動，有動作，也不能有「蒙太奇」(重映影)，也沒有聲音配合。幻燈也有它的好處，它可以用不同的圖來說明，譬如以包紮傷口爲例，可以用幾個圖來說明怎樣受傷，怎樣包紮，反複重複來予以說明；可以在某張片子上停頓下來，多看些時候，不像電影那樣一忽就過去了；又，說明者可以在放映時立刻參加進去當時當地的情況，使幻燈片與實際緊密結合。以後，也許可以用有聲幻燈片，即是用留聲機片，使燈片與唱片結合在一起。

至於幻燈片供應的問題，這在眼前國內確有困難，因爲國內廠家還沒有能製造的。對於這個科普工具，謹提出兩點可以做到的辦法：第一，國內製造，這就是不要用現成的國外事物，拼湊起來算數，有如收音機之類，而是要像電燈泡，馬達那樣地眞是能自己製造。但是電燈泡等的歷史已相當久長，技工的技術熟練；而幻燈製作的歷史尚短，人手又少，所以不易立時就可製作成功。這要先有研究，發動照明，玻璃等各種有關的人士共同來搞。第二，大量放鬆入口。幻燈器材過去是屬於電影一類的貨物，要特許纔可以進口，因爲當作娛樂品看待，甚至是不許進口。這樣時，進口就少；進口越少，價格越高，就不容買到，機關部隊方面的工作就無法開展。要是當普通物品入口，就可大量進來，價格可以減低，也就可以將科普工作開展開來。

梁永妙（科學廣播主持人）：今天到這裏來聽到幾位先生說話，自己學習到很多。至於廣播工作，雖然做了10個月，沒有什麼成績可說，所收到聽眾方面的信也不多。因爲過去廣播的寫稿是教導方式，從上而下的，未必爲大衆所樂意接受。要做好這個工作，應該先做調查，曉得他們實際所需要的是什麼，還得向工農學習語言和實際有關的問題。先做到普及了，然後在普及上再求提高。聽衆們有時也有信來，我們也祇能概念地去答覆，去解釋，這就是自己的不足，不夠實際。又，在名詞上也有問題，這方面要搞好，實有其必要的。這些事情原本是羣衆性的工作，只有幾個人在做，所以內容方面也不免做得很枯燥、單調，必須由很多人來做才是。今天祇就想到的來說一些，請各位指教。

趙　元：剛纔聽了各位同志說話，科普工作要從實際結合出發，上海科學館有些小小經驗可以報告。去年我們曾經邀請浙江大學丁緒寶先生來上海作過一次關於物理的通俗演講，那邊附近駐有部隊，所以就有部隊來參加聽講。演講的題目是水的浮力，結果反應並不好，失敗了，這是因爲沒有與實際結合，部隊對於水之浮力並不感覺到多大興趣。自從這次敎訓後，今年4月間創辦工人科學學習試驗班時，就注意到這一點，不敢說是成功，但那效果却是好得出人意料之外。這是因爲從工人的實際出發。我們挑小題目做，而且挑選了與科學最接近的一種工人，就是科學儀器製造廠所的工人。他們在工廠內做的是科學儀器，更多的是物理方面的工作，我們臨時也祇能辦一樣，就是辦物理，所以就配合了他們的工作關係，先辦物理方面的實驗。舉辦以前，先向各廠要了出品目錄，就他們自己出品，想出一套物理實驗來，實驗時用他們自己的出品，同時就可告訴他們在工廠所做的儀器是做什麼用的，一邊做實驗，一邊敎他們，學的人也同時跟着做。一共15組，這是仿照蘇聯的辦法來試行的。在實驗中，又告訴他們什麼地方重要，什麼地方比較不重要，實用時應注意所在，什麼地方應該改良……等等，這樣也就將那些廠的出品不合用，應該怎樣纔做得更好。他們懂得了這些後，要求拿回自己的出品，並借去別廠更好的出品做比較，回去重做過 就做得更好，已經改良了。試驗班初辦時，來的全是工人，後來廠內的職員也來參加；自4月10日開始，工人每次都到齊，但後來職員却不大到了。不過這本是工人的學習班，所以就工人來說，總是成功的。這因爲從實際出發，

所以有收獲。此外的科學普及工作，也應該可以照樣做，也應該可以收獲很大。又，度量衡的名詞與單位問題，中央人民政府正在召集會議，物理學會也在商量着做。今天早上，上海物理學會就做好了總結意見送到北京去了，大槪不久必可確定。幻燈方面，國內已有製造的，在上海有常德路惠勒斯公司可以製造，但鏡頭不是自己造，——造鏡頭的還是國內，是華光公司造的。華光公司在江蘇路763弄B33號。

董俊明：科學普及一定要用大衆的語言來傳達。譬如最近關於除蟲的知識 由專家來報告三化螟蟲的爲害與其防治方法。可是講了半天，儘管說了半天，農民聽了祇覺得說得那麼重要，可見是很關緊要的蟲害，——但他們心中却焦急着鑽心害蟲害得他們好苦，怎沒辦法治它。今早上開了討論會，幹部告訴他們，三化螟蟲就是鑽心蟲，纔恍然大悟，覺得昨天聽講不夠當心。這可見講的人不夠深入了解，所以空自講了一場。這也可見，科學普及是個長時期的艱巨工作，不是輕易做得成。又譬如鄕下種稻，你說撒秧便宜，我說插秧纔好，時時爭論，而且老是爭論，你講你的，我做我的。要農民跟着你做，一定要講到他心裏服貼纔好；他佩服了你，就樣樣聽你的話了。所以科學普及，不能做到似通非通纔好，一定要做到精通地步。即使精通了，也得預備碰釘子，因爲農民是頂保守的。

我們向來與科學團體少有聯繫，現在旣然科學工作者有決心將科學知識面向工農兵，當然很好。以後要大家多多聯系才好。到鄕下去做科普工作，我以爲電影不如幻燈，因爲電影快，一瞥就過去看不清楚，不如幻燈片慢慢做來，淸楚說明，還是慢慢來的好。

嚴家顯：說到形式方面，我意思，漫畫也很好；倘使在講話時候能夠當場表演畫幾筆出來，更好。當場作畫，可以吸住衆人的心，大家注意。我在鄕村工作時，也曾當場作畫，頗有效果。所以我們作科普的人，還該學會一套畫圖的本領，——不必好，也不必細，就是這樣粗疏的幾筆漫畫就行。譬如三化螟蟲，在秋田裏，它是鑽心蟲；收穫時，是白潭蟲；割稻時，是稻根蟲。名詞固然要使用農民的話，能畫圖就更好。我現在試做一個樣子看。（嚴先生當場表演他的漫畫，畫蚱蜢與蚜蟲，畫得很好，很生動，當場也吸引了許多人。）

胡永暢：總結今天的說話是工農兵現在需要科學知識很迫切，而科學工作者也決心要來做好科學普及工作。這樣，大家聯繫起來，一定能將科普工作搞好。但是科學普及工作要注意與實際生活連結，用各種形式，用大衆能接受的語言辭彙，然後纔可以眞正地深入大衆去。謝謝今天到會的諸位，使得今天座談會有豐滿的收獲。

科學通論

和平、科學與科學工作者

胡永暢

由於社會主義和人民民主主義國家的迅速壯大與興盛，人民的力量以空前的速度增强，於是，在帝國主義國家的本土裏，在帝國主義者統治下的殖民地與半殖民地的土地上，都日漸旺熾地燃起了英勇的階級鬥爭和民族解放鬥爭的火頭。這些火頭是如此强烈而迅速地蔓延，火光照亮着十億以上的英勇鬥爭着的勞動人民。在紅澈了大地的亮光底下，在洶湧而來的火勢包圍中，殘暴的帝國主義者顯得更其焦灼、煩燥，而感到日暮途窮。獨佔資本家和戰爭販子們在這樣情況下旣想挑撥戰爭與發動戰爭，但礙於人民力量的强大，又不敢輕易地掀起戰爭。同時，和平民主的人們也竭力的在監視着他們，阻止戰爭。帝國主義者是慣於利用其殖民地和半殖民地上的走狗們來統治人民的，但是今天人民已經撕破了走狗們的臉孔，反抗的尖鋒已戳得走狗們走頭無路了。在這樣的情勢中，使每一個人認淸現況，確定立場，加强勝利私心，是顯然有其必要的。

由於上述的情況，帝國主義者想減輕危機，是免不了要在局部地方向人民進攻的。但其結果非常明顯，這猶如一個人全身衣服已經燃燒起來的時候想拿扇子去搧掉幾個火星，其結果只有愈搧愈旺，而越發不可收拾而已。美帝國主義的代理人杜魯門在感到蔣介石、李承晚、季里諾、保大之流的走狗們被英勇的中國、朝鮮、菲列賓、越南人民打得頭破血流之後，就不得不在6月28日公然撕破了自已的假面具，自己出兵干涉朝鮮人民的解放，阻止中國人民解放台灣，並且要加緊鎭壓菲列賓、越南人民的鬥爭浪潮。這不是表明美帝的聲勢浩大，而相反地是表現出末路窮途的痛苦掙扎。今天御用的走狗們已經不可能爲幕後主人看門，而讓他怡然自得地安心吸喝着人民的膏血了。因此就不得不親自出馬，自己下水，把雙脚揷進泥潭中。朝鮮的人民已經用勝利的進攻狠狠地敎訓了而且還在敎訓着他，中國人民，菲列賓、越南人民以及全亞洲全世界的人民都會毫不吝惜地以打擊還打擊來狠狠地敎訓他。帝國主義想在全世界和平民主的大家庭中偸盜財物，我們只有拿起棍棒來迎頭痛擊。如果因而就有人擔心起來，說强盜就會夥同伙伴們對這一大家庭來一個澈底的洗劫，那就未免看不淸這一年靑旺盛家庭的力量了。但是，如果我們趕走了一個强盜而就高枕無憂地疏於防範或者簡直以爲强盜們就此會斷了邪念這可是不智的而且陷於錯誤了。世界上沒有不搶劫的强盜，除非從根本上消滅了强盜，那纔可以免於搶劫。同理，有人害怕第三次世界大戰就會得馬上發生。這看法也是無稽的，是中了帝國主義宣傳毒害的想法。還沒有看到人民的力量。但如果說世界大戰就因此沒有可能，這也是錯誤的，帝國主義的存在，就表示戰爭危機的始終存在；對於帝國主義，我們

— 225 —

在具體的鬥爭策略上是不應該看輕的。因此，我們還應該隨時警惕着，而且必須隨時擴大和平的力量。只有用更加强大的和平力量，才能壓倒帝國主義者侵略戰爭的企圖。

全世界以蘇聯爲首的十億以上人民在世界和平常設委員會的領導下，不分種族，不分信仰，爲了保衛世界和平而站在一起。這一個强大的和平陣營正在日漸擴大與壯盛起來，每一個爲了建設美好前途與爲了自己也爲了子孫幸福的人都不能不站在這一邊。今天翻了身做了主人的勞動人民是要堅決地保衛和平，要在和平的環境裏建設他們的國家，用愉快的勞動來創造他們的美好前途的。而帝國主義者却想用戰爭來解決其本身爲資本主義性質所决定了的危機，還夢想擴大其利潤的掠取以過他們窮奢極慾的生活。他們的利益和勞動人民的利益存在着不可調和的矛盾。世界和平與侵略戰爭當然也是不可折中的鬥爭。因此，每一個人就祇能是站在這兩者之間的一邊。我們無疑地是站在和平這一面，和勞動人民一起向帝國主義鬥爭。否則那就祇好站到侵略戰爭那一面去和帝國主義者一起而與人民爲敵，以至於滅亡。

科學工作者是忠實於科學工作的，而科學工作在今天已經顯然地不應該單單是爲了個人的興趣，而是應的爲了謀取大多數人的幸福而工作。我們的工作是站在人民的立場上面。這樣，很明顯，我們科學工作的能夠開展，就必須託基於能夠安心爲了增進人民利益而努力的和平環境裏。我們的科學技術也祇是爲了建設而不是爲了破壞。因此，保衛世界和平，反對侵略戰爭，是和科學工作的企圖與目標完全一致的。在這一點上，我們中國科學工作者瞭解得更其清楚：在反動的國民黨統治時期，帝國主義者嗾使軍閥們連年戰爭，對人民無盡地剝削與搜括，科學工作得不到支持，更說不到開展，相反地還處處都受到了掣肘，受到阻礙。那時候，大家是苦悶的，有些人憤怒了，也就投身到革命的洪流裏。在解放後的今天，環境完全兩樣了，我們國家的建設工作在飛躍進展，到處都需要科學，到處都需要技術。政府和社會大力地支持我們，鼓勵我們，在共同綱領中也訂下了發展科學的條文。今天已經是我們貢獻力量的大好時機，英雄無用武之地的日子完全過去了，現在只有感到人力的缺乏。這一個截然不同的鮮明對比，就襯托出我們要和不要建設的強烈要求；我們也同樣可以瞭解到別個國家裏科學工作者們對平建設的强烈要求。原子能的利用是尤其顯著的一個例子。在蘇聯，原子能是被利用在和平建設的偉大工作上，蘇聯的科學家利用原子能去炸平山嶺，改變河道，灌溉沙漠和人跡罕到的地方，去開闢新的生命線；而在英美呢，原子能僅僅只能用來做殘酷的破壞的殺人炸彈，原子能科學家被軍警特務看守着關在屋子裏做工作，連彼此交換學術上的意見也被禁止。從這一個例子裏，我們就不難想像科學工作者們對獨佔資本家和戰爭販子們有阻遏不住的憤怒和憎恨，我們就不難想像到世界各國的科學工作者們何以如此熱烈地在禁止使用原子彈的和平書上簽名，也不難瞭解到進步的覺醒的科學工作者們如邵立歐·居立教授，裴納爾教授等英勇地站在和平戰線最前列的理由。

我們堅決地反對帝國主義者的侵略戰爭。這種戰爭是爲了獨佔資本家們解決其本身危機的戰爭，是爲了少數人要掠奪別人財富，甚至不惜犧牲別人生命的戰爭。站在爲全人類謀取福利和立場上，我們堅決反對這種侵略戰爭。正是爲了同一個理由，衷心擁護而且要熱烈參加正義的推翻反動統治，爭取民主自由和民族解放的戰爭。我們反對侵略戰爭，不是如同狡滑的帝國主義者所估計的一樣單單是爲了人道，而是，最基本的理由，爲了人民的幸福。我們擁護一切與勞動人民有利的政策和措施，反對一切與此相反的政策和措施。杜魯門卑鄙地説派第七艦隊到台灣海面，一方面要阻止我們解放台灣，一方面還假意的說叫匪幫飛機不來濫炸。讓杜魯門的夢囈說給杜邦，席根索們取樂吧，中國人民對於解放台灣的決心是從此會更堅强起來的。

毛主席說得好，美帝國主義這樣做對我們是有好處的。過去我們科學工作者當中對於資本主義的文化多少殘存着些不正常的看法的，這就影響到一些人對美帝認識不足而抱有幻想。今天謝謝杜魯門，他自己撕去了假面具讓我們看得更清楚了，使我們對資本主義的本質和從資本主義的經濟結構上所建築起來的文化、科學、藝術以及倫理、道德等的上層建築也本質地瞭解得更其清楚了。這樣，幫助了我們對舊思想意識的清理，使我們新的思想，新的觀點，新的立場更加容易確立起來。歷史是無情的，當封建主義的末期和資本主義的初期，資本主義的生產方式曾是一種進步的生產方式，它曾經使得生產力大大發展，使得科學技術也大大地進步。而曾幾何時，資本主義發展到了帝國主義的階段，這種生產關係已經使得生產力遭到窒息，甚至破壞，科學技術的發展也遭到阻遏與停頓了。歷史，已經光芒萬丈地走向建設社會主義的大道，任何一個人對資本主義的殘餘意識和對社會主義意識的模糊和畏縮，都必然是有害的。

我們科學工作者對和平必需而且能夠有所貢獻的。我們必需與勞動人民緊緊地站在一起，堅決地維護世界和平。第一方面，對於朝鮮、越南、菲列賓人民的鬥爭我們必需熱烈支援，而對於我們今天解放台灣的光榮任務，我們也就必須加緊努力，充份準備。在生產崗位上，就必須充份發揮我們的積極性和創造性，與勞動人民密切結合，把生產任務超額完成。在研究工作上，在教育工作上當每一樁努力符合了人民的要求時，那必然也是符合了和平鬥爭的總路線的，就必須更積極地努力工作。這也就是在解放台灣的任務上多增加了準備力量。全國科代大會將於八月十七日召開，我們相信，在這個大會上，從全國各地到會的代表們，一定會擬訂好縝密精細的計劃，使全體中國科學工作者們協力同心來光榮地完成當前形勢所交給我們的迫切任務。

工人業餘技術教育
座談會記錄

一九五〇年六月二十五日下午二時　　在中國科學社演講廳

記錄者：茅左本、張孟聞　　整理者：張孟聞

薛寧人（主席）：今天的座談會是中國科學社，中國科工協會上海分會與中國技術協會聯合舉辦的。座談的題目是工人業餘技術教育問題。關於工人業餘技術教育，過去已經都在做了，但祇是點點滴滴地做，所得到的也祇是些個別的經驗。這會六月五日政務院頒佈了關於開展職工業餘教育的指示，大家都覺得這個工作要有一個統一的領導機構纔好。上海將有一個統一的領導機構成立；我們目的是如何去配合這一領導機構，來進行這個工作，把個別的優點擴大發揚起來。這就須要大家來討論。今天座談會分開三部分來討論：1. 了解目前職工教育的情況。這一方面，今天邀請了教育局戴白韜同志（戴同志臨時因事不能來，由李凱亭同志代表），勞動局張志昂同志，總工會王若望同志，上海科學館趙元同志，等機構的代表來講解。2. 個別經驗報告，也約請了好幾位已經有了辦理職工教育經驗的同志來，將在會中提出報告。今天邀請的有中國技術協會林成威同志，交通大學董金淵同志，上海科工協會馮敬義同志來報告工作經驗。3. 今後科技社團對於業餘教育中的技術教育怎樣去開展，怎樣去配合需要。聽說上海的業餘教育委員會籌備會明天召開，以後由市教育局負責策劃，我們今天的座談會可謂適時之至 現在先請教育局代表李凱亭同志說話。

李凱亭（教育局）：今天代表教育局來出席這個座談會，向諸位學習。教育局對於這個座談會表示極大的歡迎。職工業餘教育是一件極為重要的工作，尤其從時代的發展和積極從事建設方面來看，更增加了它的重要意義。錢俊瑞部長在某次會議會指出：職工業餘教育是國家建設的一個生命的鎖鑰。他把職工教育提到這樣高的程度。我們的國家要向工業方面發展，即是高度科學技術的發展，我們可以估計將來國家財政經濟境況隨着建設情況而有整個根本好轉的出現，目前暫時的工人失業情況可以逐漸減少，以至消滅。在這種情況下，我們還要加以提高。怎樣辦呢？就須要提高技術教育。在這裏業餘教育就有了它的重大意義，這是將產業工人，在其工作時間外，利用空餘時間來進行技術教育，來提高生產技術。有些人覺得業餘教育不是正規的教育，其前途不大，不如正軌學校那樣好辦。覺得業餘教育很難辦很頭痛。這種情況在上海的業餘教育工作者中有一時期佔

得很多。這種看法現在看來是不確當的。我們曉得為了提高，必須重視業餘教育。政務院在6月1日頒布了職工業餘教育指示，3日見於北京報紙，5日上海報也刊載了，這是上海解放一年來，即過去一年來職工業餘工作的總結，根據了過去的經驗，指出了以後的方向和方針，以及若干的實行辦法。在指示中，基本上提到了兩大部分：程度分普通，中級，高級，學課分識字、政治、技術。問題是我們怎樣來執行實施這個指示，使產業工人怎樣地能更好為人民服務。就全國來說，這是全國的任務；就上海來說，這是上海的任務。但是單靠政府、工會的力量，不可能完成這個任務。這是一個很重要，很艱巨的任務，要大家來做，正如政務院所號名的一樣。教育局負了很大的責任，要依靠大家的力量來配合；尤其是技術教育方面，在業餘教育中佔了重要的位置；對將來的社會發展佔了極重要的一環。蘇聯起初12年的富強發展，就提出了技術第一的口號，歷次的五年計劃，要點就在掌握技術，就是掌握現代化的中心重點；有了技術，現代化才有了可能，才有了條件。這一項工作，在上海，我們覺得自己力量很薄弱。我們目前沒有這樣的科學技術團體來幫助，而今天有這樣三個科技團體來召開座談會，我就代表教育局，希望同志們大家站在一起，今後能來幫助我們，大家來搞好這個工作，使上海的職工業餘教育出現一番新氣象，同時也完成了中央所指示給我們的任務。

張志昂（勞動局）：我上次來參加科學普及座談會，學習了不少；今天開了業餘教育座談會，我沒有多少意見。將來這一方面的工作主要的是由教育局、總工會，配合了科技界去進行。就我個人所想到的幾點，提出來請大家商量一下。

剛才李同志說政府把職工業餘教育提的很高，今天業餘教育主要的是掃盲工作。全國300萬產業工人中有50％以上，即200萬左右工人是文盲，全國經濟建設高潮又不遠，將來生產正常的時候，工人對技術要求提高了，工人教育自然要求改進到更高。但是就目前上海的環境來說，還是在困難階段，而且也不嚴重，但是東北卻很嚴重。因為東北解放得早，已經走上了正軌，比上海提早走上建設的道路，所以要求也更迫切。東北今年需要二十萬以上的工人，主要的是技術工人，可見一開始工業建設，就需要大量技術工人。將來全國開始建設的時候，所需要的當然更多。東北除了在各地招技工外，在東北設立了高級專科學校，並且通過了技術學校、藝徒學校、以至於老師傅帶徒弟（在集體合同中訂立師徒合同）等方式來提高技術水平，來解決這個困難。同時還有採取馬恆昌小組的方式，也是很好的提高技術的方式。以後業餘技術教育的一般方式，已有全國總工會工人日報上指出了可採取上述各種方式，即技術訓練班、藝徒學校、師傅帶徒弟，在工廠組織技術研究班。我們認為業餘教育是為了提高技術，提高生產，及幫助合理化的創造。

至於教員從那裏來呢？首先是發動企業中的職員、工程師、技師來做教員。華北曾經採用通過工人的訴苦方式，使工程師和技師們同情工人的遭遇，發動鼓勵起階級的友愛，使他們的政治覺悟提高，而樂意於擔任教員；不但向工人普及技術知識，而且同時這也可以增加職工的團結。第二是可以通過工廠的技術工人組織起來，如東北的馬恆昌小組，北京天津等地已開始採用這一類小組辦法。第三是工科學校的教師學生出來擔任業餘教育。這以上是說教員。

關於教材問題，政務院的指示中沒有規定統一的教材。還要根據各地區各企業的情況再來決定教材。有一鐵路局會根據了一般的方法，先講理論，然後再實習，但結果失敗了。因為講理論，工人不要聽。這裏是要技術先來，然後總是理論，後來根據了實際工作，如火車頭，拿來實驗，然後再進行技術教育，這就成功了。東西要具體，又實際，從小規模做起來。這是華北的經驗，——也因為這樣所以中央不規定教材，而是要各地區因地制宜來自己設法辦理。

現在隨便來說說職工的一般特點。一般工人的理解力很強，而記憶力較差，這也是一般所得到的經驗。進行業餘教育的時候也應該注意。

同時業餘教育也應與文化、政治教育很好地結合起來。祇有在工人的文化水平和政治覺悟提高時，對技術的要求才會提高。這是互為因果的。一個不識字的工人要他接受技術理論是不容易的。目前我們還不能進行大規模的技術教育，仍將先以掃除文盲為主。但是對於年青的職工可以進行技術教育，先做必要基本知識的補習，如製圖、物理化學等的初步教育。先要開步走，然後再進

第八期　　　　工　人　業　餘　技　術　敎　育　　　　229

一步走到更深的問題。在這方面我們希望科技界，和科協、技協等團體，在推動技術敎育中，應該是一個有力的助手，可以發動會員在工廠中進行工作，在技術敎育中，科協、技協負有最重的任務；對他們本身也是一個鍛鍊，一個學習的機會，這是一個很有力的組織，將來在全國發展時，尤其要注重到這方面來。

趙　元（市科學館館長）：今天來這裏聽到各位的寶貴意見，很高興。兄弟對職工業餘敎育沒有什麼經驗可說。科學館在今年4月裏開始辦了一個工人科學學習班，一方面講科學，一方面講技術，對象是工人，——現在大家都要將科學面向工農兵——是科學儀器製造廠的工人，比較起來是明瞭科學對自己的需要。因為缺乏學理方面的修養，業務技術就無從發展。兄弟自己從事工廠工作20年，對這個學習班，起先不敢存有很大的想望，當時向敎育局說是一個試驗班。從4月10日起至今尙未完結。我們本來要辦第二班的；但考慮第一班是工人們聽說我們要辦，自動來要求我們辦，一律都是儀器製造廠的工人，其要求都一樣，所以好辦。第二班是別的工人，因為看到有人學得好了，別的人有，所以也想要來一套。當時我滿口答應；但一經調查，各廠內所要求的不同，譬如一廠辦音樂班，音樂先生願允來敎，但要求要學到底，當初大家同意，然而一個月後就很少有人來了。試驗班一定要成功纔好開展，所以第二班的開辦，先得看學習的人底情況。其次，因為設備關係，必須在館內學習，而他們要求我們到廠裏去。我們並非不可能下廠；可是這一些些路也怕趕不上課，那對學習的情緒也就可想，對學習的前途也沒有很大的希望。正如勞動局同志所說，政治覺悟不高，就無辦法要求提高技術，所以第二班就沒有辦起來。但是第一班仍在繼續進行。

此外可供參考的卽是第一班裏原有職員來學的，但後來退出了，祇有工人的學習情緒很高，很少缺席的。他們將各廠出品互於比較，瞭解了原理以後，對工作非常認眞帶回樣品去在本廠內求作品的更合於標準。這個工作是陳泰年先生主持的，現在就請陳先生來補充報告。

陳泰年：趙館長要我補充報告，我就來說幾點：第一點，工作的性質是實驗的工作，重點放在高中的理化儀器上。這因為上海廠家所出的在敎師資用時有很多不方便，出品不好，希望有比較合乎理想的儀器；又儀器廠祇求出品多，盲目生產不必要的出品，也是浪費。

我們這個工作也有失敗，也有成功。失敗的第一個原因是人手少；第二是經驗不夠；第三是各人水準不同；第四是我們的實驗在晚上實驗室內做，有的地方不夠明白，因為工人在白天都忙於自己的業務，祇好在晚上做。

我們工作中的成功有兩點：第一是工人對技術的要求向前進了一步，已經想把本廠的出品改進，提出了更好的標準要求了；第二是實際做到了改造工作，將工人的思想與技術，都在這個試驗班裏確實做到改造了。

薛寗人　我們已經說到經驗了，現在就請交大技工夜校的代表作報告。

董金淵（書面來件）：在解放後四個月，科協在交大的會員熱中於工人敎育，於是就創辦了一個技術補習夜校，設國文、數學、理化等基本課程。但名義上是有技術性的，而事實上都敎些最淺近的基本科學常識，於是不能滿足一般技術工人的要求。記得在開學時有一百多位同學，結果參加學期考試的僅廿幾位。總結那次經驗，研究結果，覺得我們敎的東西太近乎理論，與他們實際工作脫節，認為下次應該多加重純技術性敎育。所以，後來當交大員工在高敎處指示下正式開辦了一個交大技工補習夜校時候，就考慮到開專門科。這樣，才可以吸引工人同學的興趣，減少流生現象。

利用交大優越條件；設備、師資、課室等，我們開了許多技術科門如：機械製造、打圖樣、柴油機、化工製造、馬達、紡織機、電學和無線電八種。反而將國文、數學、理化為副科目，只是配合主科。譬如，讀機械製造，打圖樣須加選數學、物理；讀馬達、無線電須加選電學、數學；讀化工須選化學。國文科全憑各人的程度和需要，可任意選讀，分甲乙二班；乙班近似識字班。除政治、文娛，規定每週一小時外，各科都規定每週二節，每節三刻鐘。

招生方式是通過各工會及勞動報發動各廠技工及徐家滙附近職工來報名。在開始招考的第三天已超過限額（原定七天，以150名為限），到第五天已有350名了。為了設備關係，就公佈了停止再報名，結果受到不少遲來報名工人們的詰問。這次工人學生的情緒很高，因為從前祇有拜師父請吃老酒香烟，還要賣關子不肯說出來的，他們想提高自己的技術，看到我們開了這許多實科，自然踴躍非凡，看到當時交大門口的報名隊伍就可知道了。但是我們辦這夜校的幾位教員却担心着沒有經驗，在摸索中是否能滿足他們的要求？利用已有的設備，還給他們動手做實驗。祇是經費沒有，怕損害儀器，所以做的次數不多；在同學學習小組中，他們幾次提出要多做實驗和示範，甚至有人因愛護校中設備，勸他們少動手而受檢討。

考試的方式採用填調查表及回答算術問題。根據這些回答，去了解考生的學歷、經驗、興趣和其對要讀的課程，再加以審核，劃分班門。這樣，平均每專門科在30人以上。最多人數的是馬達、機械製造、打圖樣三班，每班竟有五六十人。我們規定每學期上課十週，四學期畢業。換句話，就是二年制。各課教材都由各担任教員根據理論結合實際的原則下自己編寫，用油印發給每人一份。上課時再加以說明或在黑板上作圖補充之。平常還教學生做習題，交來擬改。

錄取標準並不嚴格，可說是採用自由淘汰制，幾乎是來者都收，一共錄取342名。這個數目一直保持到上課二個月後才發現流生現象，到學期終了參加大考的只有127人，佔原有三分之一強。在數字上我們是失敗的。推其原因大致可分二方面來講：(一)不經過考試程度不齊，每班都有，初小程度到高中畢業程度的，而且有經驗極豐富的，有毫無經驗的。以致部分學生因程度關係對學科不發生興趣，而有的還認為不能滿足他們在技術上的要求，講得不够扼要深入。若果真講得深了就要涉及高深理論或一大套公式，於是在沒有看圖解和公式習慣的工人們，缺乏理論根基的學生，當然要感到頭痛。這樣愈教愈不懂，愈減少他們讀書的興趣，最後索性不來了。(二)工人學生不了解讀技術科的困難，起初以為這是件容易事，所以一來就選了二三門專科，食多嚼不爛，結果食而不化。部分學生還抱着逛大世界的態度來逛一下，今天聽這課明天上那堂；有的僅是來上課，不做習題，於是也怕參加考試。

總結一學期的經驗：以後應該要注意：(1)嚴格限制選科，一人祇准讀一專門課；(2)加重基本學科，如數、理、化；(3)教材多注重實際問題，少涉及深奧理論，免用公式，要大綱式的簡而淺明，作參考資料，比中學深的雜誌文章要淺；(4)多做應用習題；(5)打通工人同學的思想，糾正一般犯心急病的偏向，——基本課目非耐心讀不可，否則技術科不易教下去；(6)組織活動不够，空氣嫌呆板，應加強文娛活動。團結師生，多開座談會。

以上幾點全憑經驗所得，作爲以後設辦技校者的參考，並且希望大家多交換經驗，在多方面協力切磋，收集教材中能迅速達成辦的技校的任務。澈底爲工農服務，以期完成政府的號召！

邵菊華（五金工會文教部）：今天到這裏來的目的是抱學習態度進來的。工人技術學校在我們那裏也像別人一般地碰到了容易碰到的問題。第一是教材問題。一般的教材對產業工人不適合，從產業工人看來很不合用，有時工程師來教，厚厚一本洋裝書，實在不相合拍。所以現在廠裏工會先定出一定目標來，譬如工人要求的是什麽？工人希望升做技術員，所欠缺的是什麽？也有人從專業方面有特殊要求，例如鏇床、車床等工人，就要求專門的技術。五金工會已辦有技術班，由工程師來教，而教材未必針對要求。就眼前實例來說，上海電機廠比吳淞水電廠的設備好，好在那裏呢？又比如齒輪與彈簧，各別性能的比較，這要專題講解，又要專門，又要程度淺顯，與實際配合——要這樣的教材，纔好。

第二是師資問題。現在的工廠，面向生產，大家都很忙，所以先生們都想法推脫一些是一些。我們一業，大的工廠少一些，300人以上的廠家，在上海祇有30—50家；而100人以下，多到1800家。實際說起來，祇50家是大廠，300家以上是中型廠，1000家以上都是小型廠。大廠可以自己辦一個技術班或技術學校，中型小型的就很難辦得起來，而中型廠的工人要求，一般都很高。文化部辦起技術學校來時，"門庭若市"，可見要求之迫切。五金工會現在特向諸位伸手，希望大家配合起來，多多給我們師資，好實行中央的指令，給工人們改進技術」這是第二點。

第三是流生現象。交大夜校報告345人到後來走了24人（按董金淵同志當時報告數字與與其後來書面寫來者不同，邵先生是引用當天所說的數字），這因爲是技術班，所以流生的現象還好。普通班一般是流生50%。技術班流生現象仍是有的，上海機器廠的技術班，廠裏工人多方面學生人數減少下去,這一定有原故的。中機也有流生現象,其原因是廠裏加工,開會多,這樣就影響了上課的興趣。

最後,介紹本工會在這方面的組織:針對敎材的困難,分好小組,敎材組,作硏究性的經驗交流,其方法有二:1.交流機械製圖敎師組織起來的,集合各廠累積起來的經驗,彼此交流,取長補短,很有所得。2.用什麼方式組織各別的技術班,學校,正在摸索中,還沒有摸出方案來。這裏姑且先報告一下罷了。

林成威(技協代表):我代表中國技術協會向諸位報告。技協一開始時就注意到技術敎育,我們就辦起技術補習班來,在霞飛路青年中學與這裏中國科學社斜對面的中法藥專,都借址開過技術專修班,對象是失業失學的青年與商店業餘的人,對眞正技工却一無所補。中法藥專將房屋收回後,搬到故兪慶棠先生所辦的實驗平民學校裏──那裏的學生完全是工人,因爲在膠州路,靠近工廠,所以敎材也與從前的不同了。當初在中法藥專時,水準較高,敎起來容易;到這裏就大不相同了,我們就應其需要而開辦無線電,紡織,機械三班,三班裏機械班的人頂多,進行得也最好因爲最正常,機械方面的生產正常,生意平穩,所以進行得最好。紡織班就不同,因爲紡織廠有日夜班,輪到班頭時就無法來學,我們也無法輪流開日夜班。機械班人多還有一個原因,滬西工廠多,機械廠與機器廠固然需要機械,就是紡織廠中的工人也一樣需要它,所以來學的人就多一些了。當初也祗當作選課,像文娛一樣,不太重視,而我們的能力也祗能辦一班,不能適合特別需要多開;敎材方面也感到更困難,因爲要應付各種工人的需要。所以辦技術班得先有調查,以編製適當的敎材。我們已經用活葉編製敎材,但直至今日,仍沒有決定的標準敎材。

流生現象也有發生,我們的敎材不曾與實際配合。生產不正常也產生了流生現象,因爲工廠停閉了工人祇得走開,就沒法來上課;最近好轉了,又有突擊工作,加工了,流生現象又發生了。

我們在廠外辦技術學校,要適應各方,比較不容易,不如各廠自辦。因爲工廠臨時有變動,自辦的就可以適應自己情況變動,廠外辦的不能這樣跟着變,就使同班同學因廠方的變動而跟不上課程了。廠外技校同學的程度參差不齊,選課的敎材就難於選得好。各方又都要求合於實用。然而彼此條件相去很遠,不能各方都適合:製圖多了,常識就少了,要常識與製圖配合也難,因而覺得常識不夠實用,就感到無趣。這要在政治覺悟一般提高了以後,明白生產與技術的關係纔可以好起來。一曉得後,學習的人就很起勁的學了。那時候的敎材要儘量照顧實際需要。譬如說螺絲釘,不要說斜面力學而說釘與釘帽的用途,就顯得淺明而有趣了,先說實際,加上一些理論,理論不要太多。這是一點經驗,說出來請諸位指敎。

馮敬義(科協代表):(書面來件)本校是在虹口辦的工人技術夜校,困難很多。今年3月中旬開始籌辦 地點在新滬中學,適應當地工人需要,首先試辦初機械科一班,定期四個月,先與第九區工會接洽,經過工會勸員,參加入學考試的有120人左右,經過筆試口試後錄取68名,其中技工藝徒佔90%以上,職員佔極少數,當時有一部份沒有錄取的或沒有來得及參加入學考試的,允許他們旁聽,這時同學學習情緒非常高。

課程方面,共分六科:機械常識,機械製圖,應用數學,金工工作法,政治常識問題討論。每週上課六小時,星期一、三、五晚7時到9時。

本校從人數的減少來看,由68人而到目前只有18－19人,也就可以知道學校並沒有辦好。

現將本校情況分三階段來說明,第一階段由3月19日到4月20日。這一個月內,敎員和學生情緒尙好,除了調工會,和離開虹口區的幾位同學外,上技術課很少有缺席的。學生中因存純技術觀點,政治課有部份缺席現象,這時期並有工人前來要求入學,都允許他們旁聽。

第二階段,由4月21日到5月中旬,因擔任政治常識和問題討論的敎員,本身業務很忙,常請人代課,因此學生對問題討論無興趣,政治常識缺課人數更多,而上其他課的,仍有40餘人。

第三階段,由5月中旬到現在,人數漸漸減少。至今則只有18－9人而尙不能保證每課必到。

以上三個階段,總結起來,失敗主要原因有下面四個:1.沒有組織,敎員和學生都是從各工廠來的,除上課以外,平時很少聯絡;雖學生有工廠爲單位的學習小組,但沒有個統一組織來領導和推動,使師生散漫,敎員中多數以上課爲主要任務,

第三十二卷　　　　　　　　　　　　　　　　　第十期

科學通論

科學界的大團結
曾昭掄

中國因受多年封建主義的壓迫，帝國主義的侵略，迄今仍然是一個產業十分落後的國家。新中國的建設，首以經濟建設為重；而經濟建設的成功，充分運用自然科學的知識，實為主要因素之一。過去三十年來，中國科學家雖然作出了一些顯著的成績，但是人數實在太少，遠不足以應付國家的需要。如果不幸而科學界本身團結得不很好，那對人民的利益是有妨礙的。最近中華全國第一次自然科學工作者代表會議在北京開會，其主要目標之一就是將科學界的團結工作做得更好些。這是一種很好的起頭。但是團結工作是一種艱苦的長期的工作。這次做得很好，並不是表示以後就不必再做了，而是以後更要加緊地去做。

團結要做得好，首先大家要克服彼此心理間的距離。解放以後，大家都進步得多了；但是進步的程度並不相等。今日要團結做得更好，思想比較保守些的朋友們必需努力多求進步；而思想特別前進的，尤其應當謹言慎行，萬不可以前進驕人。我們中間的每一個人，因為過去生長的環境不同，對於許多問題的看法很難一下子期望其一致。只

有大家能拋棄成見，辨識真理，虛心接受別人的批評，纔可以將團結工作做得很好。我們一方面要努力剷除過去存在的宗派主義，同時也必需防止新的宗派主義之興起。對於科學界老前輩，我們不但要團結爭取，而且要特別尊重；因為沒有他們，就沒有較年青一輩的科學家。對於青年朋友們，大家不但應該提攜，而且應該尊重他們的意見。至於作為目前科學界主幹的中年人，對於團結工作尤應負起主要的責任，在青年人與老一輩之間發生橋樑作用。

過去我們承襲資本主義國家不正確的看法，對於科學研究工作者特別推崇，對於其他科學工作者則不免多少抱一種鄙視的態度。從今天看來，這種觀點是錯誤的。現代社會的特徵之一，就是高度的分工合作。以自然科學界而論，對於研究工作者固然應當特別尊重，但是科學教育者，科學寫作者，以及從事科學行政，組織，及一般例行工作（如化學分析等）者，也是社會上不可少的人物。今天要將團結工作做好，大家需將自己的胸襟開朗起來。

團結與建設
張孟聞

今年8月17—24日，中華全國自然科學工作者代表會議在北京集會。整整八天裏，會務圍繞着一個中心目標進行着，這目標就是團結一切愛國的科學工作者為建設新中國而共同努力。

在會場裏，有不少白髮蕭蕭的前輩大師，也有不少的青年學人，而更多的是壯年中年的專門人才；這即使在主席團裏也可以看到同樣的情景。這羣人來自全國各個地區，代表了中華全國自然科學工作者們對國家前途的關切熱愛。不但是華東、華北、東北、西北、西南、中南地區各有許多代表，

而且邊僻地方的兄弟民族也有少數代表；他們的人數雖然不多，然而對大會的期望，其殷切可以說是超過了其餘地區的代表們，因為他們特別感覺到本地區的科學落後，所以尤其希望大家注意到兄弟民族地區的科學工作之急應展開。

其實在中國的科學工作，任什麼都急待展開。防災、治水、築壩、造林、探礦、冶金、發電、開廠、保健、製藥、調查資源、建設國防、培植人才、增加生產……這數不盡的任務都有待於科學家的急趕急做。僅就醫務一方面來說，全中國祇有二萬多一些

289

的科學醫生而要侍應四億七千萬的國人，平均起來，要兩萬多人纔攤派到一個醫生；如果一千個人應該有一個醫生，眼前就缺少了45萬個醫生。這還不會算上護士，藥劑師啦。東北工礦技術人才的缺乏，致使一個大學剛畢業的，甚至還沒有畢業的青年，就獨當一面地主持起一部分事業來，如化驗室或材料試驗室之類；而技術工人與技術人員的比例尤相差得很遠。倘使各地工礦都發展起來，專門科學人才之大量地不夠應付需要，是非凡明白的事實。而且，卽就眼前而論，已經沒有足夠供給的人才。今年夏末秋初，淮河流域還是大水成災，救荒治水有待於水利與農業專家們的努力，然而這兩方面的專家就很缺少。譬如以水利專家而言，我們曉得原在華東服務的一位學者，中央與東北都邀請他去任職，可是分身無術，聽說現在是三處均攤，每處都得去幹上幾個月。山西省建立新的工業機構，中央也從華東調上過去策劃籌備；然而華東也亟需專家負責，不能輕易放他們離開。農業大學邀請一批專家參觀時，東北的代表要，要將這批專家一下子都開到東北去，東北的農業就好了。然而其他區域何嘗不是這等急需呢。隨便舉了一兩個實例，已經看到現時初步小規模建設之需要人才的急迫，而且是大量的不敷需要。誠如周恩來總理在科代大會中所說："我們國家大量需要科學家；現在不是科學家太多，而是科學家太少，眞正太少了。卽就目前工業方面來說，就有六萬台機器沒有轉動，或是轉動得「不得當」"。

從這裏可以看到，不論那一方面的科學家都需要，而且需要大量地增加，——理，工，農，醫，現今的專家都是不夠分配。短期內不能立刻培養出大批的人才來，這就要依靠在爭取團結上來下功夫。一般地說來，自然科學工作者是對整個人類造福的；他們向自然界探求實藏，替人類生活帶來了物質的設備與享受；科學史上而且還出過不少爲眞理奮鬥而受迫害的人物，如白魯諾，伽利略，以至於今日的邵立歐。居里教授。他們可能被人利用，甚至被奴役而不自覺，如今日在資本主義國家裏的原子科學家們。但是有良心的，尤其是有政治覺悟的科學家，就一定會堅强地站立起來，從自己崗位上來對抗危害人類幸福的敵人。可是最多的還是百事不管埋頭在研究室裏或技術工作裏的專家，他們也許有些怪癖，或是脾氣乃至於意氣用事，因而不曾關心到國家民族急待建設有待於他們出力協助的切要。那末，到會的代表們以及一切覺悟了的科學家們就得耐心地做好團結工作，將今天中國人民翻了身，正是科學家大獻身手的機會，爲整個科學界乃至國家民族謀取幸福，好好幹一番事業，建立起富强獨立的中國之眞實需要情況强調說明，爭取他們來共同努力，實在是「當務之急」。

協助國家建設，在現時並非空論，絕不是從前的"洋務""策論"；而是實事求是地眞正插手實幹。這一次科代大會，據個人計算，有提案568件，問題232個，（據趙祖康先生記錄大會的總結報告是：提案356件，問題195個。因爲正式報告尚未公佈，無從決定確數。）科學院，衛生部，農業部，工業部的首長們與政務院周總理都曾出席大會報告，而那些提案與問題也多是政府主管部門就本身業務具體地提出問題與提案來，要求大會解答或協同辦理的。可以說，這些都是與實際結合的。以上海的80個提案爲例，59個是各別學會提出的，其他21個是各種同業公會所提出來的；總會方面有98%，是政府各部門提出來的；衛生部賀誠副部長的報告，在說明了衛生部工作方針與研究的重點問題以後，就希望物理學家，化學家，生物學家，工程學家協助該部解決儀器，成藥，營養，培植藥材，上下水道，工廠建築……等問題，特別說明「科學界各個部門都不是孤立的」，而要科學工作者的「合作協助」；農業部李書城部長就增產與防災方面要求自然科學工作者向他們「提供偉大的貢獻」；工業部劉鼎副部長先將主要工業調整時所需要的技術人員數字開出來，明示了人手不夠，要求「有限的科學專家」有計劃地按需要組織起來，「使生產與科學技術」結合起來，做到「人盡其才」的地步；科學院李四光副院長的報告，特別强調科學家「獨立自主和創造的精神」，而歸結到有計劃地，統籌的，「在適當的配合之下，緊密的聯繫起來工作」。大會在聽取了報告以後，各別式樣地來組合小組，詳細地分別研究討論這些提案與問題，決定是：提案：81%送政府各部門處理，9%交科聯全國委員會辦理，2%各專門學會解答，8%保留；問題有：73件解決的，84件告訴以解決的途徑，其餘留交全國委員會再從長討論（數字也依據趙祖康先生的記錄）。科學家在這裏是眞正獻身手來解決實際問題，不僅是對書本空談理論，而是使理論與實際眞正地結合起來，直接做起來了。所以，這絕不是從前的洋務策論了。

爲了更好來繼續負担起這個任務，也爲了團結更多的專家們來共同努力，大會通過了兩個組織形式：中華全國自然科學專門學會聯合會（簡稱「科聯」）與中國科學技術普及協會（簡稱「科普」），而且普選了這兩個組織全國委員會的部分委員來推進這個工作。

中國自然科學工作者的今後任務很顯然是在於團結起來一切愛國的科學工作者們脚踏實地的建設起一個獨立自由而富强的新中國來。這任務，非但很迫切，而且極沉重，其前途是遠大的，光輝燦爛的。願大家記住周恩來總理勗勉我們的一句結語："請求你們，全中國的自然科學工作者，爲自己的子孫，也爲全人類，打下了一個萬年的基礎!"願大家珍重，大家努力!!

科學通論

治淮是計劃科學的革命工作

盧于道

以我中國面積之大,人口之眾,淮河流域人口不過二千萬,或因此說治淮是中國一件怎樣大事,似還不確當,因為將來我們還不斷地有更大的建設事業總續出現哩。但是我們想到二千萬人口已等於朝鮮全國的人口,而目前我們進入新民主主義才不過一年,這樣情形之下,治淮就說得上是一件大事了。

因此,我們可以說目前的治淮實是政府一件革命性大事,亦是自然科學界一件革命性大事。對這樣一件大事,我們要提出下面三點意見以供商討:一、治淮的革命意義,二、治淮的意見,三、治淮的組織。試分述於后。

一 治淮的革命意義

革命目的無不過是為提高生產力,而生產力之提高却是從自然鬥爭得來。我們也可以說社會鬥爭(即革命)的目的就是為了增高自然鬥爭力。社會鬥爭愈成功,如蘇聯由十月革命的成功到今天接近共產主義社會的時代,其自然鬥爭力,就已增強了好多倍。因此偉大的斯大林造林計劃,開鑿土庫曼大運河計劃,建造古比雪夫和斯大林格勒水力發電站計劃,就可以接踵而來了。這是因為他們的自然鬥爭已得到了充分的社會條件和政治的條件了。現在我們剛進到新民主主義時代,像蘇聯那樣的偉大改造自然計劃,條件還不夠;可是我們的社會條件,比國民黨反動統治時期和資本主義國家裏已好得多了。

在國民黨反動統治時期,像揚子江YVA水利計劃是空談;在資本主義國家如美國,雖然羅斯福時期因經濟恐慌而勉強完成了TVA;可是經濟稍蘇,類此的計劃如Lawrence河流域建設計劃,就完全不能執行了。

在我們新民主主義國家裏,以國家經濟為領導的經濟建設方向之下,此類的計劃是可以執行的,祇因人力物力不足,在規模上還不能太大。

治淮的計劃應當可以為初步的開始,應當以「改造淮河」的魄力去進行。我們不祇是為救災,亦是為的自然鬥爭;在這個鬥爭裏,應當可以表現我們社會鬥爭勝利到新民主主義階段時的自然鬥爭力量。

換言之,我們今天不僅要完成了一個階段的社會鬥爭的革命事業,亦還要開展自然鬥爭的革命事業。治淮就是一種自然鬥爭的革命事業。

二 治淮的意見

如果我們以自然鬥爭的革命事業來看治淮工作,我們對於目前治淮工作就會感到有很大的期望。根據報紙上所看到的,水利部召開的治淮會議決定如下:

一、上游 興建水庫,攔蓄洪水,水土保持,發展水利。

二、中游 蓄洩並重。

三、下游 開闢入海水道。

這個決定的基本方針,是消除水災又結合長遠的水利需要。原決定第六項又說:「凡屬重要的、上下游密切相關的,或技術性較高的工程,均須依照前項規定,經過查勘設計於批准後再行動工。至於局部性的工程在根治範圍以內者,可以責成治淮委員會及各地區人民政府商定後先行施工」。因此在這個決定裏說,局部性的工程先行動工,而全部性和技術性較高者還待勘察設計。這樣決定是十分正確的。

此地我們就要對於全部性和技術性較高的工程進行計劃,提供一些意見。

首先必須指出技術性愈高，就愈需要到科學研究創造。根據於科學研究創造，我們治淮應當不僅是單元的防洪工程，乃是多元的建設工程。這就是說，這麼一個工程，需要能達到好幾個建設目的，或者說是五個目的：（一）防洪，（二）防旱（灌溉），（三）航運，（四）水力發電，（五）生產（如漁業、林業、農作物等）。這幾項目的都足以充裕國民財富的。

以防洪而言，如今年豫皖境內淹地四千萬畝；如果每畝損失一擔糧食，每擔糧食作價十萬元，即損失四十億元，這還不計房屋財產的損失。這是最低的估計。治淮到能防洪之後，即可避免這個損失了。

其次以防旱而言。如果今天灌溉不良，祇能種小麥，而且土有鹼性；待灌溉好轉之後，土的鹼性可以改變，甚至於可以種稻。種稻後每年有早晚稻收穫，每畝約可以得四擔大米；如果種麥需時六個月，每畝收穫二袋麵粉；同時副作物亦因灌溉而增加。總的估計農作物收穫可以增四倍。如果沒有治淮的工程，四千萬畝收穫值四十億元，那末治淮之後，灌溉加善，其收穫可達一百六十億元。

第三以航運而言，如果能增加帆船及一百噸汽油船或輪船的數目，就可以使淮河運輸量年增加二萬至五萬噸，使工農產品城鄉交流加速。

第四以水力發電而言，在淮河上游是否能建設電力站，現在完全不曉的。或者可以設幾千瓩的的電力站，每站五千瓩，有十個這樣的電力站亦可以得到五萬瓩，還可以使一部分農村小規模地電氣化。

最後以工農生產而言，如果有水電動力，有棉花，就可以設紡織工業，或者還可以設其他的麵粉工業及小形化學工業等，這使內地建設起工業來。在水庫是否可以發展漁業，這是值得研究的。（林業可以保持水土，其經濟收穫較需要長時期。）此外是否可以舉辦機器農場，亦值得研究。

以上五項建設成就，如果在經濟上每年可以增加財富一千億元，則投資在治淮化十幾萬億元是完全值得的。像這樣作法，我們還不應該忘了對於社會主義性質經濟建設的政治意義。

上面估計完全是沒有切實根據的，因此祇是一種約略的估計。目前重要的是使搜集這種估計的切實資料，進而作科學研究，如何去改造淮河。這就是說我們今天要組織適當的治淮的高度技術性科學隊伍。在這個隊伍裏，需要下列各種人員及工作：

1. 政治家——組織工作兼視察可否建設若干具體農事；
2. 經濟地理學家——考察沿河經濟生產情況及可能改進的情形；
3. 地理學家——勘察地形，並且可以利用航空勘察；
4. 地質土壤學家——勘察地質及調查土壤；
5. 氣象學家——探視各地氣候、雨量、水文等，目前資料不足，祇可就地設法向民間搜集；
6. 水利工程專家；
7. 電機機械專家；
8. 農林水產專家。

以上高級專家至少二十至五十人，青年專家如大學將畢業或剛畢業專家至少一百至二百人，組織勘察調查建設隊，往淮河上下游工作一年至三年。這個隊伍，並不算大；例如目前動員華東區大學專科學生已近五百人參加實際工作，但是作為具體科學研究創作，這是一個很好的開始。

這個隊伍，是改造淮河的隊伍，是比較高度技術性自然鬥爭的隊伍；這樣的工作，是為了淮河流域二千萬農民，他們是佔中國農民二十分之一。因此明年政府的預算中，在投資一項裏面，用去百分之五的經費，在這個工作上面，亦是值得的。若從自然科學立場說起來，這樣的科學工作，比較個別科學家或實驗室的研究工作，豈不是更科學，更合乎新民主主義時代，更發揮了有利的新民主主義時代的社會條件？而所謂計劃科學，所謂改造自然，豈不是一個很好的開始？

經過這樣科學工作隊伍的調查研究工作之後，將來設計創造出來改造淮河的新鮮計劃，尤為今日的難以逆料。

三　治淮的組織

我們從報上看到，對於治淮的組織如下：

一、治淮委員會（以現有淮河水利工程總局為基礎）

主任副主任（政務院任令）
委員　（華東，中南軍政委員會及有關省人民政府指派）
河南、皖北、蘇北三省區治淮指揮部，下設上、中、下游工程局

二、淮河入海水道查勘團

汪胡楨（華東水利部副部長）劉鍾陽（中央水利部工務司司長）領導；水利專家孫輔世，許心武；地理專家胡煥庸；土壤專家朱維新及其他（非專家？）共四十餘人。

從這樣組織看起來，查勘團還祇限下下游的入海水道，特別是上游查勘隊還沒有敷設起來。為了查勘是否能建水電站，上游尤其重要。

照這樣情形看起來查勘團還應當擴大及於上中下游全部，專家亦還不夠，尤其是參加的單位，似乎應當包含有科學院，重工業部（小電力站的建設）食品工業部，農業部，及林墾部等，由政務院統一領導。

我再強調一句，這是中國自然科學隊伍改造自然計劃工作的一個很好的開始，政府應當以自然鬥爭工作來重視，整個科技界應當十分予以重視。這是為了二千萬農民的利益，是全國農民百分之五的建設事業。我們應當好好地組織起來，工作起來，並向這個偉大的事業投資。像這樣事業，在國民黨反動時期固然不可能，就是在資本主義國家裏亦是不可能；祇有今天到了新民主主義時代才有這個可能，能夠有這樣魄力，有這樣科學創造與經濟建設的機會。